21世纪公安高等教育系列教材·法学

司法会计

公安部法制局　审定

主　编　王森全　孙书洁　虢光辉
副主编　姜万国　胡　刚　海　蛟
撰稿人　（以撰写章节先后为序）
　　　　孙书洁　李　兰　田　斐
　　　　海　蛟　虢光辉　吴杏文
　　　　胡　刚　姜万国

中国人民公安大学出版社
·北　京·

图书在版编目（CIP）数据

司法会计/王森全，孙书洁，虢光辉主编．－北京：中国人民公安大学出版社，2005.1（2011.6 重印）
（21 世纪公安高等教育系列教材·法学）
ISBN 978-7-81087-964-4

Ⅰ．司…　Ⅱ．①王…②孙…③虢…　Ⅲ．司法会计鉴定学－高等学校－教材　Ⅳ．D918.95

中国版本图书馆 CIP 数据核字（2004）第 141137 号

司 法 会 计
SIFA KUAIJI

主编　王森全　孙书洁　虢光辉

出版发行：	中国人民公安大学出版社
地　　址：	北京市西城区木樨地南里
邮政编码：	100038
经　　销：	新华书店
印　　刷：	北京普瑞德印刷厂
版　　次：	2005 年 1 月第 1 版
印　　次：	2016 年 2 月第 7 次
印　　张：	18.5
开　　本：	787 毫米×1092 毫米　1/16
字　　数：	363 千字
ISBN	978-7-81087-964-4/D·727
定　　价：	60.00 元

本社图书出现印装质量问题，由发行部负责调换
联系电话：(010) 83903254
版权所有　侵权必究
E-mail：cpep@public.bta.net.cn
www.phcppsu.com.cn　　www.porclub.com.cn

21世纪公安高等教育系列教材·法学
编委会名单

主　任　葛余敏
委　员　（以姓氏笔画为序）

于鲁原	王　龚	王　萍	王　鹰
王战军	王森全	邓国良	刘　杰
刘海鸥	闫　明	伍玉功	安国江
阮国平	邢曼媛	曲鹤年	邱福军
杨　华	杨玉海	陈　真	沈　源
苏　越	吴贵玉	严利东	李　娟
李宗明	李艳玲	李群英	张光宇
张建良	张俊霞	周　蕊	胡宝珍
荣晓丽	徐跃飞	郭景华	梁秀慧
曹晓霞	舒和润	彭剑鸣	程玉国
裴国智	廖真贵	虢光辉	

序　言

在公安改革大潮的涌动下，加快公安高等教育工作的理论创新和制度创新，努力提高公安高等院校的教学水平和办学质量已成为提高公安队伍整体战斗力的迫切要求。特别是历史跨入新纪元召开的第二十次全国公安会议，不仅吹响了公安改革的号角，同时也为公安教育改革指明了奋斗的目标，制定了行动纲领。

发展是我国公安高等教育改革的第一要务。而教材建设是公安高等教育发展的一项重要内容，是实现公安高等教育现代化、提高教学质量的一项基本措施。各教育层次、教学内容和课程体系改革要取得实质性的成果首要的就是编写出版一批高水平、高质量的面向21世纪课程的教材。前些年我们相继组织编写了一批公安专业教材，对提高公安院校的教育水平，完善学科体系，起到了积极的推动作用。但随着公安工作实践的飞速发展和日益变化的社会环境，特别是我国法制建设和法学理论的日臻完善，公安教材建设的滞后已严重阻碍了公安高等教育的发展，成为制约公安高等教育水平提高的瓶颈之一。有鉴于此，我们联合全国多家公安高等院校共同编写本套教材，为公安院校的教材建设乃至我国公安高等教育事业的发展尽绵薄之力。

目前全国有30多所公安高等院校，聚集着我国大部分公安专业的高级专门人才，将这些院校的专家、学者联合起来，组织一支强大的教材编写队伍，整合人才资源，实现智能优势的最大化，既有利于加快公安高等院校教材的更新速度，扩大所编教材的影响力和确立公安高等教育教学用书的精品意识，也有利于及时地将最新、最先进的科研成果凝聚于教材之中，并不失时机地用于教学实践。

在各有关部门大力支持下，我们于2004年2月在浙江杭州召开了21世纪全国公安高等院校法学教材研讨会，对当前法学学科体系的构成进行了广泛的研讨，最终确定了各本教材的书名和各书的主编、副主编。各本教材的大纲首先经过编写组的反复讨论，然后将所编写的大纲送公安部法制局审定，最后由编著者根据法制局的意见进行了认真的修改后才定稿成书。

本套教材的编写，我们特别注重"高水平"和"实践性"的有机结合，切实落实第二次公安高等教育工作会议提出的"公安专业教材要逐步向高质量、整体优化的方向发展"的要求，具体来说有以下特点：

1．吸收最新成果，反映时代特色，面向 21 世纪。教材的内容力求以国家最新的方针政策、法律法规为依据，充分反映现行法律法规和主要规章的内容，吸纳本学科和相关学科的最新研究成果，站在 21 世纪初的学术前沿，以最新的观念、知识和方法充实、丰富各门学科。

2．与时俱进，勇于创新，不因循守旧，开拓各门学科的新领域。本套教材力争在学科体系的建构上有所创造和突破，从实践中来，又高于实践，不断推动整个学科体系的发展和完善。

3．从注重知识传授向重视能力培养转化，适应警务实战的需要。贴近实战，为公安实战服务是公安高等教育工作的宗旨和灵魂，因而我们在编写教材的过程中，特别注重知识、方法的实用性和可操作性，着眼于培养公安院校学员对法学理论的应用能力，以提高他们的实战本领，铸造高素质的复合型公安高级专门人才。

4．强调学术性、新颖性和可读性的有机结合，突出案例教学。本套教材注重经典案例的选用，针对 21 世纪公安高等院校学生的特点和教学的新模式，运用生动的案例、简明活泼的语言阐释相关的理论。

5．注重法学体系和学科内容的完整性、准确性。在编写和审稿过程中，作者和编校者认真查阅核对相关的法律、法规和规章。本套教材的作者对主要的法律、法规和规章的条款从概念到内容，以及操作程序，均逐条予以阐释，力求准确、有据。

由于这套教材是在较短的时间内组织全国各公安院校的专家、学者共同编写的，虽然编著者、出版者已尽了最大的努力，但时间仓促，材料浩繁，书中的一些观点或理论仍难免存在一些疏漏或不足，恳请专家学者及广大读者提出宝贵意见，以便今后进一步修订完善。

21 世纪公安高等教育教材编写委员会

编者的话

司法会计是社会科学中的一门新兴边缘学科，是会计学、审计学理论在司法实践中的应用，是司法机关办理各类案件的重要技术手段。自20世纪80年代以来，我国对司法会计的基本理论及实务进行了多方面的探讨，逐步建立起了较科学的以司法会计基础理论、司法会计审查和检查、司法会计鉴定为组成部分的司法会计学学科体系，近年来，司法会计也逐渐被列为政法院校的一门选修课。因此，建立在司法会计学各种基本理论和实务研究成果的基础上，我们专门针对公安类院校学生编写了具有公安院校特色的《司法会计》教材，以便于公安专科院校的学生掌握司法会计学基本知识和基本操作技能，同时，对从事司法会计工作的相关人员也有一定的参考价值。但是，司法会计学学科理论体系还在进一步发展完善中，本书的学科体系可能不够成熟完善，理论观点难免有不妥之处，敬请读者批评指正。

本教材共分为八章。参编院校有新疆警官高等专科学校、湖南公安高等专科学校、贵州警官职业学院、吉林公安高等专科学校等。主编：王森全、孙书洁、虢光辉，副主编：姜万国、胡刚、海蛟，参编人员：李兰、田斐、吴杏文。具体分工如下：第一章，孙书洁；第二章，李兰；第三章，田斐；第四章，海蛟；第五章，虢光辉；第六章，吴杏文；第七章，胡刚；第八章，姜万国。

全书主要由王森全、孙书洁、虢光辉同志统稿，田斐、李兰同志也参加了统稿工作。

主编
2004年10月

目 录

第一章 司法会计概论 ·· 1
- 第一节 司法会计概述 ·· 1
- 第二节 司法会计学概述 ·· 12
- 第三节 司法会计学的发展 ·· 16

第二章 司法会计的会计与审计基础（上） ··· 21
- 第一节 会计概论 ·· 21
- 第二节 会计的记账原理 ·· 33
- 第三节 会计核算的内容 ·· 44
- 第四节 会计的账务处理程序 ·· 59

第三章 司法会计的会计与审计基础（下） ··· 75
- 第一节 审计的概述 ·· 75
- 第二节 审计的内容 ·· 78
- 第三节 审计在实践工作中的应用 ·· 88

第四章 司法会计审查 ·· 98
- 第一节 司法会计审查概述 ·· 98
- 第二节 会计内部控制制度的审查 ··· 120
- 第三节 会计错弊行为的审查 ·· 124
- 第四节 会计电算化制度的审查 ··· 159

第五章 司法会计检查 ·· 167
- 第一节 司法会计检查概述 ·· 167
- 第二节 司法会计检查技术 ·· 172
- 第三节 刑事侦查中的司法会计检查 ·· 196

第六章 司法会计鉴定 ·· 205
- 第一节 司法会计鉴定概述 ·· 205
- 第二节 司法会计鉴定证据 ·· 209
- 第三节 司法会计鉴定的组织 ·· 212

第四节　司法会计鉴定结论……………………………………………222
第七章　司法会计鉴定实务……………………………………………229
　　第一节　流动资金的鉴定………………………………………………229
　　第二节　固定资产与无形资产的鉴定…………………………………237
　　第三节　负债及所有者权益鉴定………………………………………242
　　第四节　费用、收入、利润的鉴定……………………………………254
　　第五节　会计报表的鉴定………………………………………………267
第八章　司法会计文书…………………………………………………273
　　第一节　司法会计文书概述……………………………………………273
　　第二节　司法会计文书的种类…………………………………………276

第一章 司法会计概论

第一节 司法会计概述

一、司法会计的概念

随着社会经济的发展和社会分工的细化，经济法律活动所涉及的内容已从简单的财产犯罪和民事财产纠纷，发展到现代广泛而复杂的经济犯罪和经济纠纷。特别是20世纪以来，经济违法犯罪常常利用数量繁多、内容复杂甚至经过计算机处理的会计资料。这些会计资料作为大量经济活动原始凭证的汇总概括，专业性极强，发生经济纠纷和违法犯罪时具有非常重要的法律意义，收集、判断、运用会计资料证明案件事实成为国家司法机关的重要任务。但一般的司法工作人员专业知识有限，无法正确理解会计资料的内容，无从判断它的真实性、合法性，只有依靠会计、审计专业人员的审查、检查、鉴定。因此，司法实践的客观需要产生了司法会计活动。

司法会计是指司法会计人员根据司法机关的指派、聘请或有关诉讼当事人的委托，依法对案件所涉及的会计资料、相关财物及其他会计专门性问题进行审查、检查、鉴定，确认会计事实并依法提供司法会计证据的诉讼活动。

这说明：

1. 司法会计的对象是案件所涉及的会计资料、财产物资以及其他会计专门性问题，即案件所涉及的会计事项和这些会计事项所记载的会计事实。

2. 司法会计的内容包括司法会计审查、司法会计检查和司法会计鉴定三部分内容。所谓司法会计审查，是指司法机关指派或聘请司法会计人员对案件涉及的会计资料及相关证据进行审查并提出审查意见，以确定是否符合立案、受理条件的诉讼活动。这是一种案件线索、材料的审查活动，主要特征是对会计资料及相关材料的真实性、合法性、相关性提出鉴别、判断的审查意见。所谓司法会计检查，是指司法机关指派或聘请的司法会计人员在司法工作人员的主持下，对案件涉及的会计资料进行检查并提供司法会计检查笔录等证据的诉讼活动。这是一种勘验检查活动，其内容是对案件涉及的有关会计资料进行检验、查证、确认，目的是为诉讼收集、提取、固定会计证据和提供检查笔录。所谓司法会计鉴定，是指司法机关指派、聘请或有关诉讼当事人委托司法会计人员对案件涉及的会计事项进行鉴定，并提供司法会计鉴定结论的诉讼活动。

3. 司法会计的性质是一种诉讼活动。依照我国有关法律的规定，司法机关在侦查、审理案件过程中，有权根据诉讼的需要，对特定的对象进行司法审查、检查和司法鉴定。司法审查、检查和司法鉴定依法由司法机关主持进行。司法会计工作区别于一般的会计、审计工作，司法会计是一种诉讼工具，司法会计活动属于诉讼活动，而会计是经济管理的工具，会计活动属于经济管理活动，审计则是一种社会经济监督、鉴证和评价活动。司法会计活动的范围是诉讼全过程，不同的司法会计活动可由不同的主体在不同的诉讼阶段实施。司法会计审查，主要由司法机关的司法会计工作人员在立案、受理案件前进行；司法会计检查，主要由司法机关的司法会计工作人员在案件的侦查、审查起诉或审判中进行；而司法会计鉴定，主要发生在立案或受理案件之后，需要提供司法鉴定结论的诉讼过程中，既可以由司法机关指派、聘请的司法会计工作人员进行，也可以由有关诉讼当事人委托司法会计人员进行。司法会计不仅运用于刑事案件，而且也运用于民事案件和行政案件。

4. 司法会计的主体是司法会计人员，包括有关司法机关中具有司法会计专业技术的工作人员、社会上具有司法会计专业技术的人员、法定或指定的鉴定部门的鉴定人员。不同的司法会计行为，有不同的主体。司法会计的审查和检查人员主要是司法机关的司法会计人员，是司法机关的工作人员，不属于诉讼参与人；司法会计鉴定人员具有鉴定人的身份，属于诉讼参与人。

5. 司法会计的目的是为诉讼活动提供司法会计证据。

6. 司法会计的法律依据主要是《中华人民共和国刑事诉讼法》（以下简称《刑事诉讼法》）、《中华人民共和国民事诉讼法》（以下简称《民事诉讼法》）、《中华人民共和国行政诉讼法》（以下简称《行政诉讼法》）以及相关司法解释。

二、司法会计的对象

司法会计的对象是指司法会计审查、司法会计检查和司法会计鉴定工作的内容，具体是案件尤其是经济案件所涉及的会计事项，即会计上所反映的经济业务事项。同一经济业务在会计上往往会有不同的记录，有的能够反映经济业务的真实情况，有的则不能反映经济业务的真实情况，前者是会计事实，是会计上反映的经济业务即会计事项的真相，后者是会计错误或舞弊。司法会计的任务就是通过司法会计活动查明会计事实，揭露会计错误或舞弊。

司法会计的对象具有以下特征：第一，以会计资料为载体，主要表现在会计的错误和舞弊中，包括在各种核算资料、会计管理资料、会计基础资料中载有错误的和伪造的不实会计记录。第二，能够反映资金和物资的运动过程，会计核算主要以货币为单位反映企业、单位的资金运动，会计资料还反映物资的购入、运输、储存、消耗等过程，通过购货合同、运单、出入库记录、领用凭证等具体反映每一种货物的流转过程。第三，是一种现实的具体的经济活动，这种经济活动有特定的动机、目的、方式、手段、时间、地点，有特定的内容、数量、单价、金额和责任人，这些基本要素在会计资料中都有反映。第四，通常与经济案件有关，是一种案件事实，这种事实能引起诉讼活动，能产生一定的法律后果。

司法会计的对象与会计、审计工作的对象既有联系也有区别。

会计是以货币为计量单位，对经济过程进行连续、系统、全面的反映和监督的一种经济管理活动。会计是司法会计产生的前提和基础，财务会计业务通常是由会计事项和会计活动组成的，当案件涉及财务会计业务时，即需要对案件涉及的会计事项或会计活动进行审查、检查验证和鉴定时，才会进行司法会计活动。如果财务会计业务的资料没有形成或没有记载，司法会计活动将无法进行。司法会计活动的对象是案件涉及的财务会计业务，而会计的对象是能够用货币表现的资产和经济活动。

审计是指审计机构根据需要或接受委托，指派专业人员依据审计标准，通过审查被审单位的财务会计资料和有关经济活动，提出意见和结论的一种经济监督、鉴证和评价活动。审计的对象是相关的财务会计业务，对财务会计资料进行检查、验证；审计是一项独立的社会活动，它涉及经济生活的各个方面，司法会计活动的对象仅仅是案件所涉及的财务会计问题，范围比审计要狭窄许多。

三、司法会计的作用

司法会计是基于司法机关侦查、审理涉及财务会计业务案件的需要而产生的，并已在司法机关办理刑事、民事、经济和行政案件中发挥了其他手段不可替代的作用。在司法机关的诉讼活动中，认定事实和适用法律是贯穿于诉讼过程的两个核心问题。要准确认定事实，正确适用法律，就必须依据确实充分的证据。科学的证据离不开科学技术。在诉讼活动中，科学技术的运用不仅大大提高和延伸了办案人员的感知能力和破案能力，而且通过科技手段收集、鉴别、审查核实证据，也为公正审判提供了可靠的依据，有利于审判的科学、公正和高效。借助于现代会计学、审计学的发展和计算机等高新技术的广泛应用，司法会计在司法机关的诉讼活动中的准确"认定事实"方面，发挥着重要的"证据"功能。主要表现在以下几个方面：

第一，通过司法会计审查，从控告人、举报人等提供的会计资料中发现犯罪事实或嫌疑，为司法机关查复、审核犯罪线索和举报材料，查明事实真相，确定事件性质，为立案侦查或撤销案件提供科学依据。司法机关对于掌握的犯罪线索和举报材料，往往需要查明是否存在犯罪事实。当需要查明的这些事实涉及财务会计业务或需要运用财务会计知识时，可通过司法会计技术来对有关的财务会计业务或账目进行检验，以查明是否存在犯罪事实，为立案侦查或撤销案件提供依据。通过司法会计审查，对没有发现犯罪嫌疑或犯罪事实的，按照有关规定可以出具审查意见，帮助企业、单位找出存在的问题，提出整改意见，这对维护企业、单位的合法权益，预防经济犯罪，维护社会经济秩序有重要作用。

第二，通过司法会计检查，提供司法会计检查报告，为司法机关侦破经济犯罪案件提供线索和方向，指导办案活动，有利于节省办案时间，提高工作效率。刑事侦查原理表明，任何犯罪必留痕迹。由于会计技术的广泛应用，经济犯罪行为必然会在财务会计资料中留下犯罪痕迹。侦查人员通过运用司法会计技术，就能够随时发现犯罪疑点，捕捉犯罪信息，为侦查指明方向，以便及时采取措施，获取证据，侦破案件。随着社会主义市场经济体制的完善，司法会计也在解决经济纠纷方面发挥着重要作用。

第三，为司法机关查明和证实案件中的财务会计专门性问题提供科学、可靠的证据。司法机关在侦查、审判过程中常会遇到一些财务会计专门性问题，而司法机关所收集到的财务会计资料往往不能直观地反映出这些专门性问题的客观真实情况，案件的承办人员也会因专业知识的欠缺而解决不了这些问题。因此，就需要通过司法会计检验鉴定来鉴别和确认有关财务会计事实和有关当事人的实际经济状况，揭示这些财务会计资料与案件事实的内在联系，客观准确地反映出犯罪行为或某一经济活动的时间、内容及过程等案件事实，为司法机关及时、正确地处理案件提供科学、可靠的证据。

第四，为司法机关审查和运用证据提供科学保障。根据诉讼法的规定，证据必须经过查证属实，才能作为定案的根据。对于案件中的财务会计资料证据及司法会计鉴定结论而言，是否能够作为证据使用，主要取决于其是否科学、客观、可靠，是否符合法律和诉讼程序的要求。通过运用司法会计技术，对案件中的财务会计资料及司法会计鉴定结论进行审查，判断是否可以作为证据使用，可为司法机关正确审查和运用各种证据提供科学保障。通过司法会计的审查、检查和鉴定，提供会计证据和鉴定结论等司法会计证据，形成一条内在联系的证据锁链，对证实犯罪，惩办犯罪分子有重要作用。

四、司法会计的方法

司法会计的方法是指为完成司法会计任务而采取的手段，不同的司法会计活动有不同的方法。司法会计审查的主要方法有案卷审阅法，询问调查法，复核法，核对法，核实法，顺查、逆查法，详查、抽查法等。司法会计检查的主要方法有案卷审阅法、分析比较法、核对法、复算法、勘验法等。司法会计鉴定的主要方法有调查对证法、审阅核对法、分析比较法等。

五、司法会计活动的法律基础

司法会计活动的目的是为查明案件真实情况，为诉讼活动顺利进行提供司法会计证据。司法会计活动是一种具有特定内容的法律诉讼活动，必须依法进行。

（一）司法会计的法律依据

1.《刑事诉讼法》及相关的依据

在《刑事诉讼法》及有关司法解释中，有涉及司法会计审查、司法会计检查和司法会计鉴定的比较全面的规定。

司法会计审查活动的主要法律依据《刑事诉讼法》第 86 条规定："人民法院、人民检察院或者公安机关对于报案、控告、举报和自首的材料，应当按照管辖范围，迅速进行审查，认为有犯罪事实需要追究刑事责任的时候，应当立案；认为没有犯罪事实，或者犯罪事实显著轻微，不需要追究刑事责任的时候，不予立案。"《人民检察院刑事诉讼规则》第 128 条规定：在举报线索的初查过程中，可以进行询问、查询、勘验、鉴定、调取证据材料等不限制被调查对象人身、财产权利的措施。

司法会计检查活动的主要法律依据是《刑事诉讼法》第 101 条的规定："侦查人员对于与犯罪有关的场所、物品、人身、尸体应当进行勘验或者检查。在必要的时候，可以指派或者聘请具有专门知识的人，在侦查人员的主持下进行勘验、检查。"第 107 条规定："人民检察院审查案件的时候，对公安机关的勘验、检查，认为需要复验、复查时，可以要求公安机关复验、复查，并且可以派检察人员参加。"第 158 条第 2 款规定："人民法院调查核实证据，可以进行勘验、检查、扣押、鉴定和查询、冻结。"

《人民检察院刑事诉讼规则》第 165 条规定：检察人员对于与犯罪有关的场所、物品、人身、尸体应当进行勘验或者检查。在必要的时候，可以指派检察技术人员或者聘请其他具有专门知识的人，在检察人员的主持下进行勘验、检查。第 256 条规定：人民检察院审查案件的时候，对公安机关的勘验、检查……也可以自行复验、复查，商请公安机关派员参加，必要时也可以聘请专门技术人员参加。第 257 条第 2 款规定：审查起诉部门对审查起诉案件中涉及专门的技术问题的证据材料需要进行审查的，可以送交检察技术人员或者其他具有专门知识的人员审查。检察技术人员或者其他具有专门知识的人员审查后应当出具审查意见。

司法会计鉴定活动的主要法律依据有《刑事诉讼法》第 119 条的规定："为了查明案情，需要解决案件中某些专门性问题的时候，应当指派、聘请有专门知识的人进行鉴定。"第 120 条规定："鉴定人进行鉴定后，应当写出鉴定结论，并且签名……鉴定人故意作虚假鉴定的，应当承担法律责任。"

《人民检察院刑事诉讼规则》第 200 条规定："鉴定由检察长批准，由人民检察院有鉴定资格的人员进行。必要的时候，也可以聘请其他有鉴定资格的人员进行，但是应当征得鉴定人所在单位的同意。"第 257 条规定："人民检察院对鉴定结论有疑问的，可以指派或聘请具有专门知识的人或者鉴定机构，对案件中某些专门性问题进行补充鉴定或者重新鉴定。"第 201 条规定：人民检察院应当为鉴定人进行鉴定提供必要条件，及时向鉴定人送交有关检材和对比样本等原始材料，介绍与鉴定有关的情况，并且明确提出要求解决的问题，但是不得暗示或者强迫鉴定人作出某种鉴定结论。

有些地方根据法律的规定，分别出台了一些有关司法会计工作的规定，一定程度上丰富了司法会计工作的依据，推进了司法会计工作的发展。例如：

1994年，《浙江省人民检察院司法会计检查鉴定工作细则（试行）》规定："司法会计检查、鉴定必须由人民检察院取得司法会计鉴定权的司法会计人员进行。必要时，可邀请有会计、审计专门知识的人协助工作。……司法会计人员根据侦查部门指派或聘请，可以在侦查人员主持下，对有关经济犯罪案件中涉及的会计事项进行检查。……司法会计人员应在侦查终结前，将查账、调查获取的会计证据加以分类汇总，制作检查笔录……司法会计人员进行鉴定后应当及时出具科学、客观的鉴定文书。鉴定文书分别记载检验报告、鉴定报告和分析报告"。

1997年，《上海市人民检察院关于司法会计鉴定工作的若干规定》规定："本市的司法会计鉴定机构是各区县检察院、分部技术部门、上海市人民检察院技术处、上海司法会计中心以及上海司法审计师事务所。……司法会计鉴定人员分为司法机关内部被指派的具有鉴定资格的人和其他被聘请的具有鉴定资格的人。司法会计文书分为《司法会计鉴定书》和《司法会计查账报告书》。……为了确保司法会计鉴定的科学性与惟一性，应坚持参考证据不能作为司法会计鉴定结论主要事实依据，惟有基本证据方能作为司法会计鉴定结论主要事实依据的鉴定证据使用原则"。

2.《民事诉讼法》和《行政诉讼法》的依据

《民事诉讼法》第72条规定："人民法院对专门性问题认为需要鉴定的，应当交由法定鉴定部门鉴定；没有法定鉴定部门的，由人民法院指定的鉴定部门鉴定。"《行政诉讼法》第35条规定："在诉讼过程中，人民法院认为对专门性问题需要鉴定的，应当交由法定鉴定部门鉴定；没有法定鉴定部门的，由人民法院指定的鉴定部门鉴定。"

最高人民法院《关于民事诉讼证据的若干规定》第28条规定：一方当事人自行委托有关部门作出的鉴定结论，另一方当事人有证据足以反驳并申请重新鉴定的，人民法院应予以准许。第61条规定：当事人可以向人民法院申请由1~2名具有专门知识的人员就有关案件的专门性问题进行说明。人民法院准许其申请的，有关费用由提出申请的当事人负担。第70条规定：人民法院委托鉴定部门作出的鉴定结论，当事人没有足以反驳的相反证据和理由的，可以认定其证明力。

最高人民法院《关于行政诉讼证据若干问题的规定》第62条规定：对被告在行政程序中采纳的鉴定结论，原告或第三人提出下列情形之一的，人民法院不予采纳：（一）鉴定人不具备鉴定资格；（二）鉴定程序严重违法；（三）鉴定结论错误、不明确或者内容不完整。第62条第4项规定：法定鉴定部门的鉴定结论优于其他鉴定部门的鉴定结论。

此外，司法部的《司法鉴定机构登记管理办法》、《司法鉴定程序通则（试行）》和《司法鉴定人管理办法》中也规定了进行司法会计鉴定工作的司法鉴定机构、鉴定程序和鉴定人资格问题，为司法实践中司法会计鉴定工作的发展提供了基础。

（二）司法会计证据

1. 会计资料

会计资料是指会计核算单位对资金及有关经济活动业务进行核算和控制而形成的各种经济业务的内容和数据的会计记录，是资金运动的反映，是进行会计监督、分析、决策和计划的依据，也是会计、审计和司法会计工作的直接对象。会计资料包括：

会计凭证：分为原始凭证和记账凭证两种。

账簿：分为日记账、明细分类账和总分类账三种。

会计报表：分为资产负债表、损益表和现金流量表等。

其他会计资料：包括有关计划、合同、劳资、统计数字等。

会计资料的处理：包括验证、审查原始凭证，编制记账凭证，登记各类账簿，编制会计报表等一系列过程。其中，原始凭证是会计资料的基础，登记账簿是保证会计数字系统完整的关键，编制会计报表是会计资料的目的。

处理会计资料要做到凭证齐全、准确及时。不同处理技术对处理会计资料的方法和效果有不同的影响。司法会计要根据不同的处理技术，选择不同的查证方法。

真实的会计资料具有证明经济业务发生的能力。会计资料的证明力主要来自原始凭证。通过运用原始凭证，才能证实经济业务的真实状况。因此，原始凭证是最重要的会计资料。办理经济犯罪及其他财产型犯罪案件时，都需要从会计资料中收集证据。例如，贪污案件要从会计资料中收集有关被涂改、伪造的原始凭证、现金支票等证据证明贪污手段和数额；贿赂案件要从会计资料中收集行贿方取款、入账报支的凭证，作为间接证据证明行贿事实的存在，等等。由此可见，司法实践中会计资料对查办经济案件具有重要意义。

2. 司法会计证据

司法会计证据是司法会计人员通过对经济案件涉及的会计事项进行审查、检查、鉴定等活动，查明会计事实，为司法机关提供的能够证明案件事实真相的会计证据及相关的证据。包括会计证据，调查、询问、讯问笔录，司法会计审查意见，司法会计检查笔录，司法会计鉴定结论等证据。司法会计证据是司法会计活动的最终目的，是打击经济犯罪、解决经济纠纷的重要依据，在司法会计学中具有重要作用。

司法会计证据主要包括以下几种：

(1) 会计证据。它是指司法会计人员依照法律程序在审查、检查会计资料的过程中，对与案件有关的会计资料及相关材料经过查证属实后进行收集、提取、固定能够证明案件事实的会计凭证、账簿和报表，作为书证和物证提供给司法机关的证据。司法会计人员收集、提供的与案件相关的原始凭证，可以作为重要的诉讼证据被法庭采用，成为定案依据。记账凭证、账簿记录和会计报表，也可以收集成为诉讼证据。对会计资料的审计结论等相关材料对会计资料本身也有补充证明作用。这些经查证属实成为诉讼证据的会计资料及相关材料统称为会计证据。在经济案件的诉讼证据中，会计证据占有相当的分量。例如，侦查贪污、贿赂、职务侵占、挪用公款（资金）等经济犯罪及财产型犯罪案件的最主要工作之一，就是收集财务会计资料证据（以下简称会计证据），它是对案件正确定罪量刑的一种主要证据。会计证据依附于财务会计资料，来源于财务会计资料。它既包括原已存在的财务会计资料，如记账凭证、原始凭证、会计账簿、会计报表等；也包括案发后由办案人员对犯罪有关场所、地点及物资进行勘验、搜查、盘点后形成的资料，如库存现金盘点表、财产物资盘盈盘亏报告、会计勘验搜查记录等。会计证据的证明对象是与资金有关的案件事实，会计证据通过案件资金证明案件事实；根据不同的标准，可以对会计证据进行分类，根据会计证据的表现形式，可分为：会计凭证证据、会计账簿证据、会计报表证据和辅助性会计证据；根据刑事诉讼法规定，可分为：书证、物证、勘验、检查笔录和司法会计鉴定结论等。它不是一般的会计资料，必须经过司法会计人员查证属实，要与案件有关，通过司法会计审查、检查取得。

(2) 调查、询问、讯问笔录。它是指司法会计人员在司法会计审查、检查中采取向有关单位和个人调查、询问证人和讯问被告人而获得的能够证明案件有关会计事实的记录。

(3) 司法会计审查意见。它是司法会计人员在案件立案、受理环节上，对案件有关会计资料及相关材料进行审查后提供的司法会计审查意见等书面材料，是对查明会计事实的分析判断，是对会计证据及相关证据的收集、固定，其本身不具有法定证据形式，也不是严格意义上的司法文书，但对相关会计事实有一定证明力，与会计证据一起发挥证明作用。

(4) 司法会计检查笔录。它是司法会计人员对案件涉及的会计资料进行勘验、检查所作的记录，是司法会计检查活动提供的一种证据，是对有关会计资料外部特征及其内容的客观反映，能够补充会计证据的不足。它一般以检查报告等形式出现。

(5) 司法会计鉴定结论。它是司法会计人员对案件涉及的会计专门性问题进行司法鉴定后所提供的结论性意见。它不仅客观地反映已查明的会计事实等内容，而且还载有会计、审计专门知识的司法会计人员论证、分析意见，是一种专家证言，属于言词证据。

（6）其他司法会计证据。它是指通过司法会计的技术咨询等活动提供的有证明作用的咨询报告等。

司法会计证据应当具备证据的基本特征。一是客观性，即司法会计证据所反映的事实内容、表现形式以及与案件事实之间的联系都是客观存在的，是不以人的意志为转移的；二是相关性，即司法会计证据事实与案件事实之间存在着客观联系并对案件事实具有实际证明作用；三是合法性，即司法会计证据在内容、形式上以及收集、审查判断、运用证据的人员和程序上都必须符合法律的规定。

此外，司法会计证据又具有区别于其他诉讼证据而独有的特殊属性，即司法会计证据的科学性、平衡性及固定性。

（1）科学性。财务会计资料是对资金和经济活动业务的记录和反映，它是根据会计核算原理和方法进行的，具有科学性的特征，因而决定了司法会计证据的科学性。会计核算原理最基本的是资金平衡原理，它使得会计对资金从来源和运用两个方面进行控制，并形成一系列科学的方法。最主要的会计方法是复式记账，对每一项资金运动和经济业务都必须在两个或两个以上的账户相互联系地进行记录。司法会计证据的科学性要求办案人员收集和固定会计证据必须运用一定的科学技术方法来进行。

（2）平衡性。会计核算原理最基本的是资金平衡原理，即资金来源＝资金运用。如前所述，每一项资金运动和经济业务都必须运用两个或两个以上的科目相互联系地进行记录，即根据原始凭证制作记账凭证，根据记账凭证登记会计账簿，汇总会计账簿制作会计报表等，对于货币资金的增减，且必须与银行提供的会计证据相符，这说明财务会计资料是相互平衡、相互印证的，这就决定了司法会计证据的平衡性。司法会计证据的平衡性要求办案人员应该多渠道、相互联系地收集司法会计证据。

（3）固定性。司法会计证据的固定性是指作为司法会计证据的会计资料在一定时间内保持基本内容和形式固定不变。这一特点是由会计资料的特点所决定的。我国会计制度规定：会计资料必须按规定编号、填写、分类、分册、装订，会计资料必须按规定期限保管和保存。这就决定了会计资料不易涂改、记录的内容不因条件的不同而产生变化，会计资料不容易破坏和消失。有关会计资料制度的严格性保证了司法会计证据的固定性。

司法会计证据是由司法机关和司法会计人员收集、提供的，司法会计人员在收集证据时应当做到：第一，必须按法定程序进行。只有按法定程序收集，才能保证所收集的证据是合法有效的。司法会计证据收集必须遵守的法律规则主要有三种：一是有关程序的法律规定，如《刑事诉讼法》、《民事诉讼法》、《行政诉讼法》、《仲裁法》等法律中有关证据调查的规定；二是有关主体的法律规定，如

《法官法》、《检察官法》、《律师法》等法律中有关职业行为规范的内容；三是有关各种行政执法活动的法律规定，如《行政处罚法》、《治安管理处罚条例》、《海关法行政处罚实施细则》、《税收征收管理法》等法规中有关调查取证的内容。此外，每一种具体的证据调查措施或方法也有其必须遵循的规则，如询问证人的规则、现场勘查的规则、物证鉴定的规则等。第二，必须客观、全面。要从实际出发，客观、全面地收集证据，对经济犯罪案件，既要收集有罪证据，又要收集无罪证据；对经济纠纷案件，既要收集对被告有利的证据，又要收集对原告有利的证据。第三，必须主动、及时。会计资料是一种文字记录，有可能被有关人员毁灭、隐匿或涂改、更换。司法机关应尽快调取与案件有关的会计资料，及时采取封存、扣押等措施进行证据保全，以保证证据的安全、完整。第四，必须深入、细致。司法会计人员要善于运用司法会计原理和方法透过账面记录看到事物的本质，要做到深入细致的调查研究，查明有关资金的来龙去脉。第五，必须坚持依靠专门技术和群众相结合。要充分运用司法会计的特长查明会计事实的真相，特别是对利用电子计算机等高科技手段进行经济犯罪的，更要运用有关专门技术去查证。同时要深入到群众中去调查访问，认真倾听群众的意见，发现有关线索，印证会计资料。在司法实践中，司法会计证据的收集可从以下四个方面入手：

（1）及时收集会计原件，强化会计证据的证明力度。根据原件优于复（制）印件、影印件的原则，在办案实践中，应尽量收集会计原件。从会计资料中调取原件，要注意不使原件遭到人为损坏。对于已经装订成册归入档案的原件，应由案发单位的财会人员将原装订拆开后取出。对取得的原件，不得在原件上随意涂改、划线，或做各种标记，以免破坏原件原貌的真实性。取得原件后，办案人员应将原件固定在办案专用纸上，并在办案纸上注明来源、调取人姓名和调取日期，请案发单位财会经办人证明原件的出处，并签名盖章，注明日期。

（2）全面收集会计资料，形成会计证据锁链。根据"有借必有贷，借贷必相等"的会计学原理，一项经济业务发生，必然要涉及两个或两个以上的会计科目，因而收集会计证据要全面完整。例如：贪污案件要从会计资料中收集有关被涂改、伪造的原始凭证，如发票、现金支票等，还要从会计资料中收集列支的科目或账簿；如果犯罪嫌疑人将本单位的资金转到其他单位实施贪污，就不仅要在其所在单位的会计资料中收集证据，还要从其转款、取款的单位会计资料中收集证据；必要时，还需调取涉案单位开户银行的会计资料进行印证。收集会计证据时，要尽量调取原件，不具备调取原件条件的，在收集复印（制）件时，要依法取证。

（3）突击盘点库存现金、财产物资，确定资金或财产物资的存在状态。通过对现金、材料、产成品、固定资产等实物进行盘点，来确定其存在、分布以及损失、被侵害程度等情况，是司法实践中侦查活动的一种常用办法。例如：对于财会人员挪用现金进行非法活动或营利活动的挪用公款（资金）案件，就需要通过盘点现金来确定挪用现金的时间、金额等；对于仓库管理人员利用职务之便盗卖仓库物资的贪污案件，也需要通过盘点实物与账存数进行比较，来确定盗卖的物资品种及数量。盘点实物，应在办案人员的主持下进行，并制作盘点表或盘点报告，由办案人员、盘点人和见证人签名或盖章，并注明日期，方可作为证据使用。

（4）按需要制作会计勘验检查笔录，补充和完善会计证据。会计勘验检查笔录是指对涉及资金犯罪的会计资料形态进行勘验检查后形成的笔录。例如：犯罪嫌疑人实施贪污后将会计资料隐匿或销毁、对会计资料进行篡改，都需要办案人员对现存的会计资料进行勘验、检查，来反映隐匿、销毁、篡改的真实情况，形成笔录。从某种意义上说，会计勘验、检查笔录不是会计资料，它们是会计资料的补充记录，能够从某一角度证明案件事实。

司法人员从会计资料中收集证据时，由于客观条件和技术手段的限制，可能会出现证据不全面、不充分或者不准确的情况，也可能收集一些与案件无关的资料，因此，有必要对收集的司法会计证据进行审查判断。审查判断证据是司法人员通过对证据的分析研究，确认证据的客观性、相关性、合法性等特征，认定案件事实的过程，它是诉讼活动的关键环节。审查判断证据，包括对个别证据的审查判断和综合全案证据的审查判断。对司法人员来说，收集证据是审查判断证据的前提，对收集的证据进行审查判断，又可以发现新的线索，指导进一步收集司法会计证据。对司法会计证据的审查判断，可以分析司法会计证据之间及司法会计证据与其他诉讼证据之间是否相互联系地证明案件事实，是否存在矛盾，以便在下一步的诉讼活动中收集证据解决矛盾。由于司法会计证据具有特殊性，对其审查判断也要采取特殊的方法。一般来说，对司法会计证据的审查判断可采用下列方法：

（1）利用会计核算原理进行审查判断。会计证据是从会计资料中收集的，而会计资料是根据会计核算原理和方法形成的，因此，利用会计核算原理和方法是审查判断会计证据的一种特殊方法，包括复式记账法、资金运动原理、成本核算方法。

（2）运用司法会计方法对会计证据进行审查判断。司法会计方法是指为完成司法会计任务而采取的手段，主要包括审阅法、分析法、比较法、核对法等。

（3）综合全案对司法会计证据进行审查判断。综合全案分析，即将司法会计证据与整个案件诉讼过程中形成的其他诉讼证据结合起来分析判断。司法会计证据是整个案件证据的一部分，它只能证明与资金有关的案件事实。全案事实是相互联系的，因而司法会计证据与其他诉讼证据应相互联系、相互印证，证明全案的事实。对它们进行综合分析，主要看它们之间有无矛盾，是否一致。要判断证据本身、证据与证据之间、证据与被证事项之间在内容、时间、数额等方面有无矛盾,如果不一致,或者相互间有矛盾,则要继续收集证据解决矛盾,使各种证据相互印证,形成数量充足、质量可靠的证据体系,使其具有充分的证明力。

(4) 要注意审查判断证据的真实性、可靠性和合法性,以确定证据的有效性。要分析有关单位和个人提供证据的真实动机、具体环境、传递过程等具体情况。司法会计证据的可靠性受其来源、性质和司法会计人员技术水平等的影响。一般来讲,在内部控制制度较为健全、证据是司法会计人员自己直接获得,或从外部单位获得,或按法定程序获得等情况下收集的证据,较为可靠。一定要注意具体情况具体分析。

第二节 司法会计学概述

一、司法会计学的研究范围

"科学研究的区分,就是根据科学对象所具有的特殊的矛盾性。因此,对于某一现象的领域所特有的某一种矛盾的研究,就构成某一门学科的对象。"因此,要确立司法会计学学科体系,确定该学科性质,首先就要明确司法会计学的研究对象。其次,学科理论体系的建立是对实践经验的高度概括和总结,确立司法会计学的学科体系不能脱离司法实践。司法会计是一种专业性很强的诉讼活动,它在不同的诉讼阶段,在不同的案件当中所起到的作用是不同的。它既可以作为一种侦查、调查技术手段来发现线索、收集证据资料,又可以作为一种鉴定方法来确定、鉴定证据。因此,从内容上要依据它的不同特点来分别进行研究。司法会计学是社会发展、分工细化的结果,是现代社会运用会计学、审计学知识揭露经济犯罪和解决经济纠纷的经验总结。其任务是通过对司法会计理论的研究,指导司法会计实践,提高司法会计技术水平,保证办案质量,促进司法会计工作的发展;保证司法会计工作更好地解决经济犯罪和经济纠纷中会计专门问题,更有效地为查办经济犯罪、解决经济纠纷服务;促使司法会计工作在经济监督和经济鉴证职能方面更好地发挥作用,成为会计监督和公证的最后一道专业工序。

司法会计学是研究司法会计理论与实践及其规律的一门学科。从其研究对象来讲,它主要研究的是诉讼过程中的司法会计活动,即研究经济犯罪和经济纠纷行为在会计上的具体表现,研究司法会计证据在诉讼中的作用(这是证据法学研究的内容),因此,它应当属于法学学科的范畴。虽然从司法会计学的产生、发展来讲,司法会计学借鉴了会计学、审计学的大量研究成果,从具体的实践过程来看,司法会计工作人员要借助于会计学、审计学的有关知识对案件中的财务会计资料、财产物资以及财务会计事项进行认识和判断,但是司法会计工作人员应用会计学、审计学知识的目的是为了解决案件中司法机关和办案人员所解决不了的专门性问题，是为了帮助司法机关和办案人员查明案情，从而解决犯罪嫌疑人是否犯罪以及确定诉讼双方当事人的权利和义务关系，这与运用会计学知识来进行会计核算、会计监督，进行控制和管理，运用审计学知识进行经济鉴证、经济监督是明显不同的。

司法会计学是一门综合性的边缘学科，它把会计学、审计学、侦查学、证据学、诉讼法学等方面的有关知识汇集起来，专门研究司法会计如何解决司法工作中有关经济犯罪、经济纠纷涉及的各种会计问题，为证实经济犯罪、处理经济纠纷提供科学的依据。司法会计学不仅研究会计、审计理论和方法在司法实践中的应用，还要通过这种应用解决司法实践中的各种会计专门性问题，它们通过诉讼法律关系连接起来，成为一个整体，成为一门既包含会计、审计知识，又包含证据学、诉讼法学知识的边缘学科。

根据我国有关法律的规定，结合司法会计工作实践，司法会计学的主要研究范围包括：

1. 司法会计的基本概念、原理、程序和方法等。

2. 司法会计审查。根据《刑事诉讼法》第 86 条的规定，司法机关应对举报材料和案件材料进行审查，这些审查对于经济犯罪案件而言，大多涉及会计资料及相关证据材料的审查判断，需要具有专门知识的司法会计人员进行。EDPS 的司法会计检查也可以归结为司法会计审查的一种形式。EDPS 即电子计算机会计资料处理系统，EDPS 犯罪是指利用电子计算机进行经济犯罪，是利用现代科技手段进行犯罪的一种形式。对 EDPS 犯罪的司法会计检查和鉴定基于对 EDPS 这种特殊会计环境的审查，因此这是一种特殊形式的司法会计活动。

3. 司法会计检查。根据《刑事诉讼法》第 101 条的规定，侦查人员对于与犯罪有关的场所、物品、人身、尸体应当进行勘验或者检查。在必要的时候，可以指派或聘请具有专门知识的人，在侦查人员的主持下进行勘验、检查。第 106 条规定，勘验、检查的情况应当写成笔录，由参加勘验、检查的人和见证人签名或者盖章。侦查人员或受其指派、聘请的具有会计、审计专门知识的人对案件涉及的资料进行检查，就是司法会计检查。这种检查是侦查中的一种专门调查活动。

4. 司法会计鉴定。根据《刑事诉讼法》第 119 条的规定，为了查明案情，需要解决案件中某些专门性问题的时候，应当指派、聘请有专门知识的人进行鉴定。《民事诉讼法》第 72 条规定，人民法院对专门性问题认为需要鉴定的，应当交由法定鉴定部门鉴定；没有法定鉴定部门的，由人民法院指定的鉴定部门鉴定。《行政诉讼法》第 35 条规定，在诉讼过程中，人民法院认为对专门性问题需要鉴定的，应当交由法定鉴定部门鉴定；没有法定鉴定部门的，由人民法院指定的鉴定部门鉴定。司法机关指派、聘请具有会计、审计专门知识的人，对案件涉及的会计专门性问题进行鉴定，就是司法会计鉴定。

5. 其他内容。包括构成司法会计学学科体系的其他理论和实践问题。如司法会计技术咨询和业务培训、司法会计工作的组织和管理、司法会计工作底稿和法律文书制作等。

二、司法会计学与相关学科的关系

司法会计学与许多相关学科是应用与被应用的关系。司法会计学必须以这些相关学科为依托，并将相关学科的研究成果加以综合运用，才能研究并解决本学科的专门问题。因此，司法会计学与这些学科之间有着密切的联系，司法会计学的发展，也与这些学科的研究和发展密切相关。

（一）司法会计学与会计学的关系

司法会计学主要研究会计学原理和方法在司法实践中的应用，所以也有人认为它是会计学的一个特殊领域。会计学的原理和方法是司法会计学的基础之一，司法会计学是在会计核算和监督的基础上发展起来的，是现代会计学的补充和发展。但司法会计学与会计学也有显著区别：

1. 学科性质不同。会计学是研究连续、系统、全面反映、控制和监督经济过程的程序和核算方法的学科，它研究的会计是经济管理的工具，是经济管理的重要内容；司法会计学是研究司法会计理论与实践及其规律的一门学科，它研究的司法会计是诉讼活动的组成部分。

2. 研究对象不同。会计学的研究对象和范围涉及会计的产生和发展，会计的任务、作用，会计的原则、方法等会计理论和会计实务，主要是资金来源和运用的运动规律和表现形式；司法会计学研究司法会计理论与实践，着重研究与案件相关的会计事项的真实性与合法性。

3. 研究目的不同。会计学研究的目的是真实、合法地反映和监督经济活动；司法会计学研究的目的是揭露和证实不真实、不合法、不合理的经济活动。

4. 研究的方法不同。会计主要采用会计核算和会计监督的方法；司法会计主要采用审查、检查和鉴定的方法。

（二）司法会计学与审计学的关系

司法会计学与审计学在基本原理、程序和方法等方面联系较为密切。两者都是在会计检查和公证职能的基础上发展起来的，都是主要利用查账、验账方法寻找会计核算资料中的会计错弊，部分审计标准可直接被司法会计活动借鉴和引用。区别在于：

1. 研究范围不同。审计学研究以会计为对象的经济监督理论与方法的学科，其对象包括国家审计、注册会计师独立审计（即社会审计、民间审计）和内部审计三部分；司法会计学研究的司法会计包括司法会计审查、检查和鉴定三部分。

2. 性质不同。审计是一种行政、经济监督、鉴证活动；司法会计是司法监督的一部分,是诉讼活动。

3．目的不同。审计的目的在于查处违反财经纪律行为,鉴证财务收支和管理状况,进行经济监督;司法会计的目的在于查证经济活动中的错误、舞弊行为,解决经济纠纷。

4．实施时间不同。审计不仅监督财务收支真实、合法,还要对经济活动的合理性进行事前审查、事中控制;司法会计只在经济业务发生后对会计记录的真实性、合法性进行查证。

（三）司法会计学与逻辑学的关系

逻辑学是研究思维形式的学科。由于科学都会涉及思维形式问题,所以逻辑学的研究成果被广泛应用于各门学科的研究之中,司法会计也不例外。逻辑学的定义思维形式,是司法会计学总结归纳和提出新的概念的思维方式;逻辑学的判断思维形式,是司法会计学研究各类关系问题的思维指导;逻辑学的推理证明思维形式,是司法会计学研究鉴定结论的形成规律的理论方法。

（四）司法会计学与法学的关系

司法会计学是法学的分支学科。法学学科中的实体法律规范是司法会计的重要依据和标准,司法会计进行审查、检查和鉴定时,正是根据实体法的规定,才能对会计事实的特征、过程、手段、数额、时间等作出判断,才能把那些符合实体法规定特征、性质的会计事实作为证据收集、提供,用以证明违背法律规定的事实是否存在以及存在方式和存在状态,确定经济犯罪和经济纠纷的数额等。因此,实体法是司法会计学研究的依据和标准,司法会计则是证明实体法有关经济权利和义务的手段之一。与司法会计联系密切的实体法主要包括：刑法、民商法和行政法等。法学学科中的诉讼法律规范由证据的收集、判断和运用规则组成,是司法会计的活动准则。与司法会计学联系密切的诉讼法主要有：刑事诉讼法、民事诉讼法、行政诉讼法等。司法会计在审查、收集、提供证据时必须遵守诉讼法的证据规则,否则就不能对案件事实产生法律上的证明效力。司法会计的主要目的是提供诉讼证据,为诉讼服务。因此,诉讼是司法会计活动的目的和依据,司法会计是实现诉讼的特殊手段和方式。

三、司法会计学的研究方法

司法会计学的研究方法,是指在研究和解决具体的司法会计理论与实务问题时所采用的科学方法。我国的司法会计理论研究水平仍处于较低层次,司法会计理论体系尚未完善,其中一个重要原因是科学的研究方法的缺乏。因此,探讨和掌握司法会计学的研究方法,是提高我国司法会计理论研究水平和尽快完善司法会计理论体系的重要途径。

司法会计学的研究要建立在特定的社会实践基础上,要顺应市场经济的要求,适应我国政治体制的改革。首先应对司法会计的实践活动进行深入细致的社会调查，掌握第一手的统计数据、案例及其他材料，对出现的问题产生感性认识，为下一步的理论分析奠定科学事实基础；同时要对历史上的司法会计制度及其实施情况进行考察，对外国的有关司法会计制度和实践情况有所了解，比较各国在制度和实践方面的异同，在以上基础上进行分析，揭示司法会计学中的普遍规律。

司法会计学研究方法可分为方法论层次和具体方法与技术层次。方法论作为研究的指导思想贯穿于研究的全过程，马克思主义哲学即辩证唯物主义和历史唯物主义的基本原理是司法会计学研究必须遵循的科学方法论，在司法会计学研究中应始终坚持实事求是的科学态度，坚持用全面的、联系的、发展的观点看问题，坚持具体问题具体分析。司法会计学是一门多学科交叉的综合性的边缘学科，因此，司法会计学的研究的具体方法有一个显著特征即综合性，它的研究方法基本源于会计学、审计学、逻辑学、经济学等。在研究中将这些方法加以一定的选择和调整，更好地适应本学科的研究目标和研究特征。由此，司法会计学研究的具体方法应当采用多元的研究方法，归纳起来主要有以下几种：

(一) 借鉴法

借鉴法是指借鉴相邻学科的研究成果，借以形成司法会计的理论和方法的一种研究方法。如司法会计检查中的审阅、核对、比较等技术方法，是借鉴审计技术方法而形成的。但需要注意的是，借鉴不是完全的重复，借鉴来的成果应当成为本学科的有机组成部分，具有本学科的特点，否则无法形成独立的司法会计理论体系。

(二) 个案分析法

个案分析法是指通过分析个别实际案例中的问题，发现、总结出一定的司法会计对策的研究方法。这是一种从具体到抽象、从分析到综合、从特殊到一般的研究方法，这种方法要得出有价值的结论，关键在于选择的案例要有一定的数量和质量。

(三) 推演法

推演法是指在正常的财务会计处理方法中，加入假定的错误，通过观察和研究这一错误对正常业务的影响，选择相应的司法会计对策的一种研究方法。

第三节 司法会计学的发展

一、司法会计学的主要理论观点

与一些发达国家相比，我国司法会计起步较晚。据现有资料记载，司法会计活动及司法会计学在我国出现还是当代的事情。

新中国成立后，公有制经济制度在我国建立，财务会计的应用也逐渐得到普及。但随着经济的发展，经济犯罪也日益增多，司法机关在查处经济犯罪案件中开始进行会计检查和会计鉴定。特别是在办理贪污案件时，为了确认被告人是否贪污公款，往往由会计人员来查账，并就被告人是否贪污公款及贪污数额进行鉴定。从严格意义上讲，这些活动还不能视为是司法会计活动，司法机关中也没有专门的司法会计人员。从20世纪50年代末期至80年代初，由于受各方面的影响，司法会计工作一度停滞不前。

改革开放后，随着我国《刑法》、《刑事诉讼法》的颁布实施，司法会计进入了发展的阶段。特别是80年代中期，为了适应反腐败斗争的需要，最高人民检察院技术部门在对国外司法会计的有关情况进行调研后建议，检察机关有必要建立司法会计专业技术门类，配备司法会计技术人员，开展为检察机关查办贪污贿赂、偷税等犯罪案件服务的司法会计工作。目前，检察机关司法会计工作的范围也由原来主要为检察机关查办案件提供查账技术协助和进行司法会计鉴定扩大到接受公安、法院等部门的委托，为公安、法院等部门在办理案件中提供司法会计鉴定结论和技术服务。

80年代后期，一些法院在审理涉及财务会计业务的民事、经济、行政案件时，开始委托社会中介机构如会计师事务所等进行相关的司法会计活动。个别地方的法院还与银行、审计等部门联合成立了开展司法会计业务的机构。

到20世纪末，一些地方的公安、法院等部门为了侦查和审判工作的需要，也开始酝酿建立司法会计专业技术部门，配备司法会计人员，开展司法会计工作。

由于受司法会计实践的影响，我国司法会计理论研究从80年代才真正开始，起步较晚。在司法会计理论研究的过程中，出现了以下几种具有代表性的观点：

（一）"一元论"司法会计观

"一元论"司法会计观，是我国在司法会计理论研究方面形成较早的一种观点，也是我国最初进行司法会计理论研究的大多数学者、专家和司法会计工作者的主流观点。核心思想是：司法会计就是司法会计鉴定，司法会计鉴定就是查账、查物。司法会计学的研究对象是司法会计鉴定，司法会计学就是司法会计鉴定学。这种理论观点是借鉴了前苏联司法会计鉴定理论和我国审计学的操作理论，并直接归纳司法会计工作中的具体做法而形成的。

"一元论"司法会计观的最大贡献在于将司法会计界定为一种"诉讼活动"。这一基本理论范畴的界定不仅为"一元论"司法会计学科体系的构建确立了思想基础，而且为后来的司法会计理论研究奠定了基石。"一元论"司法会计观的不足之处也是显而易见的。它将司法会计界定为司法会计鉴定，内容过于狭窄，局限了其自身理论观点的发展，没有构成司法会计的完整体系，与司法实践脱节。

(二)"专业论"司法会计观

"专业论"司法会计观,是 20 世纪 90 年代初期提出的一种司法会计观点。核心思想是:司法会计学的研究对象是司法会计,而司法会计的对象是案件资金。由于不同经济行业涉及的案件资金及会计证据的特点不同,应当按照经济行业的划分来分别研究司法会计理论,并建立相应专业的司法会计学。

这种观点认为,司法会计学的研究对象是司法会计,司法会计是一种诉讼活动,这是值得肯定的一面。但从司法会计实践和学科理论的角度看,又有明显的局限性。同时,这种理论研究的思路是从会计学的角度来研究司法会计,在司法会计实践中也造成了一些直接引用会计学、经济学的概念给具体"行为"定性的做法。而且,依据行业特点来划分和建立学科体系,对于属于法学学科的司法会计学不切合实际。从会计学角度讲,根据不同行业经济活动的发生、发展过程的不同特点,对其进行会计核算和监督,建立不同行业的会计学,如工业会计学、商业会计学等是完全科学的。但对于司法会计学来讲,虽然行业不同,采用的会计核算和会计制度有一定的差异,但司法会计学研究的是司法会计活动的特点和规律,是针对司法实践中犯罪行为方式、特点及经济事项的具体情况来进行的,需要研究不同行业犯罪的共同特点,因此,在确立学科体系时,不能脱离具体的司法实践。

(三)"二元论"司法会计观

"二元论"司法会计观是 20 世纪 80 年代后期提出的一种观点,其核心思想是:将司法会计定义为诉讼活动,并依据诉讼法和刑事侦查学原理,将司法会计活动的基本内容概括为司法会计检查和司法会计鉴定。

这种观点及理论研究的长处在于将司法会计划分为司法会计检查和司法会计鉴定。一方面,以诉讼中侦查、调查原理为依据,借鉴审计学的查账查物技术,将诉讼法规定的勘验检查与司法会计实践相结合,建立司法会计检查学;另一方面,以司法鉴定的"同一认定"理论为指导,将司法鉴定与会计要素相结合,建立司法会计鉴定学。在司法会计基本理论的指导下,将司法会计检查理论与司法会计鉴定理论统一于司法会计理论体系之中。其不足之处主要是没有将一般的会计检查、查账与司法会计检查区别开来,混淆了司法会计检查和司法会计审查的界限,模糊了司法会计检查和司法会计鉴定的关系。

(四)"三元论"司法会计观

这是 20 世纪 90 年代后期提出的一种观点。经过十余年的发展,这一理论观点以及依据这一理论观点建立的司法会计学学科体系日益成熟、完善,并逐步被司法实践所接受。其核心思想是:将司法会计定义为诉讼活动,将司法会计活动的基本内容概括为司法会计审查、司法会计检查和司法会计鉴定三个部分,以使司法会计理论更好地体现我国诉讼法的精神,更好地指导司法会计实践。本教材主要以"三元论"作为研究的理论基础。

司法会计理论研究中的种种观点对司法会计的发展都起到了不同的作用。当然，任何一门学科的发展与完善都有一个过程，都是与具体的实践活动和人们的认识水平密切相关的。随着社会的进步、司法实践的不断深入和广大司法会计工作者的不懈努力，司法会计学将不断走向成熟。

二、司法会计学的现状及发展

目前我国司法会计实际工作中存在着较多的问题，如人才资源缺乏，从事司法会计工作的专业人员技术水平尚需提高，司法会计专业技术的应用缺乏必要的环境和基础，等等。

从事司法会计工作的专业人员，主要有司法机关的司法会计人员和社会中介机构的注册会计师及一些大专院校的会计科研、教学人员。这些人员，主要是从财经院校会计、审计及其他经济专业毕业的，许多人还缺乏开展司法会计工作所必需的法学、侦查学、司法鉴定学和司法会计学专业理论和实践。社会中介机构的注册会计师及会计教学、科研人员更是缺乏这方面的理论和实践。专业技术水平的不足，往往导致在司法会计实践中违法检案、技术性错检等一系列问题。人才资源的缺乏，不仅制约了司法会计的发展，造成了理论研究、教学工作的被动，而且在司法实践中，司法机关在诉讼中的证据收集活动也受到了技术方面的限制。

由于司法会计工作没有引起有关部门的重视，同时受司法会计人才资源缺乏和投入不足的影响，加之专业交流渠道不畅，司法会计理论研究不够深入和活跃，司法会计领域内一些重要的理论问题仍未达成共识。这种状况与司法会计理论研究的发展需要是极不适应的。

随着我国依法治国方略的实施和诉讼科学化进程的加快，刑法、刑事诉讼法的修订实施和社会主义市场经济体制的逐步完善，在客观上为司法会计的发展和应用提供了广阔的空间，同时，也提出了更高的要求。如何更好地使司法会计在打击犯罪、预防犯罪和处理民事、经济、行政案件中发挥更大的作用，是摆在我们面前的一个紧迫任务。

（一）适应形势发展，大力加强司法会计理论研究

从目前我国司法实践和司法会计的现状看，司法会计理论研究与司法实践的需要还有很大的差距。司法会计专业的发展已明显受到理论研究水平的制约。因此，加强司法会计理论研究已刻不容缓。

司法会计理论研究，首先，要加强对基本理论问题的研究，解决目前还没有解决的一些司法会计的基本理论问题，逐步建立起较完善的司法会计理论体系，以指导具体技术理论的研究和司法会计实践。

其次，要加强技术对策理论的研究。技术对策理论的研究，应针对当前高科

技犯罪、智能化犯罪的特点和信息技术在经济领域的广泛应用，充分利用计算机技术、会计审计新技术，加强对司法会计审查技术、检查技术、鉴定技术的开发性研究，不能仅限于对已有经验的总结。

（二）建立司法会计专业的本科、研究生教育体系，促进司法会计技术的应用和推广

根据司法实践和司法会计理论研究的要求，在我国高等院校，应逐步建立起司法会计专业的本科和研究生教育体系，培养司法会计专业技术人才，以适应司法实践和司法会计学发展的需要。目前，我国已有部分财经、政法院校开设了司法会计方面的本科教育，还有部分政法院校招收了少量司法会计专业的硕士研究生，这为培养高层次的司法会计人才开了个好头。但从目前的情况来看，也存在着一些实际问题，如只是将司法会计作为会计学的一个专业方向而没有作为一个本科专业，课程设置上注重于会计学而不重视法学、侦查学、司法会计学的基础教育，司法会计专业有其名而无其实，师资和司法会计专业教材也存在着一些困难等。

另外，应加强对司法会计技术的应用和推广。从司法实践部门来讲，侦查人员、检察人员、审判人员和律师都应当掌握一定的司法会计技术，才能适应办理此类案件。因此，各部门应重视对现有人员的司法会计基础知识的培训。同时，政法院校的非司法会计专业的在校生，也应加强司法会计专业知识的学习，以适应将来司法实践工作的需要。

（三）以司法会计审查、检查为主，以司法会计鉴定为辅，重建司法会计工作体制

司法会计的主要任务是为诉讼活动判断分析会计资料、提供司法会计证据。因此，对已有的会计资料及有关证据材料要通过司法会计审查活动判断其性质和作用，以确定是否应当立案、受理案件；对需要进一步收集的会计资料及相关证据材料通过司法会计检查活动来收集、固定、运用；必要时通过司法会计鉴定来鉴别判断和固定证据。司法会计审查的作用主要体现在司法机关对案件进行立案前的举报初查阶段，在案件的侦查、审查起诉、审判环节上则应加强司法会计检查，并辅以司法会计鉴定活动。这就需要完善司法机关的司法会计工作机构的管理，加强司法会计技术人员的培训，同时在司法会计鉴定方面发挥面向社会服务的司法会计鉴定机构的作用。

随着我国诉讼科学化进程的不断加快和司法会计理论研究水平的提高，司法会计活动将会越来越多，司法会计理论和技术的应用将会普及，司法会计专业的建设和发展也会有广阔的前景。

第二章　司法会计的会计与审计基础（上）

第一节　会　计　概　论

一、会计的概念和分类

（一）会计的概念和特点

会计是以货币为主要计量单位，反映和监督一个单位经济活动的一种经济管理工作。在企业，会计主要反映企业的财务状况、经营成果和现金流量，并对企业经营活动和财务收支进行监督。会计是随着人类社会生产的发展和经济管理的需要而产生、发展并不断完善起来的。在生产活动中，为了获得一定的劳动成果，必然要耗费一定的人力、物力和财力。人们一方面关心劳动成果的多少，另一方面也注重劳动耗费的高低。人们通常将结绳记事、刻石计数作为会计的萌芽。随着生产活动的发展，产生了对生产活动进行专门的计量与记录的会计。随着社会经济的进步，生产力的不断提高，会计的核算内容、核算方法等也得到了巨大的发展，逐步由简单的计量与记录行为，发展成为以货币单位综合核算和监督经济活动过程的一种经济管理工作。可见，经济越发展，会计就越重要。

会计具有如下四个特点：

1. 会计是以货币为主要计量单位。在商品经济条件下，任何经济活动都同时表现为价值的运动，货币是商品的一般等价物，是衡量商品价值的共同尺度。因此，作为核算经济活动的会计，只有采用货币作为统一计量单位，才能对经济活动的各个方面进行综合的核算与监督，以取得反映经济活动情况全貌的会计信息。

2. 以真实、合法的会计凭证为依据。会计所收集的经济信息必须真实可靠，这样通过信息处理后形成的财务信息才能客观地反映经济活动。因此会计所采集的经济信息，是有根有据的，要取得或填制凭证，要依据会计准则和会计制度，对凭证的合法性和合理性进行严格审核无误后，才能据以编制记账凭证、登记账簿，进行加工处理。这一特征也是其他经济管理活动所不具备的。

3. 对经济活动要进行连续、系统、完整的核算和监督。连续性表现在对各种经济活动能按其发生的时间先后顺序不间断地进行记录；系统性表现在对各项经济活动既要进行相互联系的记录，又要进行必要的、科学的分类，只有这样才能取得管理所需要的各种不同的信息资料；所谓完整性表现在对各项经济活动的来龙去脉都必须进行全面记录、计量。会计利用货币计量，既横向反映各项经济活动的经济内容,又能对每一项经济活动纵向地、自始至终地反映各个阶段的变化过程和结果,构成了一个完整的会计核算网络。

4. 会计的事前、事中和事后监督,对经济活动具有促进、控制、考核和指导作用。会计监督首先是在反映各项经济活动的同时,进行事后监督,并且利用各种价值指标来考核经济活动的效果。随着经济的发展,参与企业预测、决策、控制、考核将成为会计的主要方面。

(二)会计的分类

一般来讲,会计可分为企业会计和非营利组织会计。

1. 企业会计

企业是以营利为目的的经济组织,因此企业会计也称营利组织会计。企业会计依其工作的侧重点和服务的对象不同,分为财务会计和管理会计。

(1) 财务会计。财务会计是指对企业已经发生的交易或事项,通过确认、计量、记录和报告等主要程序进行加工处理,并借助于以报表为主的财务报告形式,向企业的利害关系方提供以财务信息为主的经济信息系统。财务会计的服务对象主要是企业外部的信息使用者,故又称对外报告会计。财务会计是基础,是会计的主要内容。

(2) 管理会计。管理会计是从传统的会计系统中分离出来,与财务会计并列,着重为企业进行最优决策、改善经营管理、提高经济效益服务的一个企业会计分支。为此,管理会计侧重于企业内部的决策支持系统,主要是预测经济前景,判断经营环境,确定最优的经营和投资方案;分析差异,控制成本,挖掘潜力,消除浪费;划清企业内部经济责任,对其业绩进行考核和评价。管理会计的服务对象主要是企业内部的管理人员,故又称对内报告会计。管理会计按其所从事的工作可分为成本会计、决策与控制会计以及责任会计。

在实际工作中,管理会计和财务会计并不存在明显的界限。如财务会计与管理会计具有共同的基础:原始资料相同。以此为基础,财务会计与管理会计基于不同信息使用者需求的侧重点不同,各自对原始资料进行加工、整理、扩展。再有,财务会计与管理会计都依赖于受托责任。财务会计侧重于企业外部受托责任,管理会计侧重于企业内部受托责任。从本质上说,它们都是一种受托责任会计。但是财务会计与管理会计也存在一些差异。财务会计所提供的报告虽也面向企业内部使用者,但主要服务于企业外部使用者;而管理会计所提供的报告则基本上为了满足企业管理人员的需要。因而,财务会计工作要遵循国家有关部门颁布的会计准则和会计制度,提供的信息以历史数据为主,有统一的要求;而管理会计工作除了成本会计这一分支外,一般不受会计准则和会计制度的制约,编纂的提供视内部管理的需要而定,既包括历史数据,也包括预测数据。

财务会计历史比较悠久,其确认、计量、记录、报告已形成一套完整的理论和方法体系。管理会计产生于20世纪50年代，其方法比较独特、灵活，有的尚处于探索、完善之中。

2. 非营利组织会计

非营利组织就是不以营利为目的的组织，包括政府机关、学校、医院、社会团体、科研机构、基金会和慈善机构等。在我国，习惯上把非营利组织会计称为行政、事业单位会计。非营利组织一般通过预算控制各种收支，其会计主要以反映和监督这些组织的预算执行过程和结果为目的，故又称预算会计。

二、会计核算的基本前提

会计核算的基本前提是对会计核算所处的时间、空间环境所作的合理设定。会计核算对象的确定、会计政策的选择、会计数据的采集都要以这一系列的基本前提为依据。会计核算的基本前提包括：会计主体、持续经营、会计分期、货币计量。

（一）会计主体

会计主体，又称会计实体、会计个体，是指会计为之服务的特定单位。会计核算应当以一个特定独立的或相对独立的经营单位的经营活动为对象，反映该经营单位的经营活动。会计主体典型的是企业，但也可以是企业内部相对独立的经营单位。会计主体不同于法律主体，会计主体可以是一个独立的法律主体如企业法人，也可以不是一个独立的法律主体如企业内部相对独立核算单位。

（二）持续经营

持续经营是指会计核算应以企业持续、正常的生产经营活动为前提。假设在可以预见的未来，企业的经营活动将以既定的经营方针和目标继续经营下去，而不会面临破产清算。有了这一前提才能建立起会计确认和计量的原则，如历史成本原则、权责发生制原则等，企业在信息的收集和处理上采用的会计方法才能保持稳定，会计核算才能正常进行。如果企业发生破产清算，所有以持续经营为前提的会计程序与方法就不再适用，而应当采用破产清算的会计程序和方法。

（三）会计分期

会计分期是指在企业持续不断的经营过程中，人为地划分一个个间距相等、首尾相接的会计期间，以便确定每一个会计期间的收入、费用和盈亏，确定该会计期间期初、期末的资产、负债和所有者权益的数量，并据以结算账目和编制会计报表。会计分期规定了会计核算的时间范围。

会计期间通常是一年，称为会计年度。《中华人民共和国会计法》（以下简称《会计法》）规定，以公历年度作为企业的会计年度，即以公历1月1日起至12月31日止，在年度内，再划分为季度和月份等较短的期间。

划分会计期间对企业会计核算有重大影响，它是企业分期反映经营活动和总结经营成果的前提。

(四）货币计量

货币计量是指企业会计核算采用货币作为计量单位，记录、反映企业的经济活动，并假设币值不变。

在我国，会计核算以人民币为记账本位币，业务收支以外币为主的企业，也可以采用某种外币作为记账本位币，但编报的会计报表应当折算为人民币反映。境外企业向国内编报会计报表应当折算为人民币反映。

会计上把货币作为计量单位，同时假设货币的内在价值是稳定的，即使有所变动，应不足以影响会计计量和会计信息的正确性。在通货膨胀的环境下，货币价值的波动会给会计计量带来巨大的困难，按常规方法编制的会计就严重失实，引起报表使用者的误解，在这种情况下，就需要采用通货膨胀会计来解决。在我国，会计核算以人民币作为记账本位币，同时也假定货币的价值是稳定不变的。

三、会计核算的一般原则

会计核算的一般原则是进行会计核算的指导思想和衡量会计工作成败的标准。具体包括三个方面：衡量会计信息质量的一般原则、确认和计量的一般原则、起修正作用的一般原则。

（一）衡量会计信息质量的一般原则

评价会计信息质量的标准主要有客观性、可比性、一贯性、相关性、及时性、明晰性等。

1. 客观性原则

客观性原则要求会计核算应当以实际发生的交易或事项为依据，如实反映企业的财务状况、经营成果和现金流量。

客观性是对会计工作的基本要求。会计工作提供信息的目的是为了满足会计信息使用者的决策需要，因此，就应做到内容真实、数字准确、资料可靠。在会计核算工作中坚持客观性原则，就应当在会计核算时客观地反映企业的财务状况、经营成果和现金流量，保证会计信息的真实性；会计工作应当正确运用会计原则和方法，准确反映企业的实际情况；会计信息应当能够经受验证，以核实其是否真实。

2. 可比性原则

可比性原则要求企业的会计核算应当按照规定的会计处理方法进行，会计指标应当口径一致、相互可比。

可比性要求企业的会计核算应当按照国家统一的会计制度和规定进行，使所有企业的会计核算都建立在相互可比的基础上。只要相同的交易或事项，就应当采用相同的会计处理方法。会计处理方法的统一是保证会计信息可比的基础。

3. 一贯性原则

一贯性原则要求企业的会计核算方法前后各期应当保持一致，不得随意变更。如有必要变更，应当将变更情况、变更的原因以及对企业财务状况和经营成果的影响在财务报告中说明。

4．相关性原则

相关性原则是指会计提供的信息要同使用者的经济决策活动相关联，并且产生直接的影响。其具体表现在提供的会计信息能帮助决策者预测未来，把握可能的结果，从而改善当前的决策；同时，提供的会计信息也能为决策者证实过去的决策产生的结果，从而修正或坚持原来的决策。

5．及时性原则

及时性原则是指企业的会计核算应当及时，不得提前或延后。会计信息的价值在于帮助会计信息使用者作出有关的决策，具有时效性，它要求及时收集、处理、传递会计信息，以满足社会各方面会计信息使用者的需要。

6．明晰性原则

明晰性原则又称可理解性原则，是指会计记录和会计报表应当清晰、明了，便于信息使用者加以理解和利用。这是会计信息质量的首要要求。在会计核算工作中坚持明晰性原则，会计记录应当准确、清晰，填制会计凭证、登记会计账簿必须做到依据合法、账户对应关系清楚、文字摘要完整；在编制会计报表时，项目勾稽关系清楚、项目完整、数字准确。

（二）确认和计量的一般原则

我国企业会计准则包括的有关会计要素确认和计量的一般原则有下列四项：

1．权责发生制原则

权责发生制原则要求企业的会计核算应当以权责发生制为基础。凡是当期已经实现的收入和已经发生或应当负担的费用，不论款项是否收付，都应当作为当期的收入和费用；凡是不属于当期的收入和费用，即使款项已在当期收付，也不应当作为当期的收入和费用。

有时，企业发生的货币收支业务与交易或事项本身并不完全一致。例如，款项已经收到，但销售并未实现；或者款项已经支付，但并不是为本期生产经营活动而发生的。为了明确会计核算的确认基础，更真实地反映特定会计期间的财务状况和经营成果，就要求企业在会计核算过程中应当以权责发生制为基础。

收付实现制是与权责发生制相对应的一种确认基础，它是以收到或支付现金作为确认收入和费用的依据。目前，我国的行政单位采用收付实现制，事业单位除经营业务采用权责发生制外，其他业务也采用收付实现制。

2．配比原则

配比原则要求企业在进行会计核算时，收入与其成本、费用应当相互配比，同一会计期间的各项收入和与其相关的成本、费用，应当在该会计期间内确认。

配比原则是根据收入与费用的内在联系，要求将一定时期内的收入与为取得收入所发生的费用在同一期间进行确认和计量。在会计核算工作中坚持配比原则有两层含义：一是因果配比。将收入与其对应的成本相配比，如将主营业务收入与主营业务成本相配比，将其他业务收入与其他业务成本相配比。二是时间配比。将一定时期的收入与同时期的费用相配比，如将当期的收入与管理费用、财务费用等期间费用相配比等。

3. 历史成本原则

历史成本原则要求企业的各项财产在取得时应当按照实际成本计量。其后各项资产如果发生减值，应当按照规定计提相应的减值准备。除法律、行政法规和国家统一的会计制度另有规定的外，企业一律不得自行调整其账面价值。

对资产、负债、所有者权益等项目的计量，企业应当基于交易或事项的实际交易价格或成本，这主要是因为历史成本是资产实际发生的成本，有客观依据，便于查核，也容易确定，比较可靠。所以，除法律、行政法规和国家统一的会计制度另有规定的外，企业一律不得自行调整其账面价值。

需要注意的是，如果资产已经发生了减值，其账面价值已经不能反映其未来可收回金额，企业就应当按照规定计提相应的减值准备。

4. 划分收益性支出与资本性支出原则

划分收益性支出与资本性支出原则，要求企业的会计核算应当合理划分收益性支出与资本性支出的界限。凡支出的效益仅及于本会计期间（或一个营业周期）的，应当作为收益性支出；凡支出的效益及于几个会计期间（或几个营业周期）的，应当作为资本性支出。

在会计核算工作中划分资本性支出和收益性支出，要求企业在会计核算工作中确认支出时，要区分两类不同性质的支出，将资本性支出计列于资产负债表中，作为资产反映，以真实地反映企业的财务状况；将收益性支出计列于利润表中，计入当期损益，以正确地计算企业当期的经营成果。这主要是因为资本性支出的效益可在几个连续的会计期间发挥作用，而收益性支出效益只在当期发挥作用。

如果企业在会计核算中没有划分资本性支出与收益性支出，将原本应计入资本性支出的计入收益性支出，就会低估资产与当期收益；将原本应计入收益性支出的计入资本性支出，就会高估资产和当期收益。所有这一切，都不利于会计信息使用者正确地理解企业的财务状况和经营成果，不利于会计信息使用者的决策。

（三）起修正作用的一般原则

除了上述两类一般原则外，还有一些属于对前述原则加以补充、修正性质的一般原则，主要有谨慎性原则、重要性原则和实质重于形式原则。在许多情况下，在遵循以上所述两类一般原则的同时，还要考虑这三个补充原则。

1. 谨慎性原则

谨慎性原则，又称稳健性原则，是指企业在进行会计核算时，应当遵循谨慎性原则的要求，不得多计资产或收益、少计负债或费用，并不得设置秘密准备。

企业的经营活动充满着风险和不确定性，在会计核算中坚持谨慎性原则，要求企业在面临不确定因素的情况下作出职业判断时，应当保持必要的谨慎，充分估计到各种风险和损失，既不高估资产或收益，也不低估负债或费用。例如，要求企业定期或者至少于每年年度终了，对可能发生的各项资产损失计提资产减值准备等，就充分体现了谨慎性原则，体现了谨慎性原则对历史成本原则的修正。

需要注意的是，谨慎性原则并不意味着企业可以任意设置各种秘密准备，否则，就属于滥用谨慎性原则，将视为重大会计差错，需要进行相应的会计处理。

2. 重要性原则

重要性原则是指企业的会计核算应当遵循重要性原则的要求，在会计核算过程中对交易或事项应当区别其重要程度，采用不同的核算方式。对资产、负债、损益等有较大影响，并进而影响财务会计报告使用者据以作出合理判断的重要会计事项，必须按照规定的会计方法和程序进行处理，并在财务会计报告中予以充分、准确地披露；对于次要的会计事项，在不影响会计信息的真实性和不至于误导财务会计报告使用者作出判断的前提下，可适当简化处理。

在评价某些项目的重要性时，很大程度上取决于会计人员的职业判断。一般来说，应当从质和量两个方面综合进行分析。从性质来说，当某一事项有可能对决策产生一定影响时，就属于重要项目；从数量方面来说，当某一项目的数量达到一定规模时，就可能对决策产生影响。

3. 实质重于形式原则

实质重于形式原则，要求企业应当按照交易或事项的经济实质进行会计核算，而不应当仅仅按照它们的法律形式作为会计核算的依据。

在实际工作中，交易或事项的外在法律形式或人为形式并不总能完全反映其实质内容。所以，会计信息要想反映其所拟反映的交易或事项，就必须根据交易或事项的实质和经济现实，而不能仅仅根据它们的法律形式进行核算和反映。例如，以融资租赁方式租入的资产，虽然从法律形式来讲承租企业并不拥有其所有权，但是由于租赁合同中规定的租赁期相当长，接近于该资产的使用寿命；租赁期结束时承租企业有优先购买该资产的选择权；在租赁期内承租方有权支配资产并从中受益。所以，从其经济实质来看，企业能够控制其创造的未来经济利益，会计核算上将以融资租赁方式租入的资产视为承租企业的资产。

如果企业的会计核算仅仅按照交易或事项的法律形式或人为形式进行，而其法律形式或人为形式又没有反映其经济实质和经济现实，那么，其最终结果将不仅不会有利于会计信息使用者的决策，反而会误导会计信息使用者的决策。

四、会计要素与会计恒等式

（一）会计要素

会计要素，是会计核算对象的基本分类，是设定会计报表结构和内容的依据，也是进行确认和计量的依据。对会计要素加以严格的定义，就能为会计核算奠定坚实的基础。会计要素主要包括资产、负债、所有者权益、收入、费用和利润。

1. 资产

资产是指由于过去的交易、事项形成并由企业拥有或者控制的资源，该资源预期会给企业带来经济利益。它具有以下特点：

第一，资产能够给企业直接或间接地带来经济利益。所谓经济利益，是指直接或间接地流入企业的现金或现金等价物。资产导致经济利益流入企业的方式多种多样。例如，单独或与其他资产组合为企业带来经济利益；以资产交换其他资产；以资产偿还债务等。如果某项目不能给企业带来经济利益，就不能确认为企业的资产。

第二，为企业所拥有或控制。企业拥有资产，就能够排他性地从资产中获得经济利益。有些资产虽然不为企业所拥有，但是企业能够支配这些资产，因此同样能够排他性地从资产中获取经济利益。如果企业不能拥有或控制资产所能带来的经济利益，那么就不能作为企业的资产。

第三，资产是由过去的交易或事项形成的。资产必须是现实的资产，而不能是预期的资产。只有过去发生的交易或事项增加或减少企业的资产，而不能根据谈判中的交易或计划中的经济业务来确认资产。

资产可以按照不同的标准进行分类，比较常见的是按照流动性和按有无实物形态进行分类。按照流动性对资产进行分类，可以分为流动资产或非流动资产。流动资产是指可以在1年或者超过1年的一个营业周期内变现或耗用的资产，主要包括现金、银行存款、短期投资、应收及预付款、待摊费用、存货等。有些企业经营活动比较特殊，经营周期可能长于1年，如造船企业、大型机械制造企业等，从其购买原材料至建造完工，从销售实现到收回货款，周期比较长，往往超过1年，此时，就不能以1年内变现作为流动资产的划分标准，而是将经营周期作为流动资产的划分标准。除流动资产以外的其他资产，都属于非流动资产。如长期股权投资、长期债权投资、固定资产、无形资产等。

按照有无实物形态对资产进行分类，可以分为有形资产和无形资产。如存货、固定资产等属于有形资产，因为它们具有物质实体；货币资金、应收款项、短期投资、长期股权投资、长期债权投资、专利权、商标权等属于无形资产，因为它们没有物质实体，而是表现为某些法定权利或技术。一般来说，通常仅将专利权、商标权等不具有物质形态，能够为企业带来超额利润的资产称为无形资产。

2. 负债

负债是指由于过去的交易或事项形成的现时义务，履行该义务预期会导致经济利益流出企业。它具有以下特征：

第一，负债的清偿预期会导致经济利益流出企业。清偿负债导致经济利益流出企业的形式多种多样，如用现金偿还或以实物资产偿还；以提供劳务偿还；部分转移资产部分提供劳务偿还；将负债转为所有者权益，如我国目前试行的国有企业债转股业务。对此，企业不能或很少可以回避，否则就不能确认为企业的负债。

第二，负债是由过去的交易或事项形成的。作为现时义务，负债是过去已经发生的交易或事项所产生的结果，是现实的义务。只有过去发生的交易或事项才能增加或减少企业的负债，而不能根据谈判中的交易或事项或计划中的经济业务来确认负债。如银行借款是因为企业接受了银行贷款而形成的，如果企业没有接受贷款，则不会发生银行借款这项负债；应付账款是因为企业采用信用方式购买商品或接受劳务而形成的，在购买商品或接受劳务发生之前，相应的应付账款并不存在。

按照流动性对负债进行分类，可以分为流动负债和长期负债。流动负债，是指将在1年（含1年）或者超过1年的一个营业周期内偿还的债务，包括短期借款、应付票据、应付账款、预收账款、应付工资、应付福利费、应付股利、应交税金、其他暂收应付款项、预提费用和1年内到期的长期借款等。长期负债，是指偿还期在1年或者超过1年的一个营业周期以上的负债，包括长期借款、应付债券、长期应付款等。

3. 所有者权益

所有者权益，是指所有者在企业资产中享有的经济利益，其金额为资产减去负债后的余额。它具有以下特征：

第一，除非发生减资、清算，企业不需要偿还所有者权益。

第二，企业清算时，只有在清算所有的负债后，所有者权益才返还给所有者。

第三，所有者凭借所有者权益能够参与利润的分配。

所有者权益在性质上体现为所有者对企业资产的剩余权益，在数量上也就体现为资产减去负债后余额。所有者权益包括实收资本、资本公积、盈余公积和未分配利润。实收资本是所有者实际缴付的出资额；资本公积包括资本溢价、接受捐赠的资产价值等；盈余公积是企业从税后利润中提取的各种公积金；未分配利润是企业留待以后年度分配的利润或本年度待分配利润。盈余公积和未分配利润又合称留存收益。

所有者权益与负债有着本质的区别。所有者投入的资产，企业一般可长期使用，不需要按期归还，也不需要支付使用费；而负债是企业对内和对外所承担的经济责任，需要企业定期偿还，有时还需支付有关的费用，如借款的利息费用等。所有者可以参与企业的利润分配，而债权人则无此权利，只能按照预先约定的条件取得利息收入。

4. 收入

收入，是指企业在销售商品、提供劳务及让渡资产使用权等日常活动中所形成的经济利益的总流入。收入不包括为第三方或客户代收的款项。它具有以下特征：

第一，从企业的日常经营活动中产生，而不是从偶发的交易或事项中产生。所谓日常经营活动，是指企业为完成其经营目标而从事的所有活动，以及与之相关的其他活动。例如，商业企业从事商品销售活动、金融企业从事贷款活动、工业企业从事制造和销售产品等。企业所进行的有些活动并不是经常发生的，比如工业企业出售作为原材料的存货，虽然不是经常发生，但与日常活动有关，也属于收入。然而，有些交易或事项虽然也能为企业带来经济利益，但由于不属于企业的日常经营活动，所以，其流入的经济利益不是收入而是利得，如工业企业出售固定资产的净收益。

第二，表现为企业资产的增加，或负债的减少，或两者兼而有之。收入为企业带来经济利益的形式多种多样，既可能表现为资产的增加，如增加银行存款、形成应收款项；也可能表现为负债的减少，如减少预收账款；还可能表现为两者结合，如销售实现时，部分冲减预收的货款，部分增加银行存款。

第三，能导致企业所有者权益的增加。企业取得收入能导致所有者权益增加。但是，收入与相关的成本费用相配比后，则可能增加所有者权益，也可能减少所有者权益。由于收入是经济利益的总流入，所以收入能引起所有者权益的增加。

第四，只包括本企业的经济流入，不包括为第三方或客户代收的款项。企业为第三方或者客户代收的款项，如增值税、代收利息等，一方面增加企业的资产，另一方面增加企业的负债，因此，不增加企业的所有者权益，也不属于本企业的经济利益，不能作为本企业的收入。

收入可有不同的分类。按照企业所从事日常活动的性质，收入有三种来源：一是销售商品，取得现金或者形成应收款项；二是提供劳务；三是让渡资产使用权，主要表现为对外贷款、对外投资或者对外出租等。

按照日常活动在企业中所处的地位，收入可分为主营业务收入和其他业务收入。其中，主营业务收入是企业为完成其经营目标而从事的日常活动中的主要项目，如工业企业的销售产成品、自制半成品、提供工业性劳务等。其他业务收入是主营业务收入以外的其他日常活动，如工业企业销售材料、出租固定资产、提供非工业性劳务等。

5. 费用

费用，是指企业为销售商品、提供劳务等日常活动中所产生的经济利益的流出。它具有以下特征：

第一，费用是企业在日常活动中发生的经济利益的流出，而不是从偶发的交易或事项中发生的经济利益的流出。商业企业从事商品采购活动、金融企业从事存款业务、工业企业从事采购原材料等所发生的经济利益的流出，属于费用。但是，有些交易或事项虽然也能使企业发生经济利益的流出，但其经济利益的流出属于企业的日常经营活动，所以，其经济利益的流出不属于费用而是损失，如工业企业出售固定资产净损失。

第二，费用可能表现为资产的减少，或负债的增加，或二者兼而有之。费用的发生形式多种多样，既可能表现为资产的减少，如购买原材料支付现金、制造产品耗用存货；也可能表现为负债的增加，如负担长期借款利息；还可能是二者的组合，如购买原材料支付部分现金，同时承担债务。

第三，费用将引起所有者权益的减少。

按照费用与收入的关系，费用可以分为营业成本和期间费用。其中，营业成本是指所销售商品或提供劳务的成本。营业成本按其所销售商品或提供劳务在企业日常活动中所处的地位，可以分为主营业务成本和其他业务成本。期间费用包括管理费用、营业费用和财务费用。管理费用是企业行政管理部门为组织和管理生产经营活动而发生的各种费用；营业费用是企业在销售商品或提供劳务等日常活动发生的除营业成本以外的各项费用以及所设销售机构的各项经费；财务费用是企业筹集生产经营所需资金而发生的费用。

6. 利润

利润，是指企业在一定会计期间的经营成果，包括营业利润、利润总额和净利润。

营业利润是企业在销售商品、提供劳务等日常活动中所产生的利润，为主营业务收入减去主营业务成本和主营业务税金及附加，加上其他业务利润，减去营业费用、管理费用和财务费用后的金额。利润总额是指营业利润加上补贴收入、营业外收入，减去营业外支出后的金额。其中，补贴收入是指企业按规定实际收到的补贴收入（包括退还的增值税），或按销量或工作量等和国家规定的补助定额计算并按期给予的定额补贴。营业外收入是指企业发生的与其生产经营无直接关系的各项收入，如固定资产盘盈、处置固定资产净收益、非货币性交易收益、罚款净收入等。营业外支出是指企业发生的与其生产经营无关系的各项支出，如固定资产盘亏、处置固定资产净损失、出售无形资产损失、债务重组损失、计提的固定资产减值准备、计提的无形资产减值准备、罚款支出、捐赠支出、非常损失等。净利润是指利润总额减去所得税后的余额。

(二)会计恒等式

会计恒等式是指表明各会计要素之间基本关系的恒等式,也称为会计平衡公式。

企业要进行生产经营活动,必须拥有一定数量的资产。这些资产分布在经济活动的各个方面,表现为不同的占用形态,如货币资金、原材料、房屋建筑物等。同时资产的存在一定有其来源,要么是所有者投入,要么是通过举债取得,前者即形成所有者权益,后者形成企业的负债。在任何一个特定的时点,资产的存量与其来源在金额上必定相等。即:

资产 = 负债 + 所有者权益　　　　　　　　　①

资产、负债和所有者权益三者关系的恒等式,反映的是企业资金运动的相对静止状态,即在某一特定时点上企业资产的构成以及资产的来源渠道。这一公式反映了企业资产的归属关系,是复式记账和编制会计报表的基础。

企业运用资产,通过生产经营过程而获取收入,并以发生费用作为代价。将一定会计期间内实现的收入与发生的费用相配比,就可以确定该期间企业的经营成果。当收入大于费用时,表明企业实现了利润;当收入小于费用时,则意味着企业发生了亏损。收入、费用和利润之间的关系,若用公式表示,就可以得到如下会计恒等式:

收入 − 费用 = 利润(亏损)　　　　　　　　②

收入、费用和利润之间的恒等关系,反映了一定期间内企业资金运动所取得的经营成果。

公式①与②并非是彼此孤立的,如果将两公式结合起来,则它们之间的关系可以表示为:

资产 = 负债 + 所有者权益 + 收入 − 费用　　③

上述公式经过变形,还可以得到如下公式:

资产 = 负债 + 所有者权益 + 利润(或亏损)

这一等式,即第三会计等式,它动态地反映了企业财务状况和经营成果之间的关系。财务状况反映了企业一定日期资产的存量情况,而经营成果则反映了企业一定期间资产的增量或减量。企业的经营成果最终会影响到企业的财务状况,企业实现利润将使企业资产增加或负债减少,企业发生亏损将使企业资产减少或负债增加。待期末结账后,利润归入所有者权益项目,会计等式又恢复成基本形式,即"资产 = 负债 + 所有者权益"。

从上所述分析我们可以得知,公式①揭示的是资金运动的静态方面,而公式②揭示的是资金运动的动态方面,上述的公式③是公式①、②的综合反映,其间的会计要素展示了会计对象的各个组成部分在企业生产经营活动中的变动及其变动的结果。

应该指出的是，公式①"资产＝负债＋所有者权益"是最基本的关系，即我们所称的会计恒等式。它是设置账户、复式记账与编制财务报表等会计核算方法建立的理论基础，在会计核算中具有十分重要的意义。

企业生产经营过程中发生的、能够引起会计要素增减变化的事项，会计上通常称为经济业务。企业发生的经济业务尽管纷繁复杂，但从对基本会计恒等式的影响来看，不外乎以下几种类型：

第一，资产项目之间的此增彼减，会计恒等式保持不变。

第二，负债项目之间的此增彼减，会计恒等式保持不变。

第三，资产与负债及所有者权益项目同增或同减，会计恒等式保持不变。

第四，负债与所有者权益项目的此增彼减，会计恒等式保持不变。

任何一项经济业务的发生都会引起资产、负债和所有者权益项目发生增减变动，但无论怎样，都不会破坏会计等式的平衡关系。正确地理解和运用这种平衡关系，对后面复式记账法的学习非常重要。

第二节 会计的记账原理

一、会计科目

会计为了实现其职能，不仅要从数量上反映各个会计要素的增减变化，而且还要提供一系列更加具体、详细的分类数据。为此，还必须将会计要素进一步细化和具体化，即对会计要素作进一步分类。这种对会计要素的具体内容进行分类核算的项目，称会计科目。其目的是为设置会计账户、进行分类核算提供依据。

既然会计科目是对各会计要素进一步分类所形成的项目，因而会计科目相应地分为资产类、负债类、所有者权益类、收入类、费用类、利润类会计科目。收入类科目、费用类科目可简称为损益类科目，利润属于所有者权益，其会计科目归入所有者权益科目。同时，为了反映产品生产过程的耗费，计算产品的制造成本，需专设"生产成本"与"制造费用"两个成本类会计科目。所以按会计要素分类，企业的会计科目可分为五类。参照我国的《企业会计制度》，企业常用的会计科目如表2-1所示。

表 2－1　会计科目表

顺序号	编号	名　　称
		一、资产类
1	1001	现金
2	1002	银行存款
3	1009	其他货币资金
4	1101	短期投资
5	1102	短期投资跌价准备
6	1111	应收票据
7	1121	应收股利
8	1122	应收利息
9	1131	应收账款
10	1133	其他应收款
11	1141	坏账准备
12	1151	预付账款
13	1201	物资采购
14	1211	原材料
15	1221	包装物
16	1231	低值易耗品
17	1232	材料成本差异
18	1241	自制半成品
19	1243	库存商品
20	1244	商品进销差价
21	1251	委托加工物资
22	1261	委托代销商品
23	1271	受托代销商品
24	1281	存货跌价准备
25	1291	分期收款发出商品
26	1301	待摊费用
27	1401	长期股权投资
28	1402	长期债权投资
29	1421	长期投资减值准备
30	1501	固定资产

(续表)

顺序号	编号	名　称
31	1502	累计折旧
32	1505	固定资产减值准备
33	1601	工程物资
34	1603	在建工程
35	1605	在建工程减值准备
36	1701	固定资产清理
37	1801	无形资产
38	1805	无形资产减值准备
39	1815	未确认融资费用
40	1901	长期待摊费用
41	1911	待处理财产损益
		二、负债类
42	2101	短期借款
43	2111	应付票据
44	2121	应付账款
45	2131	预收账款
46	2141	代销商品款
47	2151	应付工资
48	2153	应付福利费
49	2161	应付股利
50	2171	应交税金
51	2176	其他应交款
52	2181	其他应付款
53	2191	预提费用
54	2211	预计负债
55	2301	长期借款
56	2311	应付债券
57	2321	长期应付款
58	2341	递延税款
		三、所有者权益
59	3101	实收资本（或股本）

(续表)

顺序号	编号	名　称
60	3111	资本公积
61	3121	盈余公积
62	3131	本年利润
63	3141	利润分配
		四、成本类
64	4101	生产成本
65	4105	制造费用
66	4107	劳务成本
		五、损益类
67	5101	主营业务收入
68	5102	其他业务收入
69	5201	投资收益
70	5301	营业外收入
71	5401	主营业务成本
72	5402	主营业务税金及附加
73	5405	其他业务支出
74	5501	营业费用
75	5502	管理费用
76	5503	财务费用
77	5601	营业外支出
78	5701	所得税
79	5801	以前年度损益调整

　　会计实务中，为了便于会计处理，尤其是为了适应会计电算化的需要，应该对会计科目按照一定的标准编号。我国常用的会计科目的编号一般为四位数字，其中第一位数字代表该科目的类别，如"1"代表资产类科目，"2"代表负债类科目，"3"代表所有者权益类科目，"4"代表费用成本类科目，"5"代表损益类科目。列有企业所有会计科目及其编号的表格即为会计科目表。

　　会计科目按照所提供核算指标的详细程度不同，会计科目可分为总分类科目和明细分类科目。总分类科目又称一级科目，是指对会计要素的具体内容进行总括分类的项目。上述表2-1所列会计科目名称均是总分类科目。明细科目是指根据核算与管理的需要对某些会计科目所作的进一步分类的项目，按照其分类的详细程度不同，又可分为子目和细目，子目又称二级科目，细目又称三级科目。

二、会计账户

为了全面、序时、连续、系统地记录和反映会计要素增减变动的过程和结果，除了设置会计科目外，还必须设置账户。设置账户是会计核算的一种专门方法。

所谓账户，是对会计要素进行分类核算的工具。它根据会计科目开设，具有一定的格式和结构，能分类反映会计要素增减变动的情况及结果。账户与会计科目是两个既有联系又有区别的概念。两者的联系是：账户是根据会计科目开设的，会计科目就是账户的名称；两者反映的经济内容相同，即会计科目规定的核算内容就是账户记录和反映的经济内容。两者的区别是：会计科目是对会计要素的具体内容进行分类的项目名称，不存在结构；账户则是在会计科目分类的基础上，对会计要素增减变动情况及其结果进行全面、综合、连续、系统的记录。因此，账户不仅要有反映的内容，还必须具备一定的结构。由于账户是根据会计科目而设置的，两者名称完全一致，因此在实务中常常不加区别。

账户的结构是指账户的格式。为了全面、清晰地记录各项经济业务，每一个账户既要有明确的经济内容，又必须有一定的结构。各项经济业务引起的资金变动，尽管错综复杂，但从数量上看，不外是增加和减少两种情况。因此，账户的结构也相应地划分为两个基本部分：一部分反映数额的增加，另一部分反映数额的减少。通常在账户上划分为左右两方，分别记录增加额和减少额，增减相抵后的差额，称为账户的余额。账户的格式，尽管各种各样，但一般来说应包括以下内容：

(1) 账户的名称（即会计科目）；
(2) 日期和凭证号数（用以说明账户记录的日期及来源）；
(3) 摘要（概括说明经济业务的内容）；
(4) 增加和减少的金额；
(5) 余额。

在借贷记账法下，账户的左方称为"借方"，右方称为"贷方"。借贷是记账符号，分别反映资产、负债、所有者权益的增减变化。凡是属于资产类账户，增加数记入借方，减少数记入贷方，余额在借方；凡是属于负债及所有者权益账户，减少数记入借方，增加数记入贷方，余额在贷方。每一账户在一定时期内（月、年）借方金额合计称为借方发生额，贷方金额合计称为贷方发生额，两个发生额相抵后的余额称为期末余额。其计算公式为：

资产账户：

期末余额＝期初余额＋借方本期发生额－贷方本期发生额

负债及所有者权益账户：

期末余额＝期初余额＋贷方本期发生额－借方本期发生额

反映生产过程中的支出类账户（即费用、成本账户）在记账方向上与资产类相同；收入类账户（即收入、成果账户）在记账方向上与负债类账户相同。

借贷记账法的账户结构同表2-2。

表2-2 会计科目（账户名称）

年	凭证号数	摘要	借方	贷方	借或贷	余额
月　日						

上列账户结构，在教学上通常用简化了的"丁"字式账户表示（见表2-3）。

表2-3

借方	账户名称（会计科目）	贷方

上表如属费用、成本账户或收入、成果账户，在通常情况下，期末没有余额。

三、借贷记账法

记账方法就是根据一定的原理、记账符号、记账规则，采用一定的计量单位，利用文字和数字记录经济业务活动的一种专门方法。按其记录方式的不同，可分为单式记账法和复式记账法两大类。当前，我国企业、事业和行政单位采用的是复式记账法。

复式记账法，就是对于每一项经济业务所引起的资金运动，都要用相等的金额，同时在两个或两个以上相互联系的账户中进行全面登记的一种记账方法。它的基本理论依据是：资产＝负债＋所有者权益这一平衡原理。我国各企业、事业和行政单位，平日发生的经济业务是千变万化、多种多样的。但不管怎样增减变化，资产总量总是与负债和所有者权益的总量相等的。

复式记账法又可分为借贷记账法、增减记账法和收付记账法。借贷记账法，是我国学习借鉴国外的一种国际上通用的记账法；增减记账法是20世纪60年代我国商业系统在改革记账方法时设计提出的一种记账方法；收付记账法是在我国传统的收付记账法的基础上发展起来的复式记账法。我国《企业会计准则》规定,所有企业一律采用复式借贷记账法。

(一)借贷记账法的特点

借贷记账法是用"借"和"贷"作为记账符号的一种复式记账法。它的主要特点是:

1. 在账户中,用"借"和"贷"作为记账符号

借贷记账法以"借"和"贷"作为记账符号,把每个科目所属账户的账页都区分为"借方"、"贷方"和"余额"三栏。借方在左,贷方在右,以反映资金的增减变化情况。

"借"和"贷"作为记账符号,有其专门的含义。在资产类账户中,"借"表示增加,"贷"表示减少;而在负债和所有者权益类账户中,"借"表示减少,"贷"表示增加。

2. 以"有借必有贷,借贷必相等"作为记账规则

根据复式记账原理,对每项经济业务都要以相等金额,同时在两个或两个以上相互联系的账户中进行登记。记账时,对每项经济业务必须用相等金额,一方面记入一个或几个有关账户的借方,一方面记入一个或几个有关账户的贷方,记入借方账户与贷方账户的数额必然相等,这就形成了借贷记账法的记账规则。

3. 以"有借必有贷,借贷必相等"的记账规则进行试算平衡

由于借贷记账法在处理每一笔经济业务时,都必须遵循"有借必有贷,借贷必相等"的记账规则,记账方向相反,金额相等。因此,在一定时期内(月、年),所有账户的借贷发生额双方合计也必然保持平衡;所有账户的借方期末余额合计数与贷方期末余额合计数也必然是相等的。其试算平衡的公式是:

期初借方余额合计=期初贷方余额合计

本期借方发生额合计=本期贷方发生额合计

期末借方余额合计=期末贷方余额合计

利用这种平衡关系,就可以检查各账户记录是否正确,以提高会计核算的质量。

4. 可以设置和运用双重性质的账户

在借贷记账法下,账户按经济性质一般分为资产、负债和所有者权益三类。但为了灵活地处理账务,也可以设置和运用既可以是资产又可以是负债的双重性质账户(共同性账户),应根据它们的期末余额方向来确定其性质,如果是借方余额,就是资产类账户,如果是贷方余额,就是负债类账户。

(二)借贷记账法的运用

1. 会计分录的概念

会计分录简称分录。它是对每项经济业务(会计事项)指出应登记的账户和记账方向与金额的一种记录。

会计上需要设置的账户很多，发生的经济业务又十分频繁，为了准确地反映出账户的对应关系与登记金额，在每项经济业务发生后，正式记入账户之前，必须编制会计分录。

一笔会计分录包括三个要素：会计科目；记账符号；变动金额。

会计分录按其所反映经济业务的复杂程度，可分为简单会计分录和复合会计分录。简单会计分录是指一项经济业务发生以后，只在两个账户中记录其相互联系的两个经济因素的数量变化情况的会计分录。这种分录，其科目的对应关系一目了然。复合会计分录亦称"复杂会计分录"，是指经济业务发生后，需要应用3个或3个以上的账户，记录其相互联系的多种经济因素的数量变化情况的会计分录。

一个复合会计分录可以分解为几个简单的会计分录。复合会计分录，有利于集中反映整个经济业务的全貌，简化登记工作，提高会计工作效率。

在记账以前，及时、准确地编制会计分录（实际工作中是在专用格式的记账凭证上编制），可以保证账户的准确性，并便于日后查考。在借贷记账法下，可以编制"一借一贷"、"一借多贷"或"多借一贷"的会计分录。为了清楚地反映账户之间的对应关系，原则上不编制多借多贷的会计分录。

2. 会计分录的编制

开始学习编制会计分录时，有几点需要引起大家的注意：

第一，一般而言，任何会计分录都包括借贷两个方位，借方在上面，贷方在下面。

第二，为了便于识别，每一个会计分录借方应该在左，贷方应该在右。或者说，贷方记账符号、账户、金额都要比借方退后一格。

第三，编制会计分录之前，首先应该判断一项经济业务可能引起哪几个账户金额的变化；其次再判断这些会计分录中可能涉及的账户从大的类别上属于何种会计要素，并回忆这些会计要素处于会计等式的左边或右边；再次判断经济业务引起这些账户的金额的增减变化；接着根据经济业务所涉及的账户的性质和对金额的增减影响情况决定这些账户应该借记或者贷记；最后按照会计分录的具体格式编制完整的会计分录。

现举例说明会计分录的编制：

[例2-1] 红星公司2003年1月份发生以下经济业务：

①由上级主管部门投入资本金20,000元，存入银行。

这项经济业务，使企业所有者权益账户"实收资本"增加了20,000元。同时，使资产账户"银行存款"也增加了20,000元，两类账户同时增加，根据记账规则编制会计分录如下：

  借：银行存款   20,000
   贷：实收资本   20,000

②公司以银行存款10,000元,偿还银行短期借款。

这项经济业务,使企业负债账户"短期借款"减少了10,000元,同时,使资产账户"银行存款"也减少了10,000元,两类账户同时减少,根据记账规则编制会计分录如下:

借:短期借款　　　　　　　　10,000
　贷:银行存款　　　　　　　　10,000

③公司以应付票据1,000元,偿还应付账款。

这项经济业务,只涉及负债类账户。使"应付票据"账户增加,同时,使"应付账款"账户减少。根据记账规则,编制会计分录如下:

借:应付账款　　　　　　　　1,000
　贷:应付票据　　　　　　　　1,000

④公司开出转支票一张,以银行存款5,000元购买原材料。

这项经济业务使企业资产账户"原材料"增加5,000元,同时,使资产类账户"银行存款"减少了5,000元。根据记账规则,编制会计分录如下:

借:原材料　　　　　　　　　5,000
　贷:银行存款　　　　　　　　5,000

3.过账

各项经济业务编制会计分录以后,即应记入有关账户,这个记账步骤通常称为"过账"。过账以后,一般要在月终进行结账,即结算出各种账户的本期发生额合计和期末余额。现将以上经济业务的会计分录记入下列各账户:

假定红星公司2003年1月1日总账各账户余额如表2-4所示。

表2-4　红星公司2003年1月1日总账各账户余额

单位:元

资产类科目		负债及所有者权益类科目	
现金	500		
银行存款	20,000	短期借款	33,000
应收账款	1,500	应付账款	10,000
原材料	71,000	实收资本	120,000
固定资产	70,000		
总计	163,000	总计	163,000

(续表)

借 方	现 金	贷 方	
期初余额	500	本期发生额	—
期末余额	—		
本期发生额	500		

借 方	银行存款	贷 方	
期初余额	20,000	①	20,000
②	10,000	④	5,000
本期发生额	20,000	期末余额	25,000
本期发生额	15,000		

借 方	应收账款	贷 方	
期初余额	1,500		
本期发生额	—	本期发生额	1,500
期末余额	1,500		

借 方	原材料	贷 方	
期初余额	71,000		
④	5,000		
本期发生额	5,000	本期发生额	—
期末余额	76,000		

借 方	固定资产	贷 方	
期初余额	70,000		
本期发生额	—	本期发生额	—
期末余额	70,000		

借 方	短期借款	贷 方	
		期初余额	33,000
②	10,000		
本期发生额	10,000	本期发生额	33,000
		期末余额	23,000

(续表)

借　　方	应付票据	贷　　方	
		③	1,000
本期发生额	—	本期发生额	1,000
		期末余额	1,000

借　　方	应付账款	贷　　方	
		期初余额	10,000
③	1,000		
本期发生额	1,000	本期发生额	—
		期末余额	9,000

借　　方	实收资本	贷　　方	
		期初余额	120,000
		①	20,000
本期发生额	—	本期发生额	20,000
		期末余额	140,000

4. 编制试算平衡表

根据记账规则和试算平衡公式，对上述经济业务编制总分类账试算平衡表（发生额对照表）进行试算平衡，以检查其记账是否正确。此外，还可以利用它所提供的资料，了解企业经济活动的概况，并为编制资产负债表提供一定的方便。现将以上经济业务进行试算平衡，见表2-5。

表2-5　红星公司总分类账试算平衡表

2003年1月31日　　　　　　　　　　　　　　　　　　　　单位：元

会计科目	期初余额		本期发生额		期末余额	
	借方	贷方	借方	贷方	借方	贷方
现金	500				500	
银行存款	20,000		20,000	15,000	25,000	
应收账款	1,500				1,500	
原材料	71,000		5,000		76,000	
	70,000				70,000	
固定资产		33,000	10,000			23,000
短期借款				1,000		1,000
应付票据		10,000	1,000			9,000
应付账款		120,000		20,000		140,000
实收资本						
总　　计	163,000	163,000	36,000	36,000	173,000	173,000

从表2-5可以看出，各账户期初借、贷余额合计数均为163,000元；本期借、贷发生额合计数都是36,000元；期末借、贷余额合计数都是173,000元，各自保持平衡。这说明记账是准确的。如果不等，就表明账户记录有错误，应认真查明更正。通过本表，除了可以检查账户记录的准确性以外，还可以利用它所提供的资料，了解企业经济活动的概况，并为编制资产负债表提供一定的方便。

必须指出的是，经试算的双方数额如果不等，肯定是记账有错误；如果相等，一般说来记账是正确的，除非借方和贷方都多记或少记了相同的金额，或者应借应贷科目写错，或者借贷方向弄反。

综上所述，借贷记账法的特点是用"借"、"贷"两个高度抽象化的记账符号，依据"有借必有贷，借贷必相等"的记账规则，来分别反映每项经济业务所涉及的资金增减变化的内在联系，在各类账户里，完整地体现各项资金活动的来龙去脉和对应的平衡关系。因此，借贷记账具有严谨的科学性和广泛的适用性，记账规律易于掌握，确实是一种科学的记账方法。

第三节 会计核算的内容

本节以工业企业主要经营过程中的一般经济业务为例，进一步阐明账户与借贷记账法的应用。

工业企业为了进行生产经营活动，必须要拥有一定数量的财产、物资，这些再生产过程中财产物资的货币表现就是资金，随着生产经营活动的进行，资金以货币资金－储备资金－生产资金－成品资金－货币资金的形式不断运动，依次经过供应、生产、销售三个过程。在供应过程中，企业要用货币购买材料、物资，并按照等价交换的原则支付货款及采购费用，结转材料采购成本。这时资金从货币资金形态转化为储备资金形态。在生产过程中，企业通过劳动者制造产品，发生固定资产和材料等物化劳动和劳动者活劳动的耗费，这些生产费用要归集和分配到各种产品中去，结转产品生产成本。随着生产费用的支出，资金就从储备资金形态转化为生产资金形态。产品制成以后，资金又从生产资金形态转化为成品资金形态。在销售过程中，企业出售产品，并根据等价交换原则收取货款，这时资金又从成品资金形态转化为货币资金形态，其间还要交付销售费用、交纳税金、结转销售产品的生产成本，计算财务成果。这些都是供应、生产、销售过程中发生的经济业务。所以这三个过程以及资金的投入、调整、退出等经济活动，构成工业企业主要经营过程核算的内容。

一、资金筹集业务的核算

前面已经提到，一个企业的资产，其来源有所有者投入和举借债务两种。前者形成企业的主权资本（所有者权益），即自有资金；后者形成企业的负债，即借入资金。

（一）投入资本的核算

《中华人民共和国公司法》（以下简称《公司法》）规定，设立企业必须要有法定的资本。它是保证企业正常经营的必要条件。资本是由投资者认缴的，经工商行政管理部门核准的投资总额。投资者可以是国家，也可以是法人、自然人，还可以是外商。投资者的投资方式，可以是货币资金，也可以是实物和无形资产。投资者投入的资本，属于投资者所有，但在企业存续期间，投资者除了可以依法转让外，不得任意抽回投资，投资者可以凭借其资本所有权参与企业的利润分配。

1. 实收资本的核算

企业实际收到投资者投入的资本，通过"实收资本"账户来反映。该账户属于所有者权益类账户，贷方登记所有者投入的资本额。由于所有者的投资是一种永久性资本，借方一般没有发生额。如果企业按法律程序抽回投资，则需要通过借方反映。期末余额在贷方，表示期末所有者投资的实有数。该账户应按投资者设置明细账，进行明细分类核算。需要说明的是，"实收资本"这个概念一般适用于非股份有限公司，而"股本"则适用于股份有限公司，但两者在性质上是相同的。

企业收到的所有者投资都应该按照其实际投资数额入账。企业吸收的货币资金投资，应按照实际收到的款项作为所有者投资计入该账户的贷方；吸收的实物形式投资和无形资产投资，按照双方认可的协议价格作为实际投资额入账。

[例2-2] 国家向红星公司投入资本200,000元，存入银行。

借：银行存款　　　　　　　　200,000
贷：实收资本－国家投资　　　200,000

[例2-3] 某单位向红星公司投入全新运输汽车1辆，价值250,000元。

借：固定资产　　　　　　　　250,000
贷：实收资本－单位投资　　　250,000

2. 资本公积的核算

企业初次筹集资金时，出资者认缴的出资额全部计入"实收资本"账户。在企业再次进行筹集资金时，为了维护原有的投资者的利益，新加入的投资者的出资额往往要高于原投资者拥有同样比例权益的出资额。超过的部分就形成了资本公积。为了反映企业资本公积的增减变动情况，应该设置"资本公积"账户，该账户贷方登记增加额，借方登记减少额，期末余额一般在贷方。

在我国，如果企业以发行股票的方式筹集资金，股票可以以面值等值发行，也可以以超过面值的某一价格发行，即溢价发行。企业的股本应该是股票的面值与股份的乘积，它等于注册资本。如果采取面值发行，企业发行股票所取得的收入，应该全部计入"股本"账户，而若企业溢价发行股票，那么相当于股票面值的部分计入"股本"，而超过面值的部分获取的溢价收入，扣除相关的手续费和佣金后计入"资本公积"。

[例2-4] 红星公司委托证券公司代理发行普通股150,000股，每股面值1元，但按照每股1.2元的价格发行。双方约定，证券公司按照3%收取手续费，从发行收入中扣除。收到的款项全部存入银行。

会计核算如下：

公司收到的股款=150,000×1.2×（1-3%）=174,600（元）

应计入股本（实收资本）的数额=150,000×1=150,000（元）

应计入资本公积的金额=174,600-150,000=24,600（元）

借：银行存款　　　　　　　　174,600
贷：股本（实收资本）　　　　150,000
　　资本公积-股本溢价　　　 24,600

（二）借入资本的核算

借入资本是指企业依法筹集的、依约使用并按期偿还的资本。借入资本主要是企业向银行或其他金融机构等债权人的借款。银行借款体现了企业与银行之间的一种债权债务关系。银行是企业的债权人，无权参与企业的经营管理和利润的分配。但企业要按期支付利息，借款期满要归还本金。

银行按借款期限的长短不同，可分为短期借款和长期借款。短期借款指企业在生产经营过程中，由于生产周转的需要，向银行或其他金融机构借入的、偿还期限在1年或超过1年的一个营业周期以内的各种借款。在资产负债表上，它属于流动负债。长期借款是企业向银行或其他金融机构借入的、偿还期限在1年或超过1年的一个营业周期以上的各种借款。这类借款一般用于固定资产的购建、改建和扩建等。银行借款分别通过"短期借款"和"长期借款"两个负债类账户进行核算。贷方登记借入的各种借款，借方登记归还的各种借款，其贷方余额表示尚未归还借款的数额。

[例2-5] 红星公司临时向银行借入50,000元，存入银行，借款期限为两个月。

借：银行存款　　　　　　　　50,000
贷：短期借款　　　　　　　　50,000

[例2-6] 红星公司向银行借入期限3年，年利率为6%的长期借款300,000元，用于购买新设备，款项已存入银行。利息按单利进行计算，该笔借款的本金在每年年末平均偿还，利息也在每年年末支付。

借：银行存款　　　　　　　　300,000
贷：长期借款　　　　　　　　300,000

企业使用借入资本，需要支付利息。借款利息是企业使用借入资本所应支付的代价或成本，是一项理财费用，在"财务费用"账户中反映。"财务费用"账户借方登记企业本期所发生的各项财务费用，包括借款利息、借款手续费等；所有本期的财务费用期末都要通过贷方转入"本年利润"账户，结转后无余额。

短期借款的利息处理比较简单，通常在发生时直接计入当期财务费用。长期借款利息的计提与处理相对较复杂，存在不同的处理方法。

二、生产准备业务的核算

工业企业生产准备业务主要包括两个方面：一是固定资产购买或自行建造；二是材料采购和储备。

（一）固定资产购买或自行建造的核算

1. 固定资产取得的核算

固定资产是指同时具有以下特征的有形资产：①为生产商品、提供劳务、出租或经营管理而持有；②使用年限超过1年；③单位价值较高。与其他资产一样，固定资产也应该按照取得时的实际成本入账。实际成本包括能够使固定资产达到预定可使用状态之前的一切合理、必要的支出，包括买价、运杂费、包装费、安装费以及有关的税金等。若固定资产的购买需要安装，则先要在"在建工程"账户中核算，待安装完工交付使用以后，再从"在建工程"贷方转入"固定资产"借方。自行建造的固定资产在完工之前同样需要先在"在建工程"中进行核算。

"固定资产"账户属于资产类账户，用以核算固定资产的原始价值。借方登记固定资产原值的增加，贷方登记固定资产原值的减少。期末余额在借方，表示期末结存的固定资产的原始价值。原始价值是指企业取得固定资产时所发生的全部支出，也就是固定资产的历史成本。

"在建工程"账户属于资产类账户，用于核算尚未建造完工或虽已经购买但尚未处于可使用状态的固定资产的成本。借方用来登记固定资产的各项成本，贷方用来反映已经完工而结转的固定资产的成本，期末余额在借方，表示期末尚未完工的固定资产。

[例2-7] 红星公司购入一台不需要安装的设备，发票价格50,000元，税额8,500元，发生的运费2,500元，款项全部付清。编制会计分录如下：

借：固定资产　　　　　　　　61,000
贷：银行存款　　　　　　　　61,000

[例2-8] 红星公司购入需要安装的机器设备1台，买价285,000元，包装费、运杂费共计10,000元，全部款项已经用银行存款支付，此外，在安装过程中发生工人工资5,000元。安装完毕，经过验收合格已经交付使用，应作会计分录如下：

借：在建工程　　　　　　　　　300,000
贷：银行存款　　　　　　　　　295,000
　　应付工资　　　　　　　　　5,000
待安装完毕交付使用后，作会计分录如下：
借：固定资产－机器设备　　　　300,000
贷：在建工程　　　　　　　　　300,000

2. 固定资产折旧计算

固定资产折旧是指在固定资产使用寿命内，按照确定的方法对应计折旧额进行的系统分摊。其中，应计折旧额指应当计提折旧的固定资产原价扣除其预计净残值后的余额。固定资产折旧计入生产成本和费用的过程，即是随着固定资产价值的转移，以折旧的形式在产品销售收入中得到补偿，并转化为货币资金的过程。

除下列情况外，企业应对所有固定资产计提折旧：

第一，已提足折旧仍继续使用的固定资产；

第二，按规定单独作价作为固定资产入账的土地。

已达到预定可使用状态的固定资产，如果尚未办理竣工决算的，应当按照估计价值暂估入账，并计提折旧；待办理了竣工决算手续后，再按照实际成本调整原来的暂估价值，同时调整原已计提的折旧额。

企业一般应当按月提取折旧，当月增加的固定资产，当月不提折旧，从下月起计提折旧；当月减少的固定资产，当月照提折旧，从下月起不提折旧。固定资产提足折旧后，不管能否继续使用，均不再提取折旧；提前报废的固定资产，也不再补提折旧。

企业应当根据固定资产所含经济利益预期实现方式选择折旧方法，可选择的折旧方法包括平均年限法、工作量法、年数总和法和双倍余额递减法。折旧方法一经选定，不得随意变更。如需要变更，则应当在会计报表附注中予以说明。

（1）平均年限法。平均年限法又称直线法，是将固定资产的折旧均衡地分摊到各期的一种方法。采用这种方法计算的每期折旧额是等额的。计算公式如下：

年折旧率＝（1－预计净残值率）÷预计使用年限×100%

月折旧率＝年折旧率÷12

月折旧额＝固定资产原价×月折旧率

[例2-9] 红星公司有一厂房，原价500,000元，预计可使用20年，按照有关规定，该厂房报废时的净残值率为2%。该厂房的折旧率和折旧额的计算如下：

年折旧率＝（1－2%）÷20×100%＝4.9%

月折旧率＝4.9÷12＝0.41%

月折旧额＝500,000×0.41%＝2050（元）

采用平均年限法计算固定资产折旧虽然比较简便，但它也存在着一些明显的局限性。首先，固定资产在不同使用年限提供的经济效益是不同的。一般来讲，固定资产在其使用前期工作效率相对较高，所带来的经济利益也就多；而在其使用后，工作效率一般呈下降趋势，因而，所带来的经济利益也就逐渐减少。平均年限法不考虑这一事实，明显是不合理的。其次，固定资产在不同的使用年限发生的维修费用也不一样。固定资产的维修费用将随着其使用时间的延长而不断增大，而平均年限法也没有考虑这一因素。当固定资产各期的负荷程度相同，各期应分摊相同的折旧费，这时采用平均年限法计算折旧是合理的。但是，若固定资产各期负荷程度不同，采用平均年限法计算折旧时，则不能反映固定资产的实际使用情况，提取的折旧数与固定资产的损耗程度也不相符。

（2）工作量法。工作量法是根据实际工作量计提折旧额的一种方法。这种方法弥补了平均年限法只重使用时间，不考虑使用强度的缺点。其计算公式为：

每一工作量折旧额＝固定资产原价×（1－残值率）÷预计工作总量

某项固定资产月折旧额＝该项固定资产当月工作量×每一工作量折旧额

[例2－10] 红星公司的一辆运货车的原价为60,000元，预计总行驶里程为50万公里，其报废时的残值率为5%，本月行驶4,000公里。该辆汽车的月折旧额计算如下：

单位里程折旧额＝60,000×（1－5%）÷500,000＝0.114（元/公里）

本月折旧额＝4,000×0.114＝456（元）

（3）双倍余额递减法。双倍余额递减法是在不考虑固定资产残值的情况下，根据每期期初固定资产账面净值和双倍的直线法折旧率计算固定资产折旧的一种方法。计算公式为：

年折旧率＝2÷预计的折旧年限×100%

月折旧率＝年折旧率÷12

月折旧额＝固定资产账面净值×月折旧率

由于双倍余额递减法不考虑固定资产的残值收入，所以，在应用这种方法时必须注意不能使固定资产的账面折余价值降到它的预计残值收入以下。因此，实行双倍余额递减法计提折旧的固定资产，应当在其固定资产折旧年限到期以前两年内，将固定资产净值扣除预计净残值后的余额平均摊销。

[例2－11] 红星公司一项固定资产的原价为10,000元，预计使用年限为5年，预计净残值200元。按双倍余额递减法计算折旧，每年的折旧额计算如下：

双倍直线折旧率＝2÷5×100＝40%

第1年应提的折旧额＝10,000×40%＝4,000（元）

第2年应提的折旧额＝（10,000－4,000）×40%＝2,400（元）

第3年应提的折旧额 =（6,000-2,400）×40%=1,440（元）

第4、5年的年折旧额 =（3,600-1,440-200）÷2=980（元）

(4) 年数总和法

年数总和法又称合计年限法，是将固定资产的原值减去净残值后的净额乘以一个逐年递减的分数计算每年的折旧额，这个分数的分子代表固定资产尚可使用的年数，分母代表使用年数的逐年数字总和。计算公式如下：

年折旧率 = 尚可使用年数÷预计使用年限的年数总和

或者，

年折旧率 =（预计使用年限-已使用年限）÷[预计使用年限×（预计使用年限+1）÷2]×100%

月折旧率 = 年折旧率÷12

月折旧额 =（固定资产原值-预计净残值）×月折旧率

[例2-12] 红星公司的某项固定资产原值为50,000元，预计使用年限为5年，预计净残值为2,000元。采用年数总和法计算的各年折旧额如表2-6。

表2-6

年份	尚可使用年限（年）	原值-净残值（元）	变动折旧率	每年折旧额（元）	累计折旧（元）
1	5	48,000	5/15	16,000	16,000
2	4	48,000	4/15	12,800	28,800
3	3	48,000	3/15	9,600	38,400
4	2	48,000	2/15	6,400	44,800
5	1	48,000	1/15	3,200	48,000

双倍余额递减法与年数总和法合称加速折旧法。采用加速折旧法后，在固定资产使用的早期多提折旧，后期少提折旧，其递减的速度逐年加快。加快折旧速度，目的是使固定资产成本在估计耐用年限内加快得到补偿。

(二) 材料采购业务的核算

对工业企业来说，企业要进行正常的生产经营活动，就必须购买和储备充足的材料。从具体的经济活动来看，材料采购部门要能按照事先确定的生产计划，及时、足额地提供生产过程各阶段所需的各种材料。从会计角度而言，就需要会计部门能及时、准确地反映材料采购部门的活动和业绩。在日常的会计实务中，对材料的核算可以采取两种不同的核算方法：一是实际成本法；二是计划成本法。以下主要介绍实际成本法。材料的实际成本包括材料的采购成本，由材料的买价和采购费用两部分组成。采购费用包括采购材料发生的运输费、装卸费、保险费等。

根据材料采购业务的核算的要求，企业应设置如下账户：

1．"物资采购"账户

"物资采购"属资产类账户，用来核算企业购入各种材料的价格和采购费用，据以计算采购成本。其借方登记购入材料的价格和采购费用，贷方登记已验收入库材料的实际成本（转入"原材料"）。期末如有余额，反映企业期末仍有在途及虽已到达但尚未验收入库材料的成本。期末编制资产负债表时，该账户作为资产负债表项目"存货"的一个子项目加以反映。为了确定每一种材料的采购成本，应按所采购材料的种类设置二级账户，再按材料品种设置明细账户。

2．"原材料"账户

"原材料"账户属资产类账户，用来核算企业库存各种材料的收入、发出、结存情况。借方登记由"物资采购"账户转入的、已经验收入库的材料的实际成本，贷方登记日常领用材料的实际成本，期末余额在借方，表示期末库存材料的实际成本；该账户应按每一种材料的品种、规格分别设置二级和明细科目，以便核算每一种材料的收、发、存情况。

3．"应付账款"账户

"应付账款"属负债类账户，用于核算企业因采购材料和接受劳务而应付给供应单位的款项的增减变动情况。其贷方登记应付而未付款项的数额，借方登记实际归还款项的数额，余额一般在贷方，表示尚未归还供应单位款项的数额。该账户按照材料供应单位设置明细账。

4．"应付票据"账户

"应付票据"账户属负债类账户，用于核算企业对外发生债务时所开出承兑的商业汇票，包括银行承兑汇票和商业承兑汇票。其贷方登记企业开出承兑的商业汇票或以承兑商业汇票抵付货款的金额，借方登记偿还的应付票据的金额，期末余额一般在贷方，反映企业尚未与客户进行结算的应付票据。企业应该在备查账簿是设置"应付票据登记簿"来反映企业开具的商业汇票的开具日期、票面金额、利率、收款客户的名称、到期日等有关情况，并在结清应付票据的款项时将应付票据从"应付票据登记簿"中相应地注销。

5．"预付账款"账户

"预付账款"账户属资产类账户，用来核算企业向客户支付的、用于购买材料的预付款项。其借方登记向客户或供应商支付的预付款项，贷方登记因收到商品或材料而相应冲销的原已支付的预付款项，期末余额一般在借方，反映尚未收到材料的预付款项。该账户按照客户或供应商设置明细账。

6．"应交税金－应交增值税"账户

"应交税金－应交增值税"账户属负债类账户，用来核算企业在购买材料或商品的过程中的流转税－增值税。其借方登记购买材料时向购买企业支付的增值税或者实际上交的增值税,贷方登记产品销售时本企业向购买方收取的增值税,余额一般在贷方,反映期末应该上交的增值税。该账户应设置"进项税额"、"进项税额转出"、"已交税金"、"出口退税"等明细科目。

[例2-13] 红星公司购进甲材料5,000千克,每千克4.8元,价款已由银行存款支付,材料尚未运到企业。增值税按价款的17%计算。

增值税 = 5,000 × 4.8 × 17% = 4,080（元）

借：物资采购-甲材料　　　　　　　　24,000
应交税金-应交增值税（进项税额）　　 4,080
贷：银行存款　　　　　　　　　　　　28,080

[例2-14] 上述材料运达公司,验收入库。同时,采购部门交来该批材料的运输费计4,000元,装卸费计2,000元,以银行存款支付。

借：物资采购-甲材料　　　　　　　　 6,000
贷：银行存款　　　　　　　　　　　　 6,000

[例2-15] 甲材料采购完毕,结转甲材料的实际采购成本,会计分录如下：

借：原材料-甲材料　　　　　　　　　30,000
贷：物资采购-甲材料　　　　　　　　30,000

三、产品生产业务的核算

生产过程是企业以材料为劳动对象,以机器设备等为劳动手段,辅以工人的劳动,最终生产出产品的过程。生产过程是工业企业核算最具有特色的阶段。

在生产过程中,企业会发生生产费用和期间费用。生产费用是指用于生产产品的费用,包括生产产品耗用的劳动对象、劳动资料和劳动者的劳动。生产的产品完工后,生产费用转变为产品制造成本。期间费用是指在会计期间发生的营业费用、管理费用和财务费用。

生产费用按经济用途分类的项目称为成本项目。通过成本项目可以反映产品成本的构成。成本项目可分为直接材料、直接人工和制造费用三类。直接材料是指企业在生产产品过程中直接用于产品生产的材料。直接人工是指企业直接从事产品生产的工人工资和福利费。制造费用是指企业各个生产部门为组织和管理生产所发生的费用,它包括生产部门管理人员的工资和福利费、固定资产的折旧费和修理费、机物料消耗、水电费、办公费、差旅费、保险费、劳保费等。

企业为了核算和监督生产费用和期间费用的发生情况,正确计算产品成本,生产阶段一般需要设置以下账户：

1. "生产成本"账户

该账户是成本类账户,用以归集产品生产过程中所发生的应计入产品成本的直接材料、直接人工和制造费用,并据以确定企业产品的实际成本。该账户借方登记当期发生的、应计入产品成本的各项生产费用,贷方登记期末结转的完工产品的实际成本,期末余额在借方,代表尚未完工(在产品)的生产成本。该账户按照生产环节和车间、产品品种分别设立各级明细账。

2."制造费用"账户

该账户用以归集与分配企业在车间范围内为生产产品和提供劳务而发生的、不能够直接归属于某一种产品的间接费用,包括车间管理人员的工资、福利费、车间机器设备的折旧、车间发生的水电费等。借方登记本月内发生的各项制造费用,贷方登记月末按照一定的标准分配结转给各种产品负担的制造费用。该账户在月末结转后没有余额。该账户按照车间和具体的费用项目设置明细账。

3."待摊费用"和"预提费用"账户

在企业连续经营过程中,企业某些费用的支付要么是一次性预先支付,以后若干个会计期间受益,要么是先受益,最后一次性支付。按照权责发生制的原则,这些费用必须在受益期内计入成本费用。因此,在会计核算上有必要设置"待摊费用"和"预提费用"两个账户来加以反映。

对于一次性预先支付而后再在受益期间内进行分摊的项目,我们称之为待摊费用。"待摊费用"账户属于资产类账户,借方登记那些支付在先、受益在后的预付费用项目的支出,贷方登记按照权责发生制原则已经在受益期间内确认并业已摊销的部分,余额一般在借方,表明截止到会计期末尚未摊销的部分。

对于先受益、最后一次性支付的项目,我们称之为预提费用。"预提费用"账户是负债类账户,借方用来登记企业实际已经支出的数额,贷方表示企业实际上已经受益,但并未支付的各项应计费用,期末余额一般在贷方,代表企业已经计提但尚未支付的金额。

待摊费用和预提费用都要按照费用的类别设置明细账,以考核费用的发生与实际开支情况。

4."应付工资"账户

该账户是负债类账户,用来核算企业应付职工的工资总额以及由此形成的企业与职工之间的工资结算情况。贷方登记企业应向职工发放的工资总额,借方登记企业向职工实际发放的工资总额,期末余额一般在贷方,表示企业应该、但尚未向职工发放的工资。

5."应付福利费"账户

该账户是一个负债类账户,主要用于核算企业按照规定的比率从应付工资中计提的福利费及其使用情况。借方登记福利费的使用及开支的情况,贷方登记企业所计提的职工福利费,期末余额一般在贷方,表示期末已提取但尚未使用的福利费。

6."累计折旧"账户

该账户用来反映企业固定资产的价值损耗。贷方登记固定资产因为使用或其他原因而发生的损耗,借方登记企业已经清理、变卖的固定资产已计提的累计折旧额。期末余额在贷方,反映企业截止到本会计期末已经计提的折旧额。在资产负债表上,该账户是固定资产账户的备抵账户。"固定资产"账户余额减去"累计折旧"账户余额就是固定资产的净值。

7."管理费用"账户

该账户是费用类账户,用以核算企业行政管理部门为组织和管理生产经营活动而发生的费用。发生各项管理费用时,记入借方,月末结转"本年利润"账户时,记入贷方,结转后无余额。

8."财务费用"账户

该账户是费用类账户,用以核算企业为筹集生产经营所需资金而发生的费用。企业发生利息支出时,记入借方,月末结转"本年利润"账户时,记入贷方,结转后无余额。

9."产成品"账户

该账户是资产类账户,用来核算企业经过生产完工并验收入库的处于可销售状态的产品的收入、发出、结存情况。借方登记已经完工并验收入库的各种产品的实际成本,贷方登记发出的各种产品的实际成本,期末余额在借方,反映期末库存的产成品的实际成本。该账户一般按照产成品的品种、种类和规格设置明细账。

[例2-16] 红星公司结算本月职工工资15,500元,其中从事产品生产的工人工资共计10,000元,A产品6,000元,B产品4,000元,车间管理人员工资3,000元,厂部管理人员工资2,500元。

  借:生产成本-A产品 6,000
    -B产品   4,000
  制造费用   3,000
  管理费用   2,500
  贷:应付工资   15,500

[例2-17] 红星公司以银行存款支付本年度报刊订阅费2,400元。

  借:待摊费用   2,400
  贷:银行存款   2,400

本年度每个月月末,应该按照其受益份额平均摊销待摊费用,其会计分录如下:

  借:管理费用   200
  贷:待摊费用   200

[例2-18] 红星公司按照规定的固定资产折旧率计提本月的固定资产折旧额4,880元,其中属于车间使用固定资产的折旧为3,880元,企业管理部门固

定资产折旧为1,000元,应作会计分录如下:
    借:制造费用   3,880
      管理费用   1,000
    贷:累计折旧   4,880

[例2-19] 红星公司预提应该由本月负担但需要在日后支付的短期借款利息费用1,500元。
    借:财务费用 1,500
    贷:预提费用 1,500

四、销售业务的核算

企业销售过程的会计核算内容包括:①企业通过销售获得的销售收入的核算;②销售产品的生产成本的结算;③销售过程中发生的销售费用的核算;④销售过程中税金的核算。

为了组织销售过程经济业务的核算,应设置如下账户:

1."主营业务收入"账户

该账户用来核算企业在销售产品、提供劳务过程中获得的收入。其贷方登记通过销售过程实现的收入,借方登记期末结转至"本年利润"账户的收入,结转后该账户没有余额。该账户按照已销售产品类别设置明细账。但应该注意,"主营业务收入"账户核算的是企业主要经营活动带来的收入,如果企业因为销售生产活动中多余的材料、资产出租等带来的收入,则计入"其他业务收入"账户上,"其他业务收入"账户在结构上与"主营业务收入"相同。

2."主营业务成本"账户

该账户用来核算企业已经出售的产品的生产成本。其借方登记对已经销售产品成本的结转,贷方登记年末结转至"本年利润"账户借方的金额,期末该账户结转后无余额。该账户按照产品类别设置明细账。

3."营业费用"账户

该账户用来核算企业在产品销售过程中所支付的包装费、运输费、广告费、展览费及专设销售机构费用。其借方登记当期发生的各种销售费用,贷方登记期末转入"本年利润"账户的数额,结转后该账户无余额。该账户应按费用项目设置明细账。

4."主营业务税金及附加"账户

该账户用来核算企业应由已售产品负担的除增值税以外的各项价内税,包括消费税、营业税、城市维护建设税等在销售环节缴纳的税金。其借方登记按规定的税率计算应负担的销售税金及附加,贷方登记期末转入"本年利润"账户的数额,结转后该账户无余额。该账户应按产品类别设置明细账。

5. "应收账款"账户

该账户用于反映企业因出售产品而形成的应收而未收的款项。其借方登记应向购货单位收取的账款,贷方登记已收回的账款,余额一般在借方,表示期末尚未收回的账款。如果出现贷方余额,则表示预收的货款,在资产负债表上应作为流动负债列入"预收账款"项目,该账户应按购货单位设置明细账。

[例2-20] 红星公司销售A产品400件,单价100元,增值税按照售价的17%计征,款项已经通过银行收讫。

增值税 = 400×100×17% = 6,800(元)

借:银行存款	46,800
贷:主营业务收入	40,000
应交税金 - 应交增值税(销项税额)	6,800

[例2-21] 红星公司销售B产品200件,单价80元,增值税按照17%计征,商品已经发出,但款项尚未收取。

增值税 = 200×80×17% = 2,720(元)

借:应收账款	18,720
贷:主营业务收入	16,000
应交税金 - 应交增值税(销项税额)	2,720

[例2-22] 红星公司结转已销售产品成本。其中A产品20,000元;B产品8,000元。

借:主营业务成本	28,000
贷:产成品	28,000

[例2-23] 红星公司以现金支付产品销售的运费500元。

借:营业费用	500
贷:现金	500

[例2-24] 红星公司计算并交纳已经出售商品应该交纳的消费税1,200元。

借:主营业务税金及附加	1,200
贷:应交税金 - 应交消费税	1,200

五、财务成果的核算

利润是企业在生产经营活动的一个会计期间内的最终财务成果,是收入扣减成本费用后的余额。如收入大于费用,形成盈利,反之,则为亏损。

企业的利润一般由三个部分组成,即营业利润、投资净收益以及营业外收支净额。营业利润来自企业日常的、主要的经营活动,是利润的主要组成部分;投资净收益是企业对外进行投资所获收益扣除投资损失以后的余额;营业外收支是企业所无法控制的收支项目所形成的结果,如固定资产报废损失、自然灾害损失等。

核算财务成果主要涉及的账户有：

1. "营业外收入"账户

该账户用来核算企业取得的与生产经营活动没有直接关系的各项收入。其贷方登记由于偶然事项取得的营业外收入，借方登记年末结转至"本年利润"账户贷方的数额，结转后该账户无余额。该账户应按收入项目设置明细账。

2. "营业外支出"账户

该账户用来核算企业付出的与正常经营活动没有直接联系的各项支出，如对外捐赠、固定资产报废损失、自然灾害损失等。账户借方登记已发生的营业外支出，贷方登记年末结转入"本年利润"账户借方的金额，结转后期末该账户无余额。营业外支出账户应按支出项目设置明细账。

3. "本年利润"账户

该账户属于临时性设置的具有过渡性质的账户，用来核算本会计期间内实现的利润。该账户贷方登记由收入类账户转入的金额，借方登记由成本、费用类账户转入的金额，期末如果借方金额大于贷方金额，表明当年经营结果为亏损，应该将"本年利润"账户的余额转入"利润分配"账户的借方；若为贷方金额大于借方金额，表明当年经营成果为盈利，应该将"本年利润"账户的余额转入"利润分配"账户的贷方。结转后，本年利润账户无余额。

4. "所得税"账户

该账户是费用类账户，用于核算企业按规定计算的应上交国家的所得税额。其借方登记当期企业应该交纳的所得税，贷方登记期末转入"本年利润"账户的金额，期末结转后该账户无余额。

5. "利润分配"账户

该账户是所有者权益类账户。年度终了，企业将本年实现的税后净利润转入该账户时，应贷记该账户；如为亏损，则借记本账户。此外，当企业提取法定盈余公积、法定公益金、向股东或投资者分配利润时，借记该账户。期末该账户的贷方余额代表企业已经赚取但尚未进行分配的利润；余额如果在借方，表明企业处于亏损状态。为了详细反映每项利润分配情况，该账户一般按所分配项目开设明细账。

[例2-25] 红星公司向希望工程捐款1,000元，款项已经通过银行付讫。

借：营业外支出　　　　　　　1,000
贷：银行存款　　　　　　　　　1,000

[例2-26] 期末结转各种损益账户，其中：主营业务收入56,000元，主营业务成本28,000元，主营业务税金及附加1,200元，管理费用3,700元，营业费用500元，财务费用1,500元，营业外支出1,000元。

①借：主营业务收入　　　　　　56,000
　　贷：本年利润　　　　　　　　56,000
②借：本年利润　　　　　　　　35,900
　　贷：主营业务成本　　　　　　28,000
　　　　主营业务税金及附加　　　1,200
　　　　管理费用　　　　　　　　3,700
　　　　营业费用　　　　　　　　500
　　　　财务费用　　　　　　　　1,500
　　　　营业外支出　　　　　　　1,000

利润总额＝56,000－35,900＝20,100（元）

[例2-27] 按利润总额的33%计算并结转公司应缴纳所得税6,633元。

所得税＝20,100×33%＝6,633（元）

　　借：所得税　　　　　　　　　6,633
　　贷：应交税金－应交所得税　　6,633

此外，会计期末，还应该编制一笔将所得税转入"本年利润"账户的结转分录如下：

　　借：本年利润　　　　　　　　6,633
　　贷：所得税　　　　　　　　　6,633

[例2-28] 将"本年利润"账户的余额结转"利润分配"账户。

　　借：本年利润　　　　　　　　13,467（20,100－6,633）
　　贷：利润分配－未分配利润　　13,467（20,100－6,633）

[例2-29] 按税后利润的10%计提取盈余公积。

盈余公积＝13,467×10%＝1,346.7（元）

　　借：利润分配　　　　　　　　1,346.7
　　贷：盈余公积　　　　　　　　1,346.7

[例2-30] 按董事会的决议将剩余利润用来分配给投资者。

　　借：利润分配　　　　　　　　12,120.3（13,467－1,346.7）
　　贷：应付利润　　　　　　　　12,120.3（13,467－1,346.7）

六、资金退出业务的核算

资金投入企业后，经过一定的循环和周转，有一部分资金会退出企业，如上交税金、向投资者分配利润、偿还借款或债券本息、向其他单位投资等。假定红星公司发生以下业务：

[例2-31] 以银行存款向投资者支付利润。

　　借：应付利润　　　　　　　　12,120.3
　　贷：银行存款　　　　　　　　12,120.3

[例2-32] 以银行存款支付本期所欠付的税金。
借：应交税金　　　　　　　　21,433
　贷：银行存款　　　　　　　　21,433
[例2-33] 以银行存款支付职工困难补助3,000元。
借：应付福利费　　　　　　　　3,000
　贷：银行存款　　　　　　　　3,000

第四节　会计的账务处理程序

一、会计凭证与会计账簿

(一) 会计凭证

会计凭证是记录经济业务、明确经济责任、作为记账依据的书面证明。

为了如实反映各项经济业务对企业会计要素增减变化的影响，有必要在经济业务发生时，由执行或完成该项经济业务的有关人员，取得或填制适当的能证明经济业务的内容、数量和金额的会计凭证作为证明文件，并在会计凭证上签章，以明确经济责任。例如：购买商品、原材料等要由供货方开出发票；支付款项要由收款方开出收据；商品验收入库要有收货单；材料验收入库要有收料单；发出商品要有发货单；发出材料要有领料单等。发票、收据、收货单、发货单、收料单、领料单等都是会计凭证。同时，所有的会计凭证，都要由会计部门审核，并由审核人员签章，只有经过审核无误的会计凭证，才能作为经济业务已经发生或完成的证明和登记账簿的依据。取得或填制并审核会计凭证是会计工作的初始阶段和基本环节。

会计凭证的作用主要有如下几方面：

第一，可以及时反映经济业务的完成情况。任何一笔经济业务的发生或完成，都必须按照规定及时填制会计凭证，真实客观地加以记录。因此，通过会计凭证的填制，可以为了解每一项经济业务的具体完成情况提供依据。

第二，会计凭证是记账的依据。经济业务一旦发生，就必须取得和填制会计凭证。随着经济业务的执行与完成，记载业务执行情况的会计凭证就逐渐按照规定的程序最终汇集到会计部门，成为记账的基本依据。因此，记账必须以会计凭证为依据，没有会计凭证，就不能记账。这就保证了会计记录的真实性和正确性。

第三，会计凭证是审核经济业务的依据，并可发挥会计的控制作用。经济业务是否真实、正确、合理、合规，在记账前都要根据会计凭证进行逐笔审核。由于会计凭证是经济业务的记录，通过对会计凭证的审核，可以控制和检查各项经济业务是否符合国家的有关会计政策、法规、制度、计划和预算等规定，可以及时发现企业会计工作中存在的问题与漏洞，从而可以对经济业务的合法性、合理性进行事前控制，防患于未然，从而起到会计控制的作用。

第四，可以明确各个职能部门、各个经办人员的经济责任，强化岗位责任制。由于每一项经济业务都要取得或填制适当的会计凭证，有关经办人员都要在凭证上签字，根据凭证可以明确哪些人应对该项业务负责，各负什么责任。这样就加强了经济责任，促进有关人员在自己的职责范围内严格按政策、制度、计划、预算办事，提高责任感。一旦出现问题，也便于事后检查，分清责任。同时，通过会计凭证的传递，可以形成各个经办人员之间的相互监督与相互牵制，以便能够实施基本的内部控制，以及时发现问题。

会计凭证按照其填制的程序和用途不同，可以分为原始凭证和记账凭证两大类。

1. 原始凭证

原始凭证，也称单据，是在经济业务发生或完成时取得或编制的。它载明经济业务的具体内容，明确经济责任，是具有法律效力的书面证明，它是组织会计核算的原始资料和重要依据。

原始凭证按照取得的来源不同，可以分为外来原始凭证与自制原始凭证。

外来原始凭证是企业、单位同外部的企业、单位或个人发生经济业务往来时，从外部企业、单位、个人处取得的原始凭证。例如，购买材料取得的发票，银行转来的"收款通知"，出差时的车票、机票等。

自制原始凭证是指本单位内部经办人员在办理经济业务时自行填制的原始凭证。例如，企业仓库收发材料时的"领料单"、"收料单"，工人领取工资时的"工资单"等。

所有原始凭证都必须具备以下几种要素：

(1) 原始凭证的名称；

(2) 经济业务简单摘要；

(3) 金额（单价、数量）；

(4) 接受凭证的单位名称与填制单位名称；

(5) 有关人员（经办人员、部门负责人）的签名或盖章；

(6) 凭证填制日期；

(7) 凭证编号。

原始凭证的填写应该真实、完整、正确、规范、清楚、连续编号、填制及时且有经办人员的签字。

原始凭证必须经过审核，才能作为记账依据。这是保证会计记录真实和正确，充分发挥会计监督作用的重要环节。所以，原始凭证的审核是一项严肃的工作，必须认真执行。审核内容主要包括四个方面：①合法性的审核。审核原始凭证所记载的经济业务是否符合国家有关政策、法令、制度、计划、预算和合同等规定，是否符合审批权限和手续，是否存在着违反财经制度的现象。如果经过审核发现有多计或少计收入、费用，擅自扩大开支范围、提高开支标准，巧立名目、虚报冒领的情况，则不能够作为合法的原始凭证。②合理性的审核。审核所发生的经济业务是否符合节约的原则，是否有利于提高企业的经济效益。③完整性的审核。根据原始凭证的各项基本要素和针对特殊的原始凭证特点，审核原始凭证填写的手续是否完备，项目是否填写齐全，有关经办人员是否都已签名或盖章，是否经过主管人员审批同意等。④正确性的审核。审核原始凭证的摘要和数字是否填写清楚、正确，数量、单价、金额、合计数等有无差错，大写和小写金额是否相等。

2. 记账凭证

记账凭证又称分录凭证、记账凭单，是由会计部门根据审核无误的原始凭证编制，按照登记账簿的要求，确定账户名称、记账方向（应借、应贷）和金额的一种分录，是登记明细分类账和总分类账的依据。

所有的记账凭证，都必须具备以下几个要素：

(1) 记账凭证的名称；

(2) 填制单位名称；

(3) 记账凭证填制日期；

(4) 记账凭证编号；

(5) 经济业务简要说明（摘要）；

(6) 会计分录；

(7) 金额合计、记账备注；

(8) 所附原始凭证张数；

(9) 有关主管与经办人员签字。

记账凭证是进行会计处理的直接依据，记账凭证的填制除了做到"真实可靠、内容完整、填写及时、书写清楚"外，还必须注意遵守以下基本要求：①准确填写会计分录；②各种记账凭证的使用格式应相对稳定；③记账凭证的摘要应简明扼要；④记账凭证应附有原始凭证，并注明张数；⑤记账凭证上必须有填制人员、审核人员、记账人员和会计主管的签章。

为了保证账簿记录的准确性，记账前必须对已编制的记账凭证由专人进行认真、严格的审核。审核的内容主要是以下几方面：①按原始凭证审核的要求，对所附的原始凭证进行复核。②记账凭证所附的原始凭证是否齐全，是否同所附原始凭证的内容相符，金额是否一致等。对一些需要单独保管的原始凭证和文件，应在凭证上加注说明。③凭证中会计科目使用是否准确；应借、应贷的金额是否一致；账户的对应关系是否清晰；核算的内容是否符合会计制度的规定等。④记账凭证所需要填写的项目是否齐全，有关人员是否都已签章等。在审核中如发现记账凭证有记录不全或错误时，应重新填制或按规定办理更正手续。只有经过审核无误的记账凭证，才能据以登记账簿。

（二）会计账簿

会计账簿，简称账簿，是以会计凭证为依据，对全部经济业务进行全面、系统、连续、分类地记录和核算的簿籍，是由专门格式并以一定形式联结在一起的账页所组成。在手工记账方式下，利用账簿这一方法把会计凭证提供的原始数据，按经济业务发生的顺序和账户的不同性质加以归类、加工、整理，一步步地使它系统化、条理化，最后形成信息使用者所需要的企业财务状况和经营成果的有用信息。会计凭证，按照一定的程序，在账簿中登记和反映会计要素的增减变动情况，称为登记账簿。登记账簿是会计循环中对初始信息进行加工整理的基本过程。

设置和登记账簿的作用可以概括如下：

第一，可以序时记录。通过账簿记录，可在任何时候全面、系统地了解企业经济活动的全貌，包括序时的、按会计要素分类总括的和明细的会计信息，为经营管理提供系统、完整的会计核算资料。

第二，发挥会计的监督职能。通过账簿记录，不仅可以具体反映各项资产、负债、所有者权益的增减变动情况，而且通过定期或不定期的账实核对，可以检查账实是否相符，从而发挥会计的监督职能，有利于保证企业财产物资的安全和完整。

第三，为编制会计报表提供依据。财务会计的最终目的，是对外提供客观、真实、可信的会计报表。核对无误的账簿记录及其加工的数据，提供了总括、全面、连续、系统的会计信息资料，是编制会计报表的主要依据。

账簿按用途不同可以分为三大类：日记账、分类账和备查簿。

日记账，也称序时账簿，是按照经济业务发生时间的先后顺序，逐日按照记账凭证或记账凭证所附的原始凭证逐笔登记经济业务的账簿。如对现金收付业务设置现金日记账、对银行存款收付业务设置银行存款日记账，用以加强对货币资金的监督和控制。

分类账，是对各项经济业务按照账户进行分类登记的账簿。在实际工作中，它是按照会计制度中规定的本企业所应用的会计科目分别开设账户，对每一笔经济业务所确定的应借、应贷科目，进行分门别类的登记。分类账又可分为总分类账和明细分类账，简称总账和明细账。前者按一级科目开设，可全面反映经济主体的经济活动情况，一般只登记总数，进行总括核算，对所属明细分类账起统驭作用，可以直接根据记账凭证逐笔登记，也可以将记账凭证用一定的方法定期汇总后进行登记；后者按一级科目所属的二级科目开设，用来分类登记某一类经济业务的增减变化，提供明细核算资料，并应根据记账凭证和原始凭证逐笔详细登记，这是对总分类账的补充和说明。在会计核算中，分类账是必须设置的主要账簿，它所提供的核算资料是编制会计报表的主要依据。

备查账也称辅助账，是为便于查考而对日记账与分类账等主要账簿未能记载的或记载不全的经济业务进行补充登记的账簿。如"受托加工材料登记簿"、"代销商品登记簿"、"租入固定资产登记簿"等。设置和登记备查账簿，只是对其他账簿记录的一种补充，是对某些经济业务的内容提供的必要参考资料，与其他账簿之间不存在严密的依存和勾稽关系。各企业可以根据自身的需要来设置备查账簿。

为了保证记账工作的质量，把账簿的记录记得正确、及时、完整、清楚，必须认真、严肃地进行登账。登账必须遵循记账规则。其规则如下：

（1）登账的依据。登记账簿的依据是经过审核无误的会计凭证（原始凭证、记账凭证）。

（2）登账用笔及墨水颜色。登记账簿必须使用蓝色或黑色墨水笔书写，除复写外，不得使用圆珠笔或铅笔书写。除了结账、改错、冲销账簿记录外，不能使用红色墨水或红色圆珠笔书写。红色数字在会计核算中代表着负数，或是对蓝色、黑色数字的冲减。

（3）登账的内容。登记账簿时，每一笔都必须记明日期、凭证号数、摘要和金额，要在记账凭证上注明账页的页次，以避免记账遗漏或重复登账。

（4）登记顺序。在登记账簿时，必须按照账页顺序逐页逐行填写，不得隔页或者跳行，也不得在行上或行下任意填写。如果发生隔页跳行时，应将空行空页画红色对角线注销，并由记账人员盖章表示负责。订本式账簿都有固定的账页编号，不得任意撕毁，活页式账簿也不得随意抽换账页。

（5）借贷方向的登记。根据会计凭证或日记账过记分类账时，一要注意借贷方向，二要注意金额位数。过记完毕，应在双方"账页"栏写上对方账簿的页码或凭证号码，表示已经入账。凡要结记余额的账簿，在结出余额后，应在"借或贷"栏内写明"借"或"贷"；结平的账户没有余额，则应在该栏内写明"平"，同时在"余额"栏的个位数元的位置划销。

（6）书写文字、数字、金额和符号。账簿中的文字和数字，必须书写得十分清晰、整齐，字体端正，大小一般占行间约 2/3；账簿中的金额，除了单价外，"元"以下一般记至角分，没有角分的整数，小数点后应写明"00"字样，不可省略。

（7）转页手续。账页记录到倒数第二行时，应该办理"转页"手续。首先在该页的最末行分别加计本页借贷方的发生额，并结出余额，在该行摘要栏注明"转次页"；然后再把这个合计数及余额转移到次页的第一行的相应栏内，在次页第一行的摘要栏中注明"承前页"。

（8）错账更改。账簿中不允许涂改、刮擦、挖补或用退色药水更改字迹。如有错误，应按规定的犯错误更正方法更正。

（9）更换新账。各种账簿原则上每年都应该更换新账簿。年度开始之前，将各账户上年年终结转的金额，转记到新账簿相应账户的第一页第一行，并在摘要栏注"上年结转"字样。有些债权债务上年结转数往往包括数笔业务，如果存在着明细账，则还要在"上年结转"旁边加注"另详见明细账"。如果新年度会计账户或者明细账户发生变动，则在新年度开始更换新的账簿之前，要先行编制"新老会计账户对照开账明细表"。

除了登账之外，还须对账、结账。

为了保证账簿记录的真实可靠，对账簿和账户所记录的有关数据还要加以检查和核对，这种核对工作，在会计上叫对账。它包括账簿与凭证的核对、账簿与账簿的核对、账簿与实物的核对、账簿与款项的核对。这种核对要建立定期的对账制度，在结账前和结账过程中，把账簿记录的数字核对清楚，做到账证相符、账账相符、账实相符和账款相符。

为了总结某一会计期间（月度和年度）的经营活动情况，必须定期进行结账。结账就是把一定时期内发生的经济业务在全部登记入账的基础上，将各种账簿记录结出"本期发生额"和"期末余额"，从而根据账簿记录，编制会计报表。

二、会计的账务处理程序

会计的账务处理程序，就是由会计人员运用复式记账原理，对经济业务进行记录（记账）、分类、汇总、整理（算账），并在此基础上编制会计报表的一系列工作程序。在会计上，将这些依次发生、周而复始的以记录为主的会计处理步骤称为会计循环。

具体讲，会计循环是指会计主体在一个会计期间内，从经济业务发生到编制会计报表为止，遵循一定的步骤，按确认、计量、记录和报告的顺序，对所有经济业务进行会计处理的全过程。这一过程的基本步骤包括取得、编制和审核原始凭证，登记日记账（或编制记账凭证），过入相关分类账，进行试算平衡，账项调整，结清各类账簿，编制会计报表。它于会计期初开始，至会计期末终了，并循环往复，周而复始，故称为会计循环。

以上各流程可概述如下：

1. 编审凭证：经济业务发生后，首先要取得、编制原始凭证，并审核其合法性、合规性，并对经济业务进行分析确定各项交易对资产和权益的影响。

2. 分录：对每笔经济业务列示其应借记和应贷记的账户及其金额，并填入记账凭证，或在原始记录簿（日记账）中序时记录交易。

3. 记账：又称过账，即根据记账凭证或在原始记录簿（日记账）中确定的会计分录，在分类账中进行登记。

4．试算：编制调整前试算平衡表，即将分类账中各账户借方总额、贷方总额和期末余额汇总列表，以验证分录及过账是否有误。

5．调整：编制期末调整分录并过账，即根据经济业务的发展，定期修正各账户的记录，使各账户能正确反映最新实际情况，并编制调整后的试算平衡表，即再次检验分类账中的各项借方余额和贷方余额是否相等，并将分类账中的这些数据资料用财务报表所需要的方式进行汇总。

6．结账：会计期末终了，结清收入、费用账户，以确定当期损益，并结出资产、负债、所有者权益账户余额，以结转至下期连续记录。

7．编表：会计期结束，将期内所有经济业务及其结果汇总编制成工作底稿，并据此编制资产负债表、利润表和现金流量表等，以反映企业的财务状况、经营成果和现金流量，并辅以必要的注释和说明。

在上述会计循环中，前三个程序在平时完成，后四个程序在会计期终了时完成。

三、财产清查

所谓财产清查，就是根据有关账簿记录，对企业的各项财产进行盘点和核对，查明其实存数，确定账存数与实存数是否相符的一种方法。

根据会计真实性原则的要求，会计核算过程必须严格遵循规范的程序和方法进行操作，按照业务发生的实际情况进行记录和核算，账簿记录真实地反映财产物资的增减变动和结余情况。但是，在财产物资的管理过程中，通常会有下列情况存在：

（1）财产物资发生自然损耗；

（2）计量检验器具不准确；

（3）保管人员收发出差错；

（4）会计人员记账出差错；

（5）管理不善、责任人失职造成损失；

（6）不法分子贪污盗窃、营私舞弊；

（7）遭受自然灾害。

由于上述情况的存在，往往会出现某些项目实存数与账存数不符。为此，必须进行财产清查。财产清查可以全面清查，也可以局部清查；可以定期清查，也可以不定期清查。

（一）实物的清查方法

财产清查的重要环节是盘点财产物资的实存数量。为使盘点工作顺利进行，应建立一定的盘存制度。一般来说，财产物资的盘存制度有永续盘存制和实地盘存制两种。

（1）永续盘存制。亦称账面盘存制，采用这种方法，平时对各项财产物资的

增加数和减少数,都要根据会计凭证连续记入有关账簿,并且随时结出账面余额。即:

账面期末余额＝账面期初余额＋本期增加额－本期减少额

这种盘存制度要求财产物资的进出都有严密的手续,便于加强会计监督。在有关账簿中对财产物资的进出进行连续登记,且随时结出账面结存数,便于随时掌握财产物资的占用情况及其动态,有利于加强对财产物资的管理。其不足之处在于账簿中记录的财产物资的增、减变动及结存情况都是根据有关会计凭证登记的,可能发生账实不符的情况。因此,采用永续盘存制,需要对各项财产物资定期进行财产清查,以查明账实是否相符,以及账实不符的原因。

(2) 实地盘存制。实地盘存制不同于永续盘存制,采用这种方法,平时只根据会计凭证在账簿中登记财产物资的增加数,不登记减少数,至月末,对各项财产物资进行盘点,根据实地盘点所确定的实存数,倒挤出本月各项财产物资的减少数。即:

本期减少数＝账面期初余额＋本月增加数－期末实际结存数

根据以上的计算倒挤出的本期减少数,再登记有关账簿,所以每月末,对各项财产物资进行实地盘点的结果,是计算、确定本月财产物资减少的依据。采用这种方法,工作简单、工作量小,但是各项财产物资的减少数没有严格的手续,不便于施行会计监督,倒挤出的各项财产物资的减少数中成分复杂,除了正常耗用的外,可能还有毁损的和丢失的,所以非特殊原因,一般情况不宜采用。

不同品种的财产物资,由于其实物形态、体积重量、堆放方式不同,而采用不同的清查方法,一般采用的有实地盘点和技术推算盘点两种。

(1) 实地盘点。实地盘点是指在财产物资堆放现场进行逐一清点数量或用计量仪器确定实存数的一种方法。这种方法适用范围广,要求严格,数字准确可靠,清查质量高,但工作量大,如果事先按财产物资的实物形态进行科学的码放,如五五排列、三三制码放等,都有助于提高清查的速度。

(2) 技术推算盘点。技术推算盘点是利用技术方法,如量方计尺等对财产物资的实存数进行推算的一种方法。这种方法适用于大量成堆,难以逐一清点的财产物资。

为了明确经济责任,进行财产物资盘点时,有关财产物资的保管人员必须在场,并参加盘点工作。对各项财产物资的盘点和实物保管人员同时签章生效。"盘点单"是记录各项财产物资实存数量盘点的书面证明,也是财产清查工作的原始凭证之一。盘点完毕,将"盘存单"中所记录的实存数额与账面结存余额相对,发现某些财产物资账实不符时,填制"实存账存对比表",确定财产物资盘盈或盘亏的数额。"实存账存对比表"是财产清查的重要报表,是调整账面记录的原始凭证,也是分析盘亏原因明确经济责任的重要依据,应严肃认真地填报。

(二) 货币资金的清查方法

1. 现金的清查

现金的清查，是通过实地盘点的方法，确定库存现金的实存数，再与现金日记账的账面余额核对，以查明盈亏情况。在进行现金清查时，为了明确经济责任，出纳人员必须在场，在清查过程中不能用白条抵库，也就是不能用不具有法律效力的借条、收据等抵充库存现金。现金盘点后，应根据盘点的结果及与现金日记账核对的情况，填制"现金盘点报告表"。现金盘点报告表也是重要的原始凭证，它既起"盘存单"的作用，又起"实存账存对比表"的作用，也应认真地填写。"现金盘点报告表"应由盘点人和出纳人员共同签章方能生效。

2. 银行存款的清查

银行存款的清查，是采用与开户银行核对账目的方法进行的，即将本单位的银行存款日记账与开户银行转来的对账单逐笔进行核对。但即使双方记账都没有错误，银行存款日记账的余额与银行对账单的余额也往往不一致，这种不一致的原因就是存在未达账项。所谓未达账项是指由于企业与银行之间对于同一项业务，由于取得凭证的时间不同，导致记账时间不一致，而发生的一方已取得结算凭证已登记入账，而另一方由于尚未取得结算凭证尚未入账的款项。未达账项有以下四种：①企业已收、银行未收款。例如，企业销售产品收到支票，送存银行后即可根据银行盖章，退回的"进账单"回联登记银行存款的增加，而银行则不能马上记增加，要等款项收妥后再记增加，如果此时对账，则形成企业已收、银行未收款。②企业已付，银行未付款。例如，企业开出一张支票支付购料款，企业可根据支票存根、发货票及收料单等凭证，记银行存款的减少，而此时银行由于尚未接到支付款项的凭证尚未记减少，如果此时对账，则形成企业已付、银行未付款。③银行已收、企业未收款。例如，外地某单位给企业汇来款项，银行收到汇款单后，马上登记存款增加，企业由于尚未收到汇款凭证尚未记银行存款增加，如果此时对账就形成了银行已收、企业未收款。④银行已付、企业未付款。例如，银行代企业支付款项（如购料款等），银行已取得支付款项的凭证已记存款减少，企业尚未接到凭证尚未记银行存款减少，如果此时对账，则形成银行已付、企业未付款。

上述任何一种未达账项存在，都会使企业银行存款日记账余额与银行转来对账单的余额不符。因此，在与银行对账时，应首先查明有无未达账项，如果有未达账项可编制"银行存款余额调节表"，对未达账项调整后，再确定企业与银行双方记账是否一致，双方的账面余额是否相符。

现举例说明补记式的"银行存款余额调节表"的具体编制方法。

[例2-34] 红星公司某年度12月31日银行存款日记账的余额为56,000元，银行转来对账单的余额为74,000元，经过逐笔核对有如下未达账项：

①公司收销货款 2,000 元，已记银行存款增加，银行尚未记增加；
②公司付购货款 18,000 元，已记银行存款减少，银行尚未记减少；
③接到某工厂汇来购货款 10,000 元，银行已登记增加，公司尚未记增加；
④银行代公司支付购料款 8,000 元，银行已登记减少，公司尚未记减少。

根据以上资料编制"银行存款余额调节表"，调整双方余额。见表 2-7。

表 2-7　银行存款余额调节表

20××年度12月31日　　　　　　　　　　　　　　　　　　　　　　单位：元

项目	金额	项目	金额
公司银行存款日记账余额	56,000	银行对账单余额	74,000
加　银行已收公司未收款	10,000	加　公司已收银行未收款	2,000
减　银行已付公司未付款	8,000	减　公司已付银行未付款	18,000
调节后的存款余额	58,000	调节后的存款余额	58,000

表 2-7 的编制方法是：企业与银行双方都在本身余额的基础上补记上对方已记账，本身未记账的未达账项（包括增加额和减少额）。采用这种方法进行调整，双方调节后的余额相等，说明双方记账相符，否则说明记账有错误应给予更正；采用这种方法进行调节，所得到的调节后余额，是企业当时实际可以动用的款项。

需要注意的是，在财产清查过程中，要特别注意长期存在的未达账项，这样的款项可能是错账，应对时间较长的未达账项进行分析，查明原因。当然，"银行存款余额调节表"只起到对账的作用，不能作为调节账面余额的凭证，银行存款日记账的登记，还应待收到有关原始凭证后再进行。

上述银行存款清查方法，也适用于银行借款的清查。

（三）结算往来款项的清查方法

各种结算往来款项一般采取"函证核对法"进行清查，即通过证件同对方经济往来单位核对账目的方法。清单单位按每一个经济往来单位编制"往来款项对账单"（一式两份，其中一份作为回联单）送往各经济往来单位，对方经过核对相符后，在回联单上加盖公章退回，表示已核对；如果经核对数字不相符，对方应在回联单上注明情况，或另抄对账单退回本单位，进一步查明原因，再行核对，直到相符为止。

财产清查的结果，必须按国家有关财务制度的规定，严肃认真地给予处理。财产清查中发现的盘盈、盘亏、毁损和变质或超储积压等问题，应认真核准数字，按规定的程序上报批准后再行处理；对长期不清或有争执的债权、债务，也应核准数字上报待批准后处理。其具体步骤如下：

1．核准数字，查明原因

根据清查情况，编制全部清查结果的"实存账存对比表"（也称"财产盈亏报告单"），核准货币资金、财产物资及债权债务的盈亏数字，对各项差异产生的原因进行分析，明确经济责任，据实提出处理意见，呈报有关领导和部门批准。对于债权债务在核对过程中出现的争议问题，应及时组织清理；对于超储积压物资应同时提出处理方案。

2．调整账簿，做到账实相符

在核准数字，查明原因的基础上，根据"财产盈亏报告单"编制记账凭证，并据以登记账簿，使各项财产物资做到账实相符。但对于应收而收不回的坏账损失，在批准前不做此项账务处理，待批准后再行处理。在做好上项调整账簿工作后，即可将所编制的"财产盈亏报告单"和所撰写的文字说明，一并报送有关领导和部门批准。

3．经批准，进行账务处理

当有关领导部门对所呈报的财产清查结果提出处理意见后，应严格按批复意见进行账务处理，编制记账凭证，登记有关账簿，并追回由于责任者个人原因造成的损失。

四、会计报表

会计报表是以货币为计量单位，总括反映企业和行政、事业等单位在一定时期内的财务收支和经营成果情况的报告文件。

编制会计报表是会计核算的一项专门方法。它是以账簿记录为主要依据，将日常核算中数量繁多、分散的会计资料，按统一的会计制度的要求、规定的格式和编制的方法，加以归类、整理、汇总而成的一套完整的指标体系。会计报表所提供的指标，比其他会计资料更能综合、系统和全面地反映企业和行政、事业等单位的经济活动的情况和结果。因此，会计报表对企业和行政、事业等单位本身及其主管部门，对企业的债权人和投资者以及财税、银行、审计部门来说，都是一种十分重要的经济资料。

为了使会计报表能够最大限度地满足各有关方面的需要，实现编制会计报表的基本目的，充分发挥会计报表的作用，企业编制的会计报表应当真实可靠、相关可比、全面完整、编报及时、便于理解。为此，必须在编制会计报表之前做好充分的准备工作，即检查是否将全部经济业务登记入账；检查明细分类账、日记账和总分类账，做到账账相符；进行账实核对，保证账实相符。为了保证会计报表的编制质量，编制会计报表时，在会计计量和填报方法上，应保持前后会计期间的一致性；会计信息要具有相关性和可靠性，达到准确有效地满足使用者获得有用的信息以资决策需要；要能够全面地反映企业的财务状况和经营成果，使报表阅读者不致产生误解或偏见。

企业的会计报表主要包括资产负债表、利润表、现金流量表,分别按月度或年度编报。

（一）资产负债表

资产负债表是根据"资产＝负债＋所有者权益"这一会计恒等式为理论基础,按照一定的分类标准和一定的次序,把企业在某一特定日期的资产、负债和所有者权益各要素分成资产、权益两方予以适当排列编制而成的。它是一张静态报表,总括反映企业在一定期间所拥有或控制的资源,所承担的现时义务以及所有者对企业净资产的要求权。

资产负债表直接提供的主要信息有：

（1）企业所拥有或控制的经济资源数额及各类经济资源的构成情况；

（2）企业所负担的短期和长期负债数额及债务的构成情况；

（3）企业的所有者权益数额及所有者权益的构成情况。

我国采用账户式的资产负债表,即报表左右对称结构,左方列资产项目,右方列负债和所有者权益项目,左右两方平衡。资产类项目主要按照变现能力的大小依次排列,包括流动资产、长期资产、固定资产、无形资产、递延资产和其他资产。负债类项目一般按照流动负债、长期负债进行分类并分项列示。所有者权益一般按照实收资本、资本公积、盈余公积、未分配利润项目分别列示,它是按照永久性递延的顺序排列的。其格式（简式）如表2-8所示：

表2-8 资产负债表

编制单位： 　　　　年　月　日 　　　　　　　　　　　　单位：元

资产	金额	负债及所有者权益	金额
流动资产 ⋮ 流动资产合计 非流动资产 ⋮ 非流动资产合计		流动负债 ⋮ 流动负债合计 长期负债 ⋮ 长期负债合计 所有者权益 ⋮ 所有者权益合计	
资产总计		负债及所有者权益合计	

资产负债表中资产类项目金额合计与负债和所有者权益项目金额合计必须相等。各项资产与负债的金额一般不应相互抵消。

在资产负债表的下端,还可以列示若干补充资料,如已贴现的商业承兑汇票、已包括在固定资产原价内的融资租入固定资产原价等,用以补充说明表内有关项目,全面反映有关经济事项。同时,对于资产负债表中有关重要项目的明细资料,以及其他有助于理解和分析资产负债表的事项,如企业已抵押资产、融资租入固定资产原价等,应在报表附注中逐一列示和说明。

(二) 利润表

利润表又称损益表、收益表,是反映企业一定会计期间(如月份、季度、半年或年度)经营成果的会计报表。利润表把一定期间的营业收入与其同一会计期间相关的营业费用进行配比,以计算出企业一定时期的净利润(或净亏损)。通过利润表反映的收入、费用等情况,能够反映企业生产经营的收益和成本耗费情况,表明企业生产经营成果;同时,通过利润表提供的不同时期的比较数字(本月数、本年累计数、上年数),可以分析企业今后利润的发展趋势及获利能力,了解投资者投入资本的完整性。由于利润是企业经营业绩的综合体现,又是进行利润分配的主要依据,因此,利润表是会计报表的主要报表,也是一张动态报表。

利润表直接提供的主要信息有:

(1) 企业一定时期的营业收入与营业成本、费用及其净收益;

(2) 企业投资净收益,或投资收入及投资支出;

(3) 利润(亏损)总额,所得税及净利润等。

利润表根据"收入－费用＝利润"的会计等式设计,并依此将这三个要素的具体内容上下垂直排列在报表中,所以利润表实际上是这一会计等式的具体展开。

我国的利润表内容具体包括主营业务收入、主营业务成本、主营业务税金及附加、其他业务收支、营业费用、管理费用、财务费用、投资净收益、营业外收支、所得税等。其基本格式如表2-9所示:

表2-9 利润表

编制单位: 　　　　年　月　日　　　　　　　　　　　　　　　单位:元

项　　目	行次	本月数	本年累计数
一、主营业务收入	1		
减:主营业务成本	2		
主营业务税金及附加	3		
二、主营业务利润(亏损以"－"号填列)	4		
加:其他业务利润(亏损以"－"号填列)	5		
减:营业费用	6		
管理费用	7		
财务费用	8		
三、营业利润(亏损以"－"号填列)	9		
加:投资收益(亏损以"－"号填列)	10		
营业外收入	11		
减:营业外支出	12		
四、利润总额(亏损以"－"号填列)	13		
减:所得税	14		
五、净利润(亏损以"－"号填列)	15		

利润表中有关重要项目的明细资料以及有助于理解和分析利润表的事项。如有关会计政策的变化、有关具体项目的补充说明、难以在利润表格式反映的内容或业务情况、在报告期内由于会计方法发生变更而产生的影响、未经批准的利润分配方案的说明等,应在利润表附注中说明。

(三) 现金流量表

我国财政部 1998 年 3 月 20 日颁布了《企业会计准则——现金流量表》,用现金流量表取代企业原编制的财务状况变动表。现金流量表反映企业一定会计期间内现金和现金等价物流入和流出,表明企业获得现金和现金等价物的能力,实际上是以现金为基础编制的财务状况变动表。

编制现金流量表,能够说明企业一定期间现金流入和流出的原因,说明企业的偿债能力和支付股利的能力;也能够用以分析企业未来获取现金的能力,分析企业投资和理财活动对经营成果和财务状况的影响,有助于对企业的整体财务状况作出客观评价。

现金流量表是以现金为基础编制的,这里的现金是相对广义的现金,不仅包括企业的库存现金,还包括企业可以随时用于支付的存款,以及现金等价物。具体指库存现金、银行存款、其他货币资金及企业购入的在证券市场上流通的 3 个月内到期的短期债券投资等。

现金流量是反映企业在一定期间内从事的各项业务活动,包括经营活动、投资活动和筹资活动等所产生的现金流出、流入和现金净变动额的财务报告。根据我国现金流量表会计准则的规定,企业一定时期内发生的现金流量分为以下三类:

1. 经营活动产生的现金流量

经营活动是指企业投资和筹资活动以外的所有交易和事项,一般与企业创造利润的目的有关。影响现金流量的典型经营活动如表 2-10 所示。

表 2-10 影响现金流量的典型经营活动

经营活动的现金流入量	经营活动的现金流出量
销售商品收到的现金 收到的税费返还 收到的其他与经营活动有关的现金	购买商品支付的现金 支付给职工的工资 支付的各项税费 支付的其他与经营活动有关的现金

2. 投资活动产生的现金流量

投资活动是指企业长期资产的购建和不包括在现金等价物范围内的投资及其处置活动。影响现金流量的典型投资活动如表 2-11 所示。

表 2-11 影响现金流量的典型投资活动

投资活动的现金流入量	投资活动的现金流出量
收回投资所收到的现金 取得投资收益收到的现金 处置固定资产收到的现金 收到的其他与投资活动有关的现金	购建固定资产支付的现金 投资所支付的现金 支付的其他与投资活动有关的现金

3．筹资活动产生的现金流量

筹资活动是指导致企业资本及债务规模和构成发生变化的活动。影响现金流量的典型筹资活动如表 2-12 所示。

表 2-12 影响现金流量的典型筹资活动

筹资活动的现金流入量	筹资活动的现金流出量
吸收投资所收到的现金 借款所收到的现金 收到的其他与筹资活动有关的现金	偿还债务所支付的现金 分配利润和偿付利息所支付的现金 支付的其他与筹资活动有关的现金

现金流量表属于年度报表，由报表主表和补充资料两部分组成。主表格式如表 2-10、2-11、2-12。补充资料包括三项内容：第一，不涉及现金收支的投资和筹资活动。这部分活动虽不涉及本期的现金收支，但却是企业的重要的理财活动，并且有些会对以后各期现金收支产生重要的影响。因此，为便于了解企业的财务状况，应在报表的补充资料中予以披露。这类活动有以固定资产偿还债务、以投资偿还债务、以固定资产进行投资、以存货偿还债务等。第二，将净利润调节为经营活动的现金流量。这部分实际上是用间接法编制计算的经营活动现金流量，应与基本内容部分中的"经营活动产生的现金流量净额"数字相等。第三，现金净增加情况。该项目通过现金及现金等价物账户中的期末余额减期初余额计算而得，计算结果应与基本内容部分的"现金净增加额"项目数字相等。

（四）利润分配表

利润分配表是利润表的附表，是用来反映企业所实现利润的分配情况和年末未分配利润结余情况的会计报表，是年报表。通过利润分配表可以了解企业所实现利润的分配情况，由于我国利润的流向较多，单独编制利润分配表有利于检查企业利润分配的合法性与合理性，有利于监督企业是否按照国家法律、法规的有关规定正确分配利润。通过利润分配表可以清楚地了解到企业未分配利润的结余情况，从而掌握企业的发展后劲，也为企业的投资者和债权人提供投资或贷款的信息资料。

利润分配表可以提供的信息有：企业可供分配利润的来源；企业利润分配的

具体情况；期末未分配利润的情况。根据规定，我国企业的利润分配是分两步进行的：

第一步：计算可供分配利润

可供分配利润＝净利润＋年初未分配利润

第二步：计算未分配利润

未分配利润＝可供分配利润－提取盈余公积－应付利润

利润分配表的格式见表 2－13。

表 2－13 利润分配表

编制单位：　　　　　　年　月　日　　　　　　　　　　　　　　单位：元

项目	行次	上年实际	本年实际
一、税后利润	1		
加：年初未分配利润	2		
二、可供分配利润	3		
减：提取盈余公积	4		
应付利润	5		
三、未分配利润	6		

利润表和资产负债表分别是以"收入－费用＝利润"和"资产＝负债＋所有者权益"两个会计等式为基础编制的。利润表反映的是一个期间会计主体经营活动变动的成果，即经营成果。而资产负债表反映的是某一时点主体全部资产的分布状况及其相应来源。利润表的最终结果要反映在资产负债表中。因此，利润及其分配表和资产负债表之间具有一定的勾稽关系。如果所编制会计报表不能体现这一勾稽关系，可以肯定其记账过程必然存在差错。现金流量表反映企业期初与期末现金的变化情况。资产负债表反映企业在某一时点上的财务状况，利润表及利润分配表、现金流量表反映企业一个时间段的经营成果及其分配、现金流量状况，它们能解释期初、期末资产负债表项目发生变化的原因。

第三章 司法会计的会计与审计基础（下）

第一节 审计的概述

一、审计的概念及性质

（一）审计的概念

审计是独立的专门机构或人员接受委托或根据授权，对国家行政单位和企事业单位及其他经济组织的会计报表和其他资料及其所反映的经济活动进行审查并发表意见。审计自产生的那天起，经过不断的完善和发展，到今天已经形成了一套比较完整的科学体系。美国会计学会把审计描述为："为确定关于经济行为及经济现象的结论和所制定的标准之间的一致程度，而对这种结论有关的证据进行客观收集、评定，并将结果传达给利害关系人的有组织的过程。"

（二）审计学的概念

审计学，是研究审计产生和发展规律的学科。实践是检验真理的惟一标准，科学是实践经验的总结。审计科学就是对审计实践活动在理论上的概括、反映和科学总结，并用来指导审计实践活动，促进经济发展。

由于早期财务审计是以审查会计账目、报表为对象，故名之曰"听其会计"、"逆其会计"或"查账"。因而有人把审计纳入广义会计学的一个分支，即会计核算、会计分析和会计检查，认为审计对象就是会计，没有会计就没有审计，审计与会计是孪生兄弟。我国审计界根据审计的长期实践认为，审计与会计是两种不同的事物，审计也不同于一般的"查账"。会计产生于经济管理的需要，萌芽于原始公社时期；而审计产生于经济监督的需要，萌芽于奴隶社会。会计产生的时间早于审计。会计虽然也具有经济监督的职能，但它不是专职监督，而是一种业务监督，属于管理的附带职能。会计监督的范围和内容，受到其业务工作范围和内容的严格限制，主要对企事业单位生产经营的各个环节和行政管理部门的经济活动及财务收支进行监督。会计监督的目的，是为了保证会计核算资料真实、正确和合法，使单位财务收支、财务状况和财务成果能得到有效的控制和监督。使违法乱纪行为能得到检查和纠正。会计监督，一般采用日常控制和事后检查分析相结合的形式，主要通过凭证稽核、会计分析和制度执行情况检查等方式来进行监督。从审计产生的基础、审计本质、审计定义、审计对象、审计职能及其历史演变过程可以看出，审计是一种具有独立性的经济监督，审计的对象是被审计单位的经济活动和会计资料，审计审查的内容包括会计，但不限于会计。所以，查账只反映审计的一个侧面,但审计不等于查账。查账只是检查账目,而审计一般是指审核稽查计算,它不仅包括了查账的全部内容,而且还包括了对计算行为及经济活动进行实地考察、调查、分析和检验。同时,审计只能由专职的审计机构和人员进行,而查账则不受此限制。由上可见,审计是一门独立的学科,而不是会计的一个分支。

审计学是在总结审计实践经验的基础上产生,并随着审计实践的发展而发展起来的。随着审计实践的产生,在奴隶社会和封建社会就有了审计理论的萌芽,由于当时生产力发展缓慢和审计实践的单一,那时的审计理论也不过是一些零星的、不系统的审计思想。随着商品经济的高速发展和审计实践经验的日益丰富,到了资本主义发达时期,财务审计理论得到不断完善。在19世纪后期,英国就出现了审计理论专著,20世纪初,美国出现了资产负债表审计理论,到了20世纪30年代,又出现了财务报表审计理论。尽管这些都属于描述性的审计理论,但已具有系统、全面及深刻的特征,对审计实践有针对性的指导作用。在第二次世界大战后,随着科学技术的迅速发展,产生了现代审计理论并得到迅速发展。如出现了抽样审计、内部控制审计、电算系统审计、经营审计、管理审计、绩效审计等理论,特别突出的是出现了一批规范式的审计理论名著。如《审计理论结论》、《基本审计概念说明》和《审计理论》等。描述式审计理论扩大,规范式审计理论诞生,以及边缘审计学萌芽,是现代审计理论阶段的显著特点。审计学发展至今已成为一门具有综合性的应用科学。它不仅具有很强的理论性,而且还具有实践性和技术性。其理论性主要表现为审计学探讨和研究了审计活动规律及其应用,对审计实践进行了高度概括和科学总结。其实践性主要表现为审计学可以应用于审计实践之中,指导审计工作,并有明显的经济和社会效果;其技术性主要表现为审计学吸纳了各种科学成果,为审计活动提供了各种科学技术方法和手段。

(三) 审计的性质

审计是一种经济监督,但不同于其他形式的经济监督。经济监督是一定主体依据法律规定和某种授权对一定的经济行为进行监控和评价。按照实施的主体和被实施监督的对象不同,经济监督所包含的种类和范围呈现多样性,如价格监督、税收监督等,但从监督的层面、监督的作用范围、监督的效果和对国家经济宏观调控的影响力而言,审计监督作为经济监督的一种表现形式高于其他种类的经济监督。审计监督的着眼点在于通过对一定范围的经济主体的经济行为进行审核,从而保证经济行为的合法性、合理性、经济性等,以实现促进整个国家经济运行处于良好的循环状态。

审计服务于政府,这种服务并不是一种行政体制下的从属服从,而是审计应该通过自己的审计行为,促进政府职能的有效实现。公有制条件下政府的双重职能决定了国家审计必然在两个层面行使着经济监督的职能：

第一，以政府公共管理职能的有效实现为目标，对公共财政的收入和支出以及关系国计民生的社会公共资金进行审计；对政府管理行为的效益进行审计。在社会主义市场经济体制下政府职能主要表现为宏观经济调控职能、社会管理职能、公共服务职能，因此，审计将以政府行为的效益为基点，区分政府的不同职能而确定不同的审计目标，注重服务型政府行为所产生的经济效益和社会效益。

第二，以国有资产的有效运营为目标，对国有资产的经营管理情况进行审计。作为国有资产的所有者代表，政府承担国有资产保值增值的责任。政府需要将国有资产投入到财产流转领域，在市场竞争中实现着国有资产使用价值和价值的提升。从国有资产运营和所有权的行使角度而言，审计需要以一个内部审计人的身份，对企业经营业务的决策程序的内部控制制度的健全性和有效性提出合理的建议；对企业的具体经营活动的效益性、合法性进行评估；对企业的各项管理活动进行合理的建议和评价；对企业的负责人的行为进行有效的监督等，促进企业更好地经营管理国有资产。审计需要以一个社会审计人的身份，对企业的经营情况作出真实的评价，以利于企业在市场竞争中获得更多的再生产投资。

二、审计在司法会计中的作用

（一）审计的制约作用

审计通过揭露和制止、处罚等手段，来制约经济活动中各种消极因素，有助于各种经济责任的正确履行和社会经济持续的健康发展。

1. 揭露背离社会主义方向的经营行为。党和国家的各项方针、政策及法规制度，是千百万个企事业单位能够按照社会主义方向正确经营的保证。国家机关、各企事业单位能够忠实地贯彻执行，就能保证正确的经营方向。审计通过检查监督，就能发现被审计单位贯彻方针政策和法规制度的情况，就能揭露和制止违反国家法规的行为，以利于社会主义经济健康地发展。

2. 揭露经济资料中的错误和舞弊行为。会计资料及其他各种经济资料，应该真实、正确、合理、合法地反映经济活动的事实。但不少单位的经济资料不仅存在错误，而且存在着有意造假的现象，以图掩饰非法的经济行为。通过审计的检查监督，不仅可以揭露出经济资料的错误和舞弊，而且还可以揭发经济业务中的错误和舞弊行为，从而进一步追究有关负责人的责任和考察有关管理人员的政治、业务素质。

3. 揭露经济生活中的各种不正之风。不论是财政财务审计还是经济效益审计，都可以通过对经济活动的审查监督，揭露出社会上不正当的各种各样的经济关系、经济思想和经济行为，进行必要的处理，提出改正意见，刹住不正之风，促进廉政建设。

4. 打击各种经济犯罪活动。各种审计特别是财政财务审计，可以发现和查明贪污盗窃、行贿、受贿、偷税、漏税、骗税、走私、造假账、化预算内为预算外、化大公为小公和化公为私，以及损失浪费等经济违法犯罪行为，并配合党的纪律检查工作、行政纪律监察工作，法院、检察机关的司法侦查工作，以及各种临时检查工作，进行查证与鉴定，以充分发挥审计的特有作用。

（二）审计的促进作用

审计通过调查、评价、提出建议等手段，来促进、服务宏观经济调控，促进微观经济管理，以助于国民经济管理水平和绩效的提高。

1. 促进经济管理水平和经济效益的提高。通过财政财务审计和经济效益审计，可以发现影响被审计单位财务成果和经济效益的各种因素，并针对问题的所在提出切实可行的改善措施，这样就有利于被审计单位改善物质技术条件和人员管理素质，进一步挖掘潜力，提高经济效益。

2. 促进内控制度的建设和完善。通过对内部控制制度审计和评价，可以发现制度本身的完善程度、履行情况及责任归属等问题，并向有关方面反馈信息，以促进内部控制制度的进一步完善和正确的执行。

3. 促进社会经济秩序的健康运行。审计部门作为对一切国有资产的监督部门，通过微观审计和宏观调查，都可以发现经济生活中一些违法乱纪和破坏正常经济秩序的现象和行为，审计机关和人员不仅有向有关领导和宏观管理部门反映信息的义务，而且有提出处理意见和改进措施的权利，这就有利于维护正常的经济秩序，保证国民经济健康地发展。

4. 促进各种经济利益关系的正确处理。无论是微观审计还是宏观调查，都可以发现一些在处理国家、地区、集体、个人之间经济利益关系方面存在的问题。这些问题的存在使一些单位和个人获得了一些不正当的经济利益，也挫伤了一部分人的积极性，更严重的是损害了国家利益。审计通过信息反馈和提出一些改进意见，有利于协调各方面的经济利益关系，使得责、权、利更加密切结合，以助于微观经济中的有关矛盾的解决和宏观调控工作的加强。

第二节 审计的内容

一、审计方法

审计的方法是审计人员为了完成审计任务，在审计过程中收集审计证据，借以提出审计意见的方法。在审计实务中，审计的种类较多，各个审计事项的审计目的、要求、内容不同，被审计单位在经济业务、规模、经营管理水平等方面也千差万别。为了适应这些复杂情况，必须采用相应的审计方法，才能取得充分可靠的审计证据，提出客观公正的审计意见，并能提高审计工作的效率，收到事半功倍的效果。审计常用的方法，可大体分为审查书面资料的方法和证实客观事物的方法。审查书面资料的方法，可按应用的技术分为审阅法、核对法、查询法、比较法和分析法；按审查资料的顺序分为顺查法和逆查法；按审查资料的多少分为详查法和抽查法。证实客观事物的方法，是指收集书面资料以外的信息，以证明客观事物的数量、质量、价值、存在地点、所有权等方法，常用的有盘点法、调节法和鉴定法。

（一）几种常用的审计方法

1. 详细审计

详细审计就是对全部资产进行清查，对全部账目进行检查。适用经济规模小、经济活动的内容单一、会计业务量较少的单位。同时审计对象数量较少种类单一，这为详细审计提供了可能。由于规模较小的企业科学管理的程度较低，在经济组织内部存在着许多管理缺陷，加之会计体系本身尚不完善，如平行登记、试算平衡等会计数据的保真控制功能较弱，财产的流失和会计数据失真发生的几率较高。因此，审计目标主要是查错防弊，审计人员在作出有把握的审计结论之前，必须对审计对象进行全面的验证。详细审计实际上是重复会计人员的全部工作，即审计人员按照会计人员做账的程序和方法重新独立复核。因此该阶段的审计程序基本上等同于会计记账程序，从原始凭证的取得、记账凭证的编制、账簿的登记、收益的确定到会计报表的编制，逐一进行全面检查。详细审计的弊病是要耗费大量的人力、时间，要进行大量的重复劳动，审计成本高，审计效率低。

2. 抽样审计

抽样审计是将客户的全部经济活动作为一个总体，从中抽取一部分，依会计凭证、账簿到报表进行逐一核对，并依据样本审核的结果推断总体的情况，对客户的财务报表提出意见。随着市场经济迅速的发展，经济组织的规模和经营范围也不断扩大，会计记录的数量不断增加、内容日趋复杂，不仅审计人员无法承受对会计记录进行全面验证的巨额成本，会计信息的使用者也无法接受全面审计的低下效率。同时，随着管理理论的现代化和管理手段的科学化，经济组织的内部控制制度日趋完善，能够起到保护财产安全完整和保证会计资料真实可靠的作用。因此，不对经济业务进行全面验证，而是进行抽样审计，在实践中不仅是必要的，也是可行的。抽样审计的程序基本上仍然遵循会计的记账程序，同样要运用复核、核对、盘点、询问等基本的审计方法，只是审核的范围相对缩小。

（1）任意抽样法。审计人员在确定抽取样本规模、取样方式和处理样本过程上没有可遵循的原则和标准，皆体现出任意性，故其审查结果缺乏科学性和可靠性，审计人员也承担较大的审计风险。

（2）判断抽样法。根据审计人员的经验判断，有目的地从特定审计对象总体中抽查部分样本进行审查，并以样本的审查结果来推断总体的抽样结果。同任意抽样法相比，判断抽样法前进了一大步。但由于该方法是审计人员在总结自身经验的基础上形成的，因此，其成效取决于审计人员的经验和判断能力。判断得正确，就会有成效；判断不准，缺乏客观性，就会影响审计工作的效果。

（3）统计抽样法。审计人员运用概率论原理，遵循随机原则，从审计对象总体中抽取部分样本进行审查，然后以样本的审查结果来推断总体的抽样方法。统计抽样法的科学理论依据有：一是充分的数学依据。统计抽样法要利用高等数学方法。抽查时，如选择样本适当，那么根据审查样本的结果，运用概率论的原理，可以通过抽取的样本推断总体。二是健全的内部控制制度依据。企业具有健全的内部控制制度，会减少发生错误和弊端的可能性，或迅速地发现错误和弊端。三是统计抽样允许审计人员计算样本的可靠性及其风险（这是统计抽样与非统计抽样的主要区别）；允许审计人员在他们可接受的风险程度下用数学的方法确定最优的样本容量，以避免夸大或缩小审计。

3. 顺查法

顺查法是审计人员按照会计业务处理的先后顺序依次进行审查的方法。这种方法按照业务处理的顺序逐一核对、依次审查，操作简单，审查结果能够做到全面、系统、准确，但机械的审查核对费时费力，不易抓住重点，同时也不便于按照业务类别进行审查，不便于审计人员分工。它适用于被审计单位规模较小、业务较少，被审计单位管理制度和内部控制制度较差，存在的违纪事项需要逐一查实。所以，这种方法的运用有着必要性和重要性。

4. 逆查法

逆查法是按照与会计核算相反的处理程序，依次对报表、账簿、凭证的各个环节进行审查的一种方法。这种方法能从全局出发，大处着手，只审查有问题的内容，抓住实质，主攻方向明确，能够节约一定的人力、物力，提高审计效率。

（二）审计方法的历史演进

从整体思路上分析，经过了账项导向审计、制度导向审计和风险导向审计三个阶段。

1. 账项导向审计是审计人员为了查错防弊，以审查被审计单位会计事项为主要审计内容和过程的审计思路。在这种思路下，审计基本没有重点或重点环节。显然，审计工作的早期，这种思路是行得通的。与上述道理一样，随着审计对象和内容的不断复杂化，这种思路便越来越显现出其局限性，取而代之的是系统导向审计。

2. 系统导向审计通过确定经济组织内部控制制度的缺陷，进而判明财产保全和会计记录真实性上可能存在的缺陷，并对此进行详细考证、分析，以查明错弊。在现代经济环境中，电子技术与科学管理方法的融合，使得经济组织的内部控制制度的作用机制更趋完善，内部控制制度与财产和会计记录错弊发生的可能性之间存在着较强的相关关系，内部控制健全并有效运行的相关财产变动业务和会计记录所发生错弊的可能性极小；反之亦然。同时，在20世纪60年代中期以后，审计职业界进入了所谓的"诉讼爆炸"时代，针对注册会计师的频繁诉讼，不仅给注册会计师带来了巨大的经济损失，也对审计职业界的生存和发展造成了严重威胁，审计风险成为审计人员关注的核心。抽样审计方法的随机性与主观性的缺点，使审计风险难以控制。这就需要寻求一种新的审计方法，既能有效控制审计风险，又能全面提高审计效率。审计人员把内部控制制度是否健全和有效实行，作为发现财产和会计记录存在错弊的基础，恰好能满足这样的要求。

3. 风险导向审计是审计人员以规避、控制和防范审计风险为出发点，确定审计性质、范围和时间的一种审计思路。它要求审计人员不仅要对被审计单位的固有风险和控制风险进行评价，还要对形成风险的各种因素进行分析。从上个世纪80年代开始，理论界对审计风险进行了系统的研究。但人们对其作为审计人手方法进行探讨，还只是最近几年的事情。风险导向审计能更有效地提高审计效率和质量，控制和防范审计风险与责任。

二、审计程序

审计程序是指审计机关在审计过程中必须遵循的法定顺序、期限、形式的制度。目前，我国还没有一部统一的行政程序法，行政程序规范散见于各种单行法律、法规中。《审计法》、《审计法实施条例》和审计署颁布的审计准则对审计程序作了详尽的规定。其中，审计准备阶段、审计实施阶段和审计终结阶段是审计程序的三个法定环节，从审计通知书的送达到征求被审计单位的意见，从审计人员的回避到听证通知书的送达，从审计报告的复核到审计决定的作出。

（一）审计准备阶段

根据审计项目计划确定的审计事项组成审计组，审计组进行审前调查，制定审计方案。审计组应当在实施审计3日前向被审计单位送达《审计通知书》。

（二）审计实施阶段

1. 审计人员通过审查银行开户、会计报表、账簿、凭证；查阅与审计项目有关的文件资料；检查现金、实物、有价证券和运用计算机管理财政、财务收支的财务会计核算系统；向有关单位和个人进行审计调查等方式进行审计，并取得证明材料。审计人员向有关单位和个人进行调查时，应当出示审计人员"行政执法证"和审计通知书复印件。

2. 审计组在实施审计后应当向审计机关提出审计报告。

3. 征求被审计单位对审计报告的意见，被审计单位应当自接到审计报告之日起10日内将其书面意见送交。

（三）审计终结阶段

1. 审计机关审定审计报告，对审计事项作出评价，出具《审计意见书》，对违反国家规定的财政财务收支行为，需要依法给予处理处罚的，在法定职权范围内作出《审计决定》，或向有关主管机关提出处理、处罚意见。构成犯罪的移送司法机关追究刑事责任。

2. 审计机关应当自收到审计报告之日起 30 日内，将《审计意见书》和《审计决定》送达被审计单位。《审计决定》自送达之日起生效并在 3 个月内执行完毕。特殊情况下，报送审计机关批准，执行完毕的时间可以适当延长。审计机关应当自《审计意见书》和《审计决定》送达之日起 3 个月内，了解审计意见的采纳情况、监督检查审计决定的执行情况。被审计单位未按规定期限和要求执行审计决定的，审计机关应当责令其执行；拒不执行的可申请人民法院强制执行。

（四）审计行政处罚听证程序

1. 审计机关对被审计单位和有关责任人员（以下简称当事人）作出审计处罚前，即单位处罚金额 10 万元以上、个人 2000 元以上的罚款，应当送达《审计听证告知通知书》，告知当事人有权要求举行审计听证会。

2. 当事人要求举行审计听证会的，应当自收到审计听证告知书之日起 3 日内，向审计机关提出书面申请，列明听证要求，并由申请人签名或者盖章。逾期不提出审计听证要求的，视为放弃审计。

3. 审计机关收到审计听证申请后，应当进行审核。对符合审计听证条件的，应当组织审计听证，并在举行审计听证会 7 日前向当事人送达审计听证会通知书，告知当事人举行审计听证会的时间、地点。对不符合审计听证条件的，裁定不予审计听证，并作出不予审计听证裁定书，载明理由告知当事人。

（五）审计复议规定

1. 被审计单位认为审计机关的具体行政行为侵犯其合法权益的，可以依照有关法律、法规，在收到审计决定之日起 60 日内，向上一级审计机关或本级人民政府书面申请审计复议。

2. 审计复议期间审计具体行政行为不停止执行，但有下列情形之一的可以停止执行：（1）被申请人认为需要停止执行的；（2）审计复议机关认为需要停止执行的；（3）申请人申请停止执行，审计复议机关认为要求合理，决定停止执行的；（4）法律规定停止执行的。

3. 申请人对审计复议决定不服的，可以依照《行政诉讼法》的规定，在收到复议决定之日起 15 日内向人民法院提起行政诉讼。

（六）审计机关程序违法的表现形式

根据行政程序的构成要素，可以把审计机关程序违法行为具体划分为四种表现形式：

1. 步骤违法

步骤是程序的重要要素，任何行为都必须按照法定的步骤来进行。步骤违法主要有两种表现形式：一是随意增加法定步骤。如果法律对行政行为的步骤作了明确规定,而行政主体在法律规定之外随意增加步骤,就构成步骤违法。二是减少或遗漏法定步骤。减少或遗漏法定步骤是步骤违法的主要表现形式,也是最明显的步骤违法。例如,《行政处罚法》第42条规定:"行政机关作出责令停产停业、吊销许可证或者执照、较大数额罚款等行政处罚决定之前,应当告知当事人有要求举行听证的权利;当事人要求听证的,行政机关应当组织听证。"如果行政机关在作出行政处罚之前不告知当事人有要求举行听证的权利,或者当事人要求举行听证而行政机关不组织听证便作出行政处罚的,就导致步骤违法。比如有的审计项目没有下达审计决定书,就向被审计单位收缴款项;有的审计项目没有实施审计,根据与被审计单位达成的口头收缴协议就下达审计决定,这些现象都是严重的程序违法行为。

2. 方式违法

为了保证行政目标的实现,在许多情况下,法律对行政行为的方式作了明确规定和要求。作为程序要素的方式是指行为的表现形式,一定的行为必须以相应的形式表现出来,如书面形式、口头形式等,若某一行为不按法律规定的形式来进行则属程序违法。有的审计机关在审计决定书的告知内容中存在着不完整或不正确的现象,即告知被审计单位申请复议的期限不符合法律规定,将审计行政复议期限确定为15日内,而不是行政复议法规定的60日;有的所告知的复议机关不正确或者遗漏法定复议机关。

3. 顺序违法

行政程序要素的顺序主要是指各个程序步骤之间的先后次序,行政行为的作出必须按一定顺序来进行。就行政主体来说,在进行有关执法时必须按顺序表明身份、说明理由、采取相关措施、作出行政决定,并将有关决定交付当事人,还要告知当事人有关权利。如果违反了这一顺序,将会导致程序违法。如《行政诉讼法》规定,在行政诉讼开始后,被告不得向原告自行取证,若行政机关违反了先取证、后裁决规则作出行政行为,则要承担败诉的后果。

4. 期限违法

行政程序的期限是指法律所规定的行政机关作出或完成某一行政行为的时间限制。所谓期限违法,是指行政行为违反法定的期限。期限是行政程序的基本要素,违反法定期限的行政行为也属于程序违法。遵守法定时效,是行政程序法对行政程序法律关系主体的基本要求,从法治的高度讲,有行为就有相应时效,而且这种时效是具体的、法定的。

三、审计工作底稿

(一) 审计工作底稿的定义

审计工作底稿是审计证据的载体,是指注册会计师在执行审计业务过程中形成的全部审计工作记录和获取的资料。其内容包括注册会计师在制定和实施审计计划时直接编制的、用以反映其审计思路和审计过程的工作记录，注册会计师从被审计单位或其他有关部门取得的、用于审计证据的各种原始资料，以及注册会计师接受并审阅他人代编制的审计记录。它不仅是形成审计结论、发表审计意见的直接依据，也是证明按照独立审计准则要求完成审计工作、履行应尽职责的依据。

（二）审计工作底稿的要素和构成

审计工作底稿是在审计过程中形成的审计工作记录和获取的资料。其形成方式有编制和取得两种。对于自行编制的工作底稿，应当全面记录审计计划的执行轨迹、审计证据的收集过程、职业判断的依据及过程、审计意见的形成过程等。大部分工作底稿应当自行编制。对于由委托单位或第三方提供的资料，严格讲并不是审计工作底稿，只有在实施必要的审计程序并形成相应的审计记录后，作为审计工作底稿的重要组成部分。

审计工作底稿的基本内容包含10部分。分别是：被审计单位名称；审计项目名称；审计项目时点或期间；审计过程记录；审计标识及其说明；审计结论；索引号及页次；编制者姓名及编制日期；复核者姓名及复核日期；其他应说明的事项。

这些基本要素构成完整的法律责任载体，缺一不可。其主要功能如下：

（1）被审计单位名称明确审计客体；

（2）审计项目名称明确审计内容；

（3）审计项目时点或期间明确审计范围；

（4）审计过程记录记载审计人员所实施的审计测试的性质、范围、样本选择等重要内容；

（5）审计标识及其说明方便工作底稿的检查和审阅；

（6）审计结论记录CPA的专业判断，为支持审计意见提供依据；

（7）索引号及页次方便存取使用，便于日后参考及计算机处理；

（8）编制者姓名及编制日期明确工作职责，便于追查审计步骤及顺序；

（9）复核者姓名及复核日期明确复核责任；

（10）其他应说明事项揭示影响CPA专业判断的其他重大事项，提供更详尽的补充信息。

（三）审计工作底稿基本要素的编制方法

下面依顺序分别介绍各要素的编制方法：

1. 被审计单位名称：系审计对象的占有方（个别时候项目的委托方和审计客体不一致，如司法鉴定项目）。若被审计单位为下属公司，则应同时写明下属公司的名称（如××公司一分厂），此项目可写简称，或以统一的审计标识代替。

2. 审计项目名称：此项目一般填写审计业务类型，如"2001年报审计"、

"工资专项审计"、"破产清算审计"等。项目名称应尽量简练、清晰。

3. 审计项目时点或期间：此项明确审计范围在时间上的截止点或时间跨度，应结合实质性测试的具体对象区别对待，资产负债项目应填截止时点，损益类项目应填时间跨度。

4. 审计过程记录：此项为审计工作底稿的核心要素，其简繁程序受制于审计项目的性质、目的和要求，被审计单位的经营规模等诸多因素。目前，大部分会计事务所采用统一印制的程序表（或是标准的底稿模式）来代替工作底稿编制中大量的手工书写（或录入）工作量，本项目可充分运用审计标识，以提高工作效率（见后述）。

5. 审计标识及其说明：是CPA用以表达各种审计含义的书面符号。适当运用审计标识可以缩短工作时间，提高工作效率（但也应防止过度使用，否则一张底稿将变成甲骨文字，让人晦涩难懂），同时应说明其确切含义，并在审计过程中保持其前后一致和不同标识的惟一性。可以单独或合并使用常用符号、英文缩写、简称等形式表达各种含义，并将这些标识及其完整的含义详细记录于审计标识一览表内供检查、复核者正常阅读。

6. 审计结论：此项目是CPA经过必要的审计程序后作出的专业判断，它直接支持最终的审计意见，因此，审计结论应清晰、简明地表述，不能含糊其辞、模棱两可。

7. 索引号及页次：索引号是CPA为整理利用审计工作底稿，将具有同一性质或反映同一具体审计对象的工作底稿分别归类，形成相互联系、相互控制的特定编号；页次是同一索引号下不同审计工作底稿的顺序编号。两者结合构成每一审计工作底稿惟一的标识符号，因此，索引号应准确表达对应审计工作底稿的类型和性质，相互之间既有紧密的关联作用和勾稽关系，又用明显的排他性和惟一性，不允许重复。页次一般依次编号，并以分数形式（如2/3）表示。页次编排时应连续，防止跳号、缺号或重号。

8. 编制者（复核者）姓名及编制（复核）日期：二者姓名均可采用简签格式，并记录于审计标识一览表内。值得注意的是，对于复核者而言，在履行必要的复核程序后，除签名外，还应将相应的复核意见、复核中发现的问题及处理意见书面记录下来，以利于编制者修正或明确审计责任划分。

(四) 审计工作底稿要素的编制技巧

1. 合理、恰当运用审计标识。除充分运用约定俗成的审计标识外，对于被审计单位名称、审计程序、审计结论以及编制者（复核者）姓名等要素均可采用适当的审计标识以尽量减少书写量。如全省统一印制的"会计记录抽查表"中对于核对内容说明并未规定和列示，但大部分核对内容均应包含"原始凭证内容完整"、"有授权批示"和"账务处理正确"三项，在编制审计工作底稿时可用

CHK1、CHK2、CHK3（或其他类似标识）代替；又如"审定表"中审计结论可用 EVC 代替"期末余额可以确认"；用 EVAC 代替"期末余额经调整后可以确认"；用 EVFC 代替"期末余额经重分类后可以确认"等。对于在审计工作底稿编制中出现频率较高的文字均可采用审计标识来代替。

2. 先编制索引号，后编制底稿页次。大部分执业人员在审计外勤结束后统一编制索引号和页次，这时，由于汇总的工作底稿较多，且又要交叉引用，造成编制困难。可在外勤开始时（或开始前）由项目负责人按照未审计的会计报表一级科目顺序先编制程序表或审定表的索引（如 A1、A2……），在外勤结束时再分别填制底稿页次，这样既能保证索引号的惟一性和相互索引，又可防止页次编制时的缺号、重号。在采用本方法时要注意：(1) 对于无期末余额或者期初、期末均无余额，但审计期内有业务的报表项目也要编制索引号，如应付工资、待摊费用、预提费用、往来款项等科目。(2) 对于期初、期末均无余额，但经实质性测试调整或重分类后有余额的会计科目（如待摊费用、往来款项）可随该类项目最后的索引号继续编号，不宜采用在已编索引号中间插入新索引号（如在 A6 和 A7 之间加入 A6－A），以防止新索引号与前者的其他底稿同号造成混淆。(3) 对于从外部取得或第三方提供的资料也要编制索引号。大部分人员过多考虑自行编制工作底稿的编号索引，而忽视了外部资料。尽管从外部取得的资料无统一的格式，但仍应及时按类别编号，以利于归档或复核者审阅。

3. 借助计算机编制工作底稿。审计项目执行过程中涉及大量的数据运用、调整和重分类等，容易造成编制者书写时的笔误，同时也加大了外勤工作量。可以借助计算机编制诸如分析性复核、银行余额调节表、审计调整和重分类、试算平衡等审计工作底稿；也可以自行设计或从网上下载相关的功能模块，借助 EXCEL、VFP、华表等工具代为编制，以提高工作效率。

4. 要求被审计单位提供规定格式的资料。对于被审计单位提供的诸如余额明细表、账龄分析表或折旧计提计算表等资料，可能在利用时仍显性要素不全或数据不"兼容"，如余额明细表中无账龄资料、折旧计提表中无资产类别等，无法直接利用或进一步分析。可以在签约之后对被审计单位财务人员予以必要的辅导，要求他们提供合乎审计程序要求的数据格式，可以有效缩短外勤周期。此外，要求被审计单位按审计档案统一的纸张格式提供必要的资料，也有利于审计项目的归档工作。

四、审计报告

审计报告是注册会计师根据独立审计准则的要求，在实施了必要的审计程序后出具的，用于对被审计单位年度会计报表发表审计意见的书面文件。审计报告是审计工作的最终成果，具有法定证明效力。

(一) 审计报告的作用

审计报告具有鉴证、保护和证明三方面的作用。

1. 鉴证作用

审计报告以独立的第三者身份,对被审计单位会计报表的合法性、公允性及会计处理方法的一贯性发表意见。对会计报表是否合法、公允,主要依据注册会计师的审计报告作出判断。股份制公司的股东,主要依靠审计报告来判断被投资企业的会计报表是否真实地反映了财务状况和经营成果,以进行投资决策。

2. 保护作用

会计师通过审计,可以对被审计单位出具不同类型审计意见的审计报告,以提高或降低会计报表信息使用者对会计报表的信赖程度,在一定程度上对被审计单位的财产、债权人和股东的权益及企业利害关系人的利益起到保护作用。

3. 证明作用

审计报告是对审计任务完成情况的总结,它可以表明审计工作的质量并明确审计责任。所以,审计报告可以对审计工作质量和审计责任起证明作用。

(二) 编辑报告过程及其操作步骤

1. 编辑报告过程及其资料取舍规则

(1) 报告的编辑过程。审计人员完成"资料分析"任务后,依报告和资料的取舍规则,编排报告内容,形成报告的过程。

(2) 资料取舍规则。因为报告要反映"问题",成果体现在"建议"部分。所以,资料取舍采取以问题为核心、按逆向顺序(正向顺序是:基本情况、问题、分析、建议)方法,确定编入报告的内容。

2. 具体步骤

(1) 确定进入报告的"问题"。报告中的问题,是以"特点"为标题、"界定事实"为内容、按重要优先的排列原则编入的。

(2) 按适当可行原则,确定编入报告的"建议"条款。

(3) 按"建议"指向,编入相应的"原因"、"特点(即问题)"以及"趋势"的文字分析内容。A. 如果"建议"指向问题的"特点"、"趋势",即准备治标,不必编入"原因"。B. 如果"建议"针对问题的"原因",即准备治本,则不但要编入"特点",还必须编入"原因"的文字分析内容。因为,该"建议"打算从根本上解决"问题",必须系统、全面地反映"问题"的全貌。

(4) 编入与"问题"相关的"基本情况"。介绍基本情况,目的是让读者接触问题、考虑建议之前,先对相关环境有所了解,以便读者更全面地了解问题,产生与作者相同的看法。

(三) 编辑报告过程存在的撰写问题

1. "基本情况"与"问题"不相关,报告整体性差。基本情况各不相同,撰写者要选择与所反映问题相关的内容，使之名副其实地成为与发生的问题或者取得的成绩相关的"情况"。

2. 编入报告的因素分析部分与"建议"之间缺乏相关性，造成报告逻辑混乱。因素分析包括事实界定、特点归纳、原因分析、趋势推断和作出结论五个部分，不管建议怎样提，都是撰写者必须的分析过程，这样才能全面地把握问题，提出切实可行的建议。因此，撰写者在组织报告时，务必根据建议指向，决定分析部分的文字取舍。

第三节　审计在实践工作中的应用

一、审计风险及重要性

（一）审计风险

1. 审计风险的概念

审计风险是指审计师对含有重要错误的财务报表表示不恰当审计意见的风险。也就是说，审计风险是指会计报表存在着重大错误或漏报，而注册会计师审计后发表不恰当审计意见的可能性。这里对审计风险的阐述实际上包括两个方面的含义：一是注册会计师认为公允的会计报表，但实际上却是错误的，即已经证实的会计报表实际上并未按照会计准则的要求公允反映被审计单位的财务状况、经营成果和财务状况变动情况，或以被审计单位或审查范围中显示的特征表明其中存在着重要错误而未被注册会计师察觉的可能性；二是注册会计师认为的错误的会计报表，但实际上是公允的。它包括固有风险、控制风险和检查风险。可见，我国独立审计准则对审计风险的定义与国际审计准则中对审计风险的定义是基本相同的。由于审计所处的环境日益复杂，审计所面临的任务日趋艰巨；审计也需支持成本效益原则。这些原因的存在决定了审计过程中存在着审计风险。这在客观上要求注册会计师注意风险存在的可能性，并采取相应的措施尽量避免风险和控制风险。

2. 审计风险的组成要素

审计风险＝固有风险×控制风险×检查风险

可见，审计风险是由固有风险、控制风险和检查风险三个要素构成的。

（1）固有风险：指在不考虑被审计单位相关的内部控制政策或程序的情况下，其会计报表上某项认定产生重大错报的可能性。它是独立于会计报表审计之外存在的，是注册会计师无法改变其实际水平的一种风险。

（2）控制风险：是指被审计单位内部控制未能及时防止或发现其会计报表上某项错报或漏报的可能性。同固有风险一样，审计人员只能评估其水平而不能影响或降低它的大小。

(3) 检查风险：指注册会计师通过预定的审计程度未能发现被审计单位会计报表上存在的某项重大错报或漏报的可能性。检查风险是审计风险要素中惟一可以通过注册会计师进行的。

3. 审计风险评估

审计人员在执行审计项目中应首先评估固有风险和控制风险。根据固有风险和控制风险的综合水平，确定检查风险从而确定实质性测试的范围和重点。检查越高，要求收集的证据越多，反之就越少。然后，审计人员可根据检查风险的高低，决定实质性测试的时间、性质和范围。若可接受的检查风险水平越低，那么限制检查风险达到这一水平所需的证据数量就越多，审计人员可在期末以余额测试为主收集较多证据，否则可以较小样本较少证据进行审计。注册会计师在确定审计程序的性质、时间和范围时应考虑重要性与审计风险之间的反向关系，来降低控制风险，从而导致降低总审计风险。

(二) 审计重要性

1. 审计重要性的概念

审计重要性指被审计单位会计报表等会计资料中出现错弊问题的严重程度，这一程度在特定环境下可能影响会计报表使用者的判断或决策。审计重要性直接决定着审计工作开展的范围、审计检查的内容、采用的审计方法和必须实施的工作步骤，直接决定着审计工作质量的高低。

2. 审计工作应关注的重要性内容

(1) 流动性强、易受损失的资产。如现金、有价证券、存货等，若缺乏有效的内部控制，很容易遭受损失或被挤占挪用。

(2) 需运用估算、判断方法确定金额的账户。这些账户金额的确定，需要会计人员大量运用估算和判断方法，出错的可能性较大。

(3) 易出现错漏问题的报表项目。这些会计报表项目有：待摊费用、递延资产、预提费用、产品销售成本、其他应收款、其他应付款等。

(4) 易漏记的经济业务事项。企业产品销售退回及折让、购化退回及折让、应收及应付利息的计提、按成本与市价孰低原则核算的有价证券、按权益法核算的长期投资及投资收益业务，在日常的会计账务处理过程中极容易被漏记，应重点审计。

(5) 出现异常变动的经济业务。在会计年度临近终了时，被审计单位会计核算中出现的异常多的产品销售收入或大量的关联交易业务，可能存在虚构业务、财务收支不真实的问题，属重要的审计内容。

3. 运用重要性原则应注意的问题

(1) 合理、适当确定重要性的原则。可大大减少审计证据的收集量，提高审计效率，保证审计工作质量。

(2) 谨慎原则。审计人员要保持应有的职业谨慎，从严、从低确定重要性水平。在特殊情况下，宁可增加一定的审计工作量，也决不能允许重大审计质量事故的发生。

二、审计与反避税

（一）避税的含义

一般来说，避税是指企业为了实现利润最大化和税负最低化，研究各国税收法律之间的差异，策划个人或集团内部财务的节税计划，以规避税收。其最终目的是逃避纳税，违反了税收立法意图，有悖于政府的税收政策导向。避税不仅会使国家税基受损，导致税款流失，减少财政收入，而且会影响资本的正常流动，破坏公平竞争的经济环境。而合法的避税是指纳税人利用税法上的疏漏或税法规定的优惠政策，作出财务安排或税收筹划，在不违反税法规定的前提下，达到规避和减轻税负的目的。

避税的含义：一是避税的行为主体是纳税人或企业法人，为减轻或解除税收负担，纳税人或企业法人事先经过周密安排和筹划，利用税法的空缺和漏洞或者利用税法的不健全和不完善来达到少缴税款的目的；二是避税以不违反税法为前提，避税行为合法与否，关键是看国家是否承认纳税人有权进行减轻纳税义务的选择，或者是否从法律上对减轻纳税义务选择明令禁止；三是避税的目的是为了获取最大的利润，使税收负担最小化。从纳税人角度看，避税实际上是对经济利润追求的体现。但从国家角度来看，纳税人避税影响了国家的财政收入。国家必须立即采取措施，对税法缺陷进行补救，也就是说对现有税法进行修改并加以完善。反避税工作主要是针对企业利用关联企业之间的关联交易业务转移利润的行为进行审计、调查和调整，具有切实的法律依据。

（二）反避税的意义

1. 有利于维护国家权益，充裕国家财政收入。避税活动在减轻纳税人税收负担的同时，会引起国家财政收入相应地减少；还会造成和加强资本在国际间的不正常流动，使税收权益难以在有关国家间正确划分，不利于开展国际间的经济技术交流。相反，反避税工作可以使税收大量、及时地入库，可以有效地缓解国家间税收权益分配方面的矛盾，有利于维护国家权益。

2. 有利于贯彻"公平税负，促进竞争"的税收原则。公平税负一般是指按负税能力平等征税。它主要包括：在同等条件下按同等办法征税，不同条件下的纳税人区别征税。目的是为了在公平的税收负担下，开展公平竞争，达到鼓励先进，鞭策落后，提高效益，繁荣经济。但由于避税行为的发生，使得一部分纳税人通过精心策划而获得了税收负担的减轻，而另一部分实实在在缴纳了每一分税款的纳税人，相对于避税人来说税负是增加的，这部分纳税人便处于不利的竞争地位。如果对避税行为不采取措施，就会扩大避税行为的涉及面，破坏公平竞争,败坏社会风气,使国家蒙受损失,不利于建立正常的社会主义市场经济体制。只有开展反避税工作,才可以排除各种纳税人主观造成对税收分配的影响,促进公平竞争,优胜劣汰,充分体现税收的公平税负原则。

3. 有利于保证国家宏观调控的实施,充分体现我国的税收优惠政策。税收作为国家宏观调控的杠杆,可以体现国家的产业政策,以及地区经济发展和生产力布局政策,以调控经济的运行,引导经济的发展,促进产业结构、产品结构以及地区经济结构、企业组织结构和其他各种经济结构合理化。国家还可以通过一定时期涉外税收的一些优惠办法,来吸引外资,发展国内经济。这均体现在税收法律之中。而现实的逃税、避税却歪曲了税法的宗旨,使税收的宏观调控失灵,使税收的优惠导向失灵,使税源流失,从而影响税收作用的发挥。所以,只有开展反避税活动,才能将上述情况降低到最低限度,充分体现税法的政策作用。

4. 有利于提高税务人员的素质,维护我国税法的尊严。通过开展反避税活动,可以使我们的税务干部通过解剖各种避税手段,在反避税活动中得到锻炼,业务水平逐步提高;同时,也能使纳税人提高纳税意识,认真纳税,维护我国税法的尊严。要制止国际避税,一方面有赖于改善投资环境,完善涉外税收法制,纠正我方人员迁就避让的心理,从主观上抑制跨国纳税人避税动机的膨胀;另一方面,要及早采取有力的反避税措施,堵截跨国纳税人的避税活动,从客观上消除引发避税的外部因素。国际避税在国际税收关系中已是一个老问题,各国经过几十年的反避税斗争,积累了不少经验。我们应当吸取其中有效的经验,结合我国的实际,针对已出现的问题,采取必要的反避税措施,以维护国家的税收权益,保护正当的国际经济交往。

(三)审计与反避税

会计师事务所的审计工作在反避税工作中发挥着重要的作用,这一点已为世界上许多国家所共识。注册会计师处于公正的地位,他们不仅有为客户服务的功能,也有依法审计,维护国家合法权益的义务。要正确发挥注册会计师事务所在反避税中的作用。

1. 要在税法中有明确的反避税条款或法规,使会计师审计时有法可依。我国税法虽然规定"外商投资企业会计决算须经我国注册会计师审查",但还没有把反避税问题列入审查范围。

2. 要制定会计师事务所法规,明确会计师事务所反避税的审计义务,并在司法审查工作中确定审计资料的证据性。

3. 还可建立会计师事务所机制,由当地税务部门通过一定形式,如内部通报、行业会议等,公布各会计师事务所履行反避税义务情况,还可公开宣布对信得过的会计师事务所所作的查账报告不予复查,对信不过的会计师事务所的查账报告要全面复查等,以促使会计师事务所认真履行反避税审计义务。

因此，充分地发挥会计师事务所的审计作用，不仅可以部分地弥补我国目前税务人员不足、素质不高的问题，而且能给公安机关审理经济案件提供有力的证据。

三、审计案例分析

（一）销售收入审计案例

案例线索

注册会计师曾红对×公司2000年度的销售收入进行分析性复核时，发现本年度的销售收入比上年明显减少，对照在前期调查了解到×公司本年度生产销售情况是历史上最好的实际情况，曾红感到销售收入的真实性值得怀疑，于是，抽查了9月份、12月份相关的会计凭证，发现其原始凭证中有销货发票的记账联，而记账凭证中反映的是"应付账款"，共计120万元。针对这种情况，她询问了有关的当事人，并向应付账款的对方企业函证，结果发现A公司是将企业正常的销售收入反映在"应付账款"中，作为其他企业的暂存款处理。

对此业务的审计处理为：

（1）扩大抽查原始凭证的比例，检查其他月份是否存在将正常销售收入反映在"应付账款"中的事项；

（2）提请被审计单位作相应的会计调整，并调整会计报表相关的数额；

（3）如果被审计单位拒绝接受调整，则把查证金额与重要性水平相比，选择相应的审计报告类型。

案例分析

注册会计师在审计销售收入时，要关注被审计单位是否少计或多计销售收入。

一般情况下，企业少计销售收入的途径有：

（1）将正常的销售收入反映在"应付账款"中，作为其他企业的暂存款处理，将记账联单独存放，造成当期收入减少，达到少缴税的目的。此案例中的A公司就是如此。

（2）已实现的销售收入，不确认或延期确认。

（3）以"应收账款"或"银行存款"账户与"库存商品"相对应，直接抵减"库存商品"或"产成品"，少计收入。

（4）虚增销售退回，即销售退回仅用红字借记"应收账款"，贷记"产品销售收入"、"应交税金——应交增值税（销项税额）"的会计分录，记账凭证后面没有红联销售发票、销售退回单、商品验收单等原始凭证等。

企业多计销售收入的方法有：

（1）把没有实现的销售提前确认销售收入；

（2）虚构销售业务，等次年作退货处理，虚构收入等；

(3) 母子公司或关联企业之间在年底互开发票、虚构收入等。

注册会计师一般要实施顺查或逆查的方法查证这些事项，并提请被审计单位予以纠正，否则，发表保留意见或否定意见的审计报告。

（二）应收账款审计案例

案例线索

注册会计师陈华负责审计中兴公司应收账款，审计中发现 A 公司欠款 2000 万元，其经济内容为货款，账龄已超过 2 年。由于 A 公司是中兴公司的投资方（A 公司投资为 4000 万元），陈华认为需要加倍关注。为此陈华实施了以下审计程序：

(1) 向 A 公司发出询证函；

(2) 查阅中兴公司和 A 公司签章确认的购货合同、经中兴公司管理当局批准的发货凭证和 A 公司的收货验收证明等；

(3) 评价 A 公司偿付货款的能力。

案例分析

(1) 在确认这项 2000 万元的应收账款时，由于 A 公司是投资方，首先要确认 A 公司所欠中兴公司的款项是否为正常商业信用。如果 A 公司确实与中兴公司有货款往来关系，下一步需要对应收账款项目的存在性和所有权归属予以确认，设计函证程序或替代性审计程序确认其存在性，如查验有无对方出具的具有法律效力的书面文件或对方的收货验收证明、运输部门出具的合法运输凭证或近期的双方对账记录等；最后，还要通过观察近期还款情况和了解对方现金流量及财务状况，确认其可收回性。即使注册会计师确认了 A 公司与中兴公司之间的往来款项属于正常结算债权债务关系，也要注意中兴公司是否在财务报表附注中适当披露此关联业务。

(2) 如果不能取得被审计单位提供的 A 公司正常偿付货款的有效文件，根据职业判断，应考虑中兴公司与 A 公司之间是否已有抽走投资资金的默契。审计人员应根据其具体情况和数额的大小，选择发表适当的审计意见。

（三）坏账准备审计案例

案例线索

注册会计师张云审计 A 公司坏账准备项目，在审查坏账损失时发现：

(1) 原 W 公司欠款 1000 万元，W 公司因财务状况不佳，多年不能偿还，上年度已经董事会决定作坏账处理，并报经有关部门审核批准。W 公司经营状况好转后，偿还原欠款中的 500 万元。A 公司会计处理为：借记"银行存款"，贷记"坏账准备"。

(2) 该公司采用"账龄分析法"计提坏账准备，当年全额提取坏账准备的账户有 8 笔，共计 5000 万元。其中：未到期的应收账款两笔，计 2000 万元；计划进行债务重组1笔,计1500万元;与母公司发生的交易1笔,计1000万元;其他虽已逾期但无充分证据证明不能收回的4笔,计500万元。

(3) 已逾期7年,对方无偿债行为,且近期无法改善财务状况,或对方单位已停产,近期无法偿还所欠债务2000万元。A公司在确定计提坏账比例时,仅按30%计提坏账准备。

案例分析

(1) 会计制度规定已作为坏账处理的欠款,为全面反映欠款单位的信用程度和经济事项发生的全过程,应在收到还款时借记"银行存款"科目,贷记"应收账款"科目。同时,借记"应收账款"科目,贷记"坏账准备"科目。A公司的会计处理,虽对会计报表的数额未产生影响,但不属于规范的会计行为。因此,张云提请被审计单位有关人员按照制度规定调整原有会计分录,补记相关会计处理。

(2) 根据《企业会计制度》第53条的规定:下列各种情况不能全额提取坏账准备:①当年发生的应收款项,以及未到期的应收款项;②计划对应收款项进行债务重组,或以其他方式进行重组的;③与关联方发生的应收款项;④其他已逾期,但无确凿证据表明不能收回的应收款项。因此,A公司对计提坏账准备的账务处理不符合上述规定的,应予纠正。张云应提请被审计单位进行重新计算调整有关项目数额,并将审计结果和被审计单位调整情况在工作底稿中详细记录反映。如果被审计单位拒绝调整,张云应根据其数额的大小及对会计报表的影响程度决定所表示的审计意见,并适当地予以披露。

(3) 根据应收账款账龄的长短提取不同的坏账准备是属于被审计单位的会计估计责任。注册会计师在审计中要关注会计估计的合理性:①评价会计估计所依据的数据,考虑会计估计所依据的假设;②检查会计估计所涉及的计算过程;③如有可能,将前期会计估计与这些期间的实际结果进行比较;④检查被审计单位管理当局对会计估计的批准情况。根据以上程序,注册会计师对被审计单位作出的会计估计的合理性作出最终的评价。

根据财政部财会字[1999]35号文规定:除有确凿证据表明该项应收款项不能收回,或收回的可能性不大外(如债务单位破产、资不抵债、现金流量严重不足、发生严重的自然灾害等导致停产而在短时间内无法偿还债务的,以及其他足以证明应收款项可能发生损失的证据和应收款项逾期5年以上),下列各种情况不能提取坏账准备……。根据上述规定,注册会计师认为,A公司对上述应收款项所采取的计提比例应考虑调整提高。因此,张云应提出建议,要求被审计单位提高计提坏账准备的比例;并相应地对有关项目数额进行调整。如果被审计单位拒绝调整,审计人员应考虑出具保留意见的审计报告。

（四）应收票据审计案例

案例线索

注册会计师吴文在审计电子公司截至12月31日应收票据项目时，通过审阅公司财务提供的应收票据备查簿，发现：

（1）存有A公司开具的于11月20日已到期的带息商业承兑汇票300万元，电子公司不仅未按规定将未到期的应收票据转入应收账款，并且于年度终了时按票面利率计提应收利息。

（2）存有B公司开具的带息银行承兑汇票500万元，票面利率月息3‰，出票日期为7月20日，到期日为次年的2月20日。电子公司年终未按规定计提应收利息。

案例分析

（1）根据现行会计制度之规定：到期不能收回的带息的应收票据，转入"应收账款"科目核算后，中期期末或年度终了时不再计提利息。注册会计师吴文根据上述规定，提请电子公司将"应收票据"中A公司开具的300万元到期未能支付的带息商业承兑汇票转入"应收账款"科目核算，并将计提的利息冲回进行调整。如果A公司拒绝调整，注册会计师吴文将根据重要性水平考虑发表何种类型的审计意见。

（2）根据现行会计制度之规定：带息应收票据，应于中期期末或年度终了按应收票据的票面价值和确定的利率计提利息，计提的利息增加应收票据的账面价值，借记"应收票据"科目，贷记"财务费用"科目。经注册会计师吴文审验，对B公司的带息承兑汇票，年末应计提利息为 $(30 \times 5 + 14) \times (3‰ \div 30) \times 500$ 万元 $= 8.20$ 万元。对此，注册会计师吴文提请电子公司进行会计处理调整，如果电子公司拒绝调整，并超过审计重要性水平时，应考虑出具保留意见的审计报告。

（3）根据现行会计制度之规定：因付款人无力支付票款，收到银行退回的商业承兑汇票、委托收款凭证、未付票款通知或拒绝付款证明等资料时，按应收票据的账面价值，借记"应收账款"科目，贷记"应收票据"科目。

（4）对于电子公司已逾期的应收票据要查实情况，提请电子公司进行会计调整，并根据逾期原因和债务方信用情况，评价可收回性；如果电子公司拒绝调整，应根据审计重要性水平发表适当的审计意见。

（五）预收账款审计案例

案例线索

注册会计师刘芳审计A公司预收账款项目时，发现以下审计线索：

（1）A公司3年前预收W公司款项800万元，当年根据W公司的委托支付给H公司200万元，剩余600万元，截至2000年度资产负债表日账面余额为

600万元。

（2）2000年12月25日A公司根据银行存款未达账项调整1000万元记入"预收账款"。刘芳逐笔核对了记账凭证及其后附的销售合同等，随后又根据合同所列产品名称及数量，到仓库审查了产品库存明细账，证实以上各批产品已发货，有关原始凭证已传递到会计部门。

案例分析

（1）一般情况下，预收账款供货单位应按合同或约定及时向购货方提供货物，结算货款。A公司的上述经济业务预收W公司账款余额为600万元，时间较长，数额较大。A公司在长时间无供货行为，应引起注册会计师的充分关注。对此，注册会计师应采取以下审计程序：

①取得并审阅业务发生时会计处理的原始凭证，获取确认经济性质的审计证据，据以判定负债的存在性；

②通过函证取得W公司的数额确认情况说明；

③如果经以上程序，审计人员证实此事项属非正常的事项，审计人员应根据其性质及对财务状况的影响程度，按照《中国注册会计师独立审计准则》的要求，发表适当的审计意见。

（2）根据会计制度的规定，上述预收账款1000万元的经济事项已表明销售收入的成立，应该作销售收入处理。因此注册会计师要在审查取得充分、适当的审计证据基础上，提请被审计单位进行账务调整，并把查证的情况客观地记录在审计工作底稿中。如果A公司拒绝调整，注册会计师可考虑发表保留或否定意见的审计报告。

（3）注册会计师审计预收账款时，要关注被审计单位以下项目：①是否与预收租金、预收利息等相混淆；②是否将预收账款作为销售收入入账；③是否利用"预收账款"截留收入；④是否利用"预收账款"账户进行舞弊行为。

（六）应交税金审计案例

案例线索

注册会计师王荫审计新新开发公司2000年度会计报表时，发现该公司于当年6月与A公司签订的无形资产使用权转让协议书，将公司的专利技术使用权作价1000万元转让给A公司使用；协议规定A公司于当年的6月30日前向新新公司付款500万元，余款于次年的年底前付清。无形资产转让手续分两次办理：第一次手续于当年的11月30日办理完毕；第二次手续目前正在办理中。新新公司所作的账务处理为：

借：银行存款 5,000,000
　贷：其他业务收入 5,000,000

案例分析

按照税法规定，企业转让无形资产应按向对方收取的全部价款和价外费用（包括向对方收取的手续费、基金、集资款、代收款项、代垫款项及其他各种性质的价外收费）乘以税率缴纳营业税。

根据线索提供的情况，注册会计师王荫进一步检查了新新公司董事会决议及无形资产使用权有偿转让协议，证实了上述交易确实发生。但查阅新新公司有关纳税申报资料和税务部门汇算清缴确认文件时，发现新新公司没有按税法规定计交有关税费。注册会计师王荫提请新新公司作调整处理补交尚未支付款项但已发生的转让行为的营业税、城市维护建设税和教育费附加。

第四章 司法会计审查

第一节 司法会计审查概述

一、司法会计审查的概念

司法会计审查是指司法部门在办理经济案件过程中，根据已经掌握的线索材料，运用会计学、审计学和法学的原理和方法，依法对有关经济活动主体的会计资料有针对性地进行调查、核对、计算，以证实案件的线索材料，扩大线索来源，确定事件性质，发现违法犯罪事实的行为。

经济违法犯罪的一个重要特点是其法定性。经济行为主体是否有经济违法犯罪行为，需要法律规定哪些经济行为是允许的，哪些经济行为是禁止的，构成经济违法犯罪的标准是什么。由于经济行为具有相对的隐蔽性和复杂性，司法部门在受理经济案件材料时，往往是片面的一面之词，仅凭情报线索材料很难判明有无经济违法犯罪事实，是经济纠纷还是经济违法犯罪，是何种经济违法犯罪行为，应否立案，等等。要判明上述问题，则需要对记录有关经济活动主体的有关经济活动行为的会计资料和经济行为过程中所形成的经济文书进行审查。司法会计审查则是通过对记录有关经济活动主体的有关经济活动行为的会计资料，根据情报材料反映的线索，抓住主要的经济活动、主要经济行为、涉嫌违法犯罪的主要手段、主要行为人和受害人的利益损失等情况进行审查，取得相关的证据材料，进而提出初步的处理意见。

二、司法会计审查的性质、特征

司法会计审查是司法部门在发现经济案件线索之后，为了审查线索材料的真实性，确认是否有经济违法犯罪的事实存在，而对线索所反映的有关经济活动主体的会计资料进行初步的核查工作。

根据《刑事诉讼法》第86条的规定："人民法院、人民检察院或者公安机关对于报案、控告、举报和自首的材料，应当按照管辖范围，迅速进行审查，认为有犯罪事实需要追究刑事责任的时候，应当立案；认为没有犯罪事实，或者犯罪事实显著轻微，不需要追究刑事责任的时候，不予立案"。司法机关在办理经济案件时，为了正确把握法定的立案条件，严格依法立案，立案前都应当对经济案件线索材料进行初查。经济案件线索材料一般不能提供明显的犯罪现场，而是对某人或某个经济活动单位主体的某些经济活动过程或后果的陈述，要对经济案件线索材料进行核实，则对记录该经济活动主体经济活动过程的会计资料进行分析研究是重要的途径之一。司法会计审查就是根据经济案件线索材料所反映的经济违法犯罪情况对会计资料进行有针对性的审查。它具有以下特征：

（一）初查性

司法会计审查是司法部门对经济违法犯罪情报材料的审查，是立案前的审查，是一项不带侦查职能的调查工作。其任务是通过对有关经济活动主体的会计资料进行审查，去发现判断有无经济违法犯罪事实，是否需要追究刑事责任，是否应当立案。因此，不能在司法会计审查的同时使用强制措施，把司法会计审查混同于侦查。

（二）秘密性

司法会计审查只是通过会计资料审查、核实情报线索，就情报线索反映的问题作必要的调查了解，并在此基础上作出正确的主观判断。因此，审查时必须隐瞒意图，严格保密，尽量不触动调查对象。同时，要防止自杀、逃跑事件，串供销毁证据材料、转移赃款等情况的发生。

（三）选择性

司法会计审查一般只是针对线索材料所反映的经济活动、经济行为问题对会计资料有选择地进行审查，而不是经济活动主体的全部会计资料。审查人员也可以根据审查过程中的具体情况选择最可能记录有经济违法犯罪事实的会计资料进行审查。同时，应根据审查的具体内容科学地选择审查方法。

（四）法定性

司法会计审查的法定性是指审查标准和审查程序的法定性。会计资料记录的经济活动、经济行为是否合法，会计核算是否合规，都应当依据相应的经济管理法规、会计法规而定。是否构成犯罪，应否追究刑事责任，则应当依据刑事法律的规定，而不是凭审查人员的主观臆断。同时，由于司法会计审查不具有侦查的性质，审查行为和过程都应当严格按照法律规定的程序进行，不得行使侦查职权，更不得随意干涉经济活动主体的经营活动，严禁插手经济纠纷。

三、司法会计审查的程序

由于司法会计审查的结果是证实案件的线索材料，扩大线索来源，确定事件性质，发现违法犯罪事实的行为的关键，为保障司法会计审查工作的顺利进行，应按照一定的程序实施。按司法会计审查工作的阶段不同，一般将其分为：准备阶段、查账阶段、审查结果处理阶段。准备阶段是司法会计审查的基础，为查账方法和顺序提供依据。查账阶段的工作是决定司法会计审查成果大小的关键，是司法会计审查的主干。事件性质认定阶段是司法会计审查的直接目的，在很大程度上决定下一步侦查调查是否继续的问题，同时为下一步侦查调查提供线索材料和方向。

（一）司法会计审查工作的准备阶段

司法会计审查是查账工作的起点，在该阶段，审查人员主要应做好以下工作：

1．收集和学习有关财经法律、制度

司法会计审查的根据之一，是国家颁布的有关财经法律、制度、规定以及管理办法。审查人员依据这些标准判断被查单位的经济活动、经济行为、会计行为的合法性。因此，审查人员必须熟悉和掌握这些法律、制度、规定。然而，社会经济活动是多方面的、多层次的，基于各种经济活动的法律、制度、规定等较多，要求审查人员将所有的法律、制度、规定都牢记在心，是不可能的。因此，当某一具体的司法会计审查工作确定之后，审查人员就应当立即收集、学习并掌握与该项查账工作有关的各种规章制度。

审查人员在查账前首先要了解被查单位属于哪一个行业，适用哪一行业的会计制度，针对被查单位适用的会计制度进行学习。

此外，审查人员在审查前还应根据不同经济领域里的经济违法犯罪的具体需要学习税收法规及其他经济法律法规。

审查人员通过对会计、财务、税收以及其他经济法规的收集和学习，就能对经济活动主体的经营活动进行全方位、多视角的评价，从而为查清经济活动主体存在的问题奠定基础。

2．了解被查单位的情况

"知己知彼，百战不殆。"充分了解被查单位的情况是发现问题的开始。对被查单位主要了解以下几方面的情况：

（1）了解被查单位会计核算工作的组织形式。被查单位会计核算工作的组织形式，是指被查单位内部各部门之间在会计核算工作上的相关关系。由于不同单位的业务范围、规模大小等各不相同，会计核算工作的组织形式也有所不同。会计核算组织形式一般有以下两种：

第一种是集中核算的形式。该形式就是单位的一切经济业务的凭证整理、明细分类核算和总分类核算，都集中在财会部门进行，单位内部只负责填制原始凭证和原始记录，为财会部门提供原始资料。

第二种是非集中核算的形式，该形式就是一部分会计核算工作分散到单位内部所属的各个部门进行，另一部分由财会部门集中进行。主要指某些经济业务的凭证整理和明细分类核算工作，由各个直接从事生产经营活动的部门进行，并定期向财会部门编送汇总凭证，财会部门负责进行总分类核算，编制会计报表，并对各部门的会计核算进行业务上的发现和指导。

被查单位会计核算的组织形式，必然与查账工作密切相关。当被查单位采取集中核算的组织形式时，应主要通过财会部门了解会计核算情况，索取资料；当被查单位采取非集中核算的组织形式时,则应分别向财会部门和单位内部下属的各个部门了解情况,索取不同的核算资料。

(2) 了解被查单位的会计核算程序。各被查单位的会计凭证、账簿组织、记账方法、记账程序和编制会计报表的不同组合方式,构成各被查单位的会计核算程序。凭证与账簿组织包括原始凭证、记账凭证、序时账簿、分类账簿的种类、格式,各种凭证之间、各种账簿之间以及凭证与账簿之间的相互联系;记账方法和记账程序则指采取借贷记账法来整理、传递凭证和登记账簿的一系列工作程序。

一个单位的会计科目体系,包括总账科目和明细账科目,都要通过账簿组织来安排记录和核算;各种业务和核算办法也要通过安排各种凭证、表格、账簿以及它们之间的关系来具体实施;各种会计报表,同样要通过一定的会计核算程序,规定其产生程序和产生的根据。因此,在查找错账之前搞清楚被查单位所采取的会计核算程序,掌握各种凭证、账簿之间的相互关系(实际上是掌握这些会计核算媒介所记录、传达的经济信息之间的相互关系),才不至于陷入大量的会计资料之中,遇到问题不知如何下手,或胡乱查找,抓不住关键资料。

(3) 了解被查单位的成本计算方法。如果被查单位是工业经济活动主体,则更需要了解其成本核算方法。在了解时,不仅要了解被查单位采用的是品种法、分批法、分步法,还是综合采用几种成本核算方法,而且还要了解被查单位特殊的成本计算规定。例如,在材料耗用成本上,是采用领用计耗的办法,还是采用期末以盘点计耗倒计成本的办法;各项管理费用、辅助费用采用何种办法分配结转;怎样确定各月的产品成本是按年初固定数额计算,还是按约当产量法、定额比例法或其他方法计算,等等。此外,产成品成本、销售成本的计算,各经济活动主体也存在不同的方法,也需要了解清楚。因为成本计算的方法不同,查账方法也会不同。

(4) 了解被查单位会计人员的素质。被查单位会计人员的素质,包括道德素质和业务素质两方面。

会计人员的道德素质,指会计人员的品行是否良好,有无营私舞弊、违法乱纪的嫌疑,工作态度是否认真负责。如果被查单位的会计人员道德素质好,便不会发生贪污盗窃、违法乱纪的情况,查账过程中则可着重检查过失错误。如果被查单位的会计人员道德素质差,便应注意账目中可能出现的各式各样的舞弊情况;由于会计人员工作不认真,对各种过失错误的检查,也须加倍仔细。当然,被查单位会计人员的道德素质并非短时间可以了解清楚,但是,通过向被查单位的领导、群众了解情况和通过与会计人员的工作接触,总可以掌握一些情况,而这些情况往往又是与查账工作紧密相关的。会计人员的业务素质,是指会计人员业务水平的高低,包括会计人员受教育的程度和实践经验两方面。一般来讲,受专业教育程度高，实践经验丰富的会计人员，账目差错出现会少些，即便有差错，一般也不会是原则性的。假若这类人员在账目上舞弊，手法则较隐蔽，不会被轻易发现。相反，受教育程度低、实践经验少的会计人员，账目差错出现就会多些，且差错类型各种各样。假若这些人员在账目上舞弊，一般来说，其手法较为低劣，往往容易被发现。审查人员应当针对被查单位会计人员不同的业务素质，决定自己的工作方针和方法。

（5）了解被查单位过去的查账结果。如果被查单位过去曾经查过账，则应该了解过去查账的结果，特别是最近的查账结果。这样做，一来可以了解经济活动主体过去账目中和核算中存在的问题，把握经济活动主体的核算水平；二来可以借鉴过去查账的经验，并在过去查账的基础上进行更深一步的检查，这对于提高查账的质量会有帮助。

3. 收集凭证簿籍

需要收集的凭证簿籍，一般应包括属于查账范围之内的所有原始凭证（内部凭证、外部凭证和各种计算表格）、记账凭证、账簿（总账、明细账、日记账、备查簿）和报表（统一的对外报表和内部报表）。在收集凭证簿籍时，需要注意以下几个问题：

（1）收集起来的各种凭证、账簿、报表，都要登记入册，集中保管，并指定专人负责，以防丢失。查账结束，应及时归还所收集调阅的所有凭证、账簿和报表。

（2）如果是检查过去月份的账目，凭证簿籍收集起来比较容易。但是，如果是检查当月账目，各种凭证、账簿正在使用之中，不能全部集中到审查人员手里，就需要采取随时调阅、随时归还的办法。同时，为了不影响被查单位的正常工作有时还需要将查账工作安排在被查单位会计业务量较少的时期进行，或者在被查单位休息时、下班后再调阅必要的凭证、簿籍资料。总之，收集凭证、簿籍的原则，应是既能保证查账工作的开展，又不影响被查单位的正常工作。

（3）审查人员不可毁坏、丢失、涂改调阅的各种资料。如果不注意，必会给查账工作和被查单位带来不良后果。审查人员使用资料时，如果某份资料是重要的证据，则可另行复印或抄录，不可将其原件抽取出来，以保证被查单位会计资料的完整。审查人员认为某一凭证、账簿或报表的内容有错误，一定要记录下来，并按规定提出修改意见，不得在原件上修正错误。

4. 准备查账用纸

审查人员在查账过程中，应将查账情况记录下来，尤其对于一些经济业务错弊的查找，更需要设计有专门格式的表格进行记录。因此，为了记录查账情况，要事前准备具有专门格式的空白表格，统称为查账用纸。查账用纸的具体格式可参阅有关注册会计师查账验证会计报表的专业技术标准中的表格。

(二) 查账阶段

1. 查账过程中的准备

司法会计审查是一项复杂的工作。在厚厚的许多账簿中应从何处下手，则是一件比较艰难的事情。为了及时、准确地找到错误之所在，首先要做好查找错误的准备工作，这是查找错账过程中的重要工作，也可以说是查找错账过程中查错的开端。一般来说，查找错账过程中的准备工作有以下几方面：

(1) 消灭计算上差错。消灭计算上的差错，就是要将各账户的本期发生额合计和余额加减正确，这是查找错账的前提。在查账时，如果账目数字计算不准确，不仅查不出错账，反而会把正确的记录当做错误来清查。要消灭计算上的差错，在加计各种账户发生额、余额以及其他资料时，应当反复计算，使计算出来的数字准确可靠，就可以为查找错账扫清计算错误的障碍。

(2) 确定查找错账的"标准账户"。确定查找错账的"标准账户"，就是把某账户的记录与记账凭证核对无误后，用来作为衡量其他账户记录是否正确的标准，这种账户就是"标准账户"。在查找账簿记录技术性错误时，确定"标准账户"更为重要。在确定"标准账户"时，一般把总分类账户作为"标准账户"，这是因为总分类账是根据记账凭证或汇总记账凭证登记的，记账凭证是原始凭证的汇总，在数量上比原始凭证少，而汇总记账凭证又是记账凭证的汇总，其数量更少。所以，总分类账发生错误的可能性较小，即便发生错误，查找也比较容易。在实际工作中，一般把总分类账户作为查找错账的"标准账户"。

有了"标准账户"，就可利用"标准账户"检查其所属各明细分类账户的记录，以便缩小确定错账的范围。例如，通过检查，发现"应收账款"各明细分类账户的余额之和与"应收账款"总分类账户余额不一致，则说明错账就在"应收账款"明细分类账里，这就大大就缩小了查找错账的范围。

(3) 分析、确定错账类型。错账类型从大的方面来看，可分为两类：一是纯记录性错误，即技术性错误；二是采用非法手段造成记账错误，也叫会计舞弊。

会计核算中纯记录性错误，一般有以下几种常见的情况：记错账户、重记或漏记、记反账户方向、单纯笔误等。确定了错账类型，据此就可以采用一定的技术方法查找错账。

采用非法手段造成记账错误，即会计舞弊，其形式多种多样。一般而言，这种错误一般是违反会计制度和财务制度以及税法等经济法规的错误。例如，以"张冠李戴"的方式截留收入贪污或入"小金库"；或为了挪用公款，出纳人员少加现金日记账的借方合计数，或多加贷方合计数等。

2. 收集错账证据

查找错账，就是查找会计资料中的错弊。为了说明其错弊所在，就要有证据。提出证据，就是对查找错账的说明。这样说来，所谓错账证据，就是审查人员为了说明被查事项,并保证查账意见正确所依据的客观事实。

查找错账的证据应当是充分的、有效的。所谓充分,是指证据的数量应当足够多,应足以说明问题。所谓有效,是指证据真实、可靠和证据与错账之间的内在联系。

证据要真实。审查人员在收集证据中,往往会取得各种各样的证据,作为查账证据,必须是经济业务发生后取得的证明资料,必须是反映客观真实情况的记录。对于未发生的资料,凭主观臆断、猜测、怀疑的资料,不能作为证据。

证据应当可靠。从证据的取得来源看,从被查单位以外的独立来源获取的证据,可靠性大;审查人员直接检查、观察、计算,而非间接获得的证据,也更具有可靠性。

证据与错账必须具有内在联系。用于证明或否定某一事项的材料,必须与该事项有合乎逻辑的、明显的关系。只有把与错账有内在联系的证据作为查账证据,才能反映真实情况。如果把证明某一错账的经济事实用来证明其他错账,必然会引出错误的结果。

从某种意义上来讲,查找错账的过程,就是收集证据的过程。但是,这种收集不是巨细不分,多多益善,而应有所选择,即为查账的重要项目有重点地收集证据。所谓重要项目,就是指经济活动主体经济活动中具有重要分量的项目。项目越重要,所需要收集的证据就越充分。当然,"重要"也是相对的。例如,有一笔10000元的固定资产,在一个小型经济活动主体里可能很重要,但在一个大型经济活动主体里,就不那么重要了。再如,如果发现舞弊或违法行为,即使数量很少,也应重点审查。因此,强调重要性不能只以数量金额为标准。

对于那些不重要的项目,其内容如何,处理是否符合规定、制度,在查找错账的过程中不必下太大的功夫。例如,办公室里置放的纸篓,是否应作为财产处理,或购进时是否以费用出账,大可不必多费脑筋。

在收集错账证据过程中,审查人员应善于从周围环境中发现证据,推断与验证出最确切的证据。收集证据,切忌先入为主,因为这往往会影响合理的推断。特别需要有实事求是的工作态度和正确的思维方法。

3. 编写查账记录

为了保证查找错账工作有条不紊地进行,对查账中发现的可疑问题,无论是账目差错,还是舞弊的可疑之处,都要随时做记录。另外收集到的各种查证证据也必须完整无缺地、系统地整理归纳在一起。这些工作,都是通过编写查账记录完成的。因此,查账记录就是审查人员在工作中,按发现问题的时间、类型或性质,对查账工作实况及其有关资料的记载。

查账记录反映了审查人员的工作内容和查账方法,收集查账证据所做的工作以及所获得的结论。它由审查人员的笔录和收集的各种必要的资料所构成,是查账过程和结果的书面证明,也是查账证据的汇集,同时,也是编写查账报告的直接依据。做好查账记录,是查找错账的一项重要工作。

编写查账记录的主要目的,是为了反映查账过程和为编写查账报告提供资料。因此,查账记录就应该包括查账过程和查账资料两大项内容。查账记录是应用以下方式记录这两项内容的。

(1) 审查人员工作日记。审查人员工作日记,是由每个审查人员根据自己查账的经过,而登记的日记体记录。这种记录不仅能全面、连续地反映审查人员的工作过程,而且为编写下面的查账记录册提供资料。同时,每个审查人员的工作日记汇集在一起,就反映了整个查账工作的全过程。

(2) 查账记录册。查账记录册按其作用分类,可以分为查账业务记录册和查账证据记录册两类。

查账业务记录册是与制定查账计划,编制查账程序相关的记录,其主要作用在于反映查账工作有效和合理进行的过程。主要内容有:查账的计划安排、查账的程序、查账的日程安排及执行情况、各种事前调查表与分析表、有关的会议记录及其他记录、其他备注事项等。

查账证据记录册是记录审查人员实施的查账程序与方法,发现的问题、疑点,收集的证据和作出的结论。其主要作用是为编制查账报告提供资料。这种记录册主要记录以下内容:查账内容,包括查账日期、审查项目等;发现的问题及疑点;查明的证据资料,如调查询问记录、证实函件、盘点记录、知情人的检举揭发材料、专家的鉴定证明,等等;各种说明查账情况的叙述性资料。

在查找错账的工作中,除了对发现问题随时记录外,为了利于对发现问题的总结,还应将其分门别类地加以归纳登记。例如,凡属财产损失问题的归为一类;凡属成本计算不实的问题归为一类;凡属偷税漏税的问题归为一类,等等。各种不同类型的问题,可以登记在各种分类登记表上。

(三) 审查结果处理阶段

通过司法会计审查,结合其他调查材料进行综合分析,依据相关的法律规定,应当对审查结果作出初步的评判,提出具体的处理意见。

1. 立案

经过审查,依据《刑法》、《刑事诉讼法》和最高人民检察院、公安部关于经济案件的追诉标准,认为有经济犯罪嫌疑事实并且需要追究刑事责任的,提出立案意见,办理立案手续,对案件进行全面的分析研究,制定侦查方案。

2. 不立案

经过司法会计审查,不能确认线索材料所反映的经济犯罪嫌疑事实的存在;或者虽有经济违法犯罪嫌疑事实,但仅仅是经济活动违法,不具备刑法规定的经济犯罪的构成要件;或者构成犯罪,但有法律规定的其他条件不予追究刑事责任,如追诉期已过等情况,则不立案。

3. 案件移送

经过司法会计审查,发现经济活动主体的经营活动确实存在问题,但不需要追究刑事责任,应当将审查材料和结果移送给有管辖权的行政机关管辖,以便行政机关根据具体情况追究有关责任人的行政责任、民事责任、经济责任等。必要时,可移送审计部门进行全面审计。

四、司法会计审查的方法

在司法会计审查中,查找错账的方法多种多样,主要是检查方法,以及在此基础上延伸出来的盘存方法、调查方法和调整方法。查账方法是实行审查活动过程中具体采纳的审查技术,是审查研究的重点问题。下面分别详细介绍这几种方法。

(一) 检查方法

检查法是对财政、财务收支进行查证的一种方法。它主要通过审查会计凭证和会计账簿,从而确定会计记录是否正确,经济活动和财政、财务收支是否合理合法,也可以证实财务报表是否切实可靠。检查是审查过程中不可缺少的主要环节。审查的检查方法不仅为民间审查广泛采用,也为政府审查所使用,是查账的基础方法。

检查方法,按其审查会计资料的技术不同,可分为复核法、审阅法、核对法、核实法、账户分析法;按其审查会计资料的先后次序,可分为顺查法和逆查法;按其审查会计资料的范围大小,可以分为详查法和抽查法。

1. 审查检查的技术方法

(1) 复核法。所谓复核法,是指审查人员对被查单位经济活动的历史记录进行一次重复性的验算和验总,就是通过重新对会计凭证、会计账簿、会计报表、明细表中有关数据的乘积、合计、百分比、比率值及其他指标进行计算,以证明原来的计算是否正确的一种方法。例如,对发货票或其他原始凭证的复核,需要重新验算下列内容:其数量与单价的乘积是否等于金额;各种物品的金额是否等于合计金额;小写金额是否与大写金额一致。对会计账簿的复核,需要对下列内容重新验算:其单项发生额之和是否等于发生额合计数;期初余额加减借贷发生额之后,是否与期末余额一致。对会计报表的复核,需要验算一下表中各项目数字之和是否等于小计、合计数,以及表中百分比、比率值等指标的计算是否正确。对其他的会计记录,如明细表、计算单等,也要进行一次重复的验算和验总。

(2) 审阅法。所谓审阅法,就是指审查人员对被查单位的会计凭证、会计账簿和会计报表的形式和内容,以及计划、预算、定额、合同、契约、会计记录、往来文件和其他各种原始业务记录进行详细的审查和阅读。审查人员通过审阅法，可检查经济业务的真实性、合规性和合法性，有无伪造、弄虚作假现象，从而为发现问题提供书面证据。

审阅的具体内容如下：

①对原始凭证的审阅。审阅原始凭证，主要是审阅外来凭证和自制凭证。审查和阅读时，主要包括以下几方面的内容：

A.审阅原始凭证的字迹有无涂改，特别是抬头、日期、数量、单价和金额，若有修改，是否有盖章证明；

B.审阅原始凭证填发单位的名称、地址和图章是否清晰，有无模糊不清的情况；

C.审阅原始凭证的报销手续是否齐全，必备的共同要素是否完备，应该签字的人员是否都已签字。

以上三点是对原始凭证的形式审查，即审查凭证的编制是否符合规定的要求。以下三点是对原始凭证的内容的审查，即审查经济业务的实质性内容：

A.审阅原始凭证的摘要是否真实、清楚、明确；

B.审阅原始凭证所记载的经济业务是否合理合法，有无违反有关法律、制度的规定，有无舞弊、作假的行为；

C.审阅出具白条的单位和个人是否可靠，是否确实存在，是否有批准人审批。

②对记账凭证的审阅。审阅记账凭证，主要审阅以下几方面的内容：

A.审阅记账凭证的编制是否符合有关规定，有没有以不符合手续的原始凭证作为填制记账凭证的依据；

B.审阅记账凭证的审批传递手续是否符合规定程序，有关人员是否全部签章；

C.审阅记账凭证的填制是否符合要求，如记账凭证上载明的所附原始凭证张数是否与原始凭证张数一致，记账凭证与自制发出凭证是否连续编号，等等。

以上是对记账凭证的形式审查，下面是对记账凭证的内容审查：

A.审阅记账凭证的有关内容与原始凭证所载内容是否一致；

B.审阅记账凭证所列会计分录是否正确，与其所反映的经济业务是否一致；

C.审阅记账凭证有无错用总账账户和明细账户，以及记错记账方向的情况。

③对账簿的审阅。审阅账簿主要审阅明细分类账，其审阅内容如下：

A.审阅各种账簿启用、期初和期末余额的结转、承前页、转下页、月结和年结是否符合会计制度的规定；

B.审阅各种账簿登记的要素是否齐全。

以上是对账簿的形式审查，下面是对账簿内容的实质审查：

A.阅读各种账簿的摘要栏，特别要注意阅读多栏式明细账的摘要栏，是否真实、明确，是否与该项经济业务相符；

B. 审阅各种账簿借贷方登记是否正确，栏次是否登记正确；

C. 审阅各种支出明细账中记载的内容，是否合理合法，有无将不应列支的费用，采用弄虚作假、巧立名目的手段，进入费用账户；

D. 审查有无利用会计分录进行舞弊的行为。

④对会计报表的审阅。审阅会计报表，主要包括以下内容：

A. 审阅报表中各项目的对应关系，有无各类资金相互混用的情况。

B. 审阅各个报表之间有关项目的勾稽关系，检查表与表之间有关项目的金额是否一致。

⑤对其他资料的审阅。在审阅合同（或契约）时，主要审阅合同的签订是否合法、有效；审阅合同内容是否符合合同法的规定，合同条款是否齐全，合同的签订手续是否完备，等等。

在审阅规章制度时，主要审阅单位内部制定的规章制度是否符合经济活动主体的实际情况；审阅内部控制制度是否健全，等等。

目前我国的经济犯罪案件越来越多，其中很多是利用发票造假，手段越来越多样化，也越来越隐蔽。这些违法犯罪活动不但严重损害了国家的利益，也使非法牟取暴利、投机倒把活动大量存在。审阅法在发现违法行为尤其是用发票造假行为中，具有十分重要的作用。

(3) 核对法。所谓核对法，就是将被查单位历史记录中两个或两个以上的有关数据进行对照比较，用以确定其是否正确的一种审查方法。通过这种对照比较，可以查明证证、账证、账账、账表、表表之间是否相符，从而发现错误，揭露舞弊行为。在采用核对法时，主要核对下列内容：

①核对相关原始凭证之间有关数据是否相符，如购货发票与验收单之间的品种、规格、数量、单价、金额是否一致。又如，核对销货发票与其存根是否相符，有无缺号现象，等等。

②核对原始凭证汇总表与原始凭证之间是否一致，包括凭证张数、金额合计及内容等是否相符。

③核对记账凭证与所附原始凭证之间是否一致，包括凭证张数、金额合计及内容是否相符。

④核对记账凭证与汇总记账凭证或科目汇总表是否一致。

⑤核对记账凭证是否已过入总分类账和有关明细分类账，过账以后的总账、明细账的金额是否与之相符。

⑥核对汇总记账凭证或科目汇总表与登入总分类账的金额是否相符，借贷方向是否一致。

⑦核对总账账户期末余额外负担是否与所属明细账户期末余额之和相符。

⑧核对总分类账户的借方余额之和是否与贷方余额之和相符。
⑨核对总分类账和有关明细分类账的余额是否与会计报表的有关项目数额相符。
⑩核对各会计报表之间的相关数据是否相符。
⑪核对外来账单（如银行对账单）是否与本单位有关账目（如银行存款日记账）的记载相符。
⑫核对账、卡、物是否相符。

审查人员运用核对法时，应对已经查核过的资料作出核对标记，表明这些账目已经查过，以免重查或漏查。

（4）核实法。所谓核实法，就是审查人员将被查单位的会计资料与实际情况进行对照比较，用以确定账实之间是否相符的一种方法。核实法与核对法不同，核实法是指账实之间的对照比较，以确定实物的正确程度，而核对法是指资料之间的对照比较，以确定资料的正确程度。

核实法主要是核实货币资金、实物财产的账面数和实际情况是否吻合。有两种情况：一是结合盘存方法对会计资料与实物进行对照比较；二是结合调查方法对会计资料与实际情况进行对照比较。如有不一致之处，则审查人员要进一步调查分析，找出问题之所在。

（5）账户分析法。账户分析法就是审查人员通过检查有关账户的借贷方对应关系及其数据，分析经济活动和经济资料是否正确可信的一种方法。运用这种方法，可以揭示会计记录中的明显错误和经济业务中的反常现象，从而为进一步审查提供重要线索并指出疑点。

利用有关账户借贷关系和数据之间的逻辑关系进行分析，可以帮助审查人员及时发现问题，寻找解决问题的突破口。但是，使用这种方法要求审查人员需有多年的工作经验，具备较强的分析能力，熟悉经济活动及经济资料间的内在联系，特别是账户之间的对应关系和数据之间的联系，否则就不能应用这种方法。审查人员通过对账目分析找出问题所在，并不等于已取得充分的证据，还要结合其他方法，如审阅法、核对法等，进一步查证落实。

2．审查检查的顺查法和逆查法

（1）顺查法。所谓顺查法，亦称正查法，就是按照记账程序的顺序进行审查的一种方法。所谓按照记账程序的顺序进行审查，就是先从原始凭证的审查着手，顺序对记账凭证、日记账和明细分类账、总分类账进行检查，最后审查会计报表。

①顺查法的特点。
A．起步于原始凭证审查，从小处着手，由点到面；
B．着重于账、表、证之间的机械核对；

C. 重点审查原始，从中发现问题，确定经济业务记录的合法性，真实性和正确性。

由于顺查法从原始凭证入手，依次查到会计报表，因此，顺查法具有审查全面、方法简单、易于查对、结果精确的特点。

②顺查法的缺点。随着审查的不断完善，顺查法日益暴露了它的缺点。主要有：

A. 顺查法不是从大处着眼，只看小处，机械繁琐，费时费力，容易忽视重大问题；

B. 由于原始凭证粘贴在记账凭证之后，而记账凭证多数按照时序编号并装订成册，因此，难于系统地按照业务类别进行深入的审查，只能按其时序编号顺序检查，不便于了解个别会计事项与其项目整体之间的联系；

C. 这种顺序检查连续性强，不便于审查人员的分工。

鉴于顺查法的这些优缺点，它适用于一些业务规模不大或凭证较少的单位。如果大中型经济活动主体的会计凭证能够按照业务、科目分别装订，或者将收款、付款、转账等三种凭证分别编号装订，也可以采用顺查法。但在现代审查中，为了适应检验财务报表数据的需要，以及审查分工的需要，逆查法的使用越来越广泛，逐渐成为查账的一个主要方式。

（2）逆查法。所谓逆查法，又称倒查法，就是按照记账程序的反方向进行审查的一种方法。也就是审查人员依据所掌握的线索，先从审阅、分析会计报表着手，揭示财务经济活动中的薄弱环节和反常现象，发现线索，掌握重点，再据以查核各总分类账户及其所属明细分类账，然后核对记账凭证，最后审查原始凭证。

①逆查法的特点。

A. 起步于会计报表的审查，从大处着手，由表及里，由面到点；

B. 着重对"面"的观察分析，根据分析结果，再据以确定审查的重点对象；

C. 重点审查内部控制制度不够健全的收支、增减变化异常的项目，数额较大的收支和重要的收支业务，等等。

②逆查法的优点。

由于逆查法从会计报表的分析入手，而且从现行的凭证装订保管办法来看，逆查法优于顺查法，主要有以下几点：

A. 逆查法能够从整体上审查生产经营活动或某类业务的基本情况，有利于发现问题，确定需要进一步审查的重点。

B. 逆查法能够按业务、科目系统地进行查账，便于审查人员的分工。

C. 逆查法能够按照同类业务，结合判断抽查法，选择重点项目，实行抽样审查，因此，对无关紧要的问题可以不查或少查，有利于节约人力、物力、财力，提高审查效率。

逆查法亦有缺点，审查人员必须具有多年的丰富的查账经验，否则会因判断失误，疏忽遗漏一些问题，从而不能收到全面的效果。

顺查法和逆查法各有优缺点，可将二者结合起来，取长补短。如对小经济活动主体采用顺查法审查时，也可以辅之以逆查法，对重点问题加以分析，以免遗漏一些重要事项。对大中经济活动主体采用逆查法审查时，也可以辅之以顺查法，对需要了解的部分，加以详细的查对。两法参用，主要指一般的审查，审查人员切不可拘泥于一般常规，而应根据各被查单位的具体情况，决定采用何种审查方法。

③逆查法的步骤。逆查法的查账程序有三个步骤，分别是总括审查、明细审查和必要时的核实审查。

A. 总括审查。就是对会计报表、总分类账户等总括资料所进行的查账工作。总括审查又分两步：

第一步：分析会计报表。分析时，主要分析以下内容：

分析会计报表的编制是否符合现行会计制度和上级规定，各项目的填写是否齐全；

复核会计报表的数据和各项财务指标的计算是否正确；

核对会计报表各项目金额，与相应的总分类账和明细分类账金额是否一致；

核对各表之间应衔接的项目金额是否相符。

通过分析会计报表，可以为查账提供线索。如分析成本开支、税金交纳有无可疑问题，是否符合制度规定，有无违法违纪可能性；以及分析指标的增减变化情况，发现薄弱环节，为进一步查账打下基础。

第二步：审查总分类账，主要包括以下内容：

审查总账扉页，看扉页上的有关内容，如页数、记账人、启用日期等填写是否清楚明确；

复核总账的合计数，如月计、累计是否正确；

核对总账各账户与记账凭证汇总表是否相符；

核对总账与有关明细账户余额之和是否相符。

通过总括审查，能够从总体上检查各项业务的基本情况，发现疑点及可能存在的违法行为。但还不能确定发生的原因及责任人员，所以还有必要对各类业务进行明细审查。

B. 明细审查。就是对明细分类账及相应的记账凭证和原始凭证等明细资料所进行的查账工作。主要有以下几步：

第一步：审查明细分类账户。审查时可以根据已掌握的线索对明细分类账户进行有重点的抽样检查。若在总括检查中未发现疑点和线索，不能确定重点时，可以根据情况进行重点审查，或视内部控制制度的强弱选择部分明细账户进行审查。主要审查以下内容：

审查各总账科目是否按规定设置明细账。总账科目一般均设有相应的明细分类账，不允许以总账代替明细账，也不允许以表代账。若发现明细账设置有问题，应查明是技术问题还是故意为之。

审阅明细账簿启用手续、登记方法、订正方法和结账手续是否合乎规定。

分析明细账上借贷发生额的来龙去脉。运用账户分析法，寻找其中有无巧立账户化公为私，有无利用混合费用项目掩饰或乱挤成本等违法违纪行为，等等。

复核明细账的数字计算（包括乘积和加总）是否正确，以及转次页、承前页的数额是否正确。结合银行对账单或函证资料，或进行实物盘点，核实账面余额是否正确。

一般情况下，如果审查明细分类账户就能确定该账项的真实性、合理合法性时，就可以不必一直查到凭证为止。但如果审查明细账后，还不能揭示业务活动的重点内容，或对有些问题还有疑点，不能作出最后判断，以及一些金额较大的收支账项，就需要进一步查对记账凭证和原始凭证。

第二步：审查记账凭证。审查时可结合判断抽样抽查部分凭证，进行符合性测试。测试的主要内容有：

审阅记账凭证的基本要素是否完备，各项目填写是否清楚；

审阅有关经办人和负责人的签章是否完备，责任是否明确；

审阅科目的运用是否符合经济业务的性质的内容，记账方向是否正确；

核对记账凭证与所附原始凭证是否相符，包括凭证张数、摘要及金额。

第三步：审查原始凭证。原始凭证是一切身经济业务记录的起点，又是逆查法的最后环节。审查原始凭证主要有以下内容：

审阅原始凭证的格式是否符合统一规定，凭证要素是否齐全，填写是否清晰，有无涂改、伪造现象；

审查凭证所载经济业务是否符合政策、法令、制度的规定；

审查原始凭证的数字记录是否正确；

审查原始凭证的自理手续是否合乎规定，区分自制发出凭证、外来原始凭证、自存凭证，并分别进行审查。

C. 必要时的核实审查。以上总括审查和明细审查都是对账面资料进行的审查，必要时，还可对被审单位的现金、实物进行实地盘点，或向凭证填发单位和有关人员进行实地调查或函询，以便进一步核实。

逆查法的这三个步骤是相互联系、不断深入的。将这三步有机结合起来，就能发现、揭露并解决经济业务中的重大问题，充分有效地发挥查账方法的作用。

3. 审查检查的详查法和抽查法。

(1) 详查法。所谓详查法，亦称细查法、精查法，就是对被审查单位审查期间内的凭证、账册、报表等会计资料，以及计划、合同等其他资料进行全面、详细审查的一种方法。

这种方法是审查方法中最彻底的一种方法。其最大的优越性在于不容易发生疏漏，对会计账目中的一切差错，只要以认真负责的工作态度，不厌其烦地细心核对审阅，一般就不会被遗漏，对审查结果所作出的评价和结论，可靠性较高，能最大限度地保证审查工作的质量。但是，这种方法亦有严重的缺点，因为审查面很广，工作量太大，需要花费较多的时间和较多的人力，审查成本太大，审查工作量差不多相当于重复一次会计核算的工作量。

鉴于详查法的优缺点，一般来说，只适用于那些经济业务活动比较简单的小型经济活动主体和行政事业单位，而对那些规模较大、经济业务繁杂的大中型经济活动主体，一般不宜采用。但是如果这些大小型经济活动主体的内部控制制度十分薄弱，会计工作十分混乱，或已发生过重大贪污盗窃或严重违反财经法纪案件，仍需要使用详查法对其进行详细审查。在一般的审查过程中，较少采用详查法。

(2) 抽查法。

①抽查法的概念和优缺点。抽查法，就是有重点地抽取某一段期间内某些业务或某一部分会计资料进行审查的一种审查方法。如果抽查的结果没有发现任何问题，那么其他业务和其他期间内的会计资料就可以不必再进行审查；反之，如果抽查结果发现有问题，则须根据具体情况，适当扩大抽查范围；如果抽查结果发现有性质严重的问题，或者发现较多的问题，则宜改为详查法，以便把问题彻底清查出来。

抽查法是随着现代审查的发展而产生的一种比较科学的审查方法。现代审查发展的最初阶段，通常采用详细审查法。后来，随着社会经济的不断发展，经济活动主体规模的日益扩大，社会对审查的需要与日俱增，如果仍旧采用详细审查的方法，不但要花费大量的人力和工作时间，而且抓不住审查重点。所以，人们迫切需要一种既能提高审查的效率和准确性，又能节约人力和工作时间的审查方法。于是，抽样审查法应运而生了。

抽查法具有细查法不可比拟的优越性。由于抽查法摆脱了细查法不分巨细、全面审核的大量繁重工作，提高了审查效率，降低了审查成本，能够起到事半功倍的效果。

但是，抽查法也有它的缺点。由于抽查的时间和范围的局限，如果抽查的样本选择不当或缺乏代表性，那么抽查结果往往不能代表总体，甚至会作出以偏概全的错误结论，尤其对于那些发生频率不高的舞弊行为具有很大的局限性。因此，一般认为抽查法只适用于内部控制制度健全、会计基础工作比较扎实、组织机构比较完善和生产经营管理水平比较高的经济活动主体。否则不宜采用。不过，我国有许多经济活动主体虽然内部控制不够严，会计基础工作也比较差，但因经营规模大，被查时间长，凭证较多，如果实行细查，确实有困难，则需要采用抽查法。这时，就应适当扩大审查规模，或将抽查法与细查法结合使用，从而提高审查质量，以取得最好的审查效果。

②抽查法的种类。从审查抽样发展的历史进程来看，抽查法分为任意抽样、判断抽样和统计抽样（或随机抽样）三种。

A. 任意抽样。是审查人员在审查的总体中，任意抽取其中一部分作为样本，并以此样本的审查结果来推断总体情况的一种审查抽样方法。由于审查人员任意抽取样本，并不考虑抽取多少样本，抽查哪些样本，抽取样本全凭审查人员的想法进行，因此，样本的抽取是毫无科学依据的，抽取的样本不能可靠地反映总体的特性，审查结论的正确性比较差。但是，任意抽样在一定程度上减轻了工作量，加快了审查工作的进程，节约了审查成本，在审查抽样发展的初期，它发挥了一定的积极作用。

B. 判断抽样。判断抽样是审查人员根据自己的实际经验和判断能力，有重点、有目的地从总体中抽取样本，并以此样本的审查结果来推断总体情况的一种抽样方法。判断抽样是由任意抽样发展而来的。随着审查理论的深入研究和审查实务的发展，审查人员从任意抽样中逐渐发现审查质量的高低与审查人员实际经验的多少和判断能力的准确性有密切联系。为了提高审查质量，保证审查结论的相对准确性，审查人员逐渐开始采用判断抽样。现在，判断抽样还在审查实践中广泛采用。

C. 统计抽样。又称做随机抽样，就是审查人员根据随机原则从总体中抽取样本，并运用数理统计方法对总体进行推断的一种抽样方法。统计抽样不含审查人员任何的主观判断，每一个样本的获取，都是根据随机原则，即总体中每一个样本都有同等被抽到的机会。审查人员用抽取的样本特征去推断总体的特征。但是，样本毕竟不是总体，必然会产生误差。而这种误差是可以计算的，并可控制在一定范围之内。所以，统计抽样是抽查法中最科学的一种方法。

目前，在审查实践中，很少采用任意抽样，而广泛采用判断抽样，越来越多地采用统计抽样。尽管判断抽样法广泛采用，但它不是最科学的抽样方法；尽管统计抽样非常科学，但它要受到一定条件的限制，实施起来有一定的困难。因此，在审查实践中，不要孤立地认为哪一种抽样法好，而必须根据审查环境、审查目的和审查对象来决定采用哪一种抽样方法，或以哪一种抽样法为主，将两种抽样法结合起来运用，一定会收到理想的审查效果。

③抽查法的基本程序。

A. 根据被查单位的总体容量及可能存在的错弊内容，确定审查总体。可以将被查单位全部对象内容作为总体,也可以将不同性质的对象内容作为总体。

B. 确定选什么样本和在什么地方选择,即确定抽样方式。

抽选什么样的样本,常见的有以下两种情况:一种是按时间阶段选择,即将审查期间的某类账项或凭证,划分为若干阶段,以时间为单位,抽选其中不同月份的账项和凭证作为样本进行抽查;另一种是按资料个体选样,即以会计凭证、账簿和有关会计资料的个体为单位,在全部凭证、账簿和有关会计资料中选取部分单位作为样本进行抽查,如抽选若干张凭证、若干个明细账户、若干页明细表,等等。

在什么地方选择,主要是根据会计核算形式和凭证装订保管方式不同而异。有以下几种办法:一是根据单独保管的同类凭证,直接抽选凭证样本;二是根据特种日记账抽选账项及其凭证样本;三是根据某一明细账户抽选账项及其凭证样本。

C. 确定抽样规模和抽样技术,即抽样方法。抽样规模就是样本数量,是指在总体中抽选多少样本。抽样技术是指在总体中怎样选取每个样本。

D. 抽取样本并运用各种审查方法对所选的样本项目进行审查。例如,运用审阅法、复核法、查询法等。

E. 分析和解释样本审查结果,看样本审查结果是否符合要求。如果不符合要求,还要补充审查,直到符合要求为止。

F. 根据符合要求的样本审查结果推断总体特征,得出审查结论。任意抽样和判断抽样主要通过分析推理来推断总体,统计抽样则是根据数学公式进行推断。

(二)疑点突破法

会计错弊发生时总会留下一些线索和痕迹。审查人员可以充分利用这一特点,在查账过程中找到疑点,再由疑点入手,顺藤摸瓜,将问题检查出来。那么,什么是疑点?如何发现疑点呢?

1. 疑点突破法

在查账过程中发现疑点并不是简单的事情。如何在错综复杂的会计资料中发现疑点,是审查人员需要仔细研究的问题。

(1)审查人员必须掌握一定的会计知识,并且有丰富的经营管理经验。例如,采购员私自收取回扣,在会计凭证上是按照商品的原价入账,如果光靠查账,是无法发现问题的。

(2)利用已经掌握的会计查账方法对账目进行检查。前面介绍过"顺查法"、"逆查法"、"详查法"、"抽查法"、"审阅法"、"核对法"等查账方法。审查人员首先要利用这些查账方法进行查账。

(3)主要注意账目中一些容易出现问题的地方,或者内部控制薄弱的地方。

例如，检查原始凭证时可以注意凭证的大小写是否一致、凭证是否涂改等情况。

（4）注意一些奇异数字、奇异时间和地点等来发现问题。

（5）一旦发现情况就要顺藤摸瓜，扩大检查的范围，并且将检查锁定在这个问题上，再次综合运用查账的多种方法，查出问题之所在。

（6）分析产生问题的原因。如果是由于人为因素造成的，就要分析是否存在主观上的故意欺诈、舞弊。

（7）得出结论。

疑点突破法可以说是审查人员在查账过程中最实用的一个小窍门，可以节约审查人员的很多时间。审查人员可以将精力放在找疑点上，以后的检查凭证可以交由辅助审查人员进行，审查人员只需在一旁发现即可。

2. 重点介绍几种寻找奇异疑点的方法

（1）查找"奇异数字"。什么是奇异数字？这里的"奇异数字"并不是数字本身有什么问题，而是数字所代表的经济意义有问题。例如，55.4元这个数字，如果作为某材料的采购单价，还说得过去，但若是员工出差住宿的收费标准，这个数字就有些问题，为什么还有0.4元在其中呢？如果审查人员没有批示这项支出，就有必要进一步进行检查。

审查人员可以根据以下几种方法辨析奇异数字：

①由数值大小判断奇异数字。从数值的大小变化发现奇异的数字，审查人员首先要根据多年的经验来把握经济业务本身的界限。

例如，单价25000元，这一数字在"固定资产"明细账中出现是正常的，但是如果在"低值易耗品"明细账中一次冲销这么大的数目，显然存在问题。

审查人员如果在会计资料中发现某一数字不符合某类特定经济业务大小界限，即可将其视为奇异数字。

②由数值的正负判断奇异数字。有些经济业务反映在会计资料中，不仅有大有小、有整数有小数，而且有正数有负数。从数字的正负方向发现奇异的数字，首先应把握经济业务反映出来的数据本身应该是正数，或应该是负数，或可能是正数，可能是负数。例如，"利润表"中"本年利润"栏数字，既可能表现为正数（盈利），也可能表现为负数（亏损）。

"材料成本差异"账户余额既可能为正数（超支额，实际成本大于计划成本），也可能为负数（节约额，实际成本小于计划成本）。

有些经济业务反映在会计资料中只能是正数，如"现金"、"银行存款"、"产成品"、"固定资产"等账户的余额都应该为正数（有时可能为零），如果该类账户的余额出现负数，便是奇异数字，就是需要进一步查明的疑点。

有些经济业务在某特定时间反映在会计资料中只能为零，如经济活动主体中的"制造费用"、"管理费用"、"营业费用"、"主营业务收入"、"主营业务成本"

等账户，月末经高速结账后，其余额应该为零，如出现其他数值则属异常情况，应该予以查明。

③由数值的变化规律判断奇异数字。会计资料是记录经济活动主体中经济业务的载体。经济活动主体的经济业务发生有一定的规律，那么会计资料中的数字也应该符合变化规律。

④根据数字的精确程度判断奇异数字。一般来讲，会计核算数字比财务计划的数字精确。在会计资料中如果出现该精确的数字不精确，不应精确的数字却精确到脱离实际的程度，就属于奇异数字，这时经营者就需要多问一个为什么。

那么发现奇异数字后应该怎么办？

在发现了奇异数字之后，审查人员不要忙着下结论，也不要忙着向会计人员索要会计资料，而要坐下来想一想，分析一下，利用自己的经验来初步判断问题之所在。

(2) 查找"奇异时间"。在会计资料中，除了数字会出错外，时间也会出错。有时，出现时间错误是由于会计人员疏忽大意，将时间记录错误，而有时出现错误，可能是将不应该记录的资料记录出来，不应该作为原始凭证的凭证硬塞进来的结果。因此，审查人员在检查会计资料时也要留意是否存在"奇异时间"。

审查人员在查账时可以从以下几个方面查找会计资料中奇异的时间：

①由经济业务发生或反映的特定时间判断奇异时间。经济活动主体的任何一项经济业务的发生都有其特定的时间。如果经济活动主体的会计资料上没有反映经济业务发生或记录的特定时间，或者反映、记录的特定时间与经济业务内容相矛盾，应将其视为奇异的时间。

②由会计资料中有关时间的长短判断奇异时间。一项经济业务发生的过程总有一个适当的时间期限。如果超过这个时间期限，则发生的经济业务显然有一定的问题。

一般来说，如及早发现这种问题，资金还可以追回来，如果发现较晚，资金已被转移，就很难再查找了。

(3) 查找"奇异地点"。经济活动主体的每一笔业务均有发生的地点，这些地点是否异常，需要经营者根据业务的内容来判定。业务发生地点出现错误经常是出现会计舞弊和内部欺诈的一个信号。

审查人员可以根据以下几种方法辨析奇异地点：

①根据有关距离的远近判断奇异地点。在工商经济活动主体的采购业务中，同一商品、材料、物资可以从许多渠道、许多地点采购。在其他条件（价格、质量等）相同的情况下，经济活动主体一般选择就近采购，以节约经济活动主体的人力、物力和成本。

对于损害经济活动主体利益，为自己牟取私利的人员，审查人员应根据经济活动主体的制度对其进行处理。

②根据物资运动的正常合理流向判断奇异地点。经济活动主体的经济业务的内容与其发生地点有着必然联系。物资运动的正常合理流向决定了有些经营活动所涉及的地点具有一定的规律性。如果经营活动所涉及的地点与经济业务内容无关，或者互相矛盾，即违背了物资运动的下沉合理流向，应将其视为奇异地点。

（4）查找"奇异的往来单位"。审查人员一般对于经常打交道的公司名称应当熟悉，在会计资料中偶尔出现一两次的单位名称，就应当将其视为"奇异的往来单位"。

对此，可以从以下几个方面来查证"奇异的往来单位"：

①根据往来单位的业务范围判断奇异地点。任何一个经济实体都有其一定的经营业务范围。虽然有些公司有能力实行多元化经营，并有部分跨行业经营业务，但毕竟有一个主营业务。

审查人员在查账过程中，如果发现有凭证反映的经济内容与出具凭证单位的业务范围明显不符，即应视为奇异往来单位，须进一步查证。

②根据购销业务是否涉及第三者或其他方面判断奇异往来单位。经济活动主体在正常经济交往中，购货单位即是付款单位，供货单位则是收款单位。一般交易涉及的是两方。审查人员在查账过程中，如果发现某笔经济业务的购货单位是甲，而付款单位是乙，出现了第三方介入的问题，就应将甲、乙两单位视为奇异的往来单位。

③根据往来结算的期限长短判断奇异往来单位。一般正常的往来单位，其经济业务发生都有一定的频率。

有的客户是十天半个月与本公司交易一次，有的客户一年与本公司交易三四次，审查人员心里都要有个数。对于长期没有业务往来、挂账数额又大的公司，就应视为奇异往来单位。审查人员须进一步查明，看看是否发生虚列客户的现象，或者是否为呆账。

（5）查找"奇异的字迹"。审查人员在检查会计凭证和会计账簿时，有时会发现字迹有些模糊或者字迹很陌生的现象，这时就应引起审查人员的注意，需要将这部分字迹视为"奇异的字迹"。

我们将奇异的字迹总结为以下几种情况：

①字迹模糊不便于辨认。这种情况往往出现在原始凭证上，原始凭证有时由于保管不当，会出现字迹模糊的现象，但是也有的时候是有人故意这样做。例如，7和1如果填制上不注意很容易混淆。

②字迹上出现涂改的痕迹。现在科技发达了，消字灵也被人发明出来，于是就有人利用消字灵对账户或者原始凭证进行涂改。但是使用消字灵或者其他涂改工具，必然会在会计资料上留下水印或者其他痕迹，审查人员可以很容易地发现

其中的问题。

③字迹陌生。一般自制原始凭证和会计账簿都应由专门的会计人员填写,审查人员通常对专门负责人员的笔迹很熟悉。如果有一天,审查人员在查账时,发现这些会计资料中有自己不熟悉的字迹,就应当高度警觉,很可能是有人自己填写上去的。

只要审查人员认真细心,对于涂改、伪造字迹的舞弊行为是不难发现的。一般情况下,对会计资料中的有关记录涂改或伪造后,总会留下各种痕迹:

涂改数字后,某一阿拉伯数字的书写形式、笔顺、颜色、深浅、笔画的粗细等,会呈现整体不协调的感觉;

对于文字内容的涂改、增删,从业务内容或字体上有时也能发现疑点;

对于模仿他人签字的舞弊行为,相对来说较难发现,这时审查人员可以利用其他方式,如询问签字人等。

(三) 询问调查法

询问调查法就是审查人员可以通过观察、查询、函证等方式,对会计资料的真实性进行检查的方法。这种方法有利于审查人员及时查明问题,判明真相或发现新的查账线索,尤其对于侵占公司财物等舞弊欺诈事件的专案审查,具有重要的作用。

询问调查法在实际操作中,包括以下三种:

1. 观察法

观察法是指审查人员可以在现场对经济活动主体的经营活动及其管理、内部控制制度的执行、仓库保管等情况实地察看,以发现其中存在的问题和薄弱环节的方法。

2. 查询法

查询法是指审查人员通过询问的方式,取得必要的资料或证实某个问题的方法。在检查工作中,审查人员对发现的异常现象、可疑问题,都可以向有关知情人或经手人进行查询,了解事实真相。查询可以通过口头查询,也可以通过书面查询。

(1) 口头查询就是直接找有关人员谈话,从谈话中了解情况,解决问题。

(2) 书面查询就是将需要查询的问题,用书面提问的形式,请被询问人答复的查询方式。凡是对重要事项的调查,最好用书面提问的方式(例如,对经济活动主体内部控制制度完善性和执行情况的调查)。但要注意,这种书面提问的方式可靠性不强,因为书面提问往往受问题性质和被询问人自身情况的限制,有可能不按问题回答,不过,书面查询可以为进一步查账提供线索。

3. 函证法

函证法是书面查询的一种方法,有时,审查人员为了弄清某个问题,可以通过发函向其他公司或有关人员进行查对,并从对方那里取得证明资料。如审查人员对往来账款、外来凭证和购销业务不能确认或有疑问时,都可以采用函证法。

这里必须明确一点:询证函一般都用挂号信件寄出,并将需要查询、核实的内容列一张清单,通知对方核实后予以答复。

（1）函证法的方式。函证方式分为肯定式函证和否定式函证两种。

肯定式函证又称正式、积极式函证,就是向对方发出询证函,要求他主宰所函证的事项或款项是否正确,无论对错都要求复函。

否定式函证又称反面式、消极式函证,它也是向债务人发出询证函,但所函证的款项相符时不必复函,只有在所函证的款项不符时才要求债务人复函。

（2）函证方式的选择。若采用肯定式函证,则可以相应减少函证量;若采用否定式函证,则要相应增加函证量。

第二节 会计内部控制制度的审查

一、内部控制制度的概念

内部控制制度是指经济活动主体为了实现经营目标,保证生产经营活动高效率地进行,保护财产物资的安全完整,确保财务会计信息的准确可靠而对内部各种经济业务活动采取的一系列相互制约、协调的措施、方法、程序制度的总称。一般来说,会计业务主体的内部控制制度主要包括下列内容:

1．组织规划控制制度。组织规划控制指对经济活动主体内部组织机构设置、职务分工的合理性和有效性进行的控制。

2．授权批准控制制度。授权批准控制指对经济活动主体内部部门或人员处理经济业务的权限控制。

3．不相容职务分离控制制度。不相容职务分离指对不相容职务分别由不同的部门或人员来办理。

4．业务处理程序控制制度。业务处理程序控制制度是指单位内部在明确岗位责任的基础上,为保证各项经济业务活动能够按照一定的流转过程有效地运行而制定的相应控制措施。

5．预算控制制度。预算控制指对经济活动主体各项经济业务编制详细的预算或计划,并通过授权由有关部门对预算或计划执行情况进行的控制。

6．风险控制制度。风险控制指对某一事件实际与预期结果差异程度的控制。

7．资产保护控制制度。资产保护控制是保证资产安全完整,并做到保值增值,以实现经济活动主体长远发展的战略目标。

8．文件记录控制制度。

9．会计控制制度。会计控制指对经济活动主体财务会计信息生成过程的控制。

10. 内部报告控制制度。内部报告控制指对经济活动主体编制的各种内部报告进行的控制。

11. 人员素质控制制度。人员素质控制指采用一定的方法和手段保证经济活动主体各级人员具有与其所承担的工作相适应的素质。

12. 内部审查控制制度。内部审查控制指对经济活动主体财政财务收支及其他经营管理活动进行的控制。

二、内部控制制度审查的意义和要求

(一) 内部控制制度审查的意义

1. 有助于提高审查工作效率和效果。由于司法会计审查是对经济案件线索材料的审查，不具有侦查的性质。而经济案件的违法犯罪行为在会计资料中的反映具有隐蔽性、微观性、复杂性和专业性的特点，目前司法部门审查人员的数量和水平与司法会计审查工作的需要存在较大差距，通过对内部控制制度的审查可以克服详查或大量抽查浪费人力和时间的不足，它不仅能提高审查效率，而且可以提高审查质量。

2. 有助于突出审查重点。通过内部控制制度的审查，审查人员就可以确定被审查单位内部控制制度的可信赖程度，有利于从薄弱环节入手，有效、迅速地明确审查重点和方向，既保证了审查工作的质量，又减少了审查工作量。

3. 有利于审查工作顺利、高效地进行。目前财经违纪违规的发生，主要原因之一是有些单位不认真执行国家财经法规，内部控制制度不健全、不完善造成的。加强内部控制制度审查，就可增强法纪观念，提高执法的自觉性，因而也就减少了审查的工作量。所以，制度的健全完善也有利于审查工作顺利、高效地进行。

(二) 内部控制制度审查的要求

1. 内部控制制度审查要求审查人员熟悉有关会计制度的法律法规，在对被审查单位的内部控制制度审查时，一定从被审查单位的行业和实际情况出发。我国的会计制度实行的是在统一的经济活动主体会计准则之下的行业会计制度。当前，我国行业会计制度共有13种，审查人员在审查时应当依据具体的行业会计制度来对被审查单位的内部控制制度进行审查。

2. 审查内部控制制度应当按照一定的程序和方法实施，必须是在调查研究的基础上，对被审查单位的内部控制制度作出的科学的、实事求是的评判，不能主观臆断，随意作出结论。特别是尚未成文的内部控制制度更应该注重调查研究。

3. 对于未得到切实遵守的内部控制制度要有科学的态度进行分析，找到具体的原因。不能眉毛胡子一把抓，轻率地认定为经济违法犯罪行为。

4．审查工作应当有重点、有针对性。根据线索材料所反映的涉嫌违法犯罪情况，依据相应的经济法律法规对相关的内部控制制度进行审查。对审查的内部控制制度应根据线索材料进行选择。

5．司法会计对内部控制制度的审查工作不能干扰经济活动主体正常的经营活动。对内部控制制度的评价须严格按照法律法规作实事求是的分析，从经济活动主体的特殊性出发。一般地，内部控制制度的控制范围、程度和频度要求是恰到好处，而不是愈严愈好。严格的内部控制制度如果不切合实际，反而不利于员工积极性的调动。

三、内部控制制度审查的程序和方法

审查内部控制制度，一般分为审阅和了解内部控制制度、调查询问、实地测试、内部控制制度分析判断四个阶段。

(一) 审阅和了解内部控制制度

任何一个单位，无论其规模大小和生产经营特点如何，总有书面的或尚未成文的内部控制制度。因此，审查时要先把内部控制制度的有关文件收集起来，包括有关内部控制制度的文件、管理制度、规章制度、图表、规程等。根据审查目的和范围，应选择有关的规章制度进行审阅，以发现薄弱环节，以及内部控制制度的健全性和有效性。

审阅制度仅仅是从书面审查内部控制制度，由于书面的东西与实际执行情况往往会产有差异，因此还需要采用询问调查的方法审查内部控制制度。

(二) 调查询问

调查询问可采用口头询问和调查表询问、编制流程图三种方式。

1．口头询问

采用口头询问方式进行调查，应按下列步骤进行：

(1) 编制调查提纲。审查人员应在审阅制度的基础上，根据审查的具体目的，结合内部控制制度的基本要求以及实际情况，对已审阅过的有关规章制度进行分析研究，提出哪些问题需要调查，有针对性地编制出调查提纲。

(2) 询问。审查人员根据调查提纲的内容，采取个别询问的方式，向有关人员进行询问。

(3) 记录答案。审查人员根据调查提纲向有关人员进行询问时，应及时做好书面记录。整个询问过程结束后，应及时归纳整理，记入审查工作底稿。

2．内部控制制度的描述

(1) 描述规则。内部控制制度流程图，是审查人员采用规定的符号和流程线来表示有关经济业务处理程序的全过程。内部控制制度流程图是世界各国描述内部控制制度时普遍采用的方法，它便于分析研究控制的强弱和存在的问题。

为了使绘出的流程图清晰、易懂，描述流程图一般应遵守以下规则：

①使用规定的符号。只有使用统一规定的符号,才能使人一看就懂,不需要另外加文字说明,使流程图简洁明了。

②使用样板和直尺绘制。使用样板和直尺绘制,就可以做到同样的符号大小一样,符号的式样一致,线条清晰。

③各种凭证所经各部门的名称应安排在图的顶部。

④业务处理的开始点,要尽可能安排在部门名称下的左上角。作主的流向要尽可能做到从左到右,从上到下,避免线条来回反复交叉。

(三)实地测试

实地测试就是深入现场,根据经济业务处理程序,到各个环节进行实地观察、验证。如到职能部门、仓库和车间等地观察有关人员处理业务的实际手续以及他们之间的相互关系,核实内部控制制度执行情况,查看是否与审阅制度所得资料相符。因此,内部控制制度必须进行实地测试。

1. 结合凭证审查进行测试

在审查过程中,审查会计凭证是极为重要的环节,各种凭证的流转程序,在很大程度上反映了内部控制制度。因此,结合凭证审查就可以观察到企业内部控制制度的实际执行情况。例如,对材料采购内部控制制度进行审查,就要抽查收料单、付款凭证和购货发票等凭证,查明材料请购单是谁编制的?是否经过计划部门同意和主管领导批准?收料单所列品种、规格、数量和价格是否与经批准的请购单相符,该项材料谁验收、谁主管等。将实地检验所得的资料与审阅制度所得的资料进行对比和分析研究,就可找出内部控制制度的实际执行情况与书面规定是否相符以及问题所在,并找出产生问题是由于企业规定的内部控制制度不健全、不严密,还是由于贯彻执行不认真,或其他原因。

2. 实地观察核实

实地观察核实就是深入现场,根据经济业务处理程序,到各个环节进行实地观察、验证,以查明内部控制制度的实际执行情况。例如,前面所举材料采购业务,就应分别到供应部门、仓储部门、财会部门进行观察。

(1)观察供应部门。实地查看请购单等凭证,了解请购数量怎样计算确定?谁审核和谁批准?谁签订购销合同等。

(2)观察仓储部门。实地查看收料单、材料账、卡等资料,检查材料有无专人验收,是否经过计量、检斤或检尺,以保证数量真实。在验收质量时,是否经过对物理性能或化学成分等检验,以保证材料质量。

(3)观察财会部门。实地查看材料采购凭证、材料总分类账和明细分类账,了解材料采购手续和程序,有关采购凭证是否合法?是否及时记账?是否定期与仓储部门、供应部门核对?以保证会计资料的真实性、合法性。

经过上述两种方法的实地测试,就可以对内部控制制度的有效性作出判断,并将询问调查和实地测试结果列入内部控制制度调查和测试工作底稿。

上列两项提纲测试情况表明：第一，调查答案相同，经测试无误；第二，调查答案不一致，经测试发现存在问题，应提出改进建议和措施。

（四）内部控制制度分析判断

内部控制制度分析判断，是在审阅制度、询问调查和实地测试的基础上，对被审计单位内部控制制度的健全性和合法性进行综合评价，并提出改进意见。

1. 内部控制制度的健全性

对内部控制制度的健全性的分析，其目的主要在于分析其内部控制制度是否完善，产生经济违法犯罪活动和行为的可能性。内部控制制度的健全性表现在所有的业务都进行了必要的控制，既要从总体角度来评价，又要从具体业务角度来评价。即把坚持内部控制制度基本原则和实际结合起来，全面衡量。既要着眼于内部控制制度是否能起到保护财产物资和资金安全完整、防止弊端的作用，又要看到它能否促进生产业务活动的顺利进行。例如，在物资收发业务的内部控制制度上，既要看到是否有效地保证企业财产物资的完全和完整，还要看到能否按量及时到货，以保证生产不断进行。又如，在收款业务上，既要看到是否及时有效地保证收款业务全部入账，又要看到货款是否及时收回。

2. 内部控制制度合法性的分析判断

内部控制制度合法性的分析判断，主要依据会计法和会计法实施细则及财政部相关的行政性法规以及税法和其他经济法规，首先应当看内部控制制度的建立是否合法和完备，其次应当分析判断这些控制制度是否得到切实的遵守和执行。

第三节　会计错弊行为的审查

一、会计错弊行为的根源

会计错弊行为的根源实质上与会计人员具有密切关系。从原始数据的获得，到编制出会计报表，都由会计人员作为会计信息系统的主体，实施会计信息的分类、整理与加工；尽管会计处理过程是依据会计法规、会计准则进行的，但会计人员因疏忽或因利益驱动，可能破坏政府通过行为规范预设的秩序，使会计错弊出现。作为会计对象的经济业务，自己不可能主动地变出错弊，只有会计人员在一定价值判断下的特定行为，才可能诱发或导致错弊的发生，因此，会计行为变异是会计错弊的主要根源。而导致会计行为变异又主要是下列原因造成的：

（一）制度上的原因

现代经济活动主体是两权分离的，资产所有者拥有的是对经济活动主体的所有权，而其一般是将经营权委托给审查人员行使，两者通过契约实质上形成委托代理关系。一般是把管理经济活动主体的经理人员视为代理人，因其更了解经济活动主体的实情，而把所有者视为委托者。很明显，后者受前者的信息约束和影响。在这种情况下，审查人员和具体会计人员往往拥有实际上的信息优势，造成信息分布的不对称结构。无论是国家还是自然人作为委托者，都避免不了委托者与代理者之间的激励不相容情况，也不可能找到一种十全十美的机制来约束代理人，再加上双方的这种契约代理实质上是不完备的，一般只对总的目标、绩效、程序、机制等方面的问题达成协议，这样就使得代理人可以利用信息优势和契约缺陷通过不正当手段粉饰会计信息，夸大经营业绩，最终导致会计信息失真，严重误导信息使用者和利益相关者，为自身谋取不正当利益。

（二）会计行为本身的原因

会计本身导致会计信息失真无外乎两种情况，即会计失误和会计舞弊，统称为会计错弊。会计错弊是由于会计人员故意或过失（疏忽）的行为导致，无论是虚报还是漏列，都可能隐藏经济违法犯罪的事实。

会计失误主要指会计人员因疏忽造成会计资料的错误，具体指会计人员由于会计原理运用不当或者在核算过程中发生一些计算、书写、过账等错误使得工作违背了真实性、准确性原则。会计舞弊主要指会计人员出于贪污、挪用、粉饰业绩等私利的驱使在会计资料中故意作假的行为。这两种情况最终都导致会计信息失真，使得最后的财务会计报表损害股东、债权人、潜在投资者、国家、个人的利益。

另外，就会计制度本身而言，也有设计不合理，甚至规则之间互相冲突的地方。信息披露与现代金融发展的关系已日益密切，而会计制度设计明显滞后，会计准则对表外业务的披露规范很少，导致信息披露的随意性。新旧法规以及各个法规之间存在不协调的地方，各单位在会计信息操作实务当中相当程度上基于某些主观原因，很难统一口径，这些都使会计错弊成为现实。

（三）会计人员的原因

随着社会经济的不断发展，股份制和私营经济的逐渐成熟，经济效益的集体化、个人化、物质至上、拜金主义的思想不断在许多人的脑子里膨胀，有些人为了追逐非法利益，有些企事业单位为追求小集团利益，不惜违反会计准则和一些法律法规，编造虚假的会计资料，损害国家利益为本单位、个人捞好处。在这种情况下，会计人员的素质问题就成为会计错弊的一个重要因素。

（四）法律防范体系中的不足

总体上，我国已经建立起全面的、完整的会计信息失真法律防范体系。但是，现实社会经济发展的脚步越来越快，全球经济一体化趋势日益明显，我们的法律已经显现出滞后性、不够细致、操作性不强等缺陷，这实质上是我国会计法律防范体系中的不足。这种会计法律防范体系中的不足恰好给会计舞弊提供了可乘之机。

二、会计错弊行为的种类

对会计错弊,可以从不同角度揭示不同类别会计错弊的内在规定性,但其他分类尚未构成区分会计错弊并据以作为命名的基础。一般主要按其性质予以分类。下面仅从错弊性质上进行划分。

(一) 会计差错

严格意义上的会计差错,是指会计人员因疏忽造成会计资料上的错误。由于会计资料主要以数字说明经济事项的状况,会计差错往往出现在两个方面:一是对经济事项描述存在差错,这属于会计定性差错;二是对数量的记录与计算出现差错,这属于会计定量差错。

1. 会计定性差错

会计定性错误从会计工作过程看,主要有以下几种类型:

(1) 会计审核疏忽。在业务经办人员处理完有关业务后,将所获得的原始票据送达会计部门,以便进行会计核算。会计人员第一个工作环节是对该票据的形式与内容进行审查,这两个方面的任何一点疏忽,都会造成会计资料存在虚假不实。

①形式上的审核存在疏忽。主要是指对票据本身的不规范性等缺乏警觉,未发现一些隐含的问题。因票据形式上的不规范可能产生的问题主要有:

白条入账。以正式票据报账,是国家有关制度明确要求的规范做法。之所以作这种规定,是因为国家试图以制度强制规定的形式,保证入账所用的凭证形式上可靠,进而为保证该凭证所反映经济业务的可靠性提供一种有效依据。实际工作中,常见以白条抵顶收据、以白条抵顶发票的现象。

格式不统一。据以入账的许多原始票据,均规定有统一格式,如银行结算凭证、发票以及行政事业单位收费收据等。如果在报账单位发现凭证应采用统一格式而未采用统一格式的,不仅给对方单位偷税漏税提供了方便,更重要的是,本单位业务经办人可能存在虚报支出等问题。

手续不完备。据以入账的票据应有多人处理、签章的证明,尤其是原始凭证,更是要求盖有"财务专用章"、"营业专用章"等公章及经办人的私章,通过多人签章的职责牵制,保证凭证上经济业务的可靠性。如果预先设定处理手续未完全履行,则给某些业务经办人舞弊提供了机会。

要素不齐备。所获取的原始凭证或自制的原始凭证,都应经过多人之手进行相关处理,并由有关人员签章。如果某些应填写的内容未填写,一方面使业务本身的合法性与真实性无法判断,另一方面给进一步查证制造了人为障碍。

除此之外,还有从凭证日期、编号、往来单位名称等方面所表现出的问题被忽视的情况,此处不再详述。

②内容上的审核存在疏忽。主要是指票据作为载体所反映的经济业务上有问

题，在审核时未予察觉的情况。如果检查者已察觉而未予揭发，这属于放纵内容有问题的票据，则不能视为会计审核疏忽。

经济业务记录内容不实问题。除非票据上几项要素的记载显现出现矛盾，业务内容不真实是比较难以发现的。一般情况下，不真实的记载是企图使不合法事项披上合法的外衣。

经济业务记录内容不合法问题。通过原始凭证审阅，可以很清楚地看到凭证上所记录交易事项违反了国家现行的法律、行政法规等，但单位的会计人员未予制止，依旧予以入账。

经济业务记录内容不合理问题。这本身并不是会计人员造成的，通常源于业务部门的决策，这种决策中可能隐含着收取回扣或得到好处费等舞弊现象。

如果在会计审核中疏忽对此的查证，也属一种工作差错。

实际上，上述说明是针对经济业务在未入账前所进行的审核而言，除此之外，事后复核也存在类似上面所述的情况。

(2) 会计确认疏忽。会计确认疏忽是指对经济业务属性误解或因对会计制度、会计准则规定产生误解而发生在会计账户选定上的疏忽。这种疏忽可能引起相近会计指标或项目彼此消长的变化，比较易于判断。

①对经济业务属性的误解。例如，一项支出属收益性支出还是资本性支出，属成本支出还是期间费用支出，在许多时候是难以判别的。有相当一部分业务包含着不确定性因素，容易产生一种似是而非的直觉，引起对交易事项属性的误解。

②对会计规范含义的误解。我国目前用于会计人员实际操作的会计行政法规很多，但最常用的是会计制度与会计准则。会计制度按行业制定，内容偏粗，对会计报表要素的确认缺乏操作性，虽然会计准则在一定程度上弥补了会计制度的缺陷，但仍然无法为会计人员进行账务处理提供详细的指南，由于我国会计规范建设注重宏观调控和给单位会计以处理较大的灵活性与主动性，进而导致会计制度与会计准则设计上更趋抽象，对于相当一部分理解力较差的会计人员来说，对会计制度与会计准则的执行可能产生种种误解。

(3) 会计转记疏忽。会计转记疏忽是指在账务处理中，从一种会计资料到另一种会计资料过户记录时所发生的串户错误，又称"张冠李戴"错误。如将借记"管理费用"误入"财务费用"，将借记"营业外支出"误入"其他业务支出"等。这种错误，在改变经济业务性质或类型的同时，也影响计量的正确性。

(4) 会计政策误用。会计政策误用是指因会计部门负责人对会计政策运用的限定缺乏了解而造成的错误。主要有以下几种形式：①选用了不适合本单位具体环境的会计政策；②从多种会计政策中，没有找到最为适用的会计政策；③频繁变动已采用的会计政策；④因理解存在问题，使会计政策的运用发生扭曲等。

2. 会计定量差错

会计定量差错比定性差错更容易发生。因为，文字识别比数字识别更明显、更生动，而数字有枯燥与难以记忆等特点，能使会计定量发生多种多样的误差。主要有以下会计定量差错：

(1) 会计审核疏忽。从单位外部或内部获取的原始凭证，可能存在某些计算差错，由于会计人员的疏忽，这些计算差错在复核中未被发现，从而导致会计人员所编记账凭证也随之发生数量差错，进而影响会计账簿、报表也发生失实。

(2) 会计计量疏忽。会计计量疏忽是指对经济业务的数量描述或会计要素价值的反映因会计人员的疏忽而发生偏差的现象。主要表现有：①计量方法选择不当。如存货计价方法应当采用先进先出法，但经济活动主体误用后进先出法。错用不适当的计价方法，可能使被计量项目与相关项目的价值发生彼此消长的变化。②计量过程存在偏差。因分配标准的估计因素、计算方法错用、受益期间的误计等造成计量数字失实。③计量结果发生差错。这种情况主要源于计算结果存在算术性错误，或从计算结果在计算工具上的反映转化到会计资料上的反映时发生笔误。

(3) 会计处理疏忽。从会计凭证到多种账簿的登记，以及成本计算、报表编制等，因会计人员疏忽，可能发生以下会计定量差错：①数字计算错误；②数字转抄错误；③因串户登记引起数量错记；④因凭证丢失等原因引起漏记；⑤过账时发生反向登记；⑥因账实不符需要及时调整账簿记录，但会计人员未予调整，并据此编制会计报表；⑦其他。

从某种意义上看，会计定性差错与定量差错有时交互发生影响；定性差错必然影响数量的绝对数；较大的定量差错也能够导致定性差错。

(二) 会计舞弊

会计舞弊是指会计人员为了个人或单位的某种利益需要而在会计资料中作假的行为，这种行为是在从事职务工作时完成的有预谋的活动。按其目的可以将舞弊分为以下几种：

1. 贪污公款

贪污公款是指会计人员利用职务之便，侵吞、盗窃、骗取或者采用其他方法非法占有公有款项的行为。它一般发生在会计员与出纳员相互兼职或者相互串通的情况下；有时，由上述人员兼任采购、报账人时，虚报冒领也可能发生贪污现象。贪污公款是会计人员易发生的行为，在国家有关部门所统计的行业犯罪中，居于较前位置。由于贪污手段多样，实施技术不断翻新，此处不再详列其具体名目，相关内容可参见本书"下篇"的叙述。

2. 贪污公物

贪污公物是指会计人员利用职务之便，侵吞、盗窃、骗取或者采用其他方法非法占有公有物品的行为，这种行为容易发生在会计人员兼任实物保管人或借领用物品之机冒领实物之时。比起贪污公款，贪污公物对会计人员具有很大的难度，因为掌管账簿与现金同在财务（会计）部门，贪污行为的实施拥有地缘优势，如要超越本部门实施贪污公物的行为。无疑障碍重重。

3. 挪用行为

挪用行为是指会计人员将具有特定用途的财产私自或违法用于别处的行为。具体形式表现如下：

（1）私自挪用。私自挪用是指会计人员在未经单位主管领导授权的情况下，将单位钱财私自挪作他用，尤其是用于个人的某种支出或用途。最常见的是以白条抵库，私自将公款用于本人或他人的生活消费或进行经商活动。

（2）违法挪用。违法挪用是指会计人员受单位领导的支配，将法定用途的资金改为其他用途。在经济活动主体中，专款专用的管理已不多见。在行政事业单位，财政预算拨款仍限定了具体的用途，违法挪用预算内资金用于预算外项目、事业费行政费用于基建支出、基建拨款改用于经商等，还常常发生。

4. 偷骗税款

偷骗税款是指通过在账务处理或其他会计处理环节造假的手段，以达到给国家少交税款目的的行为。偷税行为在一般经济活动主体中均可能发生。骗税主要发生在有出口业务的经济活动主体中。可以按偷骗税的税种或具体方法，将此种行为划分为许多种。在此不再赘述。

5. 转移财产

转移财产是指将单位账簿中已作记录的财产或应做记录但未做记录的财产，转于账外的行为；也存在将本单位财产以捐赠、低价转让、无偿租用等方式转出的做法。转移资产的主要表现形式是：

（1）将应入账的资产有意隐匿不报，放置账外；

（2）将账内资产借故销账，将相应资产实物转出；

（3）将本公司财产长期让其他公司或个人无偿使用；

（4）将其他单位或个人支付款项转入第三方账户或由个人私收等。

转移财产为私设"小金库"、贪污挪用单位财物提供了条件，可能潜伏着某些经济犯罪行为，应当深入追查。

6. 调节财务

调节财务是指按某种主观意志在单位的会计资料中作一些技术处理，以使会计报表所反映的财务状况符合经营者利益需要的行为。调节财务状况的主要目的是粉饰业绩，以获得经营者晋升职务、加薪、多分红利或公司上市、送股配股、筹措资金（如获得银行贷款）或者其他好处。有时，由于经营者为追求财务收支在不同期间的均衡性，也可以将收入隐瞒，在以后各期以丰补歉；或者实施短期行为,该摊的费用不摊、该计的支出不计等。

此外,还有一些包括会计人员在内的人员都可能发生的其他舞弊行为,如诈取公款、监守自盗等。

三、会计错弊行为与违法行为之间的关系

会计资料是记录各经济活动主体经济过程的财务信息资料,真实性、合法性、合规性是会计信息质量最基本的要求。而会计错弊行为的直接后果则是导致会计信息的失真,这其中既有会计人员的失误行为,也有故意的错误行为。故意的错误行为不仅本身是一种违法行为,其背后隐藏着经济违法犯罪行为。

(一)会计错弊行为在不同程度上影响会计信息的真实性

从某种意义上讲,会计的差错是难以避免的。道理很简单,现代工业化社会中经济活动主体规模巨型化,会计业务通常需要许多人分工承担,每一个人的工作疏忽,都可能连锁性地影响后续的会计处理,直到影响会计报表。从逻辑上看,无法杜绝在长时间内每一个会计人员发生疏忽的可能性。在会计实务中,人们可以利用期末编制试算平衡表等方法,发现某些因疏忽导致的差错,但是,相当多的差错则被潜伏下来,并不能通过简捷的数字测试予以揭示。如会计分录中的账户错用、过账时的串户登记等,均属此类情况。在现实中,几乎没有不存在会计差错的会计机构。

大多数会计舞弊采用隐瞒事实真相的方法混入数以千万计的经济业务中,单纯从会计处理的规范性来看,似乎不存在什么问题,这给舞弊的查处带来了诸多困难。以经验为依据来判断,相当多的会计舞弊是揭发不出来的,因为从整体的综合性测试不能察觉舞弊的迹象时,对每一具体业务逐个进行查证,不仅技术上不易做到,更重要的是舞弊的业务已经过刻意掩饰,不采用专门的方法与测试手续和特别的关注,根本无法找出查证的线索。但是,舞弊是可以防止的,优良的内部控制制度可以将发生舞弊的可能性降到很低的程度。如果一个单位内部控制制度不健全,发生许多舞弊,会计信息的真实性将会受到较大影响。

会计信息真实性受大额会计错弊的严重损害,一些经营者通过人为调节财务状况误导投资者,给他人带来了重大经济损失。大额会计错弊是一个相对量,不是一个固定绝对量,应根据单位的相关业务总量来判断。要保证会计信息的真实性,必须消除大额会计错弊。

(二)可能隐含单位财产的流失

常规情况下,如果因疏忽导致会计记录差错,尤其是数量方面的差错,可以借助会计自身的防范手段(如试算平衡、账账核对和账实核对、勾稽验证)检查出来,并由会计人员及时纠正。然而,舞弊具有很强的隐蔽性,并在行为者预先周密设计下发生,可能是财产流失了,账簿上未留下明显破绽。在个人舞弊中,主要目标是非法占有单位的金钱与财物,因会计记录具有控制钱财的功能,不少

不法分子在侵吞钱财的同时，设法改变会计账簿记录，以达到账实相符，掩盖作弊造成的漏洞。对于会计账簿上出现的问题，应当详加追查，注意是否存在单位财产的流失。

在内部控制制度健全的单位中，财产流失不易发生；反之，财产流失极容易发生。如果会计记录比较健全，对财产流失的检查可以在一般性测试后找出大量证据，以发现违法犯罪的事实。

（三）具有一定的隐蔽性与多发性

按复式记账规则登记会计账簿后，有一部分会计错弊能够通过会计自身的试算平衡验证手段来发现，尽管具体确定是哪一笔经济业务存在问题还需要运用逻辑推断与专业方法，甚至花费较多的时间，但是，错弊总可以被找出来。然而，还有许多会计错弊并不影响期末的试算平衡关系；在不少单位的会计工作中，由于在日常缺少事后稽核，这类会计错弊就很难被及时察觉，特别是绝大多数内部与外部的发现机构，在检查会计资料时，一般采用抽样查证的方法，使许多账簿中的错弊缺乏被揭发出来的机会。实践证明，越是频发的业务越容易舞弊，因为业务量过大，检查程序在常规情况下只能以抽查方法为主，技术上的局限性就越明显，给舞弊者产生侥幸心理提供了基础。

在相当一部分单位，为应付外部检查，往往也在事先进行会计自查，一些暴露在面上的会计错弊，通常都予以纠正，或者有意予以掩饰。经过掩饰的会计错弊，大多数不存在特别异常的表现，难以发现错弊的迹象，除非采用富有侦查性的专门方法。

由于内部控制制度可以有效防止会计错弊的发生，大多数单位都在力所能及的范围内，针对本单位的特点与工作需要，建立了有某些特色的内部控制制度。然而，制度伴随着巨额成本支出，不少单位因不堪这笔成本的重负，都有不同程度地简化、削弱制度的做法，造成制度预防会计错弊效能的下降。从严格意义上讲，世界上不存在绝对完美的制度；制度设计者不是"完人"，也就无法建造起一个完全理想化的制度。

显然，制度设计的先天不足，为发生会计错弊提供了一种预设的"安全通道"。经济学家也将会计人员视为一种讲求自利的"经济人"，这种经济人在拥有某个"生财"机会时，他经过价值比较后，可能选择谋取此项财物的行动。这意味着内部控制制度的缺陷一旦被图谋不轨的会计人员等发现并加以利用，会计舞弊将接连不断发生，贪欲的恶性膨胀促成舞弊的多发性。

四、常见失误行为与故意错误行为的区分

常见失误行为与故意错误行为在会计资料中一般都以不恰当的形式表现出来，甚至在不少环境下以相同的形式表现出来，这给在会计错弊查证时正确区分失误行为与故意错误行为带来了种种困难。造成这一现象的根本原因是失误行为与故意错误行为在外表形态上具有模糊性。

失误行为与故意错误行为的最显著的区别在于：行为者具有不同的动机。然而，当失误行为与故意错误行为在现象上无法区分时，对动机的考察往往也比较困难。这可能带来一个问题：将故意错误行为当成失误行为，促成作弊者继续作弊的侥幸心理。对作弊的查证，我们可以从以下方面进行区分：

第一，在主观上，失误行为是一种无意行为，行为人无目的性，不存在不良动机。且行为人也想尽力避免而非阴谋有意而为之；故意错误行为行为人主观上有不良动机，是故意的、有预谋的行为。尤其在当今日益激烈的商业竞争中，行为人由于种种目的以满足自己的私欲，作出谎报重大财务事实的不诚实行为。

第二，失误行为一般是公开的，行为人没有进行掩饰和假装，往往易于查找和纠正；故意错误行为一般是隐蔽的，行为人以种种伎俩予以粉饰、掩盖，使经济业务严重失去其本来面目，局外人难以发现。

第三，从行为主体的数量上看，失误行为往往是个人行为，而非多人行为；而故意错误行为有些是个人行为，但更多的是多人所为，如会计、出纳、领导等。

第四，从客观结果来看，失误行为行为人未从中受益；而故意错误行为则会导致经济活动主体会计信息被歪曲或掩盖，与客观的经济活动事实不符，结果使行为人或领导受益。

第五，从错弊的在会计资料的内容来看，失误行为主要有三个方面：

一是原始数据和会计数据的计算、抄写错误。包括技术性错误，如凭证填错、借贷方向记反、小数点错位、红笔运用不当等；习惯性错误，如数字写得不规范等；操作性错误，如计算器按错键、笔误、眼误等。

二是对事实的疏忽或误解而造成的错误。

三是对会计政策的误用而导致的错误。

故意错误行为主要有：

一是伪造、变造记录或凭证。

二是侵占资产。

三是隐瞒或删除交易或事项。

四是记录虚假的交易或事项。

五是蓄意使用不当的会计政策。

第六，从手段上看，由于失误行为是行为人在会计核算中存在的非故意过失，失误是行为人自身的专业素质、处理业务的熟练程度、会计行为过程中的注意力造成的。因此，不存在手段问题；而故意的错误行为是行为人故意的、有目的的、有预谋的、有针对性的造假和欺诈行为，和失误行为有本质的区别，必须使用一定的伪装和掩饰手段。目前故意的会计错误行为手段有：

一是利用经济活动主体内部控制制度的缺陷和薄弱环节作弊。

二是拉拢掌握与自己职责不相容的人员共同作弊。

三是隐匿或套改凭证。如发票造假,伪造单据,"阴阳发票","大头小尾"等。

四是虚构业务。

五是利用跨期摊提类会计科目作弊。

六是恶意使用会计制度准则中不完善、有漏洞的地方。

七是利用计算机作弊。

在查找错弊的实务中,通过常规检查发现错弊的迹象时,应当采用逻辑推理、实物盘查、笔迹鉴定、疑点稽核、证人面询等多种查证方法,以查验故意错误行为的存在状况,正确区分失误行为与故意错误行为的性质。

五、会计核算过程中的错弊的查账方法

(一) 原始凭证会计错弊的查账

1. 原始凭证的常规审查

原始凭证是指经办单位或人员在经济业务发生时取得或填制的,用以记录经济业务发生或完成的情况、明确经济现任的会计凭证。例如,购物取得的发票就是典型的业务发生时取得的外来凭证。

原始凭证审查是指对接受的外来凭证或经济活动主体自制的原始凭证的真实性、完整性、合法性和合理性的审查。例如,对发票审查而言,一般涉及发票印制环节、发票领购环节、发票使用填开环节、发票保管环节、发票缴(注)销环节的审查。

原始凭证常规检查的要点为:

(1) 原始凭证所具有的要素是否齐备,包括日期、单位、数量、金额等;

(2) 原始凭证所填写的文字、数字是否清楚完整,更正方法是否符合规定;

(3) 原始凭证所办理的审批传递手续是否符合规定,有关人员是否全部正式签章,是否盖有财务公章或收讫付讫戳记;

(4) 自制原始凭证(包括证、券、单、表)是否连续编号,其存根与所开具的凭证是否一致等;

(5) 原始凭证中所反映的经济业务的发生是否符合相关的法律、法规。

2. 原始凭证常见会计错弊形式

发生在原始凭证中的会计错误主要是把原始凭证中各项内容错记。主要有以下一些情况:

(1) 把原始凭证的接受单位或人员弄错;

(2) 把日期记错,造成会计分期中出现跨期事项,使得不符合权责发生制原则;

(3) 把数量、人格的小数、位数、单价弄错，使得金额出现偏差；
(4) 使用不合规定的原始凭证；
(5) 不按要求使用印鉴；
(6) 原始凭证编号不连续等。

原始凭证中的会计错误虽然不是故意行为，但其危害很大，如原始凭证中的印鉴错误会使单位财务人员对其真实性和合法性产生怀疑；原始凭证中的金额、计量单位错误会导致多付或少付货币；错误的日期会影响该项业务的正确归属期。

原始凭证会计舞弊是指篡改、伪造、窃取、不如实填写原始凭证，或利用旧、废原始凭证来将个人所花的费用伪装为单位的日常开支，借以达到损公肥私的目的。

3. 原始凭证会计错弊查账方法

不论原始凭证会计错弊采用什么方式，其都会在原始凭证上直接或间接地表现出以下特点中的一点或几点：

(1) 对刮、擦、用胶带拉扯过的原始凭证，其表面总会有毛粗的感觉，可用手摸，或背光目视的方法检查出来；对用"消字灵"等化学试剂消退字迹而后写上的原始凭证，其纸张上会显示出表面光泽消失，纸质变脆，有淡黄色污斑和隐约可见的文字笔画残留，纸张格子线和保护花纹受到破坏，新写的字迹由于药剂作用而渗散变淡等特征中的一条或几条。

(2) 对添加改写的原始凭证，其文字分布位置不合比例，字体不是十分一致，有时出现不必要的重描和交叉笔画。

(3) 对于冒充签字的原始凭证，其冒充签字常常在笔迹熟练程度、字形、字的斜度、字体的方向和形态、字与字的间隔、行与行的间隔、字的大小、压力轻重、字的基本结构等方面存在差异，有时可以通过肉眼观察发现。

(4) 对于伪造的原始凭证可以通过对比真原始凭证的防伪标志来鉴别。

对于以上四种舞弊手法，如属必要，可运用特定的文件检验技术手段进行鉴别。

(5) 凭证明显不规范，要素不全，经常缺少部分要素，其关键要素经常出现模糊，让人对其经济业务活动的全貌感到怀疑。例如购买办公用品（实为购买个人消费品）的假凭证，往往只注明办公用品，而不注明到底购买了什么办公用品，其规格、型号、品种、数量如何。

(6) 其金额往往只有一个总数，而没有分项目的明细，经不起推敲。

(7) 原始凭证的经手人经常隐而不露，有时有名无姓或有姓无名，如果仔细追问很可能查无此人。

(8) 原始凭证上的时间与业务活动发生的时间及以后的入账时间相距甚远。

(9) 主要业务凭证与其他相关的凭证不配套，有时只有其中一部分，而没有另一部分。如销售货物只有销售发票而无发货单据、托运证明、出门单、结算凭证等。

(10) 凭证的形式不规则，以非正规的票据凭证代替正规的原始凭证。例如用货币收付凭证代替实物收付凭证；以自制凭证代替外来凭证；以非购销凭证代替购销凭证等。

另外，原始凭证的内容、结算方式、资金流向与对方单位等处都可能存在着异常，审查人员都要予以注意。

(二) 记账凭证会计错弊与查账方法

1. 记账凭证的常规审查

记账凭证，是根据审核无误的原始凭证加以归类整理后编制的，是作为登记会计账簿依据的会计凭证，日常工作中还通俗地称其为会计分录凭证。

记账凭证按其填制的方式可分为单式记账凭证和复式记账凭证两种。

单式记账凭证是指列式同一经济业务的其中一个科目的记账凭证，同一经济业务涉及几个会计科目，就填列几张记账凭证。

复式记账凭证，是列出同一经济业务所涉及的全部会计科目的记账凭证。这种记账凭证是在一张凭证上面，记录反映一笔经济业务完整的会计分录。

复式记账凭证有"收款凭证"、"付款凭证"、"转账凭证"三种样式，也有只使用同一式样的记账凭证。

记账凭证的审查，就是审核已填制好的、作为登记账簿依据的会计凭证的内容，是否符合现行会计制度、财务管理制度和凭证填制的规定及要求，证实经济活动主体单位在会计核算上有无弄虚作假、徇私舞弊等问题存在的一种审查，其基本项目有：

(1) 记账凭证的基本要素是否完整，有无缺少或空白，主要是看填制日期、编号、业务内容摘要、附原始凭证张数、会计科目及其借贷方向、填制、出纳、复核及会计主管人员的签章等，是否清晰、准确；

(2) 审查科目的运用是否针对经济业务的性质和内容，是否符合有关会计准则和会计制度的规定，借贷方向是否正确；

(3) 审查各级负责人和有关经办人的签章是否齐备，其会计责任是否明确，有无手续不清、现任不明的现象；

(4) 复核记账凭证的单价、数量和明细金额、合计金额是否正确，有无多计、少计和误计；

(5) 核对记账凭证与对应的账簿记录是否一致，有无出入或账证不符的情况；

(6) 与所附的原始凭证核对，视其数量、金额、摘要等是否一致，有无证证不符的现象；

（7）审查科目对应关系及借、贷金额是否正确，两类科目的金额是否平衡。

独立地进行记账凭证检查，往往只能发现某些疑点及异常，对于一些"假账真做"和"真账假做"的情况并不能单纯依靠记账凭证的检查。因此，记账凭证的检查应与原始凭证及会计账簿检查合理搭配起来，才容易把握有关问题发生、发展的来龙去脉，查出隐藏其中的会计错弊。

2．记账凭证会计错弊的常见形式

记账凭证中可能发生的会计错误主要有：

（1）基本要素不全或填写不完整；

（2）科目运用错误，即没有正确运用有关会计科目，发生了科目运用错误、内容错误、对应关系错误等；

（3）记账凭证无编号或者编号错误；

（4）附件数量和金额错误；

（5）印鉴错误。

记账凭证中可能发生的会计舞弊则主要有：

（1）"假账真做"，即指无原始凭证而以行为人的意志凭空填制记账凭证，或在填制记账凭证时，让其金额与原始凭证不符，并将原始凭证与记账凭证不符的凭证混杂于众多凭证之中。

（2）"真账假做"，即舞弊者故意错用会计科目或忽略某些业务中涉及的中间科目，来混淆记账凭证对应关系，打乱查阅人的视线。

（3）"障眼法"，就是对记账凭证的摘要栏进行略写或错写，使人看不清经济业务的本来面目。舞弊者采用这种手法使记账凭证的摘要往往与原始凭证所反映的起初经济业务不符，或让摘要空出不写，或者粗粗写上让人不得要领的几个字，以达到掩饰和弄虚作假的目的。

3．记账凭证会计错弊的查账方法

对记账凭证检查的主要方法有审阅法、核对法、查询法等。

为了增强查找舞弊的准确性，提高查账的工作效率，审查人员可以首先采取审阅法对记账凭证的重要部位进行技术观察和审视。具体内容是：

（1）记账凭证的外在形式，视其基本要素是否表达清晰，有无粗糙、模糊之处，其手续是否完备，填制的经手人和复核人是否签章；

（2）记账凭证所载会计分录，视其所运用的会计科目是否正确，能否反映原始凭证所载的经济业务，其对应关系是否明确，指向是否清楚，一级科目、二级科目层次是否分明，所涉金额是否无误；

（3）记账凭证的摘要，能否说明经济业务的轮廓和梗概，有无似是而非之处；

（4）如果记账凭证系采用计算机填制的，要对其所采用的科目编号进行查对，视其有无混淆不同会计科目的顺序及其编号，填制凭证的操作程序有无错误，操作后有无存盘或保留必要的备份。

有时经济活动主体的记账凭证数量非常大，审查人员一般较难对其进行全部而详尽的检查，审查人员可以采用抽样审查的方法，这样可使查账有所侧重，并能提高效率。

在初步审阅的基础上，如发现了异常或疑点，应立即将记账凭证的可疑之处或疑点与原始凭证进行核对，这也是对记账凭证进一步地检查。核对的内容主要是核对会计科目核算的经济内容与原始凭证是否相符，记账凭证中的借贷方金额是否与原始凭证相符，特别是对附有多张原始凭证的情形，应对其进行加总验证，不但要核对数量、金额，而且要核对其业务内容、凭证张数、业务发生的时间等；核对汇总记账凭证与分录记账凭证合计数是否相符；核对记账凭证与明细账、日记账及总账，看其是否相符，是否存在矛盾的地方。如果发现了明显的矛盾且不能正常解释的异常凭证，审查人员应该做进一步的查询。

查询是指审查人员针对记账凭证中出现的异常和可疑之处，向被查单位有关操作人员、当事人或者知情人进行询问。询问可以公开、当面进行，也可以秘密进行；查询也包括函询，函询有积极函询和消极函询两种方式。函询对象一般是出具原始凭证的单位、开具凭证的经办人、被查单位的货主或者客户等，查询中应查清记账凭证中出现的各种问题，并取得有关问题的证据材料。

在记账凭证检查中，审查人员还应该综合使用其他的技术方法：

（1）使用比较分析法，对原始凭证和记账凭证填制的时间、业务发生地点、所涉及的数量、金额等进行分析。可以对比其他正常业务凭证，找出可疑凭证的破绽；对比发生误差的凭证，找出错误和舞弊的共性。

（2）使用经验判断法，分析和判断记账凭证错误和舞弊的动因和根源，界定其对相关业务及会计资料的影响。

（3）采用计算统计法，分析记账凭证发生舞弊的概率，计算出凭证舞弊所涉及的金额。

（4）也可以采用内查外调法对在被查单位内部无法查清楚的特殊凭证，向有关单位和个人进行调查寻访以收集外部查账证据。

（三）账簿会计错弊与查账方法

1．账簿审查的基本内容

会计账簿是由封面、扉页和账页组成的，每一账页又由账户名称、日期栏、凭证种类及号数栏、摘要栏、金额栏、页码等要素组成。会计账簿是以会计凭证为依据登记的，是用来全面、连续和系统地记录和反映经济业务的。会计报表是根据会计账簿上的信息来编制的。因此，会计账簿的质量取决于凭证的质量，又决定了报表的质量，企事业单位会计核算的大量工作集中并反映于会计账簿之中，因此对会计账簿进行分析检查对于保证会计信息的质量，考核被查单位会计工作的水平，查证经济活动主体经营活动中的会计错弊，以及对凭证和报表检查分析都具有十分重要的意义。

账簿检查的常见基本内容有：

（1）账簿设置是否合规、合理；

（2）记账人员职责分工是否明确；

（3）账簿启用、交接和保管使用情况是否规范；

（4）复核、验证有关账簿所记载的收、付、存的数额及其小计、合计数的正确性；

（5）审查账簿的入账登记、过账、改账、结账等业务操作的规范性和合规性，检查其账户对应关系的清晰性；

（6）总账与明细账是否相符。

会计账簿中常见的会计错弊有：

（1）无据记账，凭空记账；

（2）涂改、销毁、遗失、损坏会计账簿以掩盖其舞弊行为；

（3）设置账外账；

（4）登账、挂账、改账、结账作假；

（5）利用计算机舞弊。

2. 账簿会计错弊查账方法

（1）复核法。复核法，即对会计账簿的记录及合计进行重复的验算，以证实会计记录中计算的准确性。

（2）审阅法。审阅法，即以国家的方针、政策、法令、制度、规定作为依据，通过审查性过目，检查分析有关账簿资料的真实性、合法性和完整性，视其有无差错、疑点和弊端。审阅法的适用性较广，在查账工作中经常运用。该方法的运用成功与否在较大程度上取决于审查人员自身的观察能力、分析能力和判断能力，取决于其经验水平。运用审阅法对账簿的分析主要是审阅账簿记录的有关经济业务是否符合会计核算的基本要求，记账内容是否合规，其记账金额是否与记账凭证相符，内容记载是否齐全，账页是否连号，记账是否符合会计制度和记账规则，有无违反《会计法》的现象，有无涂改或其他异常迹象；对明细分类账的记账内容要认真审阅各科目所列内容有无违反国家有关法令、规定，违反财务会计制度，乱列名目擅自支用等现象。

（3）核对法。核对法是指对账簿记录（包括相关资料）两处或两处以上的同一数值或有关数据进行互相对照，旨在查明账账、账证、账实、账表是否相符，以便证实账簿记录是否正确，有无错账、漏账、重账，有无营私舞弊、违法乱纪行为。核对法在查账工作中运用也十分广泛，审查人员常常用之来发现疑点，取得证据，为进一步审查查证提供线索。核对法可由两人合作进行，也可由一人单独进行。通常运用核对法分析检查的内容有：

①核对凭证与账簿记录、账簿与账簿记录（总账与明细账）、账与报表记录、账与卡、账与实之间的数额是否相符；

②核对总分类账借方余额账户的合计数同贷方余额账户的合计数是否相符；

③核对账外账单，如银行对账单、客户往来清单等，同本单位有关账目的数据是否相符；

④核对原定的预算、指标、定额、承包基数等同实际用以考核的预算、指标、定额和承包基数是否相符；

⑤核对生产记录、发货托运记录、原材料消耗记录、产成品入库记录、废次品记录、考勤记录等同相应的账簿记录所反映的内容、数额是否相符；

⑥核对销售合同、外加工合同、联营合同等所记载的内容与金额，同有关账簿记录所反映的内容、金额是否相符。

（4）核实法。核实法是核对法的特例，指将账簿资料与实际情况进行对照，用以验证账实之间是否相符，并取得书面证据的一种方法。核实法主要用于核对账户记录，并结合盘点方法所获取的实物证据，进行账簿资料与现实物资之间的对照。核实的重点是盘存类账户、如现金、原材料、燃料、产成品等。此外，还有盘存类账户中银行存款、其他货币资金及其结算类账户中的应收、应付、暂收、暂付款项等，也可以用此法核对分析。

（5）调节法。调节法是指为了检查账簿中某些业务，而事先对其中某些因素进行增减调节，以使其相关可比的一种查账方法。因为在被查单位各类账簿中记录着各种业务，由于其记录业务的角度和方式不同，账簿与账簿之间、业务与业务之间可能存在着差异，有时不具有可比性。另外，审查人员检查账簿的时点与被查单位做账的时点不同，两者面对的资料数据也可能存在差异，这些都影响着账项的比较查对，因此需要采用调节法对此进行处理，以使其对口且具有可比性。例如对银行存款未达账项的调节，是银行存款日记账余额与银行提供的对账单余额核对的前提；对半成品不同的完工程度的调节，是进行有关半成品账实核对的基础。

六、会计往来业务过程中错弊的查账方法

（一）现金业务会计错弊的审查

1. 现金业务会计错弊常见的形式

现金是流动性最强的资产，因而最容易成为会计舞弊的目标。现金业务舞弊常常表现为以下几种形式：

（1）贪污现金。其主要手法有：

①少列现金收入总额或多列现金支出总额。即出纳员或收款员故意将现金日记账收入或支出的合计数加错,少列收入或多列支出,从而导致经济活动主体现金日记账账面余额减少,从而将多余的库存现金占为己有。

②涂改凭证金额。即会计人员利用原始凭证上的漏洞或业务上的便利条件,更改发票或收据上的金额,一般是将收入的金额改小,将支出的金额改大,从而将多余的现金占为己有。

③使用空白发票或收据向客户开票。

④隐瞒收入。指会计人员通过撕毁票据或在收入现金时不开具收据或发票,也不报账或记账,这样一来,收入就可以流入自己的腰包。

⑤换用"现金"和"银行存款"科目。根据规定,对于超过1000元的收支业务,应通过银行转账的方式进行结算。在实际工作中,存在着超出此限额几倍、几十倍的现金收支业务,这为经济活动主体会计人员贪污现金创造了极好的条件。会计人员可以将收到的现金收入不入现金账,而是虚列银行存款账,从而侵吞现金。也可将实际用现金支付的业务,记入银行存款科目,从而将该部分现金占为己有。

⑥头尾不一致。经办人员在复写纸的下面放置废纸,利用假复写的方法,使现金存根的金额与实际支出或收入的金额不一致,从而少计收入,多计支出,以贪污现金。

⑦侵吞未入账借款。指会计人员与其他业务人员利用承办借款(现金)事项的工作便利条件和内部控制制度上的漏洞,对借入的款项不入账,并销毁借据存根,从而侵吞现金。

⑧虚列凭证,虚构内容,贪污现金。通过改动凭证,或直接虚列支出,如工资、补贴等,将报销的现金据为己有。

(2)挪用现金。挪用现金是有关当事人利用职务之便或未经单位领导批准在一定时间内将公款私用的一种舞弊行为。挪用现金比贪污现金在性质上轻微些,因为挪用现金后,当事人未涂改、伪造会计凭证,未进行虚假的账务处理。挪用现金舞弊的形式有很多,其主要手法有:

①利用现金日记账挪用现金。一般地讲,当库存现金与现金日记账余额和现金总账余额相符时,现金不会出现问题。但是,因为总账登记往往是一个星期或一旬登记一次,当登完总账,并进行账账和账实核对后,就可利用尚未登记总账之机,采用少加现金账日记账合计数或多加现金支出日记账合计数的手段,来达到挪用现金的目的。

②利用借款挪用现金。经济活动主体在日常的生产经营过程中,常常会发生一些零星的现金支付,比如职工预借差旅费、采购员预借采购款等。在这些业务中,如果经济活动主体确实发生了相关的业务,会计处理上并没有什么相关的错

弊发生。但是，在有的情况下，经济活动主体的主管人员却可以利用合理借款的借口，来达到挪用现金的目的。例如，某经济活动主体主管人员利用借款的形式为单位职工签批借条一张，职工借款后并未利用借款实现借条上的业务，而是将其挪作私人之用。

③延迟入账，挪用现金。按照财务制度的规定，经济活动主体收入的现金应及时入账，并及时送存银行，如果收入的现金未制证或虽已制证但未及时登账，就给出纳员提供了挪用现金的机会。

④循环入账，挪用现金。经济活动主体在营销过程中，出于商业上的目的，往往利用商业信用进行销售商品或提供劳务。广泛利用商业信用的方法，为经济活动主体会计人员或出纳人员挪用现金大开了方便之门。采用循环入账的手法挪用现金，经济活动主体会计人员或出纳人员可在一笔应收账款收到现金后，暂不入账，而将现金挪作他用；待下一笔应收账款收现后，用下一笔应收账款由取的现金抵补上一笔应收账款，会计人员或出纳人员继续挪用第二笔应收账款收取的现金；等第三笔应收账款收现后，再用第三笔应收账款收取的现金抵补第二笔应收账款。如此循环入账，永无止境。

⑤白条抵库，挪用现金。根据现金管理的有关规定，经济活动主体不允许用不符合财务制度的白条顶替库存现金。但部分经济活动主体人员利用职务上的便利，开出白条抵充现金，利用白条借出的现金为自己或他人牟取私利。

2．现金业务会计错弊的查账方法

现金是经济活动主体流动性最大的资产，大多数舞弊分子都把眼光盯向了现金，因此，必须加强对现金业务错弊的查证。

现金业务查证的主要目标有：

（1）确定经济活动主体资产负债表上所列的现金在会计报表日是否确实存在，是否为经济活动主体所拥有；

（2）确定经济活动主体在特定期间内发生的现金业务是否均已记录完毕，有无遗漏；

（3）确定库存现金余额是否正确；

（4）确定现金在会计报表上的披露是否恰当。

查证现金业务错弊以及是否存在贪污、挪用的一般查证方法有：

第一，查证现金收支内部控制制度。

在实际工作中，可根据下列各项进行调查：

（1）现金出纳和会计记录工作是否适当分离？出纳工作是否由专人负责？

（2）现金日记账是否根据经审核合法的收付款凭证登记入账？

（3）现金日记账是否序时逐笔登记？

（4）库存现金是否每日清点，账实相符？

(5) 收入的现金是否当日送存银行？
(6) 库存现金是否遵守银行规定的限额？
(7) 现金支出是否经过批准？
(8) 现金是否在规定的范围内使用？
(9) 是否存在以白条抵充现金现象？
(10) 是否存在私设小金库现象？
(11) 现金存放之处是否安全？
(12) 出纳办理收付款后是否在收付款凭证上加盖"收讫"、"付讫"戳记？
(13) 出纳人员收取现金后是否开具收款收据？
(14) 经济活动主体内部有关部门和人员所需的日常零星开支是否建立备用金制度？

第二，查证现金日记账。

主要是抽取一定时期的现金日记账进行查证，在查证中要注意：

(1) 根据日期和凭证号数栏记载，查明是否以记账凭证为依据逐笔序时登记收支业务并逐笔结出余额，有无前后日期和凭证编号前后顺序颠倒的情况。

(2) 根据摘要栏、金额栏和对方科目栏的记载，对判断经济业务的会计处理、会计科目的使用是否恰当。同时，还要进一步查证零星的现金收入是否及时如数送存银行，有无违反规定以收抵支、坐支现金。库存现金收付的内容和金额是否符合国家规定的范围和限额。

(3) 根据结存栏记载，查证是否有异常的红字余额。如出现红字余额，可能是漏记收入、多记支出所致，查证人员应查明原因。同时，还要查证现金日记账的每日账面余额是否遵守银行核定的余额，超过限额的现金是否及时送存银行。如经常超过，应向出纳人员了解是否有白条抵库、挪用现金的情况。

第三，查证现金的收付款凭证。

现金的收付款凭证是现金日记账的记账依据，是现金日记账正确与否的前提，在查证时应着重注意：

(1) 凭证的内容是否完整。查证时要注意凭证在签发单位名称、地址，接受单位名称、签发日期、内容摘要等方面的内容是否齐备，若有疑点应进一步查证。

(2) 凭证的计算是否正确。查证时要注意凭证的数量、单价、金额、合计等方面有无漏洞，大小写是否相符。

(3) 凭证本身是否合法合规。查证时要注意经济活动主体的正式发票是否印有税务监制的印章，如不符合有关规定，须指出并酌情处理。

(4) 凭证所反映的经济业务是否真实。查证时应注意有无弄虚作假、营私舞弊等情况。

(5) 凭证编制是否正确。这主要指根据原始凭证编制的记账凭证是否正确。
(6) 审查有关费用、支出凭证，判断其是否合理合法。

第四，查证现金业务收入方面的记录。

(1) 抽取部分现金业务收入凭证与每日银行送款单回单联、现金日记账记录对照比较，从日期和金额上可以判断现金业务收入是否及时入账，是否及时如数送存银行。如果发现入账时少记收入，或只将部分收入送存银行，就有被挪用、坐支、延迟存款或贪污的可能。

(2) 在经济活动主体出纳人员和会计人员没有适当分离的情况下，对于涉及现金收入的暂收款、存入押金、现销等业务，抽取部分业务凭证与相关的明细账记录相核对，查证每一笔收入的金额、日期等要素的记录是否相符。如果不相符，就有可能有截留、挪用收入款项的行为。

(3) 审查部分收回货款业务的现金收入凭证与相关的应收账款明细账的付款人单位名称、金额、日期等记录是否相符。如果发现有张冠李戴，金额、日期相差甚远的情况，应进一步查明是否存在循环入账、挪用现金等行为。

(4) 查证由经济活动主体填制的收款单据存根联的编号是否连续完整，有无缺号或断号；如有应予以进一步查证。然后抽取部分收据存根联与现金日记账进行对照比较，查明存根联上的金额是否与账面记录的日期相近，是否存在有存根而没有入账的现象。

第五，查证经济活动主体已签发的现金支票。

在银行的多种结算方式中，只有现金支票能够提取现金。可以选择一至两个月份已使用的支票进行查证，了解经济活动主体是否按顺序签发支票，已签发的支票存根号码是否连续，有无缺号、断号现象，作废支票是否与存根联一并保存在支票本上并有作废戳记。然后将本支票上已签发的支票号码和金额与相同月份的银行对账单上的支票号码、金额逐一核对，确认已付讫的支票。对于月末尚未付讫的支票，要编列清单，列明未兑现支票的号码和金额，并查证由经济活动主体职员编制的相同月份的银行存款余额调节表，查证这些未兑现的支票是否列为"经济活动主体已付银行未付"项目。然后，将期末未兑现支票与下一月份的银行对账单核对，核实月末未兑现支票在下月初是否已全部兑现。

对于超过正常期限未付讫的支票，应进一步查明原因，作必要的调整。对于银行存款余额调节表上漏记或少记的月末未兑现支票应予以进一步查证，查证是否有现金的短缺或挪用。

第六，查证非下沉业务的重要现金支出。

非正常业务的重要现金支出包括支付给公司内部股东、董事、高级管理人员、一般职员、子公司、关联公司等巨额的现金。在查证现金支出业务中如发现有非正常的重要支出时，应注意确定这些支出是否经过适当的授权或批准；每一笔支出是否附有已经审核、合乎要求的原始凭证；每一笔支出是否用适当的会计科目来反映。必要时还要查证现金支出所对应的明细账记录，核实业务的来龙去脉和实质。

第七，库存现金的查证。

库存现金包括由经济活动主体的出纳员保管作为零星开支用的现款以及已收到尚未存入银行的现款。为了证实账簿或者报表上的现金余额是否确实存在，必须对库存现金进行盘点证实。现金盘点是防止现金舞弊的最重要的方法，必须常抓不懈。

（二）往来款项错弊的审查方法

1. 应收、应付账款错弊的查找

应收收款是指经济活动主体销售商品、材料、提供劳务等业务，应向购货单位或接受劳务的单位收取的款项和代垫的运杂费，以及经济活动主体采用托收承付和委托银行收款结算方式委托银行收取的款项。它是在"应收账款"账户下进行的核算。而应付账款是应收账款的对应账户，是指经济活动主体在购买商品、材料和接受劳务供应发生的，应付未付其他供货单位和提供劳务单位的各种款项。它是在"应付账款"账户中进行核算的。应收、应付账款错账形态及查找方法如下：

（1）应收账款错账的查找。

①账账不符。经济活动主体对在生产经营过程中发生的各种应收账款，设"应收账款"总分类账户，进行总分类核算，按各债务单位设"应收账款"明细分类账户，进行明细分类核算。应收账款的账账不符主要指总分类账余额与各明细分类账余额之和不符。此外，还包括经济活动主体"应收账款"账与债务单位"应付账款"账不符的情况。

对"应收账款"总分类账与明细分类账不符的查找，可从最后一个月开始，将明细分类账余额之和与总分类账余额进行核对，找出哪个月开始不符的；然后将不符的那个月的记录有"应收账款"账户的记账凭证，与明细分类账逐笔进行核对，并按总分类由记账时间分别加总记账凭证的借方和贷方，与总分类账进行核对。通过上述核对，就能查明不符的原因及其错误所在。

对经济活动主体账与债务单位账不符的查找，可直接发询证函调查，必要时，可复制"应收账款"明细账到债务单位进行核对，以查明不符的原因及其错误所在。

②虚列账户。虚列账户是指经济活动主体凭空捏造某债务单位，为其设立"应收账款"明细分类账户，在其账户下记录应收账款额。这种错误做法的目的就是为了隐匿财产，挪用或贪污资金或虚增利润。

对于虚设账户的错账在检查时，可抽查"应收账款"明细账，向债务人单位发出询证函，以证实所欠货款是否属实，以此判断经济活动主体"应收账款"账户的可靠性。如果抽查结果没有问题，一般可以认为该经济活动主体不存在虚设账户的错误；如果抽查结果有问题，则应扩大检查范围，或对所有"应收账款"明细分类账户进行函询。若该经济活动主体"应收账款"明细分类账户不多，则可对每一个债务人单位发出询证函，这是发现虚列账户错误的最可靠的办法。对于以虚增利润为目的的虚设账户的错账，查证人员在审阅"产品销售收入"和"应收账款"等账户及会计凭证进行账核对和调查询问有关情况时，若发现上述一个或几个线索或疑点后，可以进一步审阅，核对有关会计资料，调查询问有关单位或人员便可查证问题。

③销货退回不冲账。经济活动主体发生应收款后，如果购货单位部分退货或全部退货，则应按退货金额冲减"应收账款"该购货单位明细分类账。但有的经济活动主体不及时办理冲账，或根本不冲账，致使"应收账款"账面数字虚列，账实不符。对这类错账，在检查时，除可按虚列账户的检查办法外，还可以通过查阅销货退回簿，找出有销货退回的单位和退货金额，再与"应收账款"明细分类账相核对，视其销货退回是否冲减了原来的应收账款金额。

销货退回除不冲账外，还可以有另一种可能，就是贪污退回的实物。对这种错账的检查，除可按虚列账户的检查办法外，还可通过查阅销货退回簿，检查簿中是否记录有销货退回。如果退回簿中有销货退回记录，则有可能贪污了退货款。

(2) 乱转坏账损失。

①对坏账损失的会计处理不合理。按照经济活动主体财务制度规定，坏账损失的会计处理方法有两种：一种是备抵法，即经济活动主体按期预估可能产生的坏账损失可列入当前费用，形成坏账准备。当实际发生坏账损失时，再冲销坏账准备和应收账款的方法。另一种是直接转销法，即经济活动主体平时不预估形成坏账准备，在发生坏账损失时，直接从应收账款中转销列作费用的方法。按照现行财务制度规定，经济活动主体既可以采用备抵法，也可以采用直接转销法。但所采用的方法必须符合本经济活动主体的实际情况。如果经济活动主体发生坏账损失很不均衡，且金额较大，应采用备抵法；否则，可采用直接转销法。在实际工作中存在着所采用的方法不合理、不符合本经济活动主体实际情况的问题，查证人员首先应通过审阅账簿设置及记录确定被查单位所采用的方法。然后，再分析研究了解被查单位坏账损失发生或形成的实际情况，确定其所采用的处理坏账损失的方法是否合理等。

②坏账准备金的提取、冲销不合理、不合法。按照经济活动主体财务制度规定，经济活动主体采用备抵法冲销坏账损失时，经济活动主体可按应收账款余额的一定比例提取坏账准备金，计提坏账准备时，应根据"坏账准备"账户年末余

额的方向及其金额确定本年的应计提金额。发生坏账损失时，冲减坏账准备金，收回已核销的坏账时，增加坏账准备金。在会计实务中，存在着备抵法运用不合理、不正确等现象，致使坏账损失的处理不正确、不合理。例如，提取坏账准备的比率不符合财务制度规定的标准；"坏账准备"账户的期末余额不随经济活动主体年末"应收账款"借方余额的变动而调整；对收回已核销的坏账，不增加坏账准备金，或者将其挂在有关应付款项的账上，或将其不入账，列入经济活动主体的"小金库"或私自侵占。审查人员应合理运用审阅法、复核法等检查被查单位坏账准备的计提是否合规、是否正确，有无多提或少提而人为调节其利润水平等现象。在审查时，审查人员应审阅"坏账准备"账户的借方记录，了解当期有无确认坏账，坏账的确认是否合法、是否合理，从而确定有无利用"应收账款"和"坏账准备"账户舞弊的现象。另外，根据发票、收据号码的连贯情况以及调查了解所掌握的情况，审查核对"坏账准备"账户的贷方记录内容来查证有无收回已核销的坏账不入账而设置"小金库"或私吞的现象。审查人员还应利用分析性复核等方法，确认经济活动主体坏账准备的计提是否合法、合规，计提金额是否正确，计提的比例是否符合一贯性原则。

③直接转销法运用不合理。直接转销法运用不合理的主要表现有：随意列支坏账损失，虚增管理费用，或在发生坏账损失后，不及时入账，虚减管理费用；对收回的已核销坏账不冲减管理费用，甚至列入单位的"小金库"或将其私分侵占等。

审查时注意审查"管理费用"账户借方所反映的坏账损失的内容与有关会计凭证不符；有关业务的记账凭证与原始凭证不符；"应收账款"长期挂账；单位的收据或发票形成断号（即号码不连续）等。审查人员在审阅核对有关会计资料时，若发现上述情况，应进一步审查有关会计资料，调查询问被查单位有关会计人员或向有关单位函证，追踪查证有关问题。

④坏账损失核销的手续不健全。按照经济活动主体财务制度的规定，转作坏账损失的应收账款必须得到有关人员的确认，并通过一定的批准手续才能转销。在实际工作中，有些经济活动主体未经批准即自行核销应收账款，虚增费用，逃避税收，或人为调节各期的利润，达到不可告人的目的。对于这种错账，审查人员可根据有关原始凭证提供的情况，从以下几方面进行审查：

审查债务人单位是否依法撤销，或者债务人是否确实死亡，债务人是否确实无力偿还债务；

审查有无确认坏账损失的书面证明；

审查有无批准核销文件。

(3) 应付账款错账的审查。应付账款主要审查以下方面：

①有无账账不符的情况。

②隐匿销售收入。有些经济活动主体为了隐匿销售收入，从而减少税收负担，挪用、贪污资金。对于已经实现的销售收入，不贷记有关销售收入账户，而在"应付账款"中记录。对于这类错账的查找，应首先审阅"银行存款"、"现金"、"应付账款"和有关销售收入账户，对"银行存款"和"现金"账户借方金额较大的数字找出相应的记账凭证和原始凭证，查明有关收入是否属于销售收入；然后，审查这些收入记入了哪个账户，如果是销售收入记入了"应付账款"账户，再查明是何时转入有关销售收入账户的，如果查明有关销售收入账户长期或根本未记录这些销售的收入，即说明经济活动主体隐匿销售收入。如果记入了"应付账款"或"现金"账户，则必须查明记账凭证和原始凭证的真实性和合法性、合理性。一般地讲，不法分子在贪污公款时往往采用这种先隐匿销售收入，后转出进行贪污的方式。在这种情况下，其有关原始凭证是伪造的。在审查中，一旦发现可疑线索，一定要责令出纳员或有关会计人员解释清楚，决不能让不法分子得逞。

③购货退回不冲减应付账款。经济活动主体购入货物后，可能会因各种原因部分或全部退回货物，这时应相应减少对供货方的欠款。但有的经济活动主体却没有冲减相应的欠款，除无意没有调账外，有可能是利用购货退回或假购进货物，贪污货款。对这类错账的查找，应着重审查经济活动主体的"退货登记簿"的退货记录，并以此记录对照检查"应付账款"或"现金"账户列支。如果是，则可能该应付账款被贪污了。以此为线索，进一步调阅有关会计凭证，核查会计凭证的合法性与真实性，最终查实问题的真相。经济活动主体对外发生的购货债务，对方单位往往主动来函询证，利用对方询证函检查应付账款是否正确，也是发现各种应付账款错账的一种有效方法。

④应付账款长期挂账。当经济活动主体"应付账款"明细账中存在长期挂账的情况时，审查人员应重点检查明细账中金额较大的记录，看其是什么时间发生的购进业务，推算欠款期，通过询证被查单位有关知情人员和收款单位来确定是否属于长期挂账；如果属于挂账，应分析造成的原因，判明是属于合同纠纷还是无力偿还，或者其他原因。而后根据具体原因确定被查单位有无经营管理不善的问题，对于应付账款的长期挂账应根据具体原因进行调账。

2. 应收、应付票据错账的检查

(1) 应收票据错账的审查方法。

①账户设置不合理、核算不正确。应收票据是经济活动主体因销售商品或产品时收到的商业汇票。审查的方法有：首先查阅被查单位的账户设置情况，确证有无"应收票据"账户和"应收票据备查簿"；而后，审阅核对商业汇票和"应收票据"、"应收账款"账户，查清经济活动主体有无将应收票据业务记录到"应收账款"账户的现象；最后，对所有核算不清楚的问题，应进一步调阅有关的会

计凭证，通过核对、比较，最终查清事实的真相。

②审查有无应收票据到期后其款项未能收回的情况。

③商业汇票背书转让账务处理错误。对商业汇票背书转让账务处理错误的审查，应首先核对"应收票据"和"应收票据备查簿"中双方的余额是否一致。如果不一致，就应继续调阅"应收账款"和"应付账款"账户以及相关的会计凭证，进一步查明不一致的原因。同时，为了以防万一，审查人员还应核对实存应收商业汇票与"应收票据备查簿"中的相关内容是否一致，若不一致，应作适当的调整，并作出相应的说明。

④列出应收票据的经济事项不真实、不合法。

（2）应收票据错账的审查。

①审查有无账目设置不健全的情况。首先检查有无设置"应付票据"账户和"应付票据备查簿"，检查"应付票据备查簿"的内容是否完整，是否清楚。如果经济活动主体未设置"应付票据"账户和"应付票据备查簿"，则可断定经济活动主体存在账目不健全的问题。其次，核对"应付票据"和"应付票据备查簿"中所记录内容是否一致，如果不一致，还应检查"应付账款"账户，以防出现错登账目的问题。通过以上程序，即可查清问题。

②审查有无票据到期无款支付的情况。审查人员应通过审阅"应付票据备查簿"中的应付款日期为实际付款注销日期，了解有无按时付款的情况。通过审阅调查"银行存款日记账"及其他会计资料，检查其是否被银行罚款或罚息，并通过审阅调查询问，分析造成问题的原因。另外，审查人员还应检查被查单位对银行处以的罚款或罚息的处理有无问题。在了解到银行已对被查单位处以罚款或罚息的情况下，审查人员应审阅被查单位相应时期的会计记录，检查有无将罚款或罚息列入生产成本的问题。

3. 其他应收、应付款错账的审查。

（1）其他应收款错账的审查。

①备用金错账的检查。备用金错账的审查主要通过审阅"其他应收款——备用金"账户（或"备用金"账户），分析借用备用金的部门或个人在业务上是否有借备用金的必要，是否及时报销，有无长期不报销的情况。如果长期不报销，说明备用金没有必要长期占用公款或者到使用备用金的单位实地调查备用金的使用情况，以确定是否借领备用金而长期占用公款。

②存出保证金的检查。对存出保证金的检查一般按照下列步骤进行：

A. 审查"其他应收款——存出保证金"账户借方登记的存出保证金是否与经济活动主体生产经营活动有关。对与经济活动主体生产经营活动无关的项目，应追查支付原因。

B. 根据账簿记录查找有关支付凭证，视其是否合法，是否有相应领导批准，其经济内容是否属于存出保证金的范围。

C. 审查租借合同，并将"其他应收款——存出保证金"账户记录、支出凭证与租借合同相核对，重点审查计价方式、金额大小以及其他相关内容是否一致。有无多存出款项的问题。

D. 发现疑点后，到收取存出保证金的单位调查，了解是否确属存出保证金，并进一步查明挪用资金的具体情况。

③私设小金库的检查。对有无私设小金库情况的检查可运用审阅法审阅"其他应收款"明细账上金额较大的记录，看其有无长期挂账的情况；如有，应抽调会计凭证进行账证核对，了解款项的去向，必要时，应调查询问收款单位，以便查清问题。另外，审查人员还可根据被查单位有无反常的其他财务信息来抓住问题的疑点，如在某期内有无出现经常亏损的异常现象，以此为线索，进行追踪检查，综合分析查清问题。

(2) 其他应付账款的查找。

①虚列账户，贪污公款的审查，可直接根据"其他应付款"明细分类账的户名发函到对方询证，即可查明该账户是否虚列。然后，还要根据"其他应付款"账户的借方记录，对照检查"银行存款"或"现金"账户，是否已支银行存款或现金，是否被不法分子贪污。

②对截留收入，调节利润的审查，审查人员应在审阅"其他应付款"明细账时，注意检查摘要说明有无模糊不清或没有摘要说明的情况。发现问题的疑点后，再抽调会计凭证，检查凭证是否合法、真实，手续是否齐全。在账证、证证核对的同时，调查询问有关人员和单位，从而查证问题是否存在。

③对有无混淆没收的包装物押金情况的审查，主要审阅这类业务的原始凭证，看没收的押金是属于出租、出借包装物不能收回的押金，还是随同产品出售的包装物加收的押金。

4. 预收、预付账款错账的查找。

(1) 尚未结清的预收、预付款的业务，与合同或协议不相符。有的经济活动主体利用预收货款业务坑骗购货单位或消费者，超出规定的期限仍未付货，未提供劳务，查证人员应将"预收账款"、"预付账款"明细账中尚未结清的预收或预付款业务的内容与双方签订的合同或协议进行对照，分析其是否相符，有无超出规定期限仍未结清预收或预付款的情况，并分析其原因。

(2) 截留收入，调节利润。利用"预收账款"账户截留收入，调节利润是常见的会计舞弊。在检查"预收账款"账户时，应作为重点问题详细查找。

(3) 利用"预收账款"、"预付账款"账户进行舞弊。"预收账款"、"预付账款"账户与其他"应收"、"应付"账户一样，都属于债权、债务账户，也会发生诸如隐匿收入、虚列账户、虚列数额等舞弊行为。

（三）外部调查法

外部调查法是审查组在对被审查单位提供的会计报表、会计凭证、账簿和其他有关资料实施审查的基础上，对审查发现的疑点、与被审查单位关系密切、资金结算频繁的单位、或业务往来频繁的单位、待决未决长期挂账的往来单位、长期投资金额较大而又未见有收益的单位等作为对象，并实施审查调查的一种方法。进行外部调查有利于将资金的去向、收入、投资收益等事项落实清楚，以便于顺藤摸瓜，挖出被审查单位隐藏较深的问题。外部调查法有两种常见的做法：

一是到被审查单位的开户行对可疑的资金进行跟踪审查，核对开户行提供的有关凭证、对账单等资料，以查清其来龙去脉、性质和运行的结果，确定有关资金走向是否违反规定。到被审查单位开户行进行外调时，可根据《中华人民共和国审计法》第31条的有关规定和《审计署、中国人民银行关于审查机关在审查执法过程中查询被审查单位存款问题的通知》的规定，持县级以上审查机关负责人签发的查询通知书，到被审查单位开户行进行审查查询。根据规定，审查机关需要到异地查询被审查单位在金融机构的存款时，可以直接到异地金融机构进行查询，不受管辖范围的限制。对于收到被审查单位资金或汇到被审查单位资金的异地关联单位，审查机关可委托当地的审查机关，或派人到该地请当地审查机关协助，对其关联资金在当地银行的收、汇情况查实清楚，以便将问题查清查透。

二是到往来单位、接受投资单位或有关联的经济活动主体或个人进行外部审查调查。向有关单位和个人调查时，审查人员可根据《中华人民共和国和国审计法》第33条和《中华人民共和国国家审计基本准则》第24条的规定，出示审查人员的工作证件和审查通知书副本，必要时可出示审查机关开具的介绍信。接受调查的单位和个人应支持和协助审查人员工作，审查人员根据被调查的单位和个人提供的资料进行核对，及时向被调查的单位和个人了解有关情况并取得需要的证据、材料。

（四）税收查账方法

1. 流转税的查账方法

（1）增值税的查账方法。增值税的查账方法是指依照《中华人民共和国增值税暂行条例》的规定，对销售的进口应税货物和提供应税劳务的经济活动主体的纳税情况所进行的审查。增值税查账主要从下面几个方面进行审查：

①审查应税货物和应税劳务所取得的销售收入的计算机是否正确，有无弄虚作假等违法行为。

②审查按专用发票"抵扣法"计税的应税货物和劳务，其扣除项目和扣除金额是否符合规定；按专用发票"抵扣法"计税的应税货物和劳务，其扣除项目和扣除税款是否计算正确，合规合法，有无虚报、多报等现象。

③审查应税货物及劳务的适用税率是否正确，有无故意降低税率等现象。

④审查进口应税货物的组成计税价格的计算内容是否符合增值税条例的规定,其应缴纳的增值税是否已由海关代征,有无漏报和少报的情况。

⑤审查减税、免税货物是否符合增值税的减免税规定范围,有无越权减免税的情况。

⑥审查经济活动主体遵守纳税纪律的情况,上缴税是否及时足额,有无拖欠和偷漏税款等行为。

(2) 营业税的审查方法。

①审查营业额的真实性和正确性,检查一切应计算营业额的收入是否全部入账,计算是否正确。营业额是计税依据,营业额的真实性准确与否,直接关系到营业税的计算是否准确,关于这个问题在本节增值税问题中已详述,本部分不再论述。那么,这里主要应审查的是:被查单位是否将营业收入转移到往来账户,是否将营业收入直接冲减营业成本,是否采用不入账方式,隐匿营业收入等。

②审查是否按规定的计税依据和税率计算应纳税额。营业税的计税依据有金额和差额两种,查账期间应根据被查单位是否属于差额计税依据的单位,而采取确定计税依据的审查办法。

对营业税影响的另一个因素是税率。在营业税查账中还应审查其被审单位适用的税率,特别是对于娱乐业的营业税查账。

③审查免税的暂缓征税项目是否符合有关免、缓税的范围。审查营业税的减、免、缓税,主要应从以下几个方面入手:

A. 审查减免营业税是否经过国务院批准,有无被审单位执行有关部门越权减免税的规定,或者变相减免税。

B. 审查纳税人是否将应税项目和非应税项目混在一起,借以避税。

C. 审查纳税人的减免条件是否符合税法规定,如是否养育老幼机构、福利机构;是否残疾人员个人提供的劳务;是否医护机构的医疗服务及有关服务用品;是否教育机构的教育劳务,学生勤工俭学劳务;是否农业、畜牧业防灾害、保护、畜类配种和预防疾病;是否文化馆院举办的文化活动的门票收入;是否宗教场所举办文化、宗教活动的门票收入等。

D. 审查纳税节是否符合税法规定。

E. 审查纳税人遵守纳税规律的情况,税款是否及时上缴,有无欠税偷税漏税或截留税款等情况。

(3) 消费税的审查。

①审查被查单位的消费税税率是否依税法规定,有无从低纳税。

②审查被查单位是否将计税依据仅仅包含收入,而不包含其收取的价外费用,这是新税法规定计税依据的一个新变化。

③审查纳税人是否将自产应税消费品转移到生活福利费等方面,长期欠税。

④审查纳税人进口消费品应纳的消费税是否于报关进口时纳税,有无拖欠行为。

⑤审查纳税人销售消费价格是否偏低而无正当理由,或者是否无固定价格。

⑥审查纳税人出口消费品折让、退回时,是否在对内销售时补交消费税。

⑦审查纳税人是否有减免税的行为。根据税法规定消费税除出口应税消费品外,一律不得减免税。

⑧审查纳税人是否有意改变或掩饰应税消费品的档次、规格,以达到漏税目的。

2．所得税的审查方法

对所得税的审查包括：应纳所得税额是否准确、税率是否适当、遵守纳税纪律情况、所得税的减免是否符合规定。

(1) 对应纳所得税额的审查应注意是否根据实现利润减去按税法规定中允许扣除的不纳所得税项目的金额的正确计算,有无截留、挪用、虚列成本、乱摊费用、瞒报收入等情况。

(2) 对税率的审查。审查税率的选用是否适当,计算有无擅自降低税率、缩小税款的行为。

根据《中华人民共和国经济活动主体所得税暂行条例》的规定,经济活动主体所得税税率一律为应纳税额的33%,但对于年利润在3万元以下的经济活动主体,可以暂缓按33%征收,现按18%征收；对年利润额在3~10万元的按27%征收。因此,对税率的审查应注意不按33%交纳的经济活动主体,其利润是否在10万元以下,有无隐瞒利润的行为。

(3) 审查被审查单位遵守纳税纪律情况。对被审查单位遵守纳税纪律的审查,主要从以下几个方面入手：

①审查纳税人是否在规定的时间内交纳和结清所得税；

②审查纳税人是否在当地主管税务机关缴纳所得税；

③审查纳税人是否有偷漏欠税的行为等；

④审查纳税人是否将与有关联经济活动主体之间的业务往来,不按照独立经济活动主体之间的业务往来收取价款、费用,而减少其应纳税所得额；

⑤审查纳税人对实行税收优惠地区的经济活动主体投资联营分得的利润,是否应按规定的税率补交所得税；

⑥审查纳税人依法进行经济活动主体清算时,其清算终了后的清算所得,是否按规定缴纳了经济活动主体所得税。

(4) 审查所得税减免是否符合税法规定。

3．资源税的审查方法

(1) 根据产品销售利润和销售数量,销售品种明细账记录,复核每次应税产品的销售数量是否真实正确。

（2）认真按照《资源税税目税额幅度表》复核单位计征标准，查明应交资源税的数额是否正确。

（3）审查资源税税额调整情况，是否按有关国家规定作了相应的调整。

（4）根据应交税金明细账和有关凭证，审查应纳资源税的经济活动主体是否按规定分期预支，年终结算。逾期不交的，除限期解缴外，从滞纳之日起，加计滞纳金，将其应缴款项直接从其开户行扣缴入库。

（五）存款和贷款业务的查账方法

1. 存款业务的查账方法

（1）对单位存款的审查。

①对存款账户管理的审查。对存款账户管理的审查，应根据有关部门制定的管理办法，通过审阅会计凭证、账表以及存款户提供的各种证件，检查分析各行对存款账户的管理是否符合有关规定。

A. 对基本账户开户单位是否符合条件的审查。

a. 审查开户单位是不是独立编报财政预算和决算或向主管部门报账的预算单位，是不是独立核算、独立经营、自负盈亏并拥有一定数额自有流动资金的经济活动主体单位，如发现有不符合条件的单位开立了基本账户，应督促有关人员立即纠正。

b. 审查开设基本账户单位，是否贯彻执行资金分户管理以及分别使用的原则，对应当分户管理的国家机关和国有单位只开一个存款账户的要予以纠正。

c. 审查开立基本账户的单位是否持有上级主管机关和业务主管部门签章同意开户的文件；经济活动主体单位（包括个体工商户）是否持有工商行政管理部门核发的营业执照，具备法人资格。

d. 审查开立基本账户的单位是否填报开户申请书，有无报送印鉴卡，审批手续是否齐全。

B. 对一般存款账户的审查。审查一般存款账户的开设是否符合规定，即有无开户申请书、主管单位出具的证明和银行审查同意的意见；审查只收不付的一般存款账户，其收入是否规定上缴了主管单位；只付不收的辅助账户，其收入是否由主管单位拨入，并按照规定用途支出使用，有无既收又付不符合规定的情况。

C. 对临时存款户的审查。主要审查临时存款户的开设是否经过开户单位的主管部门和驻地有关部门出具准许开户的证明，是否确有开设临时账户的必要，开户手续是否完备。

D. 对单位账户变动的审查。主要看其是否由存款单位提出申请并经审查无误后，按照规定核对余额，验明文件办理了相应的手续。

E. 审查有无违法账户。违法账户是指银行内部人员为营私舞弊而私设的假账户。对其审查要点是：

a. 根据开户必须提供的证件以及分析该账户的存取款的具体情况，审查有无利用违法账户进行贪污存款和利息以及套取现金、转移或占有他人储蓄的假账户。

b. 审查有无内外勾结非法利用单位开设的存款账户进行投机倒把、索贿受贿等犯罪活动。如发现疑点必须抓住不放，追查到底。

②对单位存款基本规定执行情况的审查。内容涉及现金管理审查的部分已在前面叙述过，这里要补充的是其他有关存款规定执行情况的审查。具体如下：

A. 对社会集团购买力有关规定执行情况的审查。按国家规定，社会集团购买控购商品时，须持有相应一级有关主管机关的批件，方可到银行支取存款进行购买。在这方面，开户行负有发现执行这一规定的责任。审查机关对这项内容的审查，就是审查开户行是否担负起这一发现职责，对没有批件而到开户行支取货款的现象，是否进行了抵制。

B. 审查开户单位有无出租、出借、转让账户等违反规定的行为。审查的方法是：对开户单位的收入和支付项目进行逐笔审查，并结合翻阅原始凭证，看其有无不属于该单位业务范围的收入或支出，这样即可查出该单位有无拆借、转让账户并从中渔利的问题。

C. 审查开户单位有无公款私存的问题。主要是审查有无将单位业务经营收入、各种党团工会费等以私人名义作为储蓄存入银行，从中逃避银行发现和套取利息的问题。

D. 审查银行有无替开户单位在国家许可范围之外存款账户中代扣款的问题。

E. 审查临时存款户的支出是否正当。主要是审查开户单位有无利用临时账户套购国家重要物资、套取现金和从事非本单位业务经营范围的经营活动等问题。

F. 对单位定期存款的审查。审查定期存款的资金来源是否属于长期不用的资金；审查有无在存入定期存款的同一期间又向银行借款的现象。

如发现定期存款资金来源不当，或者利用定期存款套取利差的现象应立即纠正。

G. 对单位存款睡眠用户处理情况的审查。主要指列作银行收益或转入单位其他存款户，以及通过联行将款划走等睡眠户存款的销户手续是否合法。账户对应关系是否清楚，防止从中作弊。

（2）对储蓄存款的审查。

①对储蓄原则执行情况的审查。

A. 审查收储单位是否坚持存款自愿的原则，办理储蓄的单位有无强迫命令，硬拉硬扣的情况；有无采取行政命令的办法硬性分配储蓄指标任务的情况。如发现有违反存款自愿原则的现象应立即纠正。

B. 审查收储单位是否坚持了取款自由的原则，有无柜台人员在储户存款时借故刁难、限制取款额度、追问取款用途的情况；有无代替有关单位或个人从储蓄中扣收款项的情况；对提前支取定期存款的储户是否按规定办理支取手续并结付了利息。

C. 审查收储单位是否坚持了存款有息的原则，各种储蓄存款是否按照规定的利率档次付给了利息，计算的利息是否准确无误，有无算多算少的问题。

D. 审查收储单位是否严格执行了为储户保密的原则。有无因经办人员对储蓄单证、账簿保管不妥而被他人随意翻阅的现象；对外人询问储蓄情况是否拒绝回答；必须向有关部门提供储蓄账卡供其查阅时，是否严格按照规定，只限于依法处理的罚没款项。

②对储蓄政策执行情况的审查。

A. 审查收储单位保护和鼓励储蓄政策的执行情况。主要是看其有无危害储户利益的行为和将储户存款非法没收或擅自转作他用的问题。

B. 审查有关部门在向银行查询或处理储户存款中，银行是否严格执行了有关规定。即有关部门在查处有关人员的储蓄存款时，须向银行出具县以上公、检、法机关的正式公函，并不得借走账卡；对要求银行停止支付银行储蓄存款时，须有县以上公、检、法机关及工商局的正式通知，而且在停付满6个月后，如无续停手续应自动解冻；对法院没收罪犯储蓄存款时，银行应依据判决书协助办理，如当事人拒不交出存单，则应在接到法院的《协助执行通知书》并经核对后处理。

C. 审查死亡绝户的储蓄的处理是否符合有关规定。

a. 对全民所有制经济活动主体单位、国家机关和人民团体的干部和职工死亡后，既没有法定继承人又无遗嘱的储蓄存款，按人民银行规定，应根据单位证明上缴财政部门。

b. 对集体所有制经济活动主体单位职工死亡后的储蓄存款，如果既没有法定继承人又无遗嘱的，应归原单位集体所有。

c. 对统战对象死亡户要求上缴个人储蓄的，应经统战部门批准同意。

D. 对存款人死亡后其存款继承人合法性的审查，应分别以下几种情况：

a. 存款人死亡后，应及时办理合法继承人的过户手续，如果发生继承纠纷，则应依据法院的裁决书、判决书或调解书给予过户或支付。

b. 对尚未实行继承法的地方，应按照传统做法办理储蓄继承的手续。即应执行只认存折或存单而不认人的要求，对凭印鉴支取的储蓄存款，应在核对印鉴后才能支取。

c. 如果在审查中发现开户银行对这一问题的处理不符合上述规定之处，应及时予以纠正。

E. 对长期不动储蓄户是否按规定做了处理。按规定，活期存款5年以上的不动户不再结息，同时，要设法找到储户并按储户意见处理；如找不到储户则应登记造册另立长期不动户。如以后又与储户取得了联系，则应按照储户意见或支取或再立新户，同时结清长期不动户。

F. 审查有奖储蓄和开奖手续是否符合下列规定：

a. 有奖储蓄不应变相提高利率或增加储蓄成本；

b. 有奖储蓄应确实增加了储蓄余额，而不是弄虚作假从其他种类的储蓄中转移过来；

c. 对未售出的有奖储蓄存单，应登记存单号码并上缴主办部门存查；

d. 有奖储蓄要当众开奖，并请司法机关公证；中奖号要当众公布。

审查中如发现有不符合上述规定的，要及时追查清楚，并交有关部门处理。

③对储蓄服务质量的审查。对储蓄服务质量方面的审查，主要是看其是否符合下列规定或要求：

A. 含蓄宣传的内容要符合含蓄存款的原则、种类、利率等规定。

B. 收储单位应在时间、手续、网点设置等方面尽量做到方便客户存取。柜台服务人员对客户应讲文明、讲礼貌，态度和蔼，热情接待。

2. 贷款业务的查账方法

(1) 对工商业贷款的审查。

①对贷款制度及贷款原则执行情况的审查。

A. 对贷款条件的审查按有关部门规定，工商业贷款的对象必须符合下列条件：

a. 经工商行政管理部门核准注册，颁发正式生产经营执照；

b. 在当地专业银行开户，实行独立核算、自主经营、自负盈亏，有固定的生产、经营场所及从业人员，有健全的财务、会计制度，并按规定向开户银行报送有关财务报表资料；

c. 有符合银行规定比例的自有流动资金，或能按规定补充自有流动资金；

d. 遵守国家的政策法令，依法进行经营；

e. 经济效益好，守信用，有偿还贷款本息的能力。

审查时，如发现开户银行工商业贷款对象中有不符合上述条件的，应及时予以纠正。

B. 对贷款三原则执行情况的审查。

a. 审查贷款有无计划。经济活动主体填报的借款计划是否符合经济活动主体生产经营的实际需要，银行发放的贷款是否控制在计划指标之内，有无贷款超计划指标的情况。

b. 审查贷款有无确实的相应的物资保证，与贷款相适应的物资保证中有无积压残次品或无销路的商品。

c. 审查贷款的归还情况。通过检查贷款到期卡，了解有无贷款到期未归还的情况，开户银行对逾期呆滞贷款是否查明了原因并作了适当处理。

C. 对贷款投向是否符合国家产业政策的审查。审查信贷资金供应有无平均分配、有求必应的现象；对国家产业政策要求发展的重点行业、单位和品种，在贷款上是否给予了积极的支持，对国家要求限制生产的经济活动主体和产品，是否严格控制了贷款。

审查贷款是否体现了"区别对待、择优扶持"的原则，对那些经济效益好，还款能力确有保证的经济活动主体或项目，是否给予了优先贷款支持。

D. 对信贷资金使用情况的审查。审查银行的流动资金贷款有无被挪用于基本建设和固定资产的现象；审查银行的流动资金贷款有无被用于垫交未实现的税金和利润的现象；审查银行的流动资金贷款有无被用于职工福利和其他财政性开支项目上。

E. 对贷款"三查"制度执行情况的审查。审查贷前是否作了认真调查，银行对经济活动主体的产、供、销情况和财务收支计划是否做到了心中有数。

在贷前调查的基础上，审查银行是否根据借款单位资金需要和有关贷款条件的规定，对经济活动主体提出的贷款申请作了认真审查。

审查银行对每笔工商贷款是否在贷后进行检查；贷款的使用是否符合计划的要求；物资保存是否正常无缺；是否及时收回了贷款的本息。

②对工商贷款经济效益的审查。

A. 银行内部经济效益的审查；

B. 对经济活动主体经济效益的审查。

(2) 对基本建设贷款的审查。

①对基本建设贷款合规性的审查。

A. 审查基本建设贷款是否符合下列基本条件：产品有销路、生产工艺过关；生产所需原材料、燃料、动力及运输条件等已落实，"三废"治理有可靠方案；建设条件已具备，建设用地和设备、材料、施工力量已安排落实；投资总额的投资回收期计算准确可靠，能按期还本付息；引进国外技术设备的配套贷款，必须有中外双方签订的正式合同协议，外汇资金必须落实。

凡是不符合上述条件之一的，均不能提供贷款。

B. 审查贷款合同是否符合下列条件：审查基本建设贷款总额计算是否正确。即将贷款合同确定的贷款总额与基本建设计划及概算数字对比，看贷款总额是否超过批准的概算表。

审查合同规定的贷款利率是否符合国家规定，如发现有任意提高或降低贷款利率的情况，应查明原因，及时纠正。

审查合同中基本建设贷款期限的计算是否正确。

C.基本建设贷款计划执行情况的审查：审查年度实际贷款数（累计总额）是否超过计划贷款数（总额）；分项审查各种贷款是否超过该项的计划数；审查各种贷款是否按规定用途使用；审查收回贷款的资金来源是否符合规定；审查贷款本息的豁免是否符合国家规定。

②对基本建设贷款效益的审查。

A.对银行内部经济效益的审查；

B.对贷款项目本身经济效益的审查。

（3）对技术改造贷款的审查。

①对技术改造贷款发放程序及其使用的审查。

A.审查技术改造贷款是否符合下列基本程序：经济活动主体申请。在技术改造贷款中，出口工业品的技改项目贷款及国内配套贷款需填制专门的申请表格，其他项目贷款均用书面报告；

经办行进行可行性调查研究并编报"贷款项目调查报告"。

核批行签发贷款项目审查批准通知书，核批重点贷款项目要派专人复查。

经办行与借款单位签订贷款合同，在此基础上，由核批行下达贷款指标通知书。

经办行在核批行下达的贷款指标内，根据项目工程进度，发放贷款。

B.对技改贷款使用的审查：技术改造贷款必须严格按规定用途使用。根据有关制度规定，技术改造贷款应主要用于对原有经济活动主体的现有设施进行技术改造（包括固定资产更新），以及与之相配套的辅助生产、生活福利设施等工程。其目的是要在技术进步的前提下，通过新技术、新工艺、新设备、新材料，加快产品的升级换代。或者通过新技术、新工艺、新设备、新材料的采用，降低能源和原材料的消耗，促进资源综合利用和治理污染等，实现经济活动主体经济效益和社会综合效益的提高。

要严格区分技术改造贷款与基本建设贷款的界限，防止技术改造贷款被挪用到基本建设项目上。为此，国家规定：技术改造单项工程新增建筑面积不能超过原有面积的30%；用于土建工程的投资，一般不得超过项目投资总额的20%。

②对技术改造贷款计划执行情况的审查。国家对技术改造贷款实行指令性计划管理，各行不得突破。因此，对技术改造贷款计划执行情况的审查是一项重要内容。审查的方法是：要求各行定期（按季和按年）向审查机关报送技术改造贷款计划执行情况统计表，通过表中实际贷款数与本年批准的计划数进行对比，即可了解掌握该行技术贷款的计划执行情况。

按照规定,技术改造贷款一般应用贷款项目投产后所增加的利润、贷款新增加固定资产的折旧,以及经济活动主体按规定提留的更新改造资金、生产发展基金等作为还款来源。不得挤占应上交的税金和利润,也不得用流动资金贷款、基本建设贷款等其他贷款归还技术改造贷款。

审查人员在审查技术改造贷款还款来源时,主要是检查有无不符合上述规定的资金作为还款来源的问题。如果有,则应追查纠正。

③技术改造贷款经济效益的审查。

A. 贷款经济活动主体的直接经济效益审查。对经济活动主体技改效益的考核应以技术改造前的经济效益与技术改造后的经济效益相比较。

B. 银行发放技改贷款的自身经济效益审查。

第四节 会计电算化制度的审查

一、会计资料的电子计算机处理系统

以计算机为信息处理手段的会计信息系统亦称为会计资料的电子计算机处理系统。它是一个人机系统,主要由会计人员、计算机硬件、计算机软件以及系统运行规范基本要素组成。

(1) 会计人员。会计人员和系统管理人员是电算化会计信息系统的有机组成部分。会计人员是运行电算化会计信息系统的主体。主要包括从事会计数据输入的数据录入人员;从事会计数据审核、控制、使用的会计工作人员;从事财务管理工作的财会主管人员;从事系统开发、组织和维护的系统设计人员和系统管理员。

(2) 计算机硬件。是指能够收集、加工与处理数据及产生输出数据的各实体部件的集合。它由运算器、控制器、存贮器、输入设备与输出设备等五大部分组成,它们的每一部分又是由一些电子器件、机械零件、磁性元件等构成的,都是看得见、摸得着的物质。

(3) 计算机软件。计算机软件包括系统软件和会计软件。系统软件主要指中、西文操作系统和数据库管理系统;会计软件是专门用于会计数据处理的应用软件。在会计电算化信息系统中,没有会计软件的计算机系统不能称其为会计信息系统。具有会计软件是会计信息系统有别于其他一切管理信息系统的主要因素。有关会计软件开发的有关文件档案资料如系统分析说明书、系统设计说明书、用户操作手册等也是会计软件的组成内容。

(4) 系统运行规范。即保证会计电算化信息系统正常运行的各种制度和控制程序。主要包括硬件管理制度、数据管理制度、操作人员岗位责任制度、保密制度。

二、会计电算化审查的意义和技术要求

（一）会计电算化审查的意义

会计电算化使传统的手工会计核算手段和账务处理程序发生了很大变化，具体表现在会计信息载体、存取方式、会计核算组织结构、内部控制制度、信息处理等方面。在会计电算化时代，会计电算化审查已经变成司法会计审查不可或缺的内容。加强司法会计审查工作，有着极其重要的意义。

1. 有利于司法会计审查工作适应信息划时代变化了的新形式、新问题。在会计电算化普及的今天，会计电算化审查不应成为司法会计审查工作的死角。在会计电算化条件下，会计管理和组织结构、会计信息载体、内部控制制度等发生了巨大变化，给司法会计审查工作提出了新的挑战。为适应司法会计审查工作的需要，加强会计电算化审查工作，十分重要。

2. 有利于提高司法会计审查工作的质量和效率。在会计电算化条件下，会计信息的载体都采用现代的计算机软件、网络技术，在会计电算化信息系统中，会计凭证、账簿、报表等均以数据文件的形式储存在一定的介质上，因此，对计算机会计信息数据文件的审查可以直接在计算机内进行，有助于提高司法会计审查的质量和效率。同时，利用计算机辅助审查技术可以极大地提高司法会计审查的效率。

3. 有利于司法会计审查工作的秘密进行。司法会计审查不带有侦查职能，因此具有一定的秘密性。在传统的司法会计审查手段中，往往需要审查人员找到被审查单位相关的人员，索要相关的会计资料，这在一定程度上不利于司法会计审查工作的秘密进行，甚至遭到不必要的干扰。对会计电算化审查，审查人员可以直接利用计算机储存的会计信息或利用网络技术进行审查，有利于司法会计工作审查的顺利进行。

4. 有利于对司法会计审查工作结果的科学的、合法的评判。在传统的司法会计审查结果中，如果发现被审查单位有经济违法活动和行为，往往容易遭到被审查单位或其社会关系的百般干扰和阻挠，有时司法会计审查过程也可能被中断，严重左右着司法会计审查结果的科学性、真实性，影响着司法会计审查结果的合法性评判。在会计电算化审查的结果中，由于会计电算化审查工作具有一定的秘密性，在一定程度上排除了不必要的干扰，有利于司法会计审查工作结果的科学的、合法的评判。

（二）会计电算化审查技术要求

会计电算化使传统的手工会计核算手段和账务处理程序发生了很大变化，给司法会计审查工作提出了新的技术要求。主要表现在以下几个方面：

1. 审查人员应掌握一定的计算机硬件、软件及操作技能，如采用计算机审查辅助技术，更要求审查人员具备一定的计算机技术。

2. 掌握新的审查技术方法。由于会计电算化的普及，会计信息的处理在"黑箱"中进行，在客观上对传统的直观的对凭证、账簿、报表等进行审查的技术方法产生了极大的影响，要求审查人员考虑审查的对象，即会计信息的载体的变化，相应地采用新的审查技术方法。

3. 会计电算化给会计管理工作带来的巨大变化，要求审查人员适应电算化条件下的内部控制制度的审查工作。在会计电算化条件下，电算化会计信息系统的控制包括一般控制和应用控制。一般控制包括：组织与管理控制、应用系统开发建立和维护控制、系统软件控制、数据和程序控制网络的安全控制；会计电算化系统的应用控制包括：输入控制、计算机处理与数据文件控制、输出控制等。审查人员只有在熟悉这些控制制度和措施的前提下开展审查工作，才能取得好的审查效果。

4. 审查人员应当了解掌握会计电算化舞弊的手段和伎俩。"不识庐山真面目，只缘身在此山中"。审查人员只有在了解掌握会计电算化舞弊的手段和伎俩的基础上，才能够识别电算化舞弊和发现经济违法犯罪事实。

三、会计电算化审查的程序和方法

（一）会计电算化审查的程序

一般地，会计电算化审查程序可分为三个阶段，即准备阶段、实施阶段、审查结论。

1. 准备阶段。在此阶段主要是初步调查被审查单位会计电算化系统的基本状况，并拟定科学合理的计划。一般包括以下主要工作。

（1）调查了解被审查单位电算化系统的基本情况，如电算化系统的硬件配置，系统软件的选用，应用软件的范围，网络结构，系统的管理结构和职能分工、文档资料等。

（2）与被审查单位签订审查业务约定书，明确彼此的责任、权利和义务。

（3）初步评价被审查单位的内部控制制度，以便确定符合性测试的范围和重点。

（4）确定审查重点、确定审查范围。

（5）分析审查风险。

（6）制定审查计划。在审查计划中除了对时间、人员、工作步骤及任务分配等方面作出安排以外，还要合理确定符合性测试、实质性测试的时间和范围，以及测试时的审查方法和测试数据。

如果要安排利用计算机辅助审查，则还需列出所选用的通用软件或专用软件。对于复杂的电算化系统，也可聘请专家，但必须明确审查人员的责任。

2. 实施阶段。实施阶段是审查工作的核心，也是电算化审查的核心。主要工作是根据准备阶段确定的范围、要点、步骤、方法，进行取证、评价，综合审查证据，借以形成审查结论。实施阶段的主要工作应包括以下两个方面的内容：

（1）符合性测试。进行符合性测试应以系统安全可靠性的检查结果为前提。如果系统安全可靠性非常差，不值得审查人员信赖，则应当根据实际情况决定是否取消内部控制制度的符合性测试，而直接进行实质性测试并加大实质性测试的样本量。在会计电算化系统的符合性测试项目中，主要内容应该是确认输入资料是否正确完整，计算机处理过程是否符合要求。如果系统安全可靠性比较高，则应对该系统给予较高的信赖，在实质性测试时，就可以相应地减少实质性测试的样本量。由于我国的电算化审查还没有相应的法律法规，相应的具体审查准则也没有出台，所以目前情况下，可暂时以财政部颁发的有关会计电算化的工作规范、条例、办法等作为参照，并以此作为符合性测试的主要内容。

（2）实质性测试。实质性测试应该是对被审查单位会计电算化系统的程序、数据、文件进行测试，并根据测试结果进行评价和鉴定。进行实质性测试须依赖于符合性测试的结果，如果符合性测试结果得出的审查风险偏高，而且委托人有利用会计电算化系统进行舞弊的动机与可能，并且委托人又不能提供完整的会计文字资料，此时注册会计师应考虑对会计报表发表保留意见或拒绝表示意见的审查结论。进行实质性测试时，可考虑采用通过计算机和利用计算机进行审查的方法。具体包括：

①"测试数据法"，就是将测试数据或模拟数据分别由注册会计师进行手工核算和被审查单位电算化系统进行处理，比较处理结果，作出评价。

②"受控处理法"，就是选择被审查单位一定时期实际业务的数据分别由注册会计师和会计电算化系统同时处理，比较结果，作出评价。

（3）利用辅助审查软件直接审查会计电算化系统的数据文件。注册会计师可利用通用或专用审查软件直接在会计电算化系统下进行数据转换，数据查询，抽样审查，查账，账务分析等测试，得出结论，作出评价。

3.会计电算化审查结论的得出，依据会计错弊行为的种类特征进行分析，以确定有无违法犯罪事实。

（二）电算化会计条件下的审查内容

电算化会计系统与手工会计系统不同，它是由会计数据体系、计算机硬件和软件以及系统工作和维护人员组成，所以电算化会计的审查内容与手工会计系统也存在着较大的差别。电算化会计审查的内容主要包括以下内容：

1.对会计电算化系统的内部控制制度的审查。一方面是经济活动主体的内部控制能在多大程度上确保会计电算化系统中会计记录的正确性和可靠性，如输入、输出的授权控制，业务处理的审核等；另一方面是内部控制的有效执行能在多大程度上保护资产的完整性。通过以上两方面的评价，可以判断经济活动主体内部控制系统能在何种程度上防止或发现会计报表中的错误及经营过程的舞弊。

2．对会计电算化系统的处理和控制功能的审查，也可称为对会计电算化系统程序的审查。会计电算化系统的核心就是会计软件，会计软件程序质量的高低，直接决定了会计电算化系统整体水平的高低，在这里主要审查会计软件程序对数据进行处理和控制的及时性、正确性和可靠性，以及程序的纠错能力和容错能力。会计软件程序的审查可采用通过计算机审查的方法及利用计算机辅助审查中的数据转换功能的方法来完成。

3．对会计电算化系统的处理对象即会计数据的审查。会计数据处理的真实性、正确性、可靠性，直接影响到会计信息的真实性、正确性和可靠性，所以这一部分的审查是至关重要的，注册会计师可采用抽查原始凭证与机内凭证相对比，抽查打印日记账和机内日记账相核对等方法，同时也可采用利用计算机辅助审查软件的功能来完成审查，从而降低审查风险。

4．对会计电算化系统开发质量的审查。会计电算化系统是一项系统工程，主要包括系统分析、系统设计、系统实施及系统维护等。电算化系统的质量，运行水平，一方面依赖于日常的管理和维护，另一方面则取决于会计电算化系统开发过程的质量。一旦在开发过程中产生错误，则在系统运行后，将影响到会计数据的加工处理以及会计信息的真实可靠性，并且在运行后，对该错误进行修改也极其困难。所以，应该也必须在系统开发过程中进行严格的审查，保证其质量，防止计算机舞弊，保证系统运行后的可靠性、效率性。

（三）会计电算化审查的方法

1．会计电算化条件下舞弊的手段

（1）篡改输入数据。这是计算机舞弊中最简单、最安全、最常用的方法。数据有可能在输入计算机之前或输入过程中被篡改。数据节进入计算机系统，任何与之有关的人员，或能够接触处理过程的人员，都有可能篡改数据。

（2）木马计。这是在计算机程序中最常用的一种欺骗破坏方法。在计算机程序中，暗地编进指令，使之执行未经授权的功能，这些指令还可以在被保护或限定的程度范围内接触所有供程序使用的文件。

（3）截尾术。用自动化的方法，从大数量的资财中取一小部分。如将存款四舍五入的部分据为己有。

（4）越级法。这是一个只在特殊情况下（当计算机出现故障、运转异常时）使用的计算机系统干预程序。这种程序能越过所有控制、修改成暴露计算机内容。这种应用程序一般仅限于系统程序员和计算机操作系统的维修人员使用，如果被作案人掌握就有可能修改或破坏数据及系统功能。

（5）天窗。开发大型计算机应用系统，程序员一般要插进一些调试手段，即在密码中加进空隙，以便于日后增加密码并使之具有中期输出能力。这种方法叫开"天窗"。在正常情况下，终期编辑要取消这些天窗，但常被忽视，或有意留下，以备将来接触、修改时用。有些不道德的程序员为了以后损害计算机系统，会有意插入天窗。

（6）逻辑炸弹。逻辑炸弹是计算机系统中适时或定期执行的一种计算机程序，它能确定计算机中促发未经授权的有害事件的发生条件。逻辑炸弹被编入程序后，根据可能发生或引发的具体条件或数据产生破坏行为，一般采用木马计的方法在计算机系统中置入逻辑炸弹。

（7）拾遗。拾遗是在一项作业执行完毕后，取得遗留在计算机系统内或附近的信息。包括从废纸篓中搜寻废弃的计算机清单、复件，以及搜寻留在计算机中的数据。

（8）数据泄露。从计算机中泄露数据，是指从计算机系统或计算机设施中取走数据。作案人员可以将敏感数据隐藏在没有问题的输出报告中，也可采用隐藏数据和没有问题的数据交替输出，更复杂的方法是进行数据编码，使数据表里不一。例如，在计算机输出报告上，隐藏的数据通过打印的不同长度、每行字符数的多少、标点符号的位置及代码的作用，分散开来，组成有用的数据。采用木马计和逻辑炸弹可达到泄露数据的目的。

（9）乘虚而入。有形的乘虚而入是指在电子或机械控制严密的情况下，进入被控制接触的区域。电子化的乘虚而入发生在计算机联机系统。

联机系统中的用户使用终端时，身份由计算机自动验证，一般根据口令的通过准许进入系统。如果某隐藏的终端通过设备与同一线路连接，并在合法用户没有使用终端前先行运行，就会有害于计算机系统。

（10）冒名顶替。冒名顶替是指以别人的身份出现。主要通过非法手段获取他人口令的做法实施舞弊活动。因此用户的口令要注意保密并不断更新。

（11）通讯窃取。在网络系统上通过设备从系统通讯线路上直接截取信息，或接收计算机设备和通讯线路辐射出的电磁波信号实施舞弊行为。

（12）伪造与模拟。在个人计算机上仿造其他计算机工作程序，或对作案计划方法进行模拟试验，以确定成功的可能性，然后实施。这是以计算机作为舞弊工具的舞弊行为。

（13）计算机病毒。计算机病毒有传播、激发和潜伏性，为计算机舞弊者对大、中、小、微型计算机及计算机网络进行破坏的有效手段。

2．会计电算化的审查方法

（1）人工审查方法。人工审查应用程序方法（亦称不处理数据测试法），是指审查人员不通过计算机处理任何数据，而是通过审核和分析评审或鉴定意见书、程序流程图、程序编码、程序运行记录、程序运行结果等来达到审查目的的方法。

①计算机会计信息系统是否通过评审或鉴定。计算机会计信息系统须通过高

级主管部门和科技机构组织和鉴定，鉴定后的系统须通过财政部会计电算化主管部门的国家审查署主管部门的评审，才可在实际财会部门使用。

②程序流程图检查法。审查人员利用被查系统的程序流程图检查程序的控制功能是否可靠、处理逻辑是否正确，还要证实程序流程图中包含的控制措施和处理功能是否在被查单位实际运行的程序中执行。

③程序编码检查法。对被查程序的指令逐条审查，以此验证程序的合法性、完整性和程序逻辑的正确性。通过程序编码检查可以发现以下问题：不符合会计准则及财务通则、会计制度及财务制度的程序，程序员设计了便于营私舞弊的指令或子程序，程序中没有设计预定的控制功能或控制无效或效果不大，应变能力差的程序，效率低的程序等。

④程序运行记录检查法。通过由系统自动记录下的运行起止时间、中断、故障等方面的信息，检查测试程序化控制措施是否存在、是否可靠。错误、中断、超时运行等情况可能表明程序化控制措施未起作用。

⑤程序运行结果检查法。这种检查方法同对手工会计信息系统的凭证、账簿、报表的审查相同，通过对系统打印输出结果的检查推断被查程序处理功能的正确性和控制措施的可信赖程度。

(2) 计算机辅助审查方法。

①受控处理法。查账人员通过程序对实际会计业务的处理进行监控，判别程序处理和控制功能是否按设计要求起作用。例如，查账人员可以通过输入错误数据查看更正过程以确定输入控制是否可靠。

②受控再处理法。查账人员在被查单位正常业务处理以外的时间里亲自进行或发现进行，将某批处理过的业务再处理一次，比较两次处理的结果，以确定程序是否被非法篡改、处理，控制功能是否恰当有效。

③嵌入审查程序法。查账人员在被查计算机会计信息系统开发设计阶段，在被查的应用程序中嵌入为执行特定审查功能设计的程序，用来收集查账人员感兴趣的资料，并建立一个审查文件存储这些资料，通过对这些资料的审核确定应用程序处理和控制功能的可靠性。

④平行模拟法。查账人员自己请计算机专业人员编定与被查应用程序处理和控制功能相同的模拟程序，并用模拟程序处理实际数据，将处理结果与被查程序处理结果进行对比，评价被查程序的处理和控制功能是否可靠。

⑤标记追踪法。查账人员在被测试的程序中安插一些审查程序段，并事先对输入数据做好标记。当带有标记的数据通过审查程序时，将该数据存储起来，等程序运行完毕后，比较处理前和处理后数据的差异。用这种方法来追踪作标记的数据在程序中是如何处理的。

⑥测试数据法。查账人员根据测试的要求设计一套模拟业务的数据，利用被

测试程序对模拟数据进行处理,再将处理结果与应当出现的结果进行核对,以检验应用程序是否可靠。这种方法可用来测试整个系统的全部应用程序,也可用来测试个别程序,或测试程序中某个或某几个控制措施。

⑦虚构单位法。查账人员在被审查的计算机会计信息系统中建立一个虚拟的实体(如车间、某一往来客户),利用被查程序,对该虚构实体数据与实际业务数据一同处理,将处理结果与预期结果比较,以确定应用程序的处理和控制功能是否恰当可靠。

以上①至⑤种方法也称为处理实际数据的测试法。这种方法的优点是查账人员可利用已形成的实际数据,无须再设计测试数据,而且用程序处理的结果能表明程序控制的强弱。⑥至⑦种方法亦称处理虚拟数据的程序测试法。这种方法的优点是通过设计少量测试数据,对局部或大部分应用程序进行测试,也可根据需要对某特定控制措施进行测试。

第五章　司法会计检查

第一节　司法会计检查概述

一、司法会计检查的概念

司法会计检查，是指司法机关为了查明案情，对案件所涉及的财务会计资料及相关资产进行的司法检查，是一种司法勘验检查的手段。其检查的对象是案件所涉及的财务资料、会计资料和有关财产物资（数量）。诉讼主体主要是侦查、检察、审判人员和由司法机关指派或聘请的司法会计技术人员。诉讼目的是发现、收集财务会计资料证据。

司法会计检查可以按不同的标准进行分类，一般分为按检查方式和检查目的分类。

（一）按检查方式分类

按检查方式分类，主要是按照诉讼案件受理监管是否派员实施司法会计检查为标准，将司法会计检查分为派员检查和委托检查两类。

1. 派员检查，是指司法机关指派的本案承办人员直接进行的司法会计检查。一般情况下，司法机关都应指派本案的办案人员主持进行司法会计检查。

2. 委托检查，是指司法机关为了查明发生或结束在外地的与案件有关的财务会计事实，委托外地司法机关进行的司法会计检查。由于受委托的司法机关所掌握的案情有限，加之在检查中如果发现新的情况也不易及时通报或处理，因此，委托检查的内容应当是有限的。委托检查一般应限于核查单一经济业务的结算情况、核对少量书证、调取较为单一的书证等简单的查账事项。如核查某一结算业务是否发生或结束；核对有关债权债务的账面余额是否正确等。

（二）按检查目的分类

按检查目的分类，可以将司法会计检查分为简单检查和复杂检查两类。

1. 简单检查，是指司法机关为了核实案件实施的某一情节，或收集已知案件事实的财务会计资料证据，而进行的司法会计检查。由于这类司法会计检查所采用的检查方法一般比较简单，检查的内容也较为单一，所以称之为简单检查。简单检查的方法简单易学，一般司法人员均能够很快掌握，因而简单检查一般无须指派或聘请专业人员参与检查。

简单检查的常见内容有：

（1）某一具体款项（或优价证券）的收入或付出情况；

(2) 某一具体财物的收存或发放情况;

(3) 某一具体债权、债务的发生或结算情况;

(4) 其他某一具体经济业务的账务处理情况。

2. 复杂检查,是指司法机关为了发现新的案件线索或较广泛地收集、提取财务会计资料证据而进行的司法会计检查。由于这一司法会计检查的内容多面复杂,其检查程序也比较繁琐,因而称之为复杂检查。

复杂检查的内容,通常包括案件当事人所办理的所有可能构成案件事实的全部财务会计业务。简单检查与复杂检查是相对于检查目的的特定程度进行区分的。在实际进行的司法会计检查过程中,简单检查与复杂检查都不是一成不变的。有时在简单检查过程中也会因发现新的案件事实,而使简单检查转变为复杂检查。司法会计理论上进行这种分类的目的,在于研究不同类型检查的操作程序。从实践意义上讲,简单检查是司法机关最常用的案件调查方法之一,因而要求每一司法人员都应掌握简单检查的方法和程序,以便更直接、更迅速地办理案件。复杂检查的实施,一般需要具有较丰富的司法会计检查知识和经验的人员进行,才能达到检查的目的要求。侦查实际工作中,通常需要指派或聘请具有专业知识的技术人员参与进行。

二、司法会计检查的目的

(一) 司法会计检查的作用

司法会计检查是司法会计活动的重要内容之一,也是司法机关在侦查、审理涉及财务会计业务案件中,发现、收集证据,查明案件事实的一种重要措施。具体地讲,司法会计检查的作用有以下几方面:

1. 在司法机关侦查、审理经济犯罪案件中,通过检查有关账目及财产物资,收集各种证据,可以查明犯罪过程、犯罪手段及犯罪数额。

2. 在司法机关侦查、审理渎职犯罪及其他涉及公共财产的犯罪案件中,通过检查有关财产物资的票据、财产物资实际数额,可以查明这些财产物资的购置、形成、流转及灭失过程,查明犯罪所造成的经济损失数额。

3. 在人民法院审理经济纠纷案件中,通过检查纠纷所涉及的财务会计资料,可以查清有关财务会计活动的起因、过程、结果等案件事实。

4. 通过检查案件所涉及的各种票据内容、资金核算过程及有关财产物资的数量,可以查明各类案件中有关当事人的经济责任、经济状况及偿付能力等案件事实。

5. 通过司法会计检查,可以收集各种财务会计资料及相关证据,为司法会计鉴定提供依据。

(二) 司法会计检查的目的

通过进行司法会计检查,收集证据,查明案件事实,这是司法会计检查最基本的目的和任务。在司法实践中,司法机关所进行的每项具体的司法会计检查活动,都有其具体的目的。我们从司法会计检查的基本目的出发,可将司法会计检查的具体目的划分为以下三类:

1. 通过司法会计检查,寻找、发现和收集证据

根据我国诉讼法规定的精神,不同的诉讼案件的举证责任亦属于不同机关或不同的诉讼参与人。尽管收集证据的方式会有所不同,但司法机关都必须依照法定程序全面客观地收集证据。在证据收集过程中,寻找和发现证据往往是收集证据的重要前提。司法机关在受理案件初期所进行的各种司法会计检查,主要目的就在于通过检查案件所涉及的财务会计资料及相关的财产物资,从而寻找和发现能够证明案件事实的证据。

以寻找和收集证据为目的的司法会计检查,较多地发生于涉及财务会计业务的经济案件的侦查阶段。主要是通过检查财务会计资料,寻找和收集能够证明犯罪手段、犯罪过程和犯罪结果的财务会计资料证据;通过检查公共财产物资的状况,寻找和收集能够证明犯罪所导致公共财产损失数量方面的证据。当然,通过寻找和收集证据还可能发现一些犯罪嫌疑证据,从而为揭露尚未发现的犯罪事实提供线索。

2. 通过司法会计检查,审查证据

根据我国法律规定,任何证据都必须经过司法机关审查属实才能作为定案的根据。司法机关通过司法会计检查审查证据包括:(1) 审查财务会计资料证据的合法性。即通过检查与财务会计资料证据有关的财务会计资料,来考查这些证据的来源是否可靠。(2) 审查财务会计资料证据的真实性。通过检查与某些证据相关的财务会计资料来考查这些证据所能证明案件事实的真实情况。例如,已收集到的书证及当事人的叙述均表明某一笔经济业务未记账,但在审查证据时,可以通过查账来审查和确认这一事实是否存在。(3) 审查证据的完备性。即在审查证据过程中发现尚缺少某些证据时,通过检查有关的财务会计资料,继续寻找和收集证据,以确认缺少的财务会计资料未收集的原因是原证据根本不存在,还是因收集证据时疏忽而未予收集。

3. 通过司法会计检查,固定证据

为了固定证据而进行的司法会计检查,主要是指对案件所涉及的财产物资状况的检查。司法机关在办理涉及财产物资的流转或损失的案件时,许多情况下必须收集有关财产物资在案发时的实际种类、数量、质量等状况的证据。在实地检查确认财产物资的实际状况后,通过制作检查笔录,将有关检查结果固定下来,以备作为证据使用。

三、司法会计检查与税务检查、财务检查的区别

（一）税务检查

税务检查也叫纳税检查，是税务机关以国家的法律、法规、政策和税收征收管理制度为依据，对纳税人履行纳税义务情况及其偷逃税行为的审核和查处行为的总称。

税务机关依法进行的检查必须做到：第一，在《中华人民共和国税收征管法》（以下简称《税收征管法》）及其《实施细则》以及其他有关税收法律、行政法规、政策规定的范围内进行。第二，程序上合法，必须持有税务检查证；在检查纳税人存款户时，经县以上税务局（分局）局长批准，凭全国统一格式的"检查存款账户许可证明"进行；查核纳税人的储蓄存款，须经银行县、市支行或者市分行的区办事处核对，指定所属储蓄所提供资料。

税务检查的主要内容为：

（1）检查纳税人、扣缴义务人执行税收政策、法律、法规的情况；

（2）检查各项税款的缴纳情况；

（3）检查纳税人、扣缴义务人执行财经纪律和税款核算情况；

（4）检查纳税人、扣缴义务人的发票使用、保管情况；

（5）检查纳税人、扣缴义务人执行税务机关依法规定的其他有关事项情况。

税务检查中可以行使的权力有：

（1）查账权；

（2）实地检查权；

（3）责成提供资料权；

（4）询问权；

（5）存款账户检查权；

（6）在调查税务违法案件时，有与案件相关的记录、录音、录像、照相和复制权。

（二）财务检查

财务检查是以核算资料为主要依据，对企业经济活动和财务收支的合理性、合法性和有效性所进行的检查，是实现财务监督的手段。进行财务检查，主要是检查企业对国家财经制度、财务纪律的执行情况。财务活动的一收一支，往往涉及国家、投资者、职工等方面利益关系的处理，关系到财经制度、财经纪律的执行。在财务检查中，既要揭露那些经济效益差、浪费损失大、增产不增收、产销不对路等倾向，更要揭露挪用资金、提高开支标准、滥发奖金、截留利润、偷税漏税、弄虚作假等违法乱纪行为。它不仅是维护国家财政收入、保证经济建设健康发展的主要措施，而且对于端正社会风气、打击经济领域中的犯罪活动也有重要作用。搞好财务检查，还能揭露企业财务管理混乱、基础工作薄弱等方面的问

题，促进财务管理工作的加强。财务检查有内部检查和外部检查两种。企业财务部门等所进行的检查，属于内部检查。国家各级财政、税务、国有资产管理及主管部门等所进行的检查，属于外部检查。企业财务部门通过本身业务工作，把好资金收付的审核关，可以有效地防止违法乱纪行为的发生。为此，要建立必要的内部稽核制度。在进行财务检查时，首先要通过凭证账表的审查核对，实物的清点盘存，揭露在遵纪守法方面的问题。其次要分清问题的是非曲直，区别工作过失、营私舞弊甚至毁灭凭据、抗拒检查等不同情况，确定应负责任的部门和人员。最后要在征询查证的基础上，写出财务检查报告。对所揭露出来的问题，要深入分析其发生的原因，提出处理意见，采取措施，整顿经营管理工作。

（三）司法会计检查与税务检查、财务检查的区别

司法会计检查与税务检查、财务检查从检查主体、运用的方法手段、检查目的等方面各有不同。主要区别用图表列示如下：

	司法会计检查	财务检查	税务检查
检查主体	侦查、检察、审判人员和由司法机关指派或聘请的司法会计技术人员	财政部门及其聘请的专家	税务人员
检查依据	财经法律、法规等	会计法、会计制度、财务准则、内部控制制度	税法
检查对象	有经济违法、经济犯罪嫌疑行为的单位	一般会计主体单位	一般纳税主体单位
检查方法	一般检查方法和侦查方法	一般检查方法	一般检查方法
检查目的	收集证据，证实犯罪	加强财政、财务管理	加强税务管理

四、司法会计检查与诉讼的关系

司法会计作为一种诉讼活动，无论对司法会计专业而言，还是就具体案件而讲，都是产生于侦查审理涉及财务会计业务案件的需要。所谓涉及财务会计业务的案件，是指案件本身包含财务会计事实的案件和案件本身虽不包含财务会计事实但需要通过检查财务会计业务查明有关事实的案件。

从具体案件讲，凡是涉及财务会计业务的案件都有进行相关司法会计活动的需要。在经济案件中，仅案件事实本身包含着财务会计行为或内容的案件就有110多种。如资敌案；非法制造、买卖、运输枪支、弹药、爆炸物案，非法买卖、运输核材料案，违规制造、销售枪支案，非法出租枪支案；生产、销售伪劣

商品案，走私案，妨害对公司、企业的管理秩序案，破坏金融管理秩序案，金融诈骗案，危害税收征管案，侵犯知识产权案，扰乱市场秩序案；职务侵占案，挪用资金案，挪用特定款物案；非法生产、买卖警用装备案，非法向外国人出售文物藏品案，倒卖文物案，擅自进口固体废料案，非法收购、运输、出售珍贵、濒危野生动物制品案，非法收购盗伐、滥伐林木案，走私、贩卖、运输、制造毒品案，制造、贩卖淫秽物品案；贪污案，挪用公款案，单位受贿案，对单位行贿案，单位行贿案，私分国有资产案，私分罚没财物案；徇私舞弊不征、少征税款案，徇私舞弊发售发票、抵扣税款、出口退税案，违法提供出口退税凭证案，国家工作人员签订、履行合同失职案，非法低价出让国有土地使用权案等。在民事（经济）纠纷案件中，凡当事人一方或双方为法人或经营单位的，也都会涉及财务会计业务。

所以，司法会计检查是侦查、审理涉及财务会计资料案件的一项重要诉讼活动，但不涉及财务会计资料的其他诉讼则不需要进行司法会计检查。

第二节　司法会计检查技术

一、司法会计检查的技术协助

（一）司法会计检查技术协助的含义

司法会计检查是司法机关的一项重要诉讼措施。根据我国诉讼法律的有关规定，司法会计检查在不同的诉讼及同类诉讼的不同阶段，分别应由侦查人员、检察人员或审判人员负责实施。但法律同时也有规定，必要的时候可以指派或聘请有专门知识的人参与司法会计检查。这里所谓必要的时候，主要是指，由于某些案件所涉及的财务会计业务比较复杂，侦查、检察、审判人员因专业知识不足而难以达到检查目的，或由于其他特殊情形，需要司法会计技术人员提供技术帮助，这便是司法会计检查的技术协助问题。

凡是涉及财务会计业务的案件，大都需要进行司法会计检查。但并非所有案件的所有司法会计检查活动都需要司法会计技术人员参与办理。通常情况下，案件承办人员在进行司法会计检查中遇有困难时，可以通过咨询司法会计技术人员获取必要的专业知识，以便顺利完成司法会计检查的任务。司法会计技术人员通常可以提供下列司法会计咨询：

1. 与具体案件有关的，涉及财务会计的原理、方法及手续方面的问题。例如，案件涉及单位应当执行的财务会计制度；相关财务会计制度的具体规定及含义等。

2. 具体案件的司法会计检查重点、方法、步骤等方面的问题。例如，如何通过司法会计检查发现具体案件的破案线索；具体案件应当收集的财务会计资料证据的范围；如何通过实施司法会计检查查明具体案件中的具体财务会计事实；具体案件实施司法检查时需要注意的事项等。

3. 具体案件司法会计检查结果的分析或运用方法等方面的问题。例如，通过司法会计检查收集到的具体财务会计资料证据的证明范围；具体财务会计资料证据对案件中某一财务会计事实的证明程度；具体财务会计资料证据中的缺陷以及在运用这一证据询问犯罪嫌疑人、询问证人时应当注意的问题。

4. 具体案件可能涉及的司法会计鉴定问题。例如，具体案件是否存在需要进行司法会计鉴定的财务会计问题；如果提请鉴定需要收集的财务会计资料的范围等。

5. 其他与实施司法会计检查有关的技术性问题。如电算化会计资料的检查等问题。

通常情况下，如果通过咨询可以完成相应的司法会计检查，就没有必要指派或聘请司法会计技术人员实际参与检查。但遇有下列情形时，司法会计技术人员应当参与实施司法会计检查：

1. 案件所涉及的财务会计业务极为复杂，案件承办人员提出技术协助要求，经过司法机关的首长（局长、检察长、院长）或首长授权的负责人批准，司法会计技术人员应当参与检查。

2. 因司法会计鉴定的需要，急需通过司法会计检查补充检材时，司法会计技术人员可以直接参与有关的司法会计检查。

3. 根据侦查、审理案件的特殊需要，由司法机关的首长（局长、检察长）直接指派司法会计技术人员参与司法会计检查时，司法会计技术人员应当参与检查。

4. 受司法机关的聘请，并办理了相应的法律手续，司法会计技术人员或其他会计、审计人员也可以参与司法会计检查。

（二）司法会计技术协助的内容及程序

司法会计技术人员在参与司法会计检查中，通常可以进行下列工作：

1. 协助案件承办人员制订或修订司法会计检查的实施方案。司法会计检查实施方案，是案件承办人员根据司法会计检查的原理，结合案件的具体情况制订。司法会计技术人员在介入案件时，如果尚未形成检查方案的，可以协助制订。对已经制订方案的，如果司法会计技术人员认为不妥当时，应当主动提出修订意见，以确保司法会计检查达到目的。

2. 运用司法会计检查手段，协助办案部门寻找、收集案件线索或财务会计资料证据。例如，挪用公款作案人张某将公款支票交某银行营业所，并将支票款项转入一个人储蓄账户。由于该营业所未设置支票存款备查账簿，案件承办人员及银行工作人员经过4小时查找仍未找到公款存入的储蓄账户，司法会计技术人员到达现场后，根据储蓄会计的记账特点，提出查账方案，仅用 15 分钟就将公款的储蓄存款凭证及存入的储蓄账簿查出。

3. 对案件所涉及的财务会计资料及相关财产物资实施技术性检查。所谓技术性检查，是指利用司法会计检查的技术方法，对案件所涉及的财务会计资料及相关财物实施检查。这类技术方法包括核对技术、对比技术、计算技术及对货币等财物数量的勘验技术等。

4. 协助并参与案件承办人员制作司法会计检查笔录。司法会计技术人员在协助进行司法会计检查后，应当协助并参与制作检查笔录，以固定检查的结果。

5. 协助案件承办人员分析司法会计检查的结果，利用财务会计分析技术，为司法机关的立案、定性、确定侦查范围或犯罪嫌疑人、确认案件事实提供分析意见。

在司法机关的内部，案件承办部门需要司法会计技术人员提供技术协助时，应当填写《技术协助通知单》，写明需要协助检查的主要事项，经主管首长批准后，送达技术部门。技术部门接到通知后，可以直接指定司法会计技术人员协助检查；也可以通过提供咨询，解答有关技术性问题，必要时再派员协助检查。主要检查事项实施完毕后，根据需要，司法会计技术人员可以将检查过程、检查结果制作成《司法会计检验报告》，由技术部门负责人签发后，送达办案部门。技术协助工作完成后，司法会计技术人员应当写出工作报告，向技术部门负责人报告工作。

对于需要聘请本机关以外的司法会计技术人员或会计、审计人员协助进行司法会计检查的，案件承办部门应当请示主管首长。经批准后，应当以本机关的名义填制《聘请书》并送达相关技术人员的所在单位。其他机关的司法会计技术人员、会计人员、审计人员接受聘请后，案件承办人员应当介绍案情，说明需要提供技术协助的具体内容。聘请会计、审计人员时，还应当告知办案纪律及注意事项。

二、司法会计检查的技术步骤

（一）司法会计检查的准备工作

司法机关在办理具体案件的过程中，是否需要通过司法会计检查收集和提取证据，应根据侦查和审理的需要而定。一经确定需要进行司法会计检查时，应迅速做好下列准备工作：

1. 明确司法会计检查的具体目的和要求

司法会计检查的具体目的要求，主要是指需要通过司法会计检查查清案件的哪部分事实及收集哪些财务会计资料证据。明确实施检查的具体目的和要求，是进行其他准备工作的前提。在实施简单检查前，应当明确需要查明的具体财务会计事实和需要提取固定的具体财务会计资料证据。

在实施复杂检查前，应当明确需要查明的财务会计事实的范围以及需要寻找的案件线索。

2. 确定司法会计检查的具体范围

确定司法会计检查的具体范围，主要是指确定需要对哪些单位的哪一时期的哪些财务会计资料（或财物）进行检查。这里主要介绍检查期间和检查项目的确定问题。

（1）检查期间的确定。检查期间，又称检查的时间范围，即司法会计检查所涉及的会计期间。换句话说，确定检查期间，就是确定对哪一起始时间至哪一终止时间的财务会计资料进行检查。检查期间，应根据案情和检查目的的需要作出恰当的推定。如将检查时间范围确定的太大，则会影响检查的速度；反之，则可能会达不到检查的目的。

对案情较为简单清楚的，检查期间通常确定为需查明事实所涉及的会计期间。例如，检查目的是为了核实某单位2002年11月是否收到发案单位支付的一笔款项，对某单位的财务会计资料的检查期间可设定为2002年11月至12月份。

对案情较为复杂或尚需通过检查查找案件线索的，检查期间可确定为主要当事人经管该业务或进行有关经济活动的会计期间。例如，侦查某单位领导受贿案件时，对该单位财务会计资料的检查期间应当设定为其担任该领导职务期间。

对因初次检查未达到检查目的而重新进行检查的，检查期间则应比前次适当放宽。

（2）检查项目的确定

检查项目，又称检查的业务范围，即司法会计检查的具体对象范围。在司法会计实践中，为了查明某一案件事实，往往需要对若干笔财务会计业务和多种财务会计资料进行检查，必要时还要同时对相关财物进行检查。因此，在实施检查前，应通过分析案情将需要检查的项目充分列出，以便在实施检查时能够做到有的放矢，防止遗漏检查项目。

3. 确定司法会计检查的实施步骤

司法会计检查的实施步骤，是指对检查对象进行检查的先后顺序。

（1）复杂检查步骤的确定。确定复杂检查的步骤，包含两个方面的问题：一是指当检查内容涉及两个或两个以上单位时，对不同单位的财务会计业务进行检查的先后顺序，即先检查哪些单位后检查哪些单位的问题；二是对同一被查单位，当检查项目既包括财务会计资料又包括财物时，进行检查的先后顺序问题。复杂检查的步骤，应根据案情、取证需要、投入的检查力量等具体情况进行选择和确定。

检查内容涉及两个以上单位的检查步骤，有以下三类：

一类是先内后外。即先查发案单位，后查相关单位。这种检查步骤适用于发案单位的线索比较具体明晰，而相关单位的线索不够明晰的秘密检查，或公开检查涉及的外部线索较多，需要通过检查发案单位的财务会计资料来理顺外部检查线索。

二类是先外后内。即先查相关单位，后查发案单位。这种检查步骤主要适用于外部线索比较明晰的秘密检查，或涉及发案单位的主要案件事实较为明了，而涉及相关单位的财务会计事实尚不清楚的公开检查。

三类是内外并查。即在发案单位和其他相关单位同时开展检查。这种检查步骤适用于公开检查。但采取这种步骤进行检查，往往需要组织大量的检查人员，因而在许多情况下不具备适用条件。

检查项目同时涉及账、物的检查步骤，有以下三类：

一类是先账后物。即先检查财务会计资料，后检查相关财物。这种检查步骤适用于无首先检查财物的必要，或虽有必要但尚不具备检查财物条件的情形。

二类是先物后账。即先检查财物，后检查有关的财务会计资料。这种检查步骤适用于需检查的财物随时都有可能发生增减变化的情形。采取先物后账的步骤，可以及时固定财物的实际状况，防止因先查账而出现变化。例如，对出纳人员作案的案件进行司法会计检查时，就必须采用先物后账的检查步骤。

三类是账物并查。即对财务会计资料及相关财物同时进行检查。采用这种步骤前需要准备好充足的检查人员。

(2) 具体检查步骤的确定。具体检查步骤，包括查账和查物的具体步骤。

查账的具体步骤，是指对不同种类的财务会计资料进行检查的先后顺序问题。这里主要是指检查账簿与检查凭证的先后顺序问题。通常情况下，实施简单检查的具体步骤一般为先账后证，即先检查账簿后检查会计凭证；实施复杂检查的具体步骤一般为先证后账或账证并查，即先检查会计凭证后检查账簿，或二者同时进行。

查物的具体步骤，应当根据现场情况进行确定。

4．其他准备工作

(1) 确定参加司法会计检查的人员及分工。确定司法会计检查人员时，应注意选派熟悉司法会计业务，能够独立进行检查工作的人员，并进行适当的分工。

(2) 准备必要的交通工具和通讯器材。

(3) 制定应付突发事件的方案。司法会计检查的实施，有时会遇到被查单位以各种理由拖延或拒绝检查的情形，有时甚至还会遭到围攻。对此类情形，在检查前应有所预料，并事先考虑好应付方案。

(二) 简单检查的实施

1．简单检查的实施步骤

实施简单检查的主要步骤包括：调取并检查有关账册；调取并检查会计凭

证；调取并检查其他相关财务会计资料；收尾工作。

(1) 调取并检查日记账或明细账。实施这一步骤的中心任务，是寻找与查证事项有关的账簿记载，以便查找和检查会计凭证等其他财务会计资料。这一步骤包括以下两个具体过程：

第一步，向被检查单位索取有关的账簿。即根据事先确定的检查范围，向被检查单位索取有关的现金日记账、银行存款日记账和明细分类账。索取账簿或银行对账单的范围，可根据已掌握需要查证的事实内容而定。例如，需查明该单位收入或支出某笔现金的情况，既可以直接调取现金日记账，也可以根据已掌握的此笔现金的收入或付出的原因，同时调取相应的明细分类账（如销售收入明细账、或成本费用明细账、或往来明细账等）。

第二步，检查账簿。即根据需要查证的财务会计业务的发生时间、发生金额及业务内容等，通过查看账簿所记载的会计事项及发生额，从中找出该笔业务的账簿记载，查明记账凭证的日期及编号。检查账簿时，如所查的内容涉及货币资金收付的，则应先检查现金或银行存款日记账；如从日记账中查不到需查证业务的，可以检查该业务可能涉及的明细分类账；如所查的业务内容不涉及货币收付的，则可以直接检查有关的明细分类账。

例1：办案中需要查清发案单位2002年支付的一笔银行存款业务。从发案单位获取的财务资料有11月28日开出的转账支票存根和收款单位出具的还款收据（编号8039459），金额均为4,685元。如果直接到收款单位进行查账，可先检查收款单位2002年银行存款日记账，通过审阅11月至12月份的借方（或增方、收方）栏发生额，查看有无收取4,658元的记载，如有记载，则通过查看摘要栏，确认是否系付发案单位款项的业务（如不是，则继续查找），如不便确认时，应当将同期的所有同金额的业务全部查出；如从银行存款日记账中查不到记载，则可通过检查收款单位的其他应收款明细账，查看2002年11月份以后的贷方（或减方、收方）栏，查找有无该笔业务的记载。从上述账户中查找到该笔收款业务的记载，第一步检查即告完成。

例2：办案中需要核查甲单位"应付账款——乙单位"账户中一笔2001年至今尚未结算的4万元货款。在甲单位已有的财务资料为2001年9月乙单位出具的0023430号发票。仅从甲单位的资料看这笔业务未涉及货币资金。所以，到乙单位检查时，通常应当先检查其2001年应收账款明细账。检查时，可以先翻阅明细账中有无以甲单位命名的明细账，如有则可以直接审阅该账户的贷方发生额，找出该笔账务记载；如果乙单位未按单位分别设置明细账，则可以直接审阅应付账款明细账的贷方发生额，查找该笔业务记载。如果应收账款明细账中无记载，则可以通过检查销售收入明细账进行查找。

(2) 调取并检查会计凭证。实施这一步骤的中心任务，是查明与查证事项有关的财务凭证记录和会计处理方法。这一步骤包括以下两个过程：

第一步，索取会计凭证。即根据第一步中查出的账簿记载的记账凭证号码，向被查单位索取该记账凭证及所附原始凭证。索取会计凭证时，如查证事项需要对会计凭证持有人保密的，可不告知其具体的凭证号码，而是向其索取包括需调取凭证在内的一本或数本会计凭证，使其摸不清对会计凭证进行检查的意图。

第二步，检查会计凭证。首先应确认该会计凭证所记载的事项是否是需查证的事项。确认方法：一是看记账凭证中的摘要栏记录的会计事项与所查事项是否相符；二是看原始凭证与所查事项中的已知原始凭证是否一致。例如：例1中收款单位的原始凭证应当是8039459号收据记账联；例2中乙单位的原始凭证应当是0023430号发票的记账联。然后，应查看会计凭证记载的该笔业务还涉及哪些账户，以便进行第三步工作。

在检查会计凭证时应当注意审查凭证的制作是否存在明显的问题。例如：审查会计分录的正确性、审查该记账凭证在填制方面与相邻的记账凭证有无明显的差异等。

(3) 调取并检查其他相关的财务会计资料。实施这一步骤的中心任务，是查清与查证事项有关的全部财务会计资料，并据以查明某笔财务业务的来龙去脉，这一步骤的具体内容有：

第一，根据查出的记账凭证中的会计分录，调取并核对会计分录中涉及的其他相关科目明细分类账或日记账，查明该会计分录所列示的财务内容是否已全部如实登记入账。例如：例1中通过银行存款日记账查出的记账凭证所列会计分录假定为借记银行存款、贷记其他应收款，在此步骤中则需要调出其他应收款明细账，核实是否记账；例2中通过应收账款查出的记账凭证所列会计分录假定为借记应收账款、贷记主营业务收入，则在此步骤中需要调出主营业务收入明细账，核实是否记账。

第二，审查明细分类账，查明该笔财务业务是否与其他业务还有联系。如有，则应继续通过调取、检查有关的财务会计资料，弄清原委。例如：例1中还应当继续检查其他应收款的借方发生额，找出形成该笔应收款的账项，索取相应的凭证及账簿，查明形成此笔应收款账项及原因。

第三，如果所查的会计凭证还涉及被查单位的其他财务资料，如财务凭证的其他联次、生产或运输记录、职工花名册等，均应一并调取检查，以确认会计凭证的真实性。

(4) 收尾工作。需查证的资料检查完毕后，应做好收尾工作，包括：

①挑选、整理需要提取的财务会计资料证据。挑选财务会计资料证据时，一是应当根据已确认的财务会计事实的发展过程，将有关的原始凭证、记账凭证、账页及未随账装订的其他财务会计资料挑出整理；二是对检查中发现的其他与案

件有关的财务会计资料，或有犯罪嫌疑的账项资料，也应一并挑出，待继续查证时使用。

②固定财务会计资料证据。对需要调取财务会计资料原件的，应当出示《调取证据通知书》，告知被查单位调取此证据的法律依据，并复制原件，将复制件和《调取证据通知书》一并交被查单位保存。对不便提取财务会计资料原件的，应根据取证条件及资料的需证事项，采用复印、拍照或绘制的方法予以固定。其中，对需要进行痕迹鉴定的账证，必须进行拍照。

固定财务凭证时，应当注意对凭证背面内容的固定。

③提取财务会计资料证据。将财务会计资料证据固定后，需注明该证据的出处、提取人姓名、提取日期等事项，并由被检查单位的主管人员或财务会计资料持有人复核后，加盖被查单位的公章。

2. 简单检查的注意事项及特殊情况的处理

（1）开始检查账簿时，有时会遇到检查期间内的账簿中没有需查账项记载的情形。出现这类情形的原因及检查对策有以下几点：

①实际账务处理的时间比财务业务的实际发生时间提前或延后。对此，只要适当扩大检查期间（即扩大检查的时间范围）便可查到账簿记录。

②会计人员记账时将此笔业务与其他同类业务合并记为一笔。检查时，可结合查看摘要栏内容，逐一调出检查期内的同方向超过此笔业务金额的发生额的会计凭证，进行检查，即可查出。

③原账簿中有反记、漏记或错记等记录错误。通常情况下，这类错误会被会计人员在对账时发现，并予以更正或补记。检查时，只要注意查找更正记录或补记的账项，一经核实，便可以找到需查账项。

④需查证的业务已进行账务处理但未记账或记账存在错误且未被纠正。此类情形，可采取直接查阅检查期间全部会计凭证的方法，查出需查账项的记账凭证和原始凭证。必要时，应当通过司法会计技术人员验证会计错误。

⑤对通过银行结算的款项，经上述检查仍未查到的，可能是被查单位对此笔业务根本没有进行账务处理或款项未存入该单位的开户银行或不是从该单位开户银行支付的。

检查中出现此类情形时，可以通过银行进行查证。我们以经济案件发案单位收付款项业务为例，说明此类检查业务查证的方法：

对发案单位收款的业务，首先根据发案单位银行对账单记录的收款日期和金额，到其开户银行查询该笔收款的来源，并收集相关的票据交换清单，然后根据银行提供或交换清单列示的付款银行名称，到付款银行查出付款单位的对账单及付款凭证（如支票等），便可以查明实际的付款单位。

对发案单位的付款业务，首先根据发案单位银行对账单记录的付款日期和金额，到其开户银行查询该笔付款业务的去向，并收集付款凭证（如支票等）。根据付款凭证及背书的记载确认收款单位，并到付款单位开户银行调取收款单位对账单。

通过检查银行结算资料查明对方单位后，到对方单位仍不能查到会计记录时，应当意识到对方单位的收款或付款账户可能系小金库账户。在经济案件的侦查中，需要考虑是否通过复杂检查，查明该类账户中有无经济犯罪痕迹。

（2）在无须对财务会计资料持有人保密的情况下，可邀请其协助检查，这样做可以提高工作效率。

（3）在经济案件侦查的简单检查中，如发现被检查的财务会计资料中有与需查业务无关，但又有明显犯罪嫌疑的账项，检查人员应予以重视，并采用相应的检查方法进行检查核实。

（4）在检查中发现会造成虚长库或虚短库的弊端账项时，应考虑有无同时检查实际库存的需要。如有必要，则应立即检查有关的现金、有价证券或存货等的实际库存情况，并注意做好检查笔录。

（三）复杂检查的实施

1. 复杂检查的一般实施步骤

实施复杂检查的主要步骤有：一是了解发案单位财务会计方面的基本情况；二是收集、控制财务会计资料；三是检查财务会计资料及相关的财产物资；四是核查账项；五是进行必要的技术鉴定；六是收尾工作。

以下分别介绍各步骤的具体做法：

（1）了解发案单位财务会计方面的基本情况。在着手实施复杂检查时或在复杂检查的实施中，必须随时注意了解发案单位有关财务会计方面的一些基本情况。这是在实施复杂检查中能够及时发现问题并迅速作出正确判断的重要前提。通常需要了解和掌握的基本情况包括：

①内部控制制度。内部控制制度，是指发案单位的行政领导及各职能机构的有关人员，在处理财务会计业务时相互联系、相互制约的经济管理制度。它主要包括财务管理制度和会计核算制度。

②有关财务会计人员的基本情况。

③其他与检查内容有关的情况。

A. 与案件有关的资金来源、资金用途及资金数量等资金情况；

B. 与案件有关的材料、产品、商品等存货的购销及生产经营情况；

C. 与案件有关的固定资产的购置、使用及报废情况；

D. 对使用会计科目编号制作会计分录的单位，应了解并熟悉其主要会计科目的编码，以便能看懂记账凭证；

E. 根据具体案件的检查需要，还应了解发案单位在检查期内有否发生过重大失窃、短库、毁账等特殊情况。

了解发案单位财务会计的基本情况时，可采用下列方法：一是直接向发案单位索取有关的制度文件进行查阅，必要时可以复制，以便检查时对照；二是要求发案单位提供有关人员的名单；三是通过查阅财务会计报表，可以了解资金及生产经营方面的情况；四是通过与有关人员进行交谈或座谈，可以了解有关制度的实际执行情况。

（2）收集、控制需要检查的财务会计资料。

收集财务会计资料的范围，应根据准备收集的资料范围及发案单位的实际情况而定。收集中应注意审查财务会计资料是否连贯和完整，遇有不连贯、缺页、缺损等现象时，应及时查明原因，以防止收集工作的失误。

财务会计资料收集工作完成后，应根据财务会计资料在本案中的意义和发案单位的具体情况，确定是否需要实施控制以及如何控制，以确保这些资料在实施检查过程中的安全。

控制发案单位财务会计资料的方法，主要有两类：一类是直接控制，即由司法会计检查人员办理借阅或扣押手续，将资料收存于办案机关；另一类是间接控制，即责成发案单位指定专人保管资料，或指定协助办案的有关机构将资料暂时收存。

（3）检查财务会计资料及相关财物。财务会计资料及相关财物的具体检查内容、检查重点及具体检查方法，应视具体案情而定。这里仅就进行检查的组织要点，作一简要的介绍。

在组织实施检查时，应当做到分工适当，重点突出。

所谓分工适当，是指对参与检查的人员，要根据其业务水平和能力，进行合理的分工。一般应当确定主查人员和辅助检查人员。主查人员应由熟悉财务会计业务，通晓司法会计检查知识的人担任，其主要职责是对关键账目进行检查，并从技术方面组织和指导其他检查人员的工作。例如，为查明某类资金的收入及付出情况，就可以参考下列模式进行分工：由主查人员负责检查账簿，提出需要检查的会计凭证，辅助检查人员则根据主查人员提出的检查内容，查阅并复制会计凭证。如果案件涉及的核查业务较多的，可以按核查的内容和核查的方向，将检查人员分成若干查账小组，在主查人员的指挥下，分别进行工作。

所谓重点突出，是指在组织检查财务会计资料时，要根据案情及办案进度的具体需要，安排相应的检查事项。例如，在办理经济案件的司法会计检查中，应重点检查记载犯罪嫌疑人或犯罪嫌疑人直接经办的业务所涉及的财务会计资料。但是，在具体实施检查的过程中，检查重点也不是一成不变的，还应根据查办案件的具体情况，随时进行调整。例如，遇有急需到外地进行核查的事项时，就应集中力量，先将该方向所需核查的所有账项全部查出，以便一并进行核查。又如，在查办案件中为了询问证人，有时也需要集中检查人员对有关证人所经手的财务会计资料进行重点检查，以便及时收集证据，判明证人是否如实作证，或利用这些证据来促使不肯作证的证人如实作证。

在复杂检查中，对有关财物进行检查的目的，一是为了查明与案件有关的财产物资在诉讼时的实际状况，并以检查笔录的形式予以固定；二是为了核查盘存类账户（如现金、存货、固定资产等账户）余额的真实性，以便确认或排除嫌疑账项。这里需要指出的是，检查财物并非是复杂检查中必须进行的检查工作，通常情况下，除案件线索直接涉及财产物资实有数量的情形外，只有当检查中发现涉及财物的弊端账项或其他需要核实财物库存的情形时，才对相关财物实施检查。

（4）核查账项。核查账项，又称追踪检查，即对检查财务会计资料时发现的，能够证明案件事实的账目记载事项或可能存在违法犯罪情形的嫌疑账项，通过追踪检查相关单位的财务会计资料，进行进一步的查证和核实，以确定这些记载内容是否真实。

追踪检查，是复杂检查中必须进行的重要步骤。在实际办案中，办案人员可以结合讯问犯罪嫌疑人或询问（当事人、证人等）财务业务经办人一并进行。

（5）进行相关技术鉴定。司法会计检查中进行的相关技术鉴定，是指针对有关财务会计记录的真实性问题或为了查明某一记录的确切内容，而进行的除司法会计鉴定以外的有关专业技术鉴定。常用的技术鉴定有文检鉴定、工程鉴定、计算机相关内容鉴定、商品鉴定等。

（6）收尾工作。复杂检查的收尾工作，除包括前述简单检查的收尾工作内容外，还应及时解除对有关财务会计资料的控制。

2. 往来结算账项的核查步骤

在复杂检查中，往来结算账项的核查（包括核查已结算的账项和核查尚未结算的账项）是进行追踪检查的主要工作。核查的主要步骤及方法包括：

（1）准备检查资料。核查往来账项，首先应准备好有关的核查资料。其中，在本地区或到附近地区进行核查的，一般只将有关账项所涉及的内容，从有关账簿或凭证中抄录下来便可；如到外地核查，还应将同时期与对方单位所发生的全部账项一并抄录。必要时，应当复制有关票据。

（2）检查相关单位的财务会计资料。到相关单位检查财务会计资料时，可以按照简单检查的步骤实施检查。

由于往来双方单位的账务处理方法及账务处理时间可能存在差异，因而在核对有关结算账项时，会出现核对不一致的情形。例如，在核查应收账款账项时，对方可能将应付账款记入材料采购等账户，因而在检查其应付账款账户时，就无法查到该账项的记载。又如，对方单位是由多个半独立核算单位组成的，且同时与发案单位有业务往来结算账项,因而只检查其主管会计机构的账目,许多账项也是无法具体核实的。因此,当核查中遇有一时核对不一致的情形时,可通过检查有关现金或银行存款等账户资料,顺着款物流转的方向,逐步查找核实。

三、司法会计检查的技术方法

（一）司法会计检查的基本方法

司法会计检查的基本方法,主要有审阅、复算、核对、比较及勘验等。

1. 审阅法

审阅法是指检查人员通过对会计记录和其他有关书面资料细致地审查和研究,发现问题,收集证据的一种方法。通过审阅,能够对被查单位的会计及其他资料的真实性、正确性以及所反映的经济活动的合法性、合理性有个大致的了解,然后从已发现的疑点入手,结合其他技术方法作深入的查证。审阅法通常包括凭证的审阅、账簿的审阅、报表的审阅以及其他资料的审阅。其中以会计凭证的审阅和账簿的审阅作为审阅法的重点。

（1）会计凭证的审阅。

①原始凭证的审阅检查。原始凭证是在经济业务发生时取得或填制的,用以记录和证明经济业务的发生和完成情况的原始书面证书,是进行会计核算的原始资料和主要根据。它分为外来凭证、自制凭证和收付凭证。

A. 外来凭证的审查。外来凭证包括汇款回单、进货发票、运费收据和费用,服务、劳务的有关凭证等。对它们的审查,主要检查凭证所反映的经济业务的合法性、真实性和完整性。合法性的检查,一是指凭证本身是否经过登记、套印等合法手续取得的且具有法律效力的;二是凭证所记录的经济内容,必须符合政策、法令和财务制度的规定。真实性检查,就是对凭证各个项目的经济内容、数据、文字均不得涂改、伪造或作不合规定的订正。完整性检查,是指凭证的各项指标,如企业名称、商品名称、规格、计量单位、数量、单价、大小写金额和填制日期以及增值税专用发票的专项要求的内容等,均应填写清楚,计算正确,有关核批手续也必须完备。

B. 自制凭证的审查。自制凭证包括仓库收发凭证、对外收支凭证、各种报销凭证和支付款项的凭证等。企业内部进出库的自制凭证,如收料单、领料单、成品入库单等。对此,主要查验其内容是否真实,处理是否符合规定,有无瞒报产量,扩大耗料,虚报损耗等问题。企业内部的报销凭证,如差旅费报销单、交通费报销单以及其他各种支出证明单据,应查明报销的金额是否符合规定,手续是否完备,有无弄虚作假等问题。企业对外使用的自制凭证,如现金收据、实物收据等,应查明其种类、格式、使用是否符合财政机关和财务制度的规定,审批手续是否健全。

C. 现金收付凭证的审查。现金收付凭证是用作收付现金的书面证明,它是货币资金中检查的重点。检查现金收付凭证，主要是为了查明有无不符合现金管理制度的大宗现金的收付，主要检查有无现金不入账、私设"小金库"、转移现金收入，以及涂改、伪造、虚列费用等扩大开支范围，提高开支标准，违反财务制度的问题。

②记账凭证的审阅检查。记账凭证是由会计人员对原始凭证归纳整理而编制的，作为登记账簿的依据。记账凭证的检查主要内容有以下几点：

A. 记账凭证是否附有原始凭证，两者内容是否一致。记账凭证的填制必须根据经济业务的性质，按照会计制度的规定，确定应借、应贷的会计科目，原始凭证与记账凭证的数额、会计记录与其所反映的经济内容，必须口径一致，科目使用得当。如对转账支票，会计记账分录上应该把收付款单位的名称与转账支票上的单位名称相符，但有的财会人员在制作记账凭证时，把转到甲单位的支票记录为乙单位，为什么甲单位的款要转到乙单位，又未附任何证明。记账凭证上会计分录没有原始凭证作为依据，这样就会给犯罪分子以可乘之机。

B. 会计科目及其对应关系是否正确。会计事项的账务处理及其科目对应关系，在会计制度中都有明确的规定，不得任意乱用科目，更不得为了逃避税收负担，违反制度规定，混淆账户对应关系，故意编制错误的会计分录。如企业销售产品不通过"产品销售收入"科目核算，直接以"银行存款"或"应收账款"等科目与"产成品"等账户对转，以此影响企业的利润和税收。

C. 会计记录所反映的经济内容是否完整，账务处理是否及时。在记账凭证和原始凭证的核对过程中，往往发现轧差和合并记账的现象，如在销售收入中坐支费用，在材料进价中夹有不合理的开支，紧俏商品的相互交换，以交换差价入账等，这些情况不仅会影响有关经济业务的全貌反映，也会导致纳税的差错。

凭证的检查是一项繁琐而复杂的工作。由于企业的会计凭证一般较多，而且每一张凭证所反映的只是个别业务，如果对所有凭证进行检查，没有重点，力量分散，对于大型企业来说，事实上也是不容许的。因此，除了特殊情况外，可以根据检查的目的，抽查有关的凭证。一般应根据检查账户和报表中发现的问题，有的放矢，缩小检查的范围。只有这样，才能把证、账、表有机地结合起来，分析、检查和落实重点问题。

(2) 账簿的审阅。账簿包括总账、明细账、日记账和备查簿等，其中明细账和日记账是审查的重点。

①明细账的审阅检查。明细分类账是根据二级或三级明细科目开设的，用来详细记载某一类或某项经济业务的具体情况的簿记。它是在总账总括反映的基础上的分项，分户的明细核算，补充总账无法反映的情况。按照核算的内容和管理的需求，分户明细账一般可以分为三大类，即结算分户明细账、经营收支明细账和财产分户明细账。结算分户明细账一般按结算户设置，采用三栏或横线登记式

账页格式；经营收支明细账一般按收支项目设置，采用三栏式或多栏式明细账页格式；财产分户明细账一般按财产品种、类别、规格或存放地点等设户，采用数量金额式或横线登记式账页格式。

A. **三栏式明细账的审阅要点**。三栏式明细账只有借方、贷方和余额三个栏目，设有数量栏，适用于只需要反映金额的经济业务，如结算业务中的应收账款、应付账款、其他应收款、其他应付款等以及经营收支业务中的产品销售收入等。这里以应收账款、应付款等结算账户为例，说明三栏式明细账的检查要点。审核明细账户的设置是否符合核算和管理要求，按照有关单位或个人分别开设账户。审核每笔账项是否都以合法的原始凭证（如结算凭证）和记账凭证为依据，逐笔顺序登记，并逐笔结出余额，以反映结算过程中各个款项的增减变化和结存情况。采用查询法查明结算户是否确实存在，验证账上的数额是否真实正确，有无账有实无、有账无主的情况，若存在这种情况，可能存在私设小金库、隐瞒收入或利润的问题。采用核对法，审查类属于同一总分类账户的各明细账户发生额合计与余额是否与其所依附的总分类账发生额和余额相等，如不符，应进一步查明原因。

B. **数量金额式明细账的审阅要点**。数量金额式明细账的格式是在借、贷、余三大栏下分别设置数量、单价、金额三小栏，适用于登记财产物资的收、发、存的账簿。其审计要点是：审查财产、物资是否按各种适当的方法（如品名、批次、产地、单价等）分户设立明细账，并分别记载其品种、规格、单位、数量、单价、金额及其存放地点。审查财产、物资明细账尤其是原材料明细账是采取业务、保管、会计三账分设，还是两账合一或三账合一，能否既节约人力、避免重复设账，又能满足核算及管理的要求。审核每笔账项是否都以合法的原始凭证（如出、入库单）和记账凭证为依据逐笔顺序登记，并逐笔结出结余数量。采取盘存法，确定财产物资的实存数量，然后与账存相对比，判断账实是否相符。若不符，应查明原因。在三账分设的情况下，采取核对法，审查财会部门的明细账与业务部门的业务账、仓储部门的保管账有关数额是否一致。若不一致，应查明原因。采取逐级核对法，审查一级明细分类账（财产物资大类明细账）的本期发生额与结存额是否与总分类账的发生额与余额相一致，二级明细账（按品名、规格分户的明细账）与其所依附的一级明细账的本期发生额及余额是否一致。审查财产物资的计价方法是否科学，收入、发出和结存的计价是否采用同样方法，是否遵循一贯性原则，有无利用计算技巧人为调节成本、利润或倒买倒卖现象。

C. **横线登记式明细账的审阅要点**。横线登记式明细账是采用平行式的账页格式，对同一项经济业务从它的发生到它的终结都在同一行次的借、贷两个栏目先后进行登记的一种明细账。审计时，主要是审查同一笔经济业务借方和贷方登记的时间距离长短是否合理。对于结算户来说，同一项业务时间相隔较长，说明未及时清理款项,应查明原因;对于财产物资中的材料采购来说,相隔时间较长,说明采购业务战线较长,要么材料未及时验收入库,要么未及时支付货款。还要审查有无长期有借方或贷方发生额而无贷方或借方发生额,若有应查明原因。同时,还应审查对于同一笔业务的借、贷方发生额是否一致,若出现差异,应结合有关凭证进一步审查。

D. 多栏式明细账的审阅要点。多栏式明细是根据经济业务的特点和经营管理的需要,在账面上设置若干专栏。它适用于登记明细项目多,借、贷方向单一的经济业务。如费用、成本、收入成果等经济业务。审计时,应对照原始凭证,审查费用、成本或收入成果的确认时间是否符合权责发生制原则,有无将不应计入的计入;审查应计入专栏的项目范围和计入的数额是否符合财务制度的规定;审查红字转出额是否正确,有无多转少转,以调节成本、收入,最终调节利润的行为。

在司法实践中,审查分类账的重点是明细账而不是总账。因此,经侦民警在审查明细账时,应根据案情需要,可以作一般性的审查,也可以作部分或者全部的审查。对明细账的审查主要有账证核对法、账账核对法、账实核对法。

账证核对法工作量大,一般很少采用,只有在走私、集资等犯罪侦查和进行司法会计鉴定时采用,这种方法虽然繁琐,但准确性较高。账实核对法,可以采用实物盘点法清点发案单位实际的财产物资,也可以采用函证、索取银行对账单、走访等形式进行核对,此方法对侦查渎职、贪污、职务侵占等案件比较实用。由于明细分类账较多,其明细账户更多,要把握侦查时机,就必须有重点地进行审查,这样才能收到事半功倍的效果。首先,应该抓住那些与经济、渎职以及与民事行政案件争议焦点有密切联系的明细账和明细账户,如资产账户中的现金、银行存款、应收账款、长期投资等,负债账户中的长期借款、应付账款、预提费用等。其次,可以根据手中掌握的情况和线索,直接查证相关的明细账户,核对发案单位的有关原始凭证或者实物,顺藤摸瓜,扩大战果。最后,收集账证检查材料,搞好提供诉讼证据的准备工作。

②日记账的审阅检查。日记账又称序时账,是出纳员按银行开户和现金种类分别用来序时逐笔登记货币资金收付的日记账。由于货币资金活动是企业各种经济活动的基础,因此日记账是账簿审计的重点。常用的日记账有现金日记账和银行存款日记账。

A. 现金日记账的审阅要点。企业现金日记账主要是登记企业经营活动中的现金收支和结存情况的序时账簿。因此,在审查现金日记账时,首先,应了解发案单位现金的收入渠道及项目;其次,应了解该单位现金的支出方向和内容;最后,还应了解该单位对库存现金的保管,以及每月的对账情况。只有这样,才能从总体上对发案单位的现金管理和财务核算有所了解,从而便于开展具体的审查工作。

审查现金日记账是否采用订本式账簿;审查是否有专人保管和登记现金日记簿;审查现金日记账的审查期发生额及余额是否与总账账户的发生额及余额相一致;审查每笔现金收付事项是否都以合法的原始凭证和收、付款凭证为依据以登记,摘要栏是否简明扼要、清楚明了,账证是否相符;审查现金日记账中记账日期与原始凭证的日期是否相近。若日期相隔较长,应查明原因;审核每笔现金收付事项是否符合现金管理制度,现金开支范畴及其他制度办法规定,有无现金收付金额过大的问题及其他问题。抽查现金日记账中的对方科目栏,核对与对方科目的账户记录数额是否相符;审查现金日记账中记账日期与收、付款凭证的编制日期是否一致,查明现金日记账是否逐日逐笔按顺序登记、是否做到日清月结;审核现金日记的每日结余额是否超过库存限额,是否与库存现金存额相一致;审查承前页与过次页的数额是否相符,本期发生额的合计数额和期初、期末余额等的计算是否正确。

将现金收入单据存根联与现金收入单据会计做账联和存入银行的对账单相核对,看三者之间在日期、号码和金额上是否存在差异,这种方法在侦查贪污、挪用案件中有着较实用的价值。对于发案单位中会计兼任出纳的,更应认真查其收、付、存现金情况,也可从现金、银行存款日记账入手,这是侦破案件的最佳突破口。每年终了,企业的现金日记账均要结转下一年度,因此,应认真审查年初的"上年结转金额"与上年现金日记账簿的"结转下年金额"的数值是否一致,如有差异,应及时审查"其他应付款"或者其他科目的结转数是否也有同样的误差,若有,一般巧合的可能性较小,应进一步审查。

在审查现金日记账之前,不妨可以根据案件的需要,对发案单位出纳人员所经管的库存现金进行突击盘点审查,并及时与现金日记账、分类账,以及现金收支原始凭证存根联核对。如发现单据的日期、金额等项目有涂改、挖贴等痕迹,应进一步认真审查。

B. 银行存款日记账的审阅要点。银行存款日记账是企业登记其在生产经营活动中,在银行部门所进行的收、支和结存情况的序时账。它属于大宗业务的转账范畴。由于银行存款与现金不同,不存在实有数的清查,为此,对银行存款日记账的审查应做好审查的前期工作。首先,应掌握发案单位在哪些银行开户,其主要生产、经营业务的往来户是哪些部门和单位;其次,详细了解发案单位在经营活动中的银行结算方式;最后,收集所有的银行对账单及余额调节表。若不能在发案单位找到,可到发案单位开户银行提取。然后开始以下方面的审查:

审查企业是否分别人民币和外币,按银行存款管理制度和结算制度规定分别开设银行账户,并分别设置银行存款日记账;审查银行存款日记账是否采用订本式账簿;审查企业是否有专人保管并登记银行存款日记账;审查外币银行存款日记账是否采用双重计价，一方面用原币记账，另一方面按照汇率折合人民币记账，所选用的汇率是否符合制度要求。

审查银行存款日记账的发生额合计与余额是否与总账账户的发生额及余额相符；逐笔核对银行存款日记账与银行对账单的余额，看其是否一致。若不一致，应查明属于未达账项原因，还是记账错误，还是舞弊行为。对于未达账项，通过编制银行存款额调节表来验证，对于后者应按有关规定处理。

逐笔核对银行存款日记账与银行对账单的发生额，查明有无银行对账单上有一收一付，或一收多付，或一付多收，金额相等，而日记账上无此项记录；若有，可能存在出租出借银行户头；审核每笔银行存款收、付事项是否均以合法的收、付款凭证和原始凭证为依据进行登记。账页内容尤其是凭证号数、结算凭证种类及号数、摘要、对方科目等是否填写齐全、清楚、整洁，账证是否相符；审查银行存款日记账是否逐日逐笔顺序登记，并结出其余额；抽查银行存款日记账中的对方科目栏，核对与对方科目的账户记录是否相符。

重点审查银行存款日记账上的"无因"大额转账款。发案单位以"暂付款"、"应付款"等科目与银行存款科目对应，将大额存款转出后，又没有购入相应数值的商品设备或生产材料，针对此种情况，应进行追踪审查。

详细审查支票存根，逐项核对支票的日期、编号、金额和领取支票人等内容，查看是否有异常情况，如支票号码不连续、缺号、断号，应与银行对账单核对，看此款的收支情况。

(3) 会计报表的审阅。

首先，审阅会计报表的填制是否符合会计制度的规定，有无增删表列的情况。会计报表中的数字计算是否正确，表与表之间有关的项目金额是否相符，表中小计数是否等于各分项之和，合计数是否等于小计数之和，总计数是否等于合计数之和等。

其次，结合对账簿的审阅，审阅报表中的项目有无虚增或者虚减余额的情况，如虚列资产、隐瞒负债等。

最后，报表中有关项目是否对应相符，资产总额与负债及所有者权益总额是否相符；固定资产净值是否等于固定资产原值减累计折旧的差额等。

审阅法是所有司法会计检查活动都必须采用的一种最基本的检查方法。通过查看阅读有关的财务会计资料，可以发现或解决下列与案件有关的涉及财务会计专业的问题：

①查明需要查证的财务会计事项在有关财务会计资料中的记载情况，以便于收集和固定本案的证据；

②查明财务会计资料中有无记载违法犯罪事项或有无违法犯罪嫌疑账项，以便查找或发现案件线索；

③查明有关财务会计资料证据的出处,以便审查这些证据的合法性、真实性是否完备;

④通过审阅财务会计资料,还可以确认当事人或发案单位提供检查的财务会计资料是否完备、有无遗漏。

2. 复算法

复算法是指通过重新计算财务会计资料中的合计、累计、余额、乘积等数值,查明资料所记录的计算结果是否正确的一种司法会计检查方法。通过复算可以发现案件涉及的财务资料中的计算错误。在司法会计检查中,遇有下列情形时,应当采用复算法进行检查:

(1) 准备提取并作为证据使用的各种财务会计资料中的各项计算结果。如账户所记载的账户余额、合计数等。

(2) 重点检查的各种财务会计资料中的计算结果。如在侦查利用涂改发票作案的案件中,对犯罪嫌疑人经手的发票中单价与数量的合计数就应进行复算。

(3) 检查中发现某一计算结果所含计算项目的数量或数值有误时,应对该计算结果进行复算,以确认该结果是依据正确的项目数值,还是依据错误的项目或数值。

(4) 通过其他检查方法发现的与实际情况不相符的计算结果。

3. 核对法

核对法是审核会计信息一致性、正确性的方法。它是将两种或两种以上的资料相互对照或相互交叉对照,以检验其内容是否一致、计算是否正确的方法。通过核对可以证实各种会计资料之间是否衔接正确、是否存在差错和弊端。核对法包括以下几个方面的核对内容:

(1) 证证核对。证证核对是指会计凭证之间的核对。它是核对法最重要的环节。其工作量最大,过程也比较复杂。由于会计凭证有很多种类,所以证证核对,也就包括很多方面的内容。

①记账凭证和原始凭证的核对。记账凭证是根据原始凭证编制的,所以记账凭证上的有关内容必须与所附的原始凭证的内容一致。有些业务的原始凭证没有错弊,而在编制记账凭证时出现了错弊。对此可通过核对记账凭证和原始凭证是否相符来查证。

首先,将记账凭证注明的所附原始凭证份数与所附的实际份数进行核对,以检查有无不相符的会计错弊;其次,将记账凭证上所列的会计科目与原始凭证所反映的业务内容相核对,检查有无错用会计科目或者故意挤占成本、截留收入等会计错弊;再次,将记账凭证上所反映的金额与所属的原始凭证上的金额合计数相核对,检查金额数是否相符,以从中发现会计舞弊问题,或者因工作失误而造成的会计错误;最后,将记账凭证上的制证日期与原始凭证上的日期相核对,检

②科目汇总表与记账凭证核对。科目汇总表也称记账凭证汇总表，它是根据记账凭证定期汇总编制，列示有关总分类账户的本期发生额，并据以登记总分类账的一种汇总凭证。科目汇总表与记账凭证也存在着直接的对应关系，在编制科目汇总表时也可能出现或多或少的会计错弊，所以也应将二者进行核对以查证有无会计错弊。

（2）证账核对。一切账户都是根据会计凭证登记的。明细分类账根据记账凭证登记。总分类账大多根据凭证汇总登记，彼此应当完全相符。所以会计账簿与会计凭证就发生了直接的对应关系。通过会计账簿与会计凭证二者的核对，可发现并查证有无多记、少记、重记、漏记、错记等会计错弊。进行证账核对，一般可采用逆查法，即在审阅有关账户记录时，如对某笔业务产生怀疑可将其与记账凭证及原始凭证进行核对，从而证实有无会计错弊。

（3）账账核对。账账核对是指将有关的账簿记录相互进行核对。根据会计核算平行登记的原则，总账余额与所属明细账余额之和必须相符，余额方向必须一致；所有资产总账余额与所有负债与权益总账余额之和必须相符，方向必须一致；"产成品"明细账与"产品销售收入"明细账对于产成品销售业务存在着双方记录的对应关系。通过对存在必然联系的两个或者几个科目之间的相互核对，可发现有无会计错弊的存在。

进行账账核对不是盲目的核对，而是在审阅某账户或者其他会计资料时发现了疑点或线索，或者为了搞清某些问题而对特定科目的账簿进行核对。进行核对时，需将发生对应关系账簿中的业务逐笔逐项进行核对。不仅核对金额、数量、日期、业务内容是否相符，还要通过二者的核对，检查其有无二者虽然相符，但反映的经济业务不合法、不合理的问题。

（4）账表核对。账表核对是将报表与有关的账簿记录相核对。通过有关账目记录与报表有关项目的核对，查明是否严格按照账簿记录编制报表，有无虚构、篡改报表项目数字，混淆会计期间的情况，以查证会计报表的正确性和真实性。账表核对的重点是对账、表所反映的金额进行核对，通过账表核对，可以发现或者查证出账表不符或虽相符但却不合理、不合法的会计错弊。

（5）表表核对。表表核对是指报表之间的核对。表表核对的重点是核对本期报表与上期报表之间有关项目是否相符。通过表表核对，可以检查各报表之间有无不正常关系，应该存在的勾稽对应关系是否存在，依此检查被审单位有无会计错弊，同时也可以据此分析评价被审单位的经营与财务状况。

4．比较法

比较法是指通过对两个或两个以上财务数值或比率进行比较，寻找和确认检查重点的一种司法会计检查方法。由于犯罪及民事欺诈等行为所导致的财务会计错误，往往在财务会计记录中出现异常反映，如数值、比率的过高或过低。因而，通过比较数值或比率，可以发现这类异常，并将其作为司法会计检查的重点。

5. 勘验法

勘验法是指通过对案件所涉及的各种实物资产进行现场点验，以查明这些资产实际结存情况的一种司法会计检查方法。对涉及库存现金、库存材料、库存商品、库存物资的案件，应当通过勘验，查明并固定资产的实际状况。

（二）司法会计检查的技巧

司法会计检查技巧，主要是指在运用司法会计检查的基本方法时，所需使用的一些基本技巧。这些技巧是对前述司法会计检查方法的必要补充。

司法会计检查中经常使用的司法会计检查技巧主要包括核对技巧、差数查寻技巧和类推技巧等。

1. 核对技巧

核对技巧是指在采用核对法检查财务会计资料时所使用的各种技巧。主要有勾对、计对、表对等。

（1）勾对，是指核对财务会计记录和数值时，对已核对一致的内容，在财务会计资料上作出标志，以区别于尚未核对或核对不一致的内容。

（2）计对，是指在核对财务会计记录和数值时，通过计算来核对有关内容。计对适用于两种情况：一是核对具有勾稽关系的数字之间是否平衡；二是作为勾对的辅助技巧，对核对不一致的内容，通过计算来判断哪些内容可能是一致的。

（3）表对，是指核对财务会计记录和数值时，借助于表格，将需要核对的内容全部列示出来后，再进行勾对或计对。表对适用于核对大量具有同一关系的财务会计记录和数值。

表对一般应可分四步进行：第一步，制作核对表格，并分别列出需要核对的项目名称；第二步，将首先检查的项目内容或核对项目中比较稳定的内容，拆卸于表格中；第三步，将核对的其他项目内容对应抄入表格；第四步，进行勾对或计对。

2. 差数查寻技巧

差数查寻技巧是指查找在司法会计检查中发现或出现的，有关计算结果之间的差额产生的原因时所采用的各种技巧。常用的差数查寻技巧有：逻辑判断、复算尾数、查找差数、除2查寻、除9查寻、分段查寻等。

3. 类推技巧

类推技巧是指依据财务会计资料所反映出的某些财务特征或会计特征，查找具备这种特征的财务会计记录，以便迅速查明案情，或找出揭示某一特征含义的依据。

类推技巧的技术意义在于：一是当检查中发现具备某一特征的财务会计专业存在弊端时，凡是具备这一特征的财务会计业务均应作为进一步检查的重点；二是当检查中发现某一财务会计记录具有某一特征时，通过检查分析其他具有这种特征的财务会计记录，可以揭示这种特征的财务会计意义。

类推的主要技巧，在于观察、分析、确定案件所涉及的财务会计业务中的财务特征和会计特征，并利用这类特征寻找案件线索，确定检查重点。因此，类推技巧常被用于对采用相同手段连续作案或需要通过查账确定作案人案件的司法会计检查。

（三）微机辅助检查手段

微机辅助检查方法，是指利用微型计算机及专用软件，对案件所涉及的财务会计资料及信息进行整理、运算和查询的一种司法会计辅助检查方法。

微机辅助检查方法的应用必须具备三个基本条件，即微机、应用软件和操作人员。其中应用软件可以编制专门的查账软件，也可以利用一些财务软件或电子表格（如 Excel 等）代替。

在司法会计检查（或检验）活动中所需处理的下列事项可以利用微机辅助完成：

1. 票据整理

票据整理即对案件所涉及的各种财务凭证，根据具体司法会计工作要求，进行整理排序。

2. 复记账

复记账即利用微机对有关会计账目进行重新登记。复记时，可以将某一检查期间的全部账户进行重新记账，也可以只复记进行司法会计工作所需要的一两个或部分账户。

3. 账务整理

账务整理即对案件所涉及的有关错误账项进行调整并理顺调整后的账目。辅助检查软件可进行全额账务调整，即将原有账簿全部输入微机，然后输入需调整的账项进行账务整理；也可以进行余额账务调整，即只将原账簿的有关合计额、累计额和余额输入微机然后输入调整事项进行账务整理。

4. 微机核对

查账软件提供的核对功能，主要包括同一财务凭证不同张联之间的核对；复记账簿与原账簿发生额之间的核对、银行存款日记账与银行对账单之间的核对等。

5. 微机查询

微机查询即根据司法会计业务的需要，将已输入微机的资料，按任意要求调出查看。

6. 杂凑处理

杂凑处理是指利用微机在由若干数据组成的数列中，选出其和或差等于某一特定数字的两个或两个以上的数据。

7. 电算数据利用

这里的所谓电算数据，专指利用电子计算机进行财务会计核算所形成的财务会计信息，即电算化资料的内容。专门的查账软件可以直接阅读各种电算化资料。同时，还可以直接利用微机辅助软件进行票据整理、核对、查询、杂凑处理等检查工作，而省略了数据的输入过程。

使用微机辅助检查方法进行司法会计活动时，应当注意处理好以下事项：

第一，必须注意财务会计资料的输入质量，为了防止输入错误，通常可以采用下列两种方法：重复输入和逻辑输入。重复输入，即对已输入微机的资料全部重复输入一次，并利用一些微机自动加总的数字来检查两次输入的内容是否一致。重复输入时，可按第一次输入的不同顺序进行输入。有条件的，也可以二人同时交替输入。逻辑输入，即对已输入微机的资料通过逻辑分析确认输入是否正确。

第二，为了提高输入速度，可以邀请专职微机操作人员完成资料的输入工作，但在操作人员输入资料的过程中，应有司法会计检查人员在场。

第三，资料输入过程中应随时存盘，必要时，还应拷贝备份盘，以防止输入的资料丢失。

第四，在借用发案单位或其他单位的微机进行操作时，最好将输入微机的资料直接存入专用的软盘，以防止因将有关数据留在硬盘而泄露了检查内容或泄露被检查单位的商业秘密。

四、特殊类型的司法会计检查

（一）司法会计检查的类型

司法会计检查可以按不同的划分标准进行分类。

1. 按检查的公开性分类

按检查的公开性分类，主要是指按照司法机关是否公开检查内容为标准，将司法会计检查分为秘密检查和公开检查两类。

秘密检查，是指司法机关在不公开检查内容的情况下进行的司法会计检查。不公开检查内容，是指在检查的过程中，对检查的目的、检查的具体事项向被检查的财务会计机构保密。这是秘密检查的基本特征。秘密检查主要适用于刑事诉讼的侦破阶段。通常只能由侦查人员进行，必要时可以指派司法会计技术人员协助。

公开检查，是指司法机关在公开检查内容的情况下进行的司法会计检查。公开检查，适用于秘密侦查以外的各类诉讼及诉讼的各个阶段。通常可以邀请被查单位的有关人员协助进行检查。

2．按检查方式分类

按检查方式分类，主要是指按照诉讼案件受理机关是否派员实施司法会计检查为标准，将司法会计检查分为派员检查和委托检查两类。

3．按检查目的分类

按检查目的分类，可以将司法会计检查分为简单检查和复杂检查两类。

（二）秘密检查

秘密检查，通常用于经济案件秘密侦查。秘密侦查，是指在经济案件侦破中，为了防止作案人察觉到侦查活动，或由于公开侦查对无罪的被举报人造成不必要的损害而秘密进行的侦查活动。秘密侦查的目的要求决定了秘密检查的特点：

1．时间紧。秘密检查一般没有充裕的检查时间。这是因为秘密侦查的时间过长，容易被犯罪嫌疑人发觉后采取相应的反侦查措施。

2．保密性强。司法机关在秘密侦破过程中对犯罪嫌疑人一般缺乏有效的控制。如果检查内容一旦泄露，便会打草惊蛇，给作案人带来毁灭或伪造证据、串供、逃跑、甚至自杀等机会，使侦查工作陷入被动。

3．阻力大。这是由于受保密性的限制，在秘密检查的过程中，司法机关不能公开采用法定的强制手段实施检查，如遇被检查单位不予配合甚至拒绝检查的情形时，实施检查较为困难。

秘密检查有两种情形：一是发案单位秘密举报的案件，可以由发案单位将财务会计资料秘密调出进行检查，也可以由发案单位秘密安排在其单位进行检查；二是公民个人秘密举报，或单位秘密举报的检查事项涉及相关单位，检查发案单位或相关单位的财务会计资料时，检查的目的和内容需要对发案单位及相关单位保密。但无论哪种情形，在秘密检查中，向案发单位或相关单位的财务会计机构调取财务会计资料通常是公开进行的。但基于秘密侦查的需要，应当对检查人员的身份、检查项目及证据收集活动等采取一定的计策进行掩护。

身份掩护计策：一是约请税务、工商、审计、银行等部门配合，以非侦查人员的身份，对发案单位或相关单位的账目进行检查。二是约请其他侦查机关配合，以其他机关侦查人员的身份，假借其他案件侦查的需要，对发案单位或相关单位的账目进行检查。三是在发案单位举报的情况下，以发案单位的财务、会计、审计人员的身份，假借单位对账、讨债的名义对相关单位的财务会计资料进行检查。

检查项目掩护计策：一是扩大索取资料的范围。即检查时，向被查单位索取的财务会计资料要比所需检查的资料多，使其无法弄清检查的目的。二是在进入被查单位索取资料较为方便的情况下，可以随意找出几笔财务会计业务进行查询，以掩护真实的检查项目。三是在不能方便地进入被查单位的情况下，可以先到被查单位的开户银行，查出几笔与案件无关的结算事项，再进入被查单位，以核实"借算事项"证据的为名，掩护实际查证的事项。

证据收集的掩护：一是对未装订成册的书证，可以直接采取秘密获取方式收集。二是利用被查单位人员不在场的机会，采取秘密拍照、秘密复制的方法，收集书证。三是趁被查单位的复印人员不备或利用其不懂财务会计业务，复制所需证据。

秘密检查的组织：

首先，侦查部门应当挑选熟悉司法会计业务的侦查人员主持秘密检查（必要时可以指派司法会计技术人员参与检查）。这是侦查人员能够熟练地运用司法会计检查的各种技能，迅速、隐蔽地完成检查任务的基本前提。

其次，制定周密的检查方案。制定秘密检查方案时，需要考虑的因素主要有：一是犯罪嫌疑人的背景，如犯罪嫌疑人与被查单位的负责人、财务会计人员的关系；二是犯罪嫌疑人及关系人对案件的察觉程度；三是被查单位的配合程度；四是被查单位财务会计业务的特点；五是在收集到某些证据后可以将检查转为公开及转为公开检查的方式进行；六是秘密检查被识破的处置方案等。

第三，证据的固定。秘密检查后对获取的证据进行固定，往往会暴露检查意图。因此，对秘密检查的证据获取应有必要的准备和训练。司法实践中，通常会遇到的情形及处置方法有：一是发现了重要证据，采用秘密收集手段获取成功。二是发现足以破获案件的证据后，将秘密检查转为公开检查，直接取证。三是发现了重要证据，但没有秘密获取的机会，放弃固定证据。四是在秘密获取证据的过程中被发现，被迫转入公开取证。

需要说明的是，采取秘密收集手段获取的财务会计资料证据，并不具备证据效力。因此，通过秘密检查获取的财务会计资料证据，应当在案件破获以后，通过法定程序重新进行调取、固定。

（三）委托检查

由于受委托的司法机关所掌握的案情有限，加之在检查中如果发现了新的情况也不易及时通报或处理，因此，委托检查的内容应当是有限度的。委托检查一般应限于核查单一经济业务的结算情况、核对少量书证、调取较为单一的书证等简单的查账事项。例如，核查某一结算业务是否发生或结束；核对有关债权债务的账面余额是否正确等。

委托其他司法机关进行司法会计检查，应制作委托检查文书，详细写明检查的根据、检查的目的、检查的内容和取证要求等，并加盖委托机关的公章，连同需要核对的财务会计资料的复制件，通过电传、信函或局域网发给受委托的司法机关，并及时催要检查结果。

在诉讼实践中，委托检查的机关应当注意避免下列情形的出现：

1. 委托内容过于庞杂。如有的司法机关将案件的主要事实全部委托外地司法机关进行检查，而受委托机关由于对案情不熟悉，往往容易造成检查失误或难以进行深入检查的被动局面。

2. 委托检查的文书漏项。这类情形会使受委托机关不能以其作为依据进行司法会计检查。

3. 漏附或错附需要核对的财务会计资料的复制件。在这种情形下，受委托机关显然无法从事相应的检查活动。

第三节 刑事侦查中的司法会计检查

一、案件侦破中的司法会计检查

经济案件的侦破阶段，是指侦查机关采用各种侦查措施与手段，发现和确认犯罪嫌疑人的侦查过程。在这一阶段进行司法会计检查的主要任务是，通过检查财务会计资料，查明有关财务凭证的传递过程及有关财物的流转过程，为排查和确认犯罪嫌疑人找到证据或线索。

在侦破阶段实施司法会计检查，通常有以下内容：

（一）确定检查重点

为了迅速破案，在侦破阶段实施司法会计检查必须有重点地进行。确定侦破阶段检查的重点时需要明确两点：一是要确定对哪些人经手的财务会计资料实施重点检查；二是要确定对哪些单位的财务会计资料及相关财产实施检查。

确定检查重点，主要依据是对案情的分析和判断。在分析和推断案情时，主要需把握好三点：一是根据发案单位的内部控制制度，分析发案单位有哪些人可能与案件有关，进而推定发案单位内部犯罪嫌疑人的排查范围；二是根据已掌握的证据和线索，通过分析有关的财务凭证的内容或财物的流向，确定发案单位外部犯罪嫌疑人的排查范围；三是在犯罪嫌疑人难以确定的情况下，还可以根据作案对象（款物）的用途或功能，确定在一定区域内有必要进行排查的单位范围。

（二）推断作案时间

作案时间，是经济案件侦查中必须查明的内容之一。推断和确定作案时间，是侦破经济案件的重要一环。在推断作案时间过程中需要进行司法会计检查的情形：一是在已发现作案所用的财务凭证的情况下，应通过检查与该凭证同时形成的财务凭证所记日期，以验证作案所用凭证记载的日期是否真实或正确；二是在尚需通过司法会计检查来查找作案所用财务凭证的情况下，可通过检查与作案对象有关的财务会计资料，找出金额或数量等内容与案件损失数额相同或相近的财务凭证，作为推断作案时间的参考依据；三是对财物失窃案件，也可以通过检查分析丢失款物的历次盘库记录,推断失窃的时间。

对确定了作案时间的案件,还可以通过检查犯罪嫌疑人在作案时间前后经办业务的差旅费及其他结算凭证,查明犯罪嫌疑人有无作案时间,以便排除无作案时间的犯罪嫌疑人。

(三)推断作案环节

有些案件中出现的财务凭证或财物,往往涉及若干个制作和传递环节。在这类案件侦破过程中,确定作案的环节是缩小侦查范围的重要方法。因此,对案件所涉及的财务凭证,可以通过检查分析凭证在传递过程中增添的记载内容或各传递环节的备查记录,从中推断凭证在哪一环节上被篡改、调换或扣压;对案件所涉及的财物,可以通过检查分析该类财物的入库、出库、运输、领用或销售等财务凭证和记录,从而推断财物流失的环节。

(四)查找财务凭证制作人

在经济案件的侦破中,对破案有至关重要意义的财务凭证的制作人是涉案财务事项的主要经办人,是案件侦破中必须查明的关键人物之一。通过司法会计检查查找财务凭证的制作人主要是指财务凭证中没有签名的情形。侦查人员可以根据凭证的内容、制作特点等,通过翻阅凭证制作期间的其他同类凭证,找出既具有同类特征又有签名的凭证,以供文件鉴定专家确认财务凭证的制作人时使用。

(五)推断财务凭证的特殊标记含义

在经济案件的侦破中,有时会遇到需要对财务凭证中所带有的外加标记的意义进行破译的情形。破译特殊标记含义的司法会计方法是:首先,通过检查同类财务凭证,找出具备同类标记的凭证;其次,通过归纳具备这一标记的凭证的财务会计业务的共性,从而直接推断出加注这一标记的财务或会计方面的意义。如直接推断有困难的,还可以采用与同类业务中未加标记的其他凭证进行比较的方法,进行破译。

(六)实施追踪检查

对有重大作案嫌疑的经济业务经办人,可以通过检查其经办业务的财务凭证,追踪检查其经手款物的去向,证实或排除其作案嫌疑。

二、案件预审中的司法会计检查

经济案件的预审阶段,是指侦查机关通过审讯犯罪嫌疑人,广泛地收集证据,查明犯罪嫌疑人有无实施犯罪及案件事实的侦查过程。在这一阶段实施司法会计检查的主要任务是:补充、核实证据和发现新的犯罪事实。

(一)补充、核实证据

通过司法会计检查,收集尚未提取的财务会计资料证据,核实已提取的口供、证人证言、书证等,是预审阶段实施司法会计检查的主要目的。

1. 核实口供

通过审讯获取的口供，多数情况是犯罪嫌疑人对犯罪事实的供述，但也会有犯罪嫌疑人就无罪、罪轻所作的辩解。无论何种情形的口供，侦查人员都应对案件所涉及的财务会计业务进行详细的讯问，并通过司法会计检查予以核实。

犯罪嫌疑人供认犯罪事实的口供，按其与司法会计检查的关系而言，通常可分为两类情形：一类是犯罪嫌疑人所供认的犯罪事实已被侦查机关所掌握，且已经提取了主要的财务会计资料证据。对此，侦查人员可根据财务会计资料证据对口供进行相互验证，如发现财务会计资料证据不符或不完备，应通过司法会计检查补充或重新收集财务会计资料证据；另一类是犯罪嫌疑人所供认的犯罪事实尚未被侦查机关所掌握，还需通过司法会计检查予以核实。对此，司法机关应当通过司法会计检查，查明犯罪嫌疑人的供述所涉及的财务会计活动的具体过程，收集能够证明犯罪嫌疑人所供事实是否存在的财务会计资料证据。

犯罪嫌疑人否认犯罪事实的口供，其情形较为复杂。侦查人员应根据其否认事实的具体情节、原因等采取相应的司法会计检查对策。

对犯罪嫌疑人完全否认其与案件事实有关联的，侦查人员可以通过进一步检查与案件当事人有关的财务会计业务，从中找出能够证明犯罪嫌疑人与案件事实有无关联的证据。

对犯罪嫌疑人虽否认犯罪事实的存在，但因各种原因对案件所涉及的财务会计业务的具体过程供述不清。对此，侦查人员应通过检查财务会计资料，查出能够确认或排除各种情形的财务会计资料，供犯罪嫌疑人回忆具体情节时参考。例如，是使用现金结算还是通过转账结算的问题，可以通过查出同时期处理同类业务的财务会计资料，供犯罪嫌疑人翻阅，以使其能够回忆起具体情节。当然，也可以通过司法会计检查直接查明具体事实。这类司法会计检查的结果，既可能查出犯罪嫌疑人有罪的证据，也可能查出犯罪嫌疑人无罪的证据。

对犯罪嫌疑人确有犯罪行为，但因预审前进行的司法会计检查未能提供出确凿的证据，犯罪嫌疑人拒不供认犯罪的情形。侦查人员应全面分析犯罪嫌疑人拒供的原因，并考查已获取的财务会计资料的真实性和完整性，收集新的财务会计资料证据，以用来攻破犯罪嫌疑人抗拒审讯的心理防线。例如：某公司经理指使会计人员挪用救灾款项用于建房，因支出凭证上无其签字而以"凡是经我批准的业务，都会有我的签字"为由否认犯罪事实，侦查人员通过反复查账，找出大量经犯罪嫌疑人批准但其未签字的原始凭证，迫使犯罪嫌疑人收回其辩解。

2. 核实证人证言

为核实证人证言所进行的司法会计检查，主要有三种情形：一种情形是证人提供的事实，尚需要通过司法会计检查提取书证予以证实的；另一种情形是证人证言与其他证据之间就某一财务会计事实的表述有矛盾，需要通过司法会计检查重新查清某些具体情节的；还有一种情形是证人拒绝承认与案件事实有关联的，需要通过司法会计检查补充能够说明其与案件事实有关的证据。

3．补充、核实书证

在预审开始前，侦查人员需要对已取得的财务会计资料证据进行审阅，如发现已取得的财务会计资料证据有遗漏或取证方法不当的，应当通过司法会计检查进行补充证据或重新取证；对因检查方法不当或检查范围过小，而使已取得的财务会计资料证据证明力不强，可能会影响审讯质量的，应通过重新检查或扩大检查范围等司法会计检查途径，重新收集有关证据。

在经济案件侦查中，通常是将通过司法会计检查取得的书证向被讯问或询问的对象出示，由其辨认和证实。但在有些情形中则需要通过司法会计检查进行核实。例如：有些书证是在侦查过程中由犯罪嫌疑人或证人提供的，这就需要通过司法会计检查，查明这些书证（主要指财务会计资料证据）资料的形成情况，以便查明这些证据的真实性及其证据意义。又如：侦查人员在出示书证后，被讯问人可能会就某一书证的含义或真实性问题提出质疑，对此，需要侦查人员对已取得的财务会计资料证据是否完备重新进行分析，并通过司法会计检查予以核实。

（二）查明余罪或发现其他案件线索

通过检查财务会计资料，发现新的犯罪事实，是预审阶段司法会计检查的又一重要任务。特别是在涉及财务会计业务而侦破阶段又未进行相关司法会计检查的案件预审中，应当注意通过司法会计检查查明犯罪嫌疑人是否还犯有其他罪行，或通过司法会计检查发现其他犯罪案件。

通过司法会计检查发现犯罪的主要方法与途径，有以下几个方面：

1．在司法会计检查中如发现含有财务会计错误的账目记载，要注意分析考察其造成的原因。对可能与某种犯罪有关的嫌疑账项，应实施追踪检查，从而排除或确认犯罪嫌疑人。例如：在检查费用账户时，如发现无据借记费用的情形，应通过检查其对应账户（特别是货币资金账户）的记录，分析其记账目的，进而通过追查相关资金的去向，确认有无犯罪事实。

2．采用类推检查技巧，通过检查财务会计资料发现新的犯罪事实。在预审中，应注意分析已掌握的犯罪事实在财务会计业务方面有哪些规律和特征，并据以审阅财务会计资料中有无相同或相似特征的账项，如果发现此类账项，应进行全面检查，以发现新的犯罪。

3．对职务犯罪或有利用职务犯罪可能的犯罪嫌疑人，无论其犯有何种罪行，都应通过检查其履行职务期间由其所经管的财务会计业务，以查明其是否还犯有其他罪行。

4．在追查扣押款物或作案工具来源的过程中，通过检查有关账项，有时也会发现犯罪。例如：在追查扣押走私款项的来源时，通过检查有关单位支付款项的财务会计记录，就可能会发现挪用公款或受贿等犯罪。

（三）收集鉴定材料

对需要进行文检、痕检或司法会计鉴定的案件，在进行司法会计检查时应注意收集鉴定所需的检材，这是经济案件预审中进行司法会计检查的一项附带的任务。

对需要进行文检、痕检的案件，可以通过司法会计检查收集鉴定所需要的比对材料。例如：从财务会计资料中找出有相关当事人的笔迹或指纹的资料等。

对需要进行司法会计鉴定的案件，应通过司法会计检查收集鉴定所涉及的全部财务会计资料及有关证据。具体应收集资料的范围，在以后的章节中将作详细介绍。

三、补充侦查中的司法会计检查

经济案件的补充侦查，是指侦查机关（或侦查部门）依照法定程序，对检察机关审查认为事实不清、证据不足案件，根据检察机关的审查结果和要求继续进行收集、补充证据的一种侦查活动。

对经济案件而言，所谓事实不清，包括案件的背景、犯罪起因、犯罪过程以及犯罪结果诸方面等事实尚存在不清楚之处。所谓证据不足，是指证明某一事实的证据存在缺陷。从证据学角度讲，事实不清即指证明案件事实的主要证据未能提供或主要证据之间在证明某一事实方面存在着矛盾。也就是说，从证据学角度看，事实不清与证据不足实质上都是证据缺陷所造成的。因此，在补充侦查过程中进行司法会计检查的主要任务，就是进一步完善财务会计资料证据。

通常情况下，由于补充侦查需查明的财务会计事实以及需要补充侦查的财务会计事实以及需要补充的证据都是比较明确具体的，因而司法会计检查的范围比较确定。对需要补充的证据，一般通过简单检查的程序，对原侦查中没有进行的司法会计检查进行补充检查，对尚未发现或已发现尚未固定的财务会计资料证据进行收集固定。当然，由于补充侦查时，有些财务会计事实尚存在不清楚之处，所以通过重新检查，一方面可以查明不清之处，另一方面也有可能发现新的案件事实。在查证新的案件事实时，有可能需要采用复杂检查程序。

四、其他诉讼中的司法会计检查

（一）刑事诉讼中的其他司法会计检查

刑事诉讼除侦查阶段外，包括审查起诉（不起诉）、审判阶段。另外，有些经济案件还可能进行二审或再审程序。这些诉讼阶段的内容和过程虽有所不同，但就其可能进行的司法会计检查的意义而言却是近似的，即都是为了审查和补充证据。这里我们主要介绍在这些诉讼阶段中需要进行司法会计检查的几种情形及做法。

1.在审查财务会计资料证据时，如发现有明显缺证的情形时，可以通过司法会计检查补充证据或核实缺证的原因。例如，侦查认定犯罪嫌疑人利用现金支票盗用银行存款，但未提取作案所使用的现金支票的，则可以通过检查被盗单位开户银行的财务会计资料，查出并补充提取犯罪嫌疑人作案所使用的现金支票。

2．在审查财务会计资料证据时，如发现因提取方法不当，而造成证据不完整或关键文字、数字不清的，可以通过司法会计检查重新收集财务会计资料证据。

3．在审查证据中发现其他证据证明的事实或情节与财务会计资料证据不一致时，可以通过司法会计检查，查明造成证据不符的原因或重新核实证据。例如：某案中的两个证人证实在10月15日从犯罪嫌疑人住处拿回一张3万元的汇票，但从证人单位提取的该汇票进账单的银行印戳却是9月30日，通过检查证人单位开户银行的财务会计资料，证实银行确实是在9月30日收到的这张汇票，从而证实证人所证的事实是虚假的。后经退卷补充侦查，结果查明该案真正的犯罪嫌疑人是这两个证人。

4．在审查司法会计鉴定结论时，如发现结论所引用的基本证据中，有尚未经过法定程序收集的财务会计资料证据的，可以通过检查相关的财务会计资料，查明这些证据的真实性，并依法予以收集和固定。

（二）采取民事财产保全措施时的司法会计检查要点

财产保全，是指人民法院判决民事案件前，为了保证将来的判决能够执行，而对当事人的财产或争议的标的物采取的强制措施。其方法包括查封、扣押、冻结或法律规定的其他方法。

采取财产保全措施时，可以进行下列司法会计检查：

1．通过检查申请人（或被申请人）的财务会计资料，查明申请人（或被申请人）提供担保内容的真实性，主要是查明担保能力、担保物的物权等客观情况。

2．在对与本案有关的财物采取保全措施时，可以通过检查与被保全财物有关单位的账目，查明被保全财物是否是与本案有关的财物。

3．采取查封、扣押物品的方法实施保全措施的，可以通过检查当事人的相关资产账户，查明被保全物品的成本价值或销售价值。

4．查封、扣押不宜长期保存的物品，物品本身无出厂日期或销售日期说明的，可以通过检查该物品的采购或生产记录，查明其在查封、扣押前已保存的时间，以确定尚可留置的时间。

5．在实施冻结被申请人银行存款措施时，应先行检查其开户银行的被申请人账户当日存款余额，在办理冻结手续后，应现场监督将冻结手续交付银行记账人员。

6．对诉前保全的，可以通过检查申请人的财务会计资料，审查其申请保全所涉及的财务事实是否客观，申请理由是否正当。

(三) 采取民事先予执行措施时的司法会计检查要点

先予执行，是指人民法院在作出民事判决前，依法裁定被申请人先行给付申请人一定数额的款项或物品，并立即交付执行的措施。

采取先予执行措施时，可以进行下列司法会计检查：

1. 根据先予执行的原因和内容，检查申请人的财务会计资料及相关财产物资，查明有无裁定先予执行的必要。主要是通过检查申请人货币资金账户及银行对账单、存货账户及实际存货情况，查明申请人是否会因得不到先予执行的款物无法或难以进行生产经营。

2. 通过检查被申请人存货、现金或银行存款的实际数额，查明被申请人所能提供执行款物的数量。同时，通过检查被申请人的生产经营账目，考察被申请人在交付先予执行的款物后，对其生产经营将会造成的影响，以便合理地裁定先予执行款物的数额。

3. 在检查被申请人资产账目时，如被申请人没有可先予执行的款项，可以通过检查其应收账款或其他应收款账户，查明有无可以立即收回款项的债权，以便通过收回债权的款项，执行先予执行的裁定。但应特别注意核查债务人与被申请人之间的往来结算账目，查明被申请人对应收款账目的记录是否真实正确，防止出现差错。

(四) 民事执行程序中的司法会计检查要点

执行，是指人民法院的执行人员根据已生效的民事法律文书，依照民事诉讼法规定的执行程序和执行措施，强制实施法律文书规定的当事人应尽义务的诉讼活动。

在执行中，需要进行司法会计检查的情形主要有：

1. 执行前，执行人对被执行人提出无力执行理由的，可以通过检查与执行标的有关的账目资料，查明被执行人是否确实无执行能力。检查中，应特别注意检查有关账目记载的真实性和连续性，如发现被执行人在判决前后大量付出或耗费执行标的的情况，应追踪检查，查明被执行人有无隐藏、转移执行标的的情形。

2. 在执行时，对案外人就执行标的提出执行异议，且涉及财务会计业务的，可以根据案外人提出的证据，通过司法会计检查予以核实。

3. 对以被执行人自有资产为执行标的的，执行实施前可以通过检查生产、购置、库存等资料，查明财产的归属及价值等事实，以防执行错误。

4. 在采取冻结、划拨存款的执行措施时，有些单位往往在执行前转移了存款，或将其收入的款项存入未公开的银行账户中。对此，执行人员可以根据具体情况，分别采用下列司法会计检查的方法，查找隐藏或转移的款项：

(1) 检查被执行人的银行对账单。对判决前后至执行前转账付出的大额款项，可以通过其开户银行查出转账票据，查明收款单位，然后到收款单位查明收款原因。如收款单位收到的款项是为被执行人代存的，或是预收款项、投资款项的，则可依法将此款项冻结或划拨至人民法院，待查明原因后作出处理。

(2) 检查被执行人的银行对账单。对判决前后至执行前大量提取大额现金的，可通过检查其现金账户，查明其用途。如现金账面无记载且无库存现金的，可责令提款人说明款项的下落，并通过进一步查账，查明有无隐藏款项的行为。

(3) 检查被执行人的财务会计资料。发现被执行人在判决前后至执行前的生产经营活动较为正常，但其银行账户很少有经营收入存款，通常说明被执行人可能还有其他银行账户。查找被执行人隐蔽银行账户的方法通常有：①通过检查被执行人的发票或收款收据的存根，并与记账联核对，如有未入账的收入款项，则可根据存根的抬头，到接受票据的单位查明是否已向被执行人支付款项，如已转账支付款项，则可以通过检查银行的付款凭证，从而找出被执行人隐蔽的存款账户。②通过检查被执行人的应收账款、其他应收款或暂付款账户，找出应收或暂付余额较大且长期未结算的债务单位，并到债务单位进行检查，如查出其已支付了应结算的款项，顺款追查，也可以查出被执行人隐蔽的存款账户。

(五) 行政诉讼中的司法会计检查

1. 物质损害问题的司法会计检查要点

行政案件中的物质损害问题，是指原告提出的损害赔偿请求所涉及的，由于被告作出的具体行政行为造成原告合法财产或合法收益的损害。通常情况下，物质损害证据应当由原告向人民法院提供。但人民法院认为有必要时，可以对涉及财务活动的物质损害事实，通过司法会计检查进行核实。

(1) 对因查封、扣押财产直接造成经济损失的，可以通过检查被查封、扣押财产的采购或购置的原始凭证，查明这些财产的原始价值，以便确认物质损害的数额；

(2) 对因责令停产停业、没收生产工具造成停工损失的，可以通过检查原告的生产记录、运输记录、销售等收入账户资料，查明正常生产经营的情况，以便确认停工损失的具体数额；

(3) 对因受到限制人身自由处罚而造成公民收入损失的，可以通过检查公民在未受到处罚前的日常收入资料，如当时所在单位的工资及奖金发放记录、纳税记录等，以便确认其实际损失收入的数额。

需要说明的是，以上仅是介绍查明物质损害数额的司法会计检查方法。但有两个需要说明的问题：一是具体的行政行为所造成的物质损害是否应负赔偿责任的问题，不属于司法会计检查理论的研究范围；二是许多情况下，物质损失的数额应当通过司法会计鉴定进行确认。

2. 妨害行政诉讼行为的司法会计检查要点

查明行为人实施了妨害行政诉讼的行为，是人民法院采取行政诉讼强制措施的前提。在调查这类行为时所进行的司法会计检查通常有以下几种情形：

（1）通过检查提供财务会计资料证据单位的账目，审查有关财务会计资料的记录是否完整和连续，以便发现或证实行为人伪造、隐藏、毁灭财务会计资料证据的事实。

（2）通过检查支付贿赂金单位的费用账户或货币资金账户等财务会计资料，发现、收集在行政诉讼中贿买他人作伪证的行为人报销贿赂费用的书证。

（3）通过检查协助执行单位的银行存款或其他相关账目，查明该单位有无不协助执行的财务原因，进而查明有关人员有无故意不协助执行的行为。

（4）通过检查销售或购买被查封、扣押物品单位的出库单、销售发票或入库单、采购发票，或通过检查实物，收集和固定行为人隐藏、变卖、转移被查封、扣押财产的证据。

（5）通过检查协助冻结存款的银行的分户账账簿及相关凭证，发现和收集行为人动用或转移被冻结存款的证据。

第六章　司法会计鉴定

第一节　司法会计鉴定概述

一、司法会计鉴定的概念

(一) 司法会计鉴定的概念

司法会计鉴定,是指司法机关为了查明案情,依法指派或聘请具有司法会计专门知识的人员,对案件中的会计问题进行鉴别判定的一项诉讼活动。

司法会计鉴定作为一种司法鉴定,与其他司法鉴定的根本区别在于鉴定对象的不同。司法会计鉴定的对象主要是案件中所涉及的会计资料和相关实物。一个案件涉及的会计资料很多,但并不是所有的会计资料都能成为司法会计鉴定的对象,也并不是所有的会计资料都可以作为司法会计鉴定的依据。作为司法会计鉴定对象和依据的会计资料必须具备以下条件:第一,必须是通过运用会计专门知识能够解决专门性问题的会计资料。第二,必须是在案件所涉及的会计活动过程中形成的会计资料,这是保证司法会计鉴定结论科学客观的必备条件。经济组织的会计活动是十分频繁的,由此而形成的会计资料也很多,但是,对于具体案件而言,只有记录案件所涉及的会计活动的会计资料才能成为该案司法会计鉴定的对象。第三,必须是由司法机关经法定程序收集的会计资料,这是对司法会计鉴定对象的程序性保证。

司法会计鉴定中所涉及的会计资料包括以下内容:

1.会计核算资料。包括会计凭证、会计账簿和会计报表。

2.被鉴定单位的会计制度。主要包括:会计进行核算时所采用的记账方法、会计机构的内部组织形式,以及与其他部门之间的相互关系和内部控制制度。

3.其他资料。主要包括:纪检和监察部门的调查材料、行政机关的检查材料、有关的经济合同、单位规章制度以及有关文件、会议记录、信函、电报、财务预算、概算、协议书,等等。

(二) 司法会计鉴定与司法会计检查、司法会计检验的关系

司法会计鉴定作为一种司法会计活动,与司法会计检查是分不开的。通常情况下,凡是涉及会计业务的案件,都需要通过司法会计检查来发现、收集和固定会计资料证据。如果所获取的会计资料证据足以直接证实所需查明的会计事实时,则无须进行司法会计鉴定;如果涉及需要鉴别判定的会计问题,则必须通过司法会计鉴定获取鉴定结论,而鉴定所依据的材料主要是司法会计检查中所获得

的会计资料。因此，就某一具体案件而言，司法会计检查是司法会计鉴定的前提和基础，司法会计鉴定是司法会计活动的深入和发展。

司法会计检验，泛指司法会计技术人员对案件所涉及的会计资料及相关财物进行检查、验证的活动。司法会计检验是一种司法技术检验，其本身并不是一项相对独立的法律诉讼活动。它包括两种情形：第一，是指司法会计检查中的技术协助活动。在某些情况下，侦查、检察或审判人员由于缺乏必要的会计检查技术，无法完成司法会计检查的任务，这时就需要司法会计技术人员给予技术协助，主要协助事项是对案件涉及的会计资料进行技术性检查、验证。第二，是指司法会计鉴定中的技术检验活动，即司法会计鉴定人为了解决鉴定中的会计问题，对案件涉及的会计资料及相关财物进行的技术检查、验证活动。司法会计鉴定的主要任务是对案件所涉及的会计问题进行鉴别和判定，但鉴别判定问题的事实根据是对检材进行检验的结果。因此，司法会计检验是司法会计鉴定的必经程序，也是司法会计鉴定活动的主要内容。

二、司法会计鉴定的原则

司法会计鉴定的原则是指在司法会计鉴定活动中应遵循的指导思想和基本准则。司法会计鉴定工作的开展要有序进行，就必须遵循一定的原则。司法会计鉴定既是司法机关在诉讼活动过程中为解决专业技术难题、依靠专业人员协助鉴别、认定证据的一种科学方法，又是会计人员为司法机关处理案件提供服务的一种方式。因此，司法会计鉴定工作必须遵守以下原则：

（一）针对性原则

所谓针对性原则，即整个鉴定工作必须针对需要鉴定的问题进行鉴定工作，不能超越鉴定范围对被鉴定单位的其他会计活动进行干预和检查，更不得干预本案中与鉴定问题无关的诉讼活动，要把鉴定工作限定在鉴定对象的范围内。被鉴定单位的财务活动是多方面的，如果不强调针对性，而对被鉴定的单位财务活动进行全面的检查，不仅会浪费鉴定工作的时间，也会影响被鉴定单位财务活动的正常进行。

针对性一般是由司法机关聘请鉴定人要求解决鉴定疑难问题时所指定的。如司法机关在鉴定委托书上指定对某笔款项要求查清是贪污还是挪用；对某种库存物资的短缺，要求查清是损耗还是丢失。显然，对鉴定对象，要求解决的疑难问题都是具体的，不是漫无边际的要求。鉴定人为了完成所接受的任务，针对所要解决的疑难问题而检查资料，调查证人，核实问题，作出鉴定结论，提供诉讼证据。但是，这并不是说针对性只是指某些会计事项，有时为了对那些手段狡猾、作案时间长、金额大，又拒不交待的经济犯罪分子，也可以针对其人，对有关账目进行全面清查。

(二) 专业性原则

司法会计鉴定是一项专业性、技术性很强的工作。专业性原则体现在两个方面：一方面，它要求鉴定人必须具有相应程度的会计、审计和法律专业知识；必须采用专门的技术手段和方法进行鉴定。另一方面，司法会计鉴定结论只能从会计专业知识方面作出科学的判断，而不是研究如何适用法律的问题。对鉴定结论是否采用，只能由司法机关决定，不能由鉴定人决定。强调专业性原则是为了保证司法会计鉴定工作的精确性和科学性。会计资料是十分复杂的，尤其是经济犯罪案件，反映在会计上的作案手段是十分隐蔽的，如果鉴定人不具备一定的专业知识或者专业水平不高，就可能查不出问题，放纵了犯罪；也可能造成误认，以致造成错案。因此，强调鉴定人员的专业性是十分必要的。这里所指的专业，主要是指会计和审计的专业知识。同时，有关的法律知识也是不可缺少的。

(三) 客观性原则

所谓客观性原则，是指在司法会计鉴定过程中，必须忠实于客观事实真相，坚持一切从实际出发，实事求是地反映客观事物的本来面目，不能掺杂任何猜测、假设、臆断的因素。强调鉴定的客观性就是要尊重唯物论，因为客观世界中物质是第一性的，思维是第二性的，思维是客观事实在人们头脑中的反映。司法会计鉴定的目的是要查明事实真相，以正确反映客观事实。遵循客观性原则要求我们注意发现客观事物内部固有的规律。会计上的错误和舞弊不是不可知的，有它一些共同的规律。在司法会计鉴定中，只有善于发现这些客观规律，才能揭示事物的本来面目。

(四) 公正性原则

公正性原则是指鉴定人要依法独立行使自己的职权，不受任何机关、团体和个人的意志所左右，要做到不偏不倚、不枉不纵，更不能讲个人情面，或接受贿赂、徇私舞弊，作出不公正的鉴定行为。公正性是法律本身的要求，法律面前人人平等，这是社会主义法制的一项重要原则。司法会计鉴定是司法机关进行的一种诉讼活动，其目的是要在查清案情事实的基础上，实现法律的公平。司法会计鉴定的鉴定结论，关系到一个案件的处理结果，也涉及当事人的切身利益，因此，鉴定人在鉴定工作中必然会受到来自各个方面的干扰，从而出现有失公正的行为，这是必须严加防范的。

(五) 合法性原则

我们进行任何工作都必须符合法律规定的要求。司法会计鉴定是诉讼活动中的一个环节，更需要强调合法性。这里所指的合法性原则是根据司法会计鉴定的特点提出来的。合法性原则要求：第一，主体合法，即进行司法会计鉴定的鉴定人必须具有法定的条件，并经司法机关审查和决定聘用后，才能进行鉴定工作。第二，内容合法，即鉴定的对象只能是司法机关立案以后认为应该鉴定的会计方面的问题。第三,手段合法,鉴定所采用的手段和方法必须符合诉讼法和会计法规等有关规定。第四,程序合法,即进行鉴定的程序必须符合诉讼法的要求,必须与司法机关的侦查、调查和审判过程相配合。

三、司法会计鉴定的标准

司法会计鉴定所需资料是通过司法会计检查这一环节取得的,在鉴定过程中,必须对被鉴定单位与案件有关的经济活动及其结果进行全面评价,对它的真实性、合法性以及有效性作出判断,提出意见,这就必须有一个判断是非、优劣的准绳。这个准绳就是司法会计鉴定标准。因此,司法会计鉴定标准是司法机关为了发现、收集和审查诉讼证据,借助于具有会计专门知识的人,进行司法会计鉴定时所必须掌握的标准。有了这种标准就可以对发案单位的会计核算资料进行检查与验证,用以查明会计核算和处理上的错误或舞弊等行为,提高鉴定的质量和可靠性,提高鉴定工作效率,以作出正确的司法会计鉴定结论。

司法会计鉴定的标准主要包括:

第一,法律、行政法规。主要有民法、合同法、公司法、反不正当竞争法、中外合资经营企业法、中外合作经营企业法、税收征管法、外商投资企业和外国企业所得税法、刑事诉讼法、民事诉讼法、行政诉讼法、统计法、会计法、企业所得税条例、增值税条例、消费税条例、营业税条例,以及各级地方政府制定的有关财经法规政策。

第二,规章制度。主要有企业会计制度、会计准则、审计准则和企业财务通则。

第三,单位内部的有关制度规定、经营计划、决定和办法,重要的合同以及重大会议纪要。

第四,当事人双方质证材料。需要说明的是,当事人双方质证材料即使不符合国家有关财经法规定,如白条入账,只要当事人双方认可,在经济纠纷案件中也可以认可。

四、司法会计鉴定的方式

司法会计鉴定的方式,是指司法机关组织进行司法会计鉴定的形式,有报告式鉴定和会议式鉴定两种。

(一)报告式鉴定

报告式鉴定,是指由司法会计鉴定人对鉴定材料独立地实施检验鉴定,并亲自制作司法会计鉴定书报告鉴定结果的一种司法会计鉴定方式。

采用报告式司法会计鉴定,通常是送检人将鉴定材料交付鉴定人,由鉴定人独立地进行检验、鉴别和分析。在作出鉴定结论后,由鉴定人将检验过程、鉴别分析意见及鉴定结论等情况,亲自制成司法会计鉴定书,交付送检人或鉴定委托机关。

采用报告式司法会计鉴定的优点：一是所需专业人员较少，有利于案件的保密；二是检验鉴定时间比较充裕，有利于司法会计鉴定人对鉴定问题进行深入细致的研究；三是鉴定责任比较明确。其缺点：一是鉴定速度较慢；二是有些情形中所作的鉴别分析意见较会议式鉴定有一定的局限性。

报告式鉴定适用于不同种类的司法会计鉴定，是各类诉讼中使用最广泛的一种司法会计鉴定方式。

（二）会议式鉴定

会议式鉴定，是指司法会计鉴定人通过参加由司法机关组织的鉴定会议，对司法机关提请鉴定的问题进行分析论证，并提出结论性意见的一种司法会计鉴定方式。

采用会议式鉴定，即由司法机关召集由司法会计鉴定人参加的鉴定会议，先由送检人介绍案情，提出需要鉴定的问题，出示、传阅有关的鉴定材料供鉴定人进行检验分析。鉴定人根据检验结果，各自发表自己的鉴别分析意见，并最终形成鉴定结论。案件承办人员将鉴定的整个过程及鉴定结论制成鉴定笔录，鉴定结束时各鉴定人应在鉴定笔录上签名，将鉴定笔录作为司法会计鉴定结论的书面文件。

采用会议式司法会计鉴定的优点是：鉴定速度快，结论所涉及的鉴定分析意见较为广泛。缺点是：因受鉴定时间的限制，可能会影响具体案件的鉴定深度。

会议式鉴定通常只适用于鉴定复核。

第二节 司法会计鉴定证据

一、司法会计鉴定证据的含义

（一）司法会计鉴定证据的定义

司法会计鉴定证据，是指在司法会计鉴定中，司法会计鉴定人用以进行鉴别分析，据以作出鉴定结论的客观真实情况。

在理解这一定义时，应注意把握以下几点：

第一，司法会计鉴定证据是一种客观真实情况。司法会计鉴定证据的这一特征说明了司法会计鉴定证据的基本属性。司法会计鉴定证据是反映案件所涉及的会计事实的一种客观真实情况。这是司法会计鉴定证据不同于各种司法会计技术标准的主要区别点。

第二，司法会计鉴定证据是在司法会计鉴定中所使用的一种客观真实情况。司法会计鉴定证据的这一特征说明了司法会计鉴定证据的适用范围。证据作为一种客观真实情况，会在各种诉讼活动中被使用，但只有在司法会计鉴定中被使用的证据，才能称之为司法会计鉴定证据。

第三,司法会计鉴定证据是司法会计鉴定人进行鉴别分析和作出鉴定结论的客观根据。司法会计鉴定证据的这一特征说明了司法会计鉴定证据的主要用途。从证明案件事实的角度讲,司法会计鉴定实际上就是司法会计鉴定人根据一些客观情况来鉴别判定另一些客观情况的过程。其中,被用来作为鉴定根据的客观情况即是所谓的司法会计鉴定证据。需要强调的是,只有能够为司法会计鉴定人进行鉴别分析,据此作出鉴定结论的证据才是司法会计鉴定证据。换句话说,由司法机关提供给司法会计鉴定人的检材,并非都可以作为司法会计鉴定的检材。而区分哪些证据可以作为司法会计鉴定的检材,哪些证据不可以作为司法会计鉴定的检材,也正是司法会计鉴定证据理论的主要研究内容和研究目的之一。

(二)司法会计鉴定证据与诉讼证据的关系

诉讼证据一词,从广义上讲,泛指所有能够证明案件事实的客观真实情况;从狭义上讲,则仅指能够直接用于作为定案根据的各种证据。我们在探讨司法会计鉴定证据与诉讼证据关系的问题时,主要是指司法会计鉴定证据与狭义上所理解的诉讼证据之间的关系。

司法会计鉴定证据与诉讼证据的联系主要表现为:第一,二者都是由司法机关依法定程序收集形成的;第二,部分诉讼证据本身即可以作为司法会计鉴定证据;第三,在同一案件中,有些未作为鉴定结论依据的诉讼证据,对司法会计鉴定证据有着证实和说明作用。

司法会计鉴定证据与诉讼证据的区别主要表现为:第一,作为定案根据的诉讼证据,不会都被用作司法会计鉴定的根据,反之,作为鉴定根据的司法会计鉴定证据也不一定都会被用作定案的直接根据;第二,诉讼证据的证明力是根据其对案件主要事实的证明程度而定,而司法会计鉴定证据的证明力则是根据其对作出鉴定结论所需确认事实的证明程度而定;第三,诉讼证据包括物证,而司法会计鉴定证据不包括物证本身。

二、司法会计鉴定证据的表现形式与基本要求

(一)司法会计鉴定证据的表现形式

司法会计鉴定证据都是以书面形式所表现的。具体的表现形式有:

1. 会计资料。是指案件所涉及的未被作为诉讼证据固定的各种会计资料。

2. 会计资料证据。是指已被作为诉讼证据的会计资料。

3. 当事人的叙述及证人证言。是指与司法会计鉴定事项有关的犯罪嫌疑人的供述或辩解、其他案件当事人的陈述、各类诉讼中的证人证言等。

4. 鉴定结论。是指笔迹、印章、商品等级、工程耗费等检验鉴定的检验报告或鉴定结论等。

5. 勘验、检查笔录。是指司法会计检查笔录等。

6. 视听资料。是指电算化会计资料。

（二）司法会计鉴定证据的基本要求

在司法会计鉴定中，司法会计鉴定人所采用的鉴定证据必须符合以下两点基本要求：

第一，司法会计鉴定证据必须是送检机关依法定程序收集形成的鉴定材料。这是对司法会计鉴定证据来源的基本要求。

司法会计鉴定证据是一种客观存在，需要通过一定的途径才能得到，而司法会计鉴定人的诉讼地位和诉讼任务，决定了其无权自行收集鉴定所需的鉴定材料。所以，司法会计鉴定证据必须由办理案件的诉讼机关（或诉讼部门）依法收集。当然，在许多情况下，司法机关需要司法会计鉴定人协助进行某些证据的收集工作，但司法会计鉴定人所实施的这类证据收集活动，是依法在案件承办人员的主持下进行的。因此，对司法会计鉴定证据的这一要求，并非是要排斥司法会计鉴定人参与司法会计鉴定证据的收集工作，而是要确认由司法会计鉴定人自行收集或由其他机关收集的鉴定材料，不得作为司法会计鉴定证据使用。

根据这一要求，司法会计鉴定人在鉴定中发现缺少必需的司法会计鉴定证据时，也不应自行补充，而是应向送检机关（或送检部门）提出补充证据的要求，由诉讼机关（或诉讼部门）负责补充收集。

第二，司法会计鉴定证据必须是由送检机关（或送检部门）确认了其可靠性的鉴定材料。这是对提供司法会计鉴定证据的基本要求。

司法会计鉴定的最终任务是作出司法会计鉴定结论，而司法会计鉴定结论是由司法会计鉴定人通过对司法会计鉴定证据的检验、研究和分析结果所得出的。显然，司法会计鉴定证据本身是否可靠，直接关系到司法会计鉴定结论的可靠性。根据我国有关法律规定，鉴定材料的可靠性应由送检机关（或送检部门）负责。所以，司法会计鉴定证据必须是由送检机关（或送检部门）确认了其可靠性的鉴定材料。但是，对司法会计鉴定证据提出这一要求，并非意味着司法会计鉴定人在司法会计鉴定中无须考评证据的可靠性。恰恰相反，司法会计鉴定人在鉴定中必须随时注意考察鉴定材料的可靠性，以确保鉴定结论的可靠性。

明确上述两项基本要求，对于研究司法会计鉴定的操作程序和操作方法都具有重要的意义。

三、司法会计鉴定证据的分类

根据司法会计鉴定证据在司法会计鉴定中的重要性及其与司法会计鉴定结论的关系不同，司法会计鉴定证据可划分为基本证据和参考证据两类。这是对司法会计鉴定证据的一种基本划分。

基本证据，是指在司法会计鉴定中，能够采用司法会计鉴定技术对其内容进行检验分析，并能够作为司法会计鉴定结论基本依据的司法会计鉴定证据。从证据形式上讲，基本证据主要包括：第一，载有鉴定事项内容的会计资料证据；第二，鉴定事项所涉及的会计资料；第三，能够说明上述证据内容客观情况的司法会计检查笔录（包括送检机关对上述证据内容真实性的书面说明材料）等。基本证据的存在是司法会计鉴定得以进行的前提和基本依据。在法律诉讼中，在没有基本证据或未全面收集基本证据的情况下，诉讼机关不应提请进行司法会计鉴定；在司法会计鉴定中，司法会计鉴定人如发现缺少必需的基本证据，则不应作出确定性鉴定结论。

参考证据，是指在司法会计鉴定中，能够说明案件所涉及的会计业务内容，并对检验鉴别分析和制作鉴定结论有参考意义的司法会计鉴定证据。从证据形式讲，参考证据主要是指当事人的叙述、证人证言、技术鉴定结论以及除基本证据以外的书证等。参考证据虽不完全具备基本证据的特点，但这并不能否定其在司法会计鉴定中的作用。首先，在司法会计鉴定中，鉴定人可以通过参考证据来考察有关会计资料制作人的业务水平，以及基本证据的制作背景等，以便考察基本证据的可靠性；其次，司法会计鉴定人可以借助参考证据考察基本证据的完备性，以便发现基本证据的不足，及时要求补充基本证据或科学地使用现有基本证据来解决鉴定问题；第三，司法会计鉴定人在某些情形中还可以借助参考证据合理地确定会计资料的检验范围。

将司法会计鉴定证据划分为基本证据和参考证据，具有重要的意义。

第一，有利于保证司法会计鉴定的科学性。司法会计鉴定的过程，实际上是一个"依证举证"的过程。这里，"依证"即指依据司法会计鉴定证据，"举证"则是指作出司法会计鉴定结论。司法会计鉴定能否科学地进行，除需要有科学的操作规程作保障外，还必须要有能够利用司法会计技术进行检验鉴别、稳定可靠的客观证据作基础。通过基本证据与参考证据的划分，可以明确和突出基本证据在司法会计鉴定中的地位，从而奠定司法会计鉴定的客观基础，在客观方面为司法会计鉴定能够科学地进行提供证据保证。

第二，有利于保障司法会计鉴定结论的可靠性。在司法会计鉴定中，鉴定人所作出的鉴定结论是否可靠，很大程度上取决于其能否正确地分析、鉴别和使用司法会计鉴定证据。根据司法会计鉴定证据与鉴定结论的关系来划分证据，明确二者与鉴定结论之间的不同关系，既可以避免因基本证据本身存在的缺陷而可能导致鉴定结论的失误，又可以否定主要依据参考证据作出鉴定结论的错误做法，从而为客观地作出司法会计鉴定结论提供保障。

第三节　司法会计鉴定的组织

司法会计鉴定程序可分为三个阶段：司法会计鉴定的提请、司法会计鉴定的进行和司法会计鉴定的终结。

司法会计鉴定的提起是指在诉讼的不同阶段，由谁提出和决定进行司法会计鉴定。这是进行司法会计鉴定的前提条件，也是开展其他各项鉴定工作的基础。司法会计鉴定的提起，需要进行以下三方面的工作：

一、司法会计鉴定的提请

（一）司法会计鉴定决定的作出

鉴定决定权，即国家法律规定的决定进行鉴定的权力，是鉴定权付诸实施的法律前提。由于案件的性质和诉讼程序的不同，不同性质的案件，司法会计鉴定的提起有所差异。

刑事诉讼案件，一般都需要经过立案、侦查、起诉和审判诸阶段，而这些阶段除检察院自行侦查的案件以外，又都要经过公安机关立案侦查，检察机关审查提起公诉和人民法院进行审判等三个不同机关进行。在不同的阶段，司法会计鉴定将由不同的人员提出和决定：在侦查阶段，一般由承办案件的侦查人员提出，由决定立案的人员，如刑事侦查处（科）长决定；在审查起诉阶段，一般由承办案件的检察员提出，由主管检察长或副检察长批准；在审判阶段，一般由审判人员提出，经合议庭讨论决定。

民事诉讼案件和行政诉讼案件，一般都是由当事人向人民法院提起诉讼。因此，如需司法会计鉴定时，应由承办案件的审判人员提起经合议庭讨论决定。民事诉讼案件中的当事人有举证责任，行政诉讼案件中的被告（指行政机关）负有举证责任，涉及会计方面的问题一般由当事人提供会计资料方面的证据。只是在双方当事人同意由人民法院进行司法会计鉴定时，或者当事人提供的证据不实而需重新鉴定时，人民法院才决定进行司法会计鉴定。

（二）司法会计鉴定人的确定

司法会计鉴定人，即司法会计鉴定的主体，是指由司法机关所指派或聘请的，运用司法会计专业知识和技能，对案件中有关会计问题进行检查、验证、鉴别和判断的人。司法会计鉴定人的主要职责是：根据司法机关的要求，对送检的会计资料及相关证据进行检验，解决司法机关指定案件所涉及的会计技术问题，并出具司法会计鉴定书或司法会计检验报告。

司法会计鉴定人员有两种：一种是司法机关内部设置的专职司法会计人员，他们受指派担任某一案件的司法会计鉴定工作；另一种是由司法机关根据案情需要聘请其他具有会计专业知识和进行司法会计鉴定能力的专家。成为某案件的司法会计鉴定人员，都具有相同的权利和义务。

1．司法会计鉴定人的权利和义务

为了保证司法会计鉴定工作的顺利进行，必须切实保障鉴定人员的权利。根据有关法律规定，司法会计鉴定人的权利主要有：

（1）有权了解案情，查阅鉴定所需要的案卷材料。

(2) 有权就有关鉴定事实依法询问当事人、证人等。

(3) 有权要求委托鉴定的司法机关提供作出鉴定结论所需的资料。

(4) 一个案件由几个鉴定人进行时,他们有互相讨论的权利。在结论意见一致的情况下,他们有权委托鉴定人中的一人编制出共同的司法会计鉴定书,并且一一签名或盖章,但意见分歧时,应该各自单独提出鉴定结论。

(5) 如果因提供的鉴定材料不足以作出鉴定结论,或者被委托人无相应的业务知识能力承担鉴定任务时,也可以不接受委托。

(6) 鉴定人在出庭时有拒绝回答与案件鉴定无关问题的权利。

根据有关法律规定,结合司法实践,司法会计鉴定人的义务,主要有以下几点:

(1) 接受指派或聘请后,就必须依照司法机关的通知,按时到场进行鉴定;

(2) 应恪守客观、公正、实事求是的原则,作出鉴定结论;

(3) 在知道属于法律规定应予回避的事由时,应申请自行回避;

(4) 对于阅卷及鉴定过程中接触、知晓的国家秘密、商业秘密和个人隐私,应严格保守秘密;

(5) 依法按时出庭。

2. 司法会计鉴定人的选择

选择司法会计鉴定人员是司法会计鉴定工作的重要内容,它直接影响到作为诉讼证据的鉴定结论的质量,影响到案件能否及时、正确地予以侦破和处理。

就目前而言,司法会计鉴定人员,从以下人员中依次选择:一是公、检、法等系统内部设定的已取得司法会计鉴定权的专职司法会计人员。这些人系统地掌握了法学、证据学、刑事侦查学等专门知识,也熟悉会计学和审计学,具备司法会计鉴定的能力。二是会计师事务所和审计师事务所的执业注册会计师、注册审计师。三是企事业单位从事实际会计、审计工作的专职财务、审计人员。四是高等院校、科研机构的会计专家和学者。这些人精通会计专业和具备相关专业知识,也适合作为司法会计鉴定人。

(三) 司法会计鉴定委托书的签发

司法会计鉴定委托书是诉讼文书的一种,既是司法会计鉴定人取得进行司法会计鉴定工作的资格证明,也是司法会计鉴定人从事司法会计鉴定工作的法律依据。

通常在诉讼过程中发现与案件有关的专门问题,诉讼当事人提出司法会计鉴定请求,经有关负责人批准后,承办该案的司法人员签发司法会计鉴定委托书。委托书应当载明委托事项、鉴定要求以及简要案情,同时提供全面、客观、真实的鉴定材料。司法会计鉴定委托书一经签发,即具有法律效力,即司法会计鉴定人取得了鉴定资格,并享有相应的权利,同时承担相应的义务。

二、司法会计鉴定的进行

司法会计鉴定的进行即鉴定的步骤,指鉴定人在接受指派或委托后,收集各种与案情有关的材料、情况,运用专门知识和技能,对这些材料和情况进行检查、验证、鉴别和判断的过程。一般地讲,包括司法会计鉴定的准备与实施两个阶段。

(一) 司法会计鉴定的准备

司法会计鉴定的准备是指鉴定人在正式鉴定前,为了保证鉴定工作顺利进行,依照法定程序所进行的各项前期准备工作。准备阶段有如下几项具体工作:

1. 审阅卷宗,了解案情

司法会计鉴定是在司法机关收集资料,调查核实的基础上进行的,因而鉴定前必须认真仔细地审阅案卷的材料,研究司法机关提出的鉴定要求,找出鉴定的疑点、难点等关键问题。

2. 询问当事人

当事人是对案件情况、尤其是其经手的会计资料最为了解、熟悉的人,当事人的陈述又是案件的重要证据,只是由于利害关系的影响,当事人的陈述通常会具有片面性或虚假性。但询问当事人仍不失为获取证据和保证鉴定质量的有效途径。鉴定前询问当事人,有助于鉴定人员了解案情正反两方面的情况。

3. 围绕鉴定要求,整理收集资料

在鉴定前,首先应对司法机关移送的材料进行整理和分类排列,然后再针对不足部分收集材料,这样,既可以通过拾遗补阙使收集到的材料更全面,又可以缩小收集材料的范围,省时省力。在收集材料的过程中,应注意收集以下几方面的材料:

(1) 书证材料。对发案前后的各类账册、凭证、会计报表、有关的统计资料、合同文本等,如果司法机关没有提供而又认为有必要收集的,应当进行收集,并对所收集到的这些材料按年月分类整理、登记,以方便鉴定查阅。同时要注意账外的辅助资料,如发票存根、工资册、考勤表、出门证、送(提)货单、发放奖金名单和有关经济活动的原始记录。

(2) 相关的物证。在准备阶段,如有必要,应协同司法机关突击抽查发案单位的库存物资、库存现金、备用金、小金库等,从中发现问题、揭露矛盾,为鉴定提供客观依据。

(3) 其他相关证据。掌握被鉴定单位的生产经营、财务管理状况,对于分析鉴定资料和提高鉴定的准确可靠性,也是一个不可缺少的方面。如了解被鉴定单位的生产经营状况,财务管理制度、账簿组织形式、成本核算方法、现金和银行存款支票的管理办法,财产物资的保管制度,账、钱、物是否做到三分管和印章管理情况等。

4. 整理核对证据和询问主要证人

(1) 整理证据资料。司法机关在送交鉴定之前,一般就已对证据资料进行过整理并装订成册,但司法机关装订资料时,是按照诉讼程序和时间顺序装订的,装订后一般不能拆动,而鉴定工作的资料则必须按照所鉴定的事项进行分类编排。

(2) 核对证据资料。司法机关在收集证据资料的同时,绝大多数都已进行过核对,但他们的侧重点主要是审查证据资料的真实性,而鉴定人员核对证据资料的重点则主要在于弄清证据资料与鉴定问题的关联程度和各种证据资料之间的相互关系,如果发现矛盾,则应配合司法机关进行补充调查。

(3) 询问主要证人。询问证人是司法机关的职责,鉴定人员不是在鉴定所有案件时都需要通过询问主要证人来核对证据资料。只有在鉴定中遇到专门技术上的疑难问题而案卷材料并不完整时,才需要在司法机关的配合下询问主要证人。

5. 拟订鉴定计划

在前几项工作已完成的基础上,鉴定人就要着手拟定鉴定计划和检验提纲,以确定检验的重点和步骤。检验提纲既可按问题确定检查的内容和方法,也可以按不同对象分别确定。如果鉴定工作是由几个人共同进行的,则还要根据每个人的实际水平进行科学分工。

(二) 司法会计鉴定的实施

司法会计鉴定的实施是指对准备阶段收集到的各种材料和情况用司法会计鉴定的专门方法,经过去粗取精、去伪存真和整理制作后进行鉴定的过程。

1. 检验鉴定资料

鉴定所依据的资料是否真实可靠,是决定鉴定工作成败得失的关键,因而对司法机关移送来的证据资料和预备检验阶段收集的补充资料都必须进行检验判断,才能决定轻重取舍,有利于避免走弯路和保证鉴定工作的顺利进行,在检验鉴定资料时,应当制作审阅摘录并把发现的问题和疑点逐一记录下来。检验鉴定资料的方法,一般有以下几种:

(1) 调查与对证。在鉴定过程中,经常会遇到一些根据现有资料还不足以作为判断和结论的问题,这就要求鉴定人配合司法机关询问当事人、证人或通过补充收集资料,进一步核实。调查对证时必须制作笔录,以便作为鉴定结论的依据。

(2) 分析与比较。在司法会计鉴定过程中,案情的整体情况与某一局部之间、证据与证据之间、会计资料与当事人陈述和库存物资之间往往会出现不协调、不一致甚至互相矛盾的情况,这就要求鉴定人将各种证据相互进行分析比较,并从中找出证据与证据间、证据与案件事实间的内在联系,这样才能找出疑点和问题,去伪存真,确保鉴定的准确性,而且还可以从中发现新的线索,推动鉴定工作的进一步深入。

（3）审阅与核对。审阅与核对既是进行会计检查时最常采用的一种基本方法，也是进行会计鉴定时最先采用的方法，会计检查中的审阅与核对，其主要目的是发现矛盾疑点、寻找案件线索，而会计鉴定时的审阅与核对的主要目的在于通过审阅、核对找出造成矛盾疑点的原因。

（4）判断与结论。通过分析比较、审阅核对、调查询问等方法的采用，一般地讲，账目中的问题已经暴露，事实也已清楚了。此时，鉴定人就应判断案件事实与当事人之间的联系情况，以确定当事人的法律责任。当然，这种分析推断是建立在实事求是的基础上的，是综合全案证据材料以及当事人的具体情况进行的推断。判断结果以司法会计鉴定书的形式固定下来。

2．鉴定工作中应注意的几个问题

（1）要与司法机关加强沟通。司法会计鉴定是诉讼过程中的一个环节，鉴定结论又是查清案情、证实案情的证据之一，进行鉴定的目的也是为了解决会计业务方面的疑难问题，从而弄清案件的真实情况。因此整个鉴定过程，必须加强与司法机关的沟通，以查明案件真实情况，取得相关证据。

加强与司法机关的沟通有两方面的好处：一方面，使司法机关能及时掌握鉴定进展情况和应补充调查核实的证据，以便对鉴定工作进行指导和提供补充的证据，使鉴定工作少走弯路；另一方面，在调查核实证据时，如果有司法人员配合，就可减少一些不必要的麻烦，加快调查核实的进程。

（2）将查死账与分析活情况相结合。会计报表是企业经营情况的书面反映，账表是死的，而它所联系的人和事则是活的，如果只查账，不分析企业的经营情况，就会带有片面性和盲目性，因而将查死账与分析活情况相结合，在鉴定过程中就显得十分必要。

（3）保守秘密。司法会计鉴定结论既然是审判案件的重要证据，有关当事人特别是刑事案件的犯罪嫌疑人，对查账的进展情况和结论都非常关切，在交待问题前总是想方设法找鉴定人摸底，或通过各种关系从侧面打听，如果泄漏了查账或鉴定情况，让当事人或刑事犯罪嫌疑人知道后，他们就会趋利避害，扰乱视听，给案件的审理造成障碍。因此注意保密，使当事人和刑事犯罪嫌疑人无隙可乘，不仅能保证鉴定工作不受干扰，还可以使审判工作顺利进行。

三、司法会计鉴定的终结

司法会计鉴定的终结即鉴定人对送检材料进行检验评断后，对案件事实真相作出客观描述的阶段。

（一）司法会计鉴定书的制作

司法会计鉴定的最终目的，就是要澄清案件事实真相。司法会计鉴定人通过检查材料和有关资料的审阅、核对，通过对案件情况、当事人陈述、证人证言的掌握，对案件事实有了一定程度的了解。此时，就需要运用自己所掌握的会计、审计专业知识对所鉴定的案件情况进行分析、研究，对当事人与案件事实之间的联系作出一个既符合事实、又符合法律的评断，明确当事人的法律责任，为司法机关正确执法提供可靠依据。司法会计鉴定书正是鉴定人对案件真实情况进行评断的书面结论，是鉴定人向司法机关提供的证据材料。

司法会计鉴定书的基本要求是：鉴定结论必须是来源于客观真实的鉴定材料，鉴定结论所认定的事实必须与案件有着实质性联系，鉴定书的内容与形式必须合法。

（二）司法会计鉴定资料的移送与保管

鉴定工作结束时，鉴定人应将司法会计鉴定资料移送给委托鉴定的司法机关。具体方法是：将鉴定书正本、鉴定工作纪要、鉴定过程中有关的原始记录、司法机关送交的全部鉴定资料和鉴定过程中补充的查证资料编制目录，装订成册，并填写移送清单，送委托鉴定单位签收。同时，将鉴定委托书、鉴定工作记录、鉴定书和各种原始记录副本、自制表格、凭证、报表，以及其他不需要移送司法机关的会计资料等一起装订成册，形成内部档案，指定专人妥善保管，防止丢失、损坏并注意保密。

四、司法会计鉴定工作的现状及改革方向

目前，我国司法会计鉴定工作尚不够规范，比如，仍然存在着鉴定人员整体素质不高、鉴定依据和鉴定责任不明确以及多头鉴定并存等弊端。有时对于同一案件的同一财务事实，即使出现了几个不同甚至截然相反的鉴定结论，也会由于鉴定标准不具体、各鉴定人各执一词等原因，令法院无所适从；甚至某鉴定人出具的鉴定结论有明显的错误，鉴定人也会借口对此案件的财务事实了解程度不深、鉴定方法或者所站角度的不同而搪塞，很难被追究责任。可见，我国司法会计鉴定工作有待于从以下方面进一步规范：

（一）规范司法会计鉴定从业人员资格

在市场经济中，司法会计鉴定是一项极其严肃的工作，其目的是提出专家性意见，作为法律鉴定并且作为法庭作出判决的证据。其严肃性决定了不能随意地简单指定某个人来作出鉴定，鉴定人应该是符合严格的独立专业资格的个人或团体，具备熟悉的会计和法律知识，从专业与司法的角度，对有关的会计信息或事件作出鉴定。

据悉，在国外，无论是英美法系还是大陆法系国家，虽然鉴定人制度不同，但是都不同程度地采用鉴定人执业资格制度；司法会计鉴定作为司法鉴定工作的重要组成部分，当然也要对其从业人员资格进行严格的限定。

总体上看，我国目前尚没有真正形成司法会计鉴定人执业资格制度。虽然《刑事诉讼法》第119条规定鉴定人为具备"专门知识的人"，同时《会计法》、

《注册会计师法》以及高检院等司法部门的有关规定都不同程度地表明，司法会计鉴定人包括公、检、法内部的专职司法会计和执业注册会计师，但是，以上法律对于司法会计鉴定人资格的限定仍然不够严格。比如，没有明确"专门知识的人"的具体范畴，也没有严格限定专职司法会计需要什么专业技术水平的人员以及哪种层次和资历的注册会计师才具有司法会计鉴定人资格。其结果是实践中司法会计鉴定人员的素质参差不齐，导致当事人双方针对鉴定人是否具有合法鉴定资格、鉴定结论是否具有证据效力经常发生争执。而且，针对最近我国上市公司审计中出现的大量"注册会计师协同造假"现象所暴露出的"会计诚信危机"的严峻形势，如果不对司法会计鉴定人员资格进行严格的限定，其鉴定结果的可信性必然会大大降低，难以从根本上保证司法会计鉴定工作的质量，必然会严重阻碍我国司法会计鉴定行业的发展。

（二）规范司法会计鉴定工作的依据，明确鉴定人员的责任。

1．建立统一的司法会计鉴定技术标准

司法会计鉴定作为一种诉讼活动的法律根据，是一项极具技术性和专门性的工作，应当有一个专门的、统一的技术标准来规范，制定一个统一的、切实可行的司法会计鉴定技术标准，才能明确鉴定人员的责任，从而规范司法会计鉴定工作。

一个较为完善的司法会计鉴定技术标准，应当包括以下几个方面的内容：①规定司法会计鉴定证据的提取标准，即对于各种作案手段应提取哪些会计证据的标准；②对比检验标准，即明确规定判断涉案单位财务活动和资金所有权或使用权状态发生改变的标准；③综合判断标准，即对于在对比检验标准中未作规定的财务行为和后果，如何比照相近的财务行为判断其相应的财务后果的标准；④鉴定手段标准，即明确鉴定工作要尽可能地采用当时允许的科学技术手段；⑤鉴定结论用语标准，即鉴定人根据鉴定证据，通过对比检验，综合判断得出具体财务行为所导致的财务后果是否改变单位资金所有权、是否犯罪的结论，必须规范而且明确地写入鉴定结论；⑥鉴定结论报告标准，即报告的内容要点和格式要有一个统一规范的标准。

2．规范司法会计鉴定的程序和方法

由于司法会计鉴定工作是对会计审查和司法鉴定活动的综合，因此在对各项会计要素、会计信息进行鉴定分析时，既要严格遵循财务会计和审计的程序和方法，还要运用法学中的理论和方法，如证据筛选、分类、分析等理论和方法。依照规范的法定程序和方法进行鉴定，是鉴定人应该履行的责任之一。只有这样，才能有效保证鉴定的质量。

3．制定利于行业自律的相关鉴定准则

从业务准则来看，由于司法会计与注册会计师的法律责任密切相关，我们可以参考审计准则、管理咨询服务准则、鉴证准则以及会计复核准则的指导思想，结合相关法律和司法会计鉴定的具体特点，来制定适合于司法会计鉴定的业务准则；从职业道德准则来看，总体上要求鉴定人员在鉴定工作过程中必须保持实质上的独立性、客观性和公正性。比如，要有职业胜任能力、保持合理职业谨慎、遵循计划和监督程序模式、收集足够的相关数据、作出客观公正的职业判断以及保持独立、客观和公正等准则。准则的完善，将更加明确司法会计鉴定人员具有哪些责任，以及鉴定过程应该遵循什么原则。

如果司法会计鉴定人员严格依照法定的标准、程序、方法和准则开展鉴定工作，仍然出现了鉴定失误，应该属于鉴定行业风险，超出了鉴定者应该履行的责任范围，不应当要求鉴定人员承担责任；但是，如果司法会计鉴定人员没有严格依照法定的标准、程序、方法和准则进行鉴定工作，就没有正确履行鉴定责任，一旦造成了鉴定失误，就应该承担错鉴责任。

（三）完善鉴定工作的评价体系，建立错鉴追究制度

我国《刑事诉讼法》第120条第3款规定：鉴定人故意作虚假鉴定的，应当承担法律责任。但对鉴定人由于技术水平有限或者因过失出具错误鉴定结论的应否承担责任、需要承担哪些责任，法律并无明确规定。就是说，对于鉴定工作的过程和结果缺乏一个合理的责任追究制度。其原因如上文所述：对于鉴定过程缺乏一个科学而明确的责任标准作为依据，因而缺乏准确的评价标准和体系，无法及时追究错鉴责任。有学者认为：应该在规范司法会计鉴定标准的基础上，完善鉴定过程和鉴定后的鉴定质量跟踪评价体系，建立错鉴追究制度。如果鉴定人因过错（或过失），比如不具备职业胜任能力或未依据合法的标准、程序、方法和准则而出具了错误鉴定结论，导致经济犯罪案件错捕、错判，或者增加了司法机关的诉讼成本，只要证实了前者与后者之间有"因果关系"的，就应当追究鉴定人的民事责任甚至刑事责任。相反，对于鉴定合理者，应该给予适当的回报。这样做的目的，是通过错鉴追究制度，加大鉴定过错（或过失）的成本和机会成本，来保障司法会计鉴定的质量和严肃性。

（四）完善司法会计鉴定工作体制

多年以来，我国司法鉴定机构总体上设置比较分散，重复建设和鉴定结论相互矛盾较多，其中司法会计鉴定体系的问题也很突出。只有完善司法会计鉴定工作体制，才能最大限度地调动鉴定人员的工作积极性，提高鉴定效率，维护鉴定结论的科学性和权威性，更好地为审判服务。

司法会计鉴定体制改革应该符合独立、科学、规范、高效、公正的原则。

首先，应该逐步建立统一的司法会计鉴定体系，而不是公、检、法"三足鼎立"的局面，消除重复建设、互相扯皮的弊端，提高鉴定的科学性和效率性。建议最好由检察机关领导司法会计鉴定体系，以体现司法会计鉴定工作的诉讼功能

和证据作用,避免法院"自鉴自判"或公安机关"自侦自鉴"而导致鉴定工作失去独立性、客观性和公正性。

其次,应该采取"分级鉴定"和"三鉴终鉴"的方法,明确限定各级司法会计鉴定机构或鉴定人的鉴定权限,避免多重鉴定、相互矛盾的情况,增强鉴定的规范性和效率性。例如:①具有司法会计鉴定资格的鉴定机构或个人,应该只接受本辖区内的初次司法会计鉴定或补充鉴定,不得受理该鉴定机构辖区以外的委托鉴定或本辖区内的同一案件的第二次委托鉴定(即重新鉴定)。同时,各级司法机关不应该轻易指派或聘请第二次鉴定的鉴定人。②成立司法会计鉴定中心(小组),专门负责对本辖区内被鉴定人不服初次司法会计鉴定结论提出申请,或侦查机关、公诉、审判机关对初次司法会计鉴定结论提出异议的案件进行重新鉴定。③重新鉴定结论仍有异议的,由上一级司法会计鉴定中心最终鉴定,并且上级司法会计鉴定中心(小组)具有对下级司法会计鉴定中心(小组)的鉴定结论进行复核和对下级司法会计鉴定工作进行监督的权力。④如果上述"三鉴终鉴"后,对其司法会计鉴定结论仍有异议的,可通过更上一级司法会计鉴定中心对下级鉴定中心出具的司法会计鉴定进行复核或文证审查,确有错误的,可以发回重新鉴定,或直接出具司法会计鉴定书,纠正下级鉴定中心的鉴定结论。这样既可以保证司法会计鉴定的客观、公正,又可以防止多重鉴定而引发的"扯皮"诉讼问题。

第三,司法会计鉴定体制应与司法会计侦查体制相协调。在刑事诉讼活动中,司法会计侦查是侦查阶段侦查机关运用会计专业知识,通过对案发单位财务资料的勘验、发现、分析线索,制定侦查方案,提取、审查证据,确认犯罪是否发生及涉嫌犯罪性质的一种司法侦查活动;而司法会计鉴定是起诉、审判阶段运用会计专业知识及其理论对送检物进行勘验并作出法律结论的一项司法诉讼活动。侦查与鉴定人员在行政隶属上分别属于侦查部门和司法技术鉴定部门,具有一定的独立性,保证了二者之间的相互监督与制约作用。然而,二者都是司法会计工作的基本内容,在实际工作中有着不可割裂的关系:前者是获取送检物(被鉴定单位会计资料)的根本途径和手段,后者是对送检物进行会计检验、作出法律评定的必要过程,既是会计侦查的继续或延伸,也是对侦查结果的初步评定。所以,避免司法会计鉴定与司法会计侦查工作相脱节的现象,保证司法会计鉴定工作和司法会计侦查工作体制有机协调,互相配合,提高鉴定效率,对于有效打击日渐猖獗的经济犯罪,以及完善司法机制来说,有着重要的现实意义。

第四节 司法会计鉴定结论

一、司法会计鉴定结论的含义

鉴定结论是指司法会计鉴定人针对司法机关提请鉴定的会计问题，运用自己的专门知识和技能进行鉴定后所作出的结论性意见。

在理解司法会计鉴定结论的这一定义时，应注意把握以下几点：

第一，司法会计鉴定结论是一种结论性意见。司法会计鉴定结论是指一种结论性意见，其概念本身并不包含这种结论性意见的表达方式。因此，在理解司法会计鉴定结论的概念时，应从其诉讼证据的基本属性来理解，即它只是一种结论性意见，而不应理解为是一种书面文件。

第二，司法会计鉴定结论是司法会计鉴定人所作的结论性意见。根据我国诉讼法律的规定，只有而且必须由鉴定人作出鉴定结论。据此，作出司法会计鉴定结论的主体也只能是司法会计鉴定人。这里需要明确的是，司法会计鉴定结论不能由司法会计鉴定人所在机构作出，司法会计鉴定人也不得以其所在机构的名义出具鉴定结论。

第三，司法会计鉴定结论是针对司法机关提请鉴定的会计问题所作的结论性意见。司法会计鉴定结论作为司法会计鉴定人所做的一种结论性意见，其结论的对象是司法机关提请鉴定的会计问题。司法会计鉴定结论既不能回避司法机关提请鉴定的问题，其结论的范围也不能超出司法机关提请鉴定的问题。司法会计鉴定结论的这一特点，也是其与审计结论的重要区别之一。审计结论的范围是由审计结果所决定的。

第四，司法会计鉴定结论是完整的司法会计检验鉴定活动的结果。司法会计鉴定结论是司法会计鉴定人在取得检验结果，并进行鉴别、分析和论证后作出的结论性意见。在司法会计检验鉴定中，对检验结果如无须进行鉴别、分析和论证，便可以直接作出检验结论，而无须作出司法会计鉴定结论。很显然，司法会计检验结论只是对检验结果的汇总，是部分检验鉴定活动的结果；而司法会计鉴定结论则是司法会计鉴定人根据检验结果而鉴别判定的案件事实，是全部司法会计鉴定活动的结果。

二、司法会计鉴定结论的证据属性

司法会计鉴定结论是一种诉讼证据，具备诉讼证据的一般属性。但由于司法会计鉴定结论是通过司法会计活动收集的一种诉讼证据，因而它还具备一定的特殊性。

（一）司法会计鉴定结论的科学性

司法会计鉴定结论的科学性，是指司法会计鉴定结论能够客观地反映案件事实。司法会计鉴定结论的这一性质是由司法会计鉴定的科学性所决定的。首先，司法会计鉴定是以科学的技术标准和客观的证据为依据进行的，这些标准和证据为司法会计鉴定结论能够客观地反映案件事实奠定了客观基础。其次，司法会计检验鉴定过程是以科学的方法为指导，并由经过系统科学训练的鉴定人员具体实施的，从而为司法会计鉴定结论客观地反映案件事实提供了科学的保障。司法会计鉴定结论是以科学的检验结果为基础，经过科学的逻辑推导过程形成的。所以，司法会计鉴定所形成的结论性意见必然具有科学性。

司法会计鉴定结论的科学性，是其能够作为诉讼证据的根本所在。从理论上讲，否定司法会计鉴定结论的科学性，也就否定了司法会计鉴定的科学性；从司法实践上讲，任何一份司法会计鉴定结论，只要指出其不科学之处，就可以否定其证据价值。

（二）司法会计鉴定结论的惟一性

司法会计鉴定结论的惟一性，是指同一案件的同一会计问题只有惟一的司法会计鉴定结论。换句话说，对同一案件中的同一会计问题只能作出一个正确的司法会计鉴定结论，不可能同时具有两个或两个以上正确的司法会计鉴定结论。第一，从司法会计鉴定结论的诉讼证据定义看，司法会计鉴定结论是一种客观情况，而任何客观情况只能有一种情形，所以，对同一具体的会计问题而言也只能产生一种鉴定结论；第二，从司法会计鉴定结论的形成过程看，同一具体会计问题的司法会计鉴定结论都是依据相同的鉴定证据和相同的技术标准作出的，因而也只能产生相同的鉴定结论。

司法会计鉴定结论的惟一性，是司法会计鉴定结论的科学性的具体体现。同时，它也决定了不同的司法会计鉴定人就同一案件的同一会计问题所作的鉴定结论不可能有两个或两个以上的正确结论。因此，在司法实践中，对同一具体的会计问题如有两个或两个以上的司法会计鉴定结论时，其中至少有一个（甚至全部）是错误的。

（三）司法会计鉴定结论的局限性

司法会计鉴定结论的局限性，是指司法会计鉴定结论只能反映和证明特定方面的案件事实，而不能反映和证明全部案件事实。司法会计鉴定结论的这一性质是由司法会计鉴定的任务及其方法的限定性所决定的。首先，司法会计鉴定的任务，是解决诉讼案件中的会计问题，所以其结论也只能反映案件所涉及的会计事实，而不能反映全部案件事实；其次，能够反映全部案件事实的结论，必须是所有与之相关的侦查或调查手段的运用结果，而司法会计鉴定所采用的是一种技术性方法，这些方法只是侦查或调查手段之一，而采用这些方法所得出的结论也只能反映和证明案件的部分事实。

司法会计鉴定结论的局限性，表明了司法会计鉴定结论所能证明的案件事实的范围是有限度的。

三、司法会计鉴定结论的种类

司法会计鉴定结论,按其结论的程度,可划分为确定性结论和限定性结论;按其结论的方向,又可划分为肯定性结论和否定性结论。

(一)确定性结论和限定性结论

1. 确定性结论

确定性结论是指不附带判定条件的司法会计鉴定结论。

在司法会计鉴定实践中,鉴定人只有在鉴定证据能够满足检验鉴定的要求,且检验结果能够满足鉴定结论需要的情况下,方可作出确定性结论。

2. 限定性结论

限定性结论是指附带有一定判定条件的司法会计鉴定结论。

司法会计鉴定实践中,鉴定人在鉴定证据不能完全满足检验鉴定的要求,或检验结果不能满足鉴定结论需要的情况下,只能作出限定性结论。其中,对鉴定证据不能满足检验鉴定要求的情况,应当附带说明结论所依据的证据范围;对检验结果不能满足鉴定结论需要的情况,应当附带说明结论所包含(或未包含)的检验项目的范围。

对确定性结论而言,由于其不含有附带的判定条件,因而在诉讼中只要经过审查结论的内容是真实的,便可直接作为定案的根据;对限定性结论而言,因其含有附带的判定条件,所以在诉讼中,除需要审查结论内容的真实性外,还必须结合其他相关证据,才能用来作为定案的依据。

(二)肯定性结论和否定性结论

1. 肯定性结论

肯定性结论,是指确认某一会计事实的发生和存在状况的司法会计鉴定结论。

2. 否定性结论

否定性结论,是指确认某一会计事实的未发生或不存在的司法会计鉴定结论。

(三)关于或然性结论的探讨

或然性结论,也称倾向性结论,是指既不肯定也不否定,或只确认某种可能性的结论。

在司法会计鉴定中,有时会遇到因鉴定证据不充分或检材质量问题,既不能作出肯定性结论,也不能作出否定性结论的情形。关于司法会计鉴定人在遇到这类情形时能否作出司法会计鉴定结论的问题,理论界有两种不同的主张。有人认为或然性结论是司法会计鉴定的一种结果,应当允许通过鉴定结论的形式予以表达,主张司法会计鉴定人可以作出或然性鉴定结论;也有的人认为或然性结论本身不具备鉴定结论的基本属性，因而主张司法会计鉴定人不应当出具或然性结论。

在司法实践中，通常采用出具司法会计分析意见书的形式来表达或然性结论。不同意司法会计鉴定人作出或然性鉴定结论的鉴定人，则只通过发出中止或终止鉴定文书通知送检部门，并说明不能作出鉴定结论的原因。

或然性结论是司法会计鉴定中可能出现的一种工作结果，由于其不能客观地反映案件的真实情况，因而不能被视为司法会计鉴定结论的一种。至于在司法会计实践中遇到此类情形应如何处理的问题，我们认为采用中止或终止鉴定的方法较为妥当。理由是：如送检部门能够补充到鉴定证据，则可以通过继续鉴定作出鉴定结论，如送检部门无法补充鉴定证据，则应当终止鉴定。至于司法会计鉴定的结果，则可在中止或终止鉴定通知书中予以说明。采用司法会计分析意见书做法的不妥之处在于，容易造成送检部门的误解，而将或然性结论作为限定性结论予以运用，进而可能导致办案失误的后果。

四、司法会计鉴定结论的审查评断与运用

司法会计鉴定结论的审查评断，是指对司法会计鉴定结论的合法性、科学性、惟一性和可靠性进行的审查判断。审查评断司法会计鉴定结论的目的有两点：一是判明司法会计鉴定结论是否具备司法鉴定结论的属性，以便确定能否作为证据使用；二是判明司法会计鉴定结论的证明力，以便确定如何使用这一鉴定结论来证明案件事实。

根据我国法律规定，一切证据必须经过查证属实，才能作为定案的依据。司法会计鉴定结论属于证据的一种，同样也需要查证属实，才能作为定案的根据。对司法会计鉴定结论进行审查评断，便是查证司法会计鉴定结论是否属实的方法之一。虽然鉴定的结论是由具备专门知识的人员，在广泛收集证据的基础上，经过分析、评判之后作出的，应具有一定的可靠性，但由于主、客观因素的影响，有时也可能发生错误或不够全面也是难免的，因而不能绝对迷信鉴定结论。所以，司法机关在运用司法会计鉴定结论前，必须进行认真细致的审查。

司法会计鉴定结论的评断，是通过审查司法会计鉴定书进行的。审查评断的方式主要有两种：一种是由承办本案的侦查、起诉或审判人员进行评断；另一种则是由司法机关指派鉴定结论制作人以外的司法会计技术人员协助进行评断。

（一）司法会计鉴定结论审查评断的内容

对司法会计鉴定结论的审查评断，应当重点从以下几个方面进行：

1. 审查鉴定所依据的材料是否真实而充分

提供真实而充分的材料，是正确进行鉴定的前提。如果送检的材料不充分，则难以作出司法会计鉴定结论，或只能得出不准确的司法会计鉴定结论。如果送检的材料不真实，则只能得出错误的鉴定结论。虽然鉴定人员在准备鉴定时已对全部材料逐一进行了调查核实,也有权因材料不足而拒绝接受鉴定任务。但是,实践中有时因犯罪分子的伪造,或者由于办案人员的疏漏,提供鉴定的材料也可能不真实或不充分,鉴定人对此往往不易发现。因此,在审查司法会计结论时,首先要对鉴定所依据的材料进行逐一复核。

2. 审查鉴定所采用的标准和方法是否科学正确

这主要是审查进行鉴定所依据的标准是否符合现行法律、法规和有关制度的规定,采用的方法是否符合会计原理、审计原理和财会制度,是否符合鉴定的原则、要求、程序等。特别应注意排除司法会计鉴定人以自己的认识或习惯代替实际标准,或以现行标准取代当时标准的情形。

3. 审查鉴定结论是否合乎逻辑

这就是要审查鉴定结论是否充分,推断是否合理,论题论据和论证方式之间是否符合逻辑关系。审查鉴定结论是否符合逻辑,是正确判断鉴定结论的真实可靠程度的关键。

4. 综合全案证据进行审查判断

看证据与证据之间、证据与案件事实之间有无矛盾,将司法会计鉴定结论与犯罪嫌疑人供述和辩解、被害人的陈述或当事人陈述进行对比分析。综合全案证据来审查判断司法会计鉴定结论的同时,也要对其他证据进行审查判断,这样有利于发现矛盾,分析矛盾,进一步收集证据,排除矛盾,使案件得到正确处理。

司法机关对其他司法机关移送的司法会计鉴定结论,除对上述几方面进行审查评断外,还应当对司法会计鉴定主体的鉴定资格、鉴定过程、鉴定结论的内容及其运用进行审查,以确认其合法性和正确性。

(二) 对司法会计鉴定结论是否采用的决定

司法会计鉴定结论经过法庭调查对质后,审判人员需要对鉴定结论进行判断。对于客观公正、符合法定要求的鉴定结论,应将其采纳作为判决案件的证据;而对于不符合法定要求,或不够全面、清楚的鉴定结论不予采用,并应要求进行补充鉴定或重新鉴定。

1. 司法会计鉴定的补充鉴定

司法人员在对司法会计鉴定结论进行审查后,如发现不妥之处或提出新的问题,在不放弃原鉴定的条件下,应要求原鉴定人复查、补充、修正鉴定书和解答新问题,以便使原鉴定所得出的结论更加完备,这种鉴定称为补充鉴定。

有下列情形之一的,应要求进行补充鉴定:

(1) 鉴定书措词不正确;

(2) 鉴定书中提出的鉴定结论不够明确、具体,即尚不足以达到作为认定有关待证事实的目的;

(3) 鉴定书中有计算上的错误或其他笔误,或鉴定书中对同一事实的叙述前后不一致；

（4）鉴定书制作完成之后，司法人员发现了新的相关鉴定材料，而这些材料对该鉴定结论的性质有直接影响；

（5）原鉴定项目有遗漏，并没有全部、彻底解决与待证事实有关的专门事项。

补充鉴定是原有鉴定的继续和延伸，一般仍由原鉴定人进行，也可以由其他鉴定人进行。从程序上可以进行一次，也可进行多次，其目的在于使原鉴定结论更加全面、具体和有说服力。补充司法会计鉴定文书是原司法会计鉴定文书的组成部分。

2．司法会计鉴定的重新鉴定

司法人员在对原鉴定书或者补充鉴定后的鉴定书进行审查后，认为鉴定结论仍不真实准确，而另行指定或聘请新的鉴定人进行的鉴定，称为重新鉴定。

有下列情形之一的，应进行重新鉴定：

（1）司法会计鉴定机构、司法会计鉴定人超越司法会计鉴定业务范围或者执业类别进行鉴定的；

（2）送鉴的材料虚假或者失实的；

（3）原鉴定使用的标准、方法不当，导致原鉴定结论不科学、不准确的；

（4）原鉴定结论与其他证据有矛盾的；

（5）原鉴定人应当回避而没有回避的；

（6）原鉴定人因过错出具错误鉴定结论的。

重新鉴定所提供的鉴定材料必须是与初次鉴定相同的鉴定材料；鉴定材料有异的鉴定，不是重新鉴定。除第一项应由其他司法鉴定机构进行重新鉴定外，其他各项重新鉴定可由原司法鉴定机构进行。重新鉴定应当由原鉴定人以外的鉴定人进行。

一方当事人在诉讼前自行委托司法会计鉴定人作出的鉴定结论，另一方当事人有证据足以反驳并申请重新鉴定的，法院应予以准许。司法机关在决定补充鉴定或重新鉴定时，都应另行制作决定书或聘书，并应详细说明补充鉴定或重新鉴定的原因以及需要通过鉴定解决的问题。

（三）司法会计鉴定结论的运用

司法会计鉴定的目的，在于协助司法人员分析、鉴别有关会计方面错综复杂的疑难问题，从而为查明案情提供科学的依据。因此，对论据真实充分、论证严密、结论明确，并能解决案件中的会计专门性问题的司法会计鉴定结论，应当作为定案的依据。

对司法会计鉴定结论的正确运用，首先应明确它属于直接证据还是间接证据。如果司法机关确定将司法会计鉴定结论作为判断案件事实真相的主要证据时，则应在指派鉴定书或聘请委托书中有所反映，力求做到鉴定要求全面、确切、严密。鉴定人在鉴定过程中，要全面核实其他旁证，把鉴定结论与其他证据之间可能产生的矛盾解决在作出结论之前。如果司法会计鉴定结论作为间接证据使用，则必须符合下列要求：

第一，鉴定结论必须与案件中的其他证据相互印证、互为补充；

第二，鉴定结论与主要的待证事实必须协调一致，没有矛盾；

第三，鉴定结论与其他证据综合所得出的结论，必须是肯定的、惟一的，绝对排除其他可能性的出现。

司法机关在确认某一司法会计鉴定结论不能作为本案的证据后，应当提出具体的审查意见，由案件承办人员记录在案。任何案件承办人员都不得擅自决定对司法会计鉴定结论的取舍，以维护司法会计鉴定活动的严肃性。

第七章　司法会计鉴定实务

第一节　流动资金的鉴定

一、现金的鉴定

现金的流动性最强，容易发生问题。历来的经济案件表明，现金管理混乱，给经济犯罪分子以可乘之机，大多数的经济案件和经济违纪案件，都会在现金的进出中留下痕迹。因此，通过现金的鉴定，达到如下目的：一是检查内部管理制度的健全情况，促进强化内部管理；二是审查现金实有数，揭露挪用、贪污（侵占）行为；三是审查现金收付业务，揭露各项收支中的违规违法及营私舞弊行为。

（一）现金内部管理制度的检查

现金内部管理制度，是按国家有关规定和加强现金管理的需要，关于现金收、付、存的手续，财务登记及相关凭证、账簿管理制度的统称。检查的主要内容包括：

（1）管钱与管账的岗位是否分设，现金收、付、存业务是否由出纳统一进行管理；

（2）现金支付是否建立了必要的审批手续，现金付出凭证是否经过复核才凭以付款；

（3）现金收入是否即时存入银行，控制现金坐支；

（4）是否定期盘点现金和编制现金盘点表；

（5）与现金有关的收款收据、发票是否专人保管、顺序编号，领用签章、存根定期复核。

（二）盘点库存现金

对库存现金的盘点应采取突击方式进行实地查证。在查证前不能通知出纳员，以防其采取措施掩盖挪用的事实或转移账外资金，查证时间应安排在工作时间内，尽量避免现金收支高峰期。实地盘点现金方法如下：

1. 在盘点现金之前，一切收付现金业务应立即停止，所有的现金和可流通的票据、有价证券应置于鉴定人员控制之下，直至库存现金查证完毕。

2. 在查证过程中，应要求出纳员和被鉴定单位的主管会计人员在场，以防现金短缺时分不清责任。

3. 查证完毕，应根据盘点结果填制库存现金盘点表，反映库存现金应有数和实有数，如查证日与结账日不一致，应作调整，即现金结账日实有数＝现金查证日实有数＋查证日至结账日支出现金数－查证日至结账日收入现金数，将结账日现金实有数与结账日现金账面结存数比较，以确定盈缺金额。

对保险箱内的其他资料，则应视不同情况作相应处理：

（1）白条、私人借条和收据等非正式现金凭证，不得抵充现金；

（2）库存邮票、印花税票等，如已在管理费用中报支，则不能抵充现金；

（3）已付款尚未入账的付款凭证，如有经办人签字或盖章，手续齐备，且已被签领，则可视作现金或冲减现金账面数额，如手续不齐或尚未被签领，则不得视为现金或冲减现金账面数额；

（4）已收款尚未入账的收款凭证，如手续齐备则应增加现金账面额，如手续不齐或尚未收到款项，则不能增加现金账面额；

（5）代私人存放的现金、有价证券或储蓄存款，盘点前被鉴定人对此已作说明，并且确能证实其所说无误的，可不视为该单位的现金，如盘点前未作说明，且一时又无法证明其归属的，则先封存，经调查核实后再行处理，如发现有私设"小金库"则需另案处理；

（6）对尚未领取的工资款项，如有工资发放清单而尚未编制现金支出凭证的，其未领款应视为现金实存额，如已编制现金支出凭证，且未领工资已根据人员单独封包，则该工资不计入库存现金额。

（三）审查现金日记账及收付凭证

1. 将所有现金收入单据存根联，按照时间、编号顺序进行归类整理之后与现金日记账核对，看有无缺页、少号和登记不实等情况。若有，应进一步查明原因。

2. 将现金日记账与记账凭证、银行对账单相互核对，若有条件，还应与付款单位的发票联进行核对，看有无差异、遗漏和其他舞弊情况。

3. 审查日记账和收付凭证有无涂改、刮补、伪造的迹象，所反映的内容是否合法、完整和符合企业正常需要。

4. 对被鉴定单位会计兼任出纳、开票员的，更应该认真审查其收、付、存现金情况，注意原始凭证金额与记账凭证金额是否一致，对应账户是否适当，现金支付是否符合企业生产经营实际业务的需要。

二、银行存款的鉴定

银行存款，又称银行结算户存款。按规定，不属于现金结算范围的款项，均应通过银行结算户办理结算。此外，被鉴定单位收入的现金应及时存入银行，必要的现金支付额，用现金支票从银行提取备用。

1. 银行存款结余额的核对

银行存款结余额的核对，是通过银行存款日记账与银行对账单的核对进行的。检查时,应首先了解是否建立了定期核对制度和两者余额不一致时,是否通过编制银行存款余额调节表调节核对,并逐笔核对银行存款日记账和银行对账单,检查银行存款业务的合规合法性,其中要特别注意的是:

(1) 追查漏账,即对账单上有而日记账上没有的账目;

(2) 追查假账,即日记账上有而对账单上没有的账目;

(3) 大量提取现金的账目,要重点追查;

(4) 短期内发生一收一支或多收多支且收支金额相等的账目,要重点追查;

(5) 在报表日前后发生大额收支的账目,要重点追查;

(6) 未达账项下月仍未落实的账目,要重点审查。

2. 银行存款结算凭证的审查

银行存款结算凭证包括现金支票、转账支票、付款委托书和汇出款项等银行存款结算凭证的存根和回单。目的是查明企业是否按规定使用,揭露从中违法舞弊的线索。主要有以下几点:

(1) 有无签发空头支票和借出空白支票的问题,若有,应仔细审查其相关业务,确定有否作弊行为;

(2) 检查购回的支票和其他结算凭证,是否妥善保管,连续编号,存根是否齐全,作废凭证是否加盖作废戳记并完整保存在支票簿或存根内,对缺本、缺号要特别注意核查;

(3) 有否违反规定将其他原始凭证作银行结算凭证使用的情况。

3. 银行存款收付业务的审核

银行存款收付业务的审核,主要是审查银行存款收付业务的真实性、合理性和合法性。检查的对象是有关银行存款收付业务的原始凭证和记账凭证。在原始凭证中,不仅包括银行存款结算凭证,还包括与结算凭证相联系的其他原始凭证。由于在各种银行存款结算凭证中,现金支票能提取现金,因此,现金支票结算业务应该是鉴定的重点。鉴定中还应注意以下几点:

(1) 审阅对外投资、联营资料,看其是否有应分红利而账上没有,实际上是收了存入小金库的情况。如发现疑点,可向对方查询,弄清事实。其他的有关收入,如罚款收入等,也应注意核查。

(2) 审阅银行存款的收付业务是否属于本单位的业务范围,有无挪用存款进行非法经营活动的问题。

(3) 关注与银行存款有关的一些大额的、非正常业务需要的往来账户,查明有无利用往来账户掩饰账外经营及其他非法经济活动的问题。

(4) 检查记账凭证与原始凭证所反映的金额是否一致,银行结算凭证与相应业务凭证的数额是否吻合,有无以少报多的问题。

(5) 审阅银行存款结算业务凭证中应办理的手续是否完成,有无只有购进没有验收、签收的问题。如有,应查明情况。

三、其他货币资金的鉴定

其他货币资金,包括外埠存款、银行汇票存款、银行本票存款、外汇存款及在途货币资金等内容。由于这些资金的存在形式、存放地点及资金运动的特殊性,不易于监督,因此,在货币资金鉴定中,不应忽略。

(一)外埠存款的鉴定

外埠存款,是企业采购业务的需要,将银行结算户存款,汇往采购地银行设立采购专户的存款。其鉴定的内容主要是:结合采购计划,审阅汇出款项是否业务需要,数额是否适当;审阅采购支出的原始凭证的真实性、合法性,采购货物是否及时运回单位验收入库,余额是否及时退回;检查"其他货币资金——外埠存款"明细账的收付业务是否与本单位业务活动相联系。有无外埠存款明细账上有的收付业务,而本单位没有的情况。

(二)银行汇票存款的鉴定

银行汇票存款和银行本票存款,其核算基本相同,容易产生的弊端也大体相似。故只以银行存款为例,说明鉴定的一般要求:依据银行汇票申请书,查购销合同是否以银行汇票为约定结算方式,与收款单位有无业务往来,分析申请汇票结算是否业务需要;审阅"其他货币资金——银行汇票存款"明细账,有无长期挂账涉嫌挪用的问题;审阅汇票结算的货物,是否为合同规定内容和本单位业务需要。

(三)在途货币资金的鉴定

鉴定在途货币资金时,主要以"其他货币资金——在途货币资金"明细账为依据,结合凭证主要审查:汇入款项的真实性,其间有无虚增在途货币资金的问题,查明虚列原因;查明汇入款项是否正常业务需要及其汇款用途;验证收到银行汇款通知后,是否及时作了财务处理,如发现在途时间过长,应查明原因,注意已收款未转账,挪用或占用问题。

四、应收款项的鉴定

应收款项是企业在正常业务交往中发生的与其他单位或个人款项往来中的债权。包括应收账款、应收票据、预付账款及其他应收款等内容。

(一)应收账款的鉴定

应收账款方面常发现以下方面的问题:虚增应收账款,以达到虚增销售收入和利润的目的;收回应收账款不入账,从中进行挪用或贪污(或侵占);应收账款形成不合规,购销双方勾结,擅自赊销,挂账不收,以牟取私利;销货退回不冲减应收款,退货不入库,另作他用。

由于应收账款是在销售活动中产生的,因此对应收账款的鉴定应结合销售业务进行。

1. 用核对法将账、表，总账与所属明细账核对，特别是后者的核对。很多弄虚作假、虚假销售的，往往只作了总账的虚列，而无法作出明细账的具体记录。

2. 审阅账簿记录的文字摘要和原始凭证、记账凭证。虚假记录，往往从账簿文字摘要和凭证审核中能发现问题。因为这种情况，或者有总账记录无明细账记录，或者无原始凭证，或者原始凭证合法性及手续齐全方面有问题，如无托运手续等，然后将可疑的销售记录与仓库发货记录核对。

3. 确定需要进一步查明落实的款项，运用函电询问方式进行查对。如需要函电询问债务人的户名太多，可先行筛选，凡金额较大，拖欠时间较长，或凭证不齐全，手续不完备的扩大询问比例。应收账款真实性的问题，大都可以通过询问方法进一步查明情况。

4. 审查坏账准备时，应查明计提基数是否正确，提取比例是否合规；在年度中预提了的，年终是否按规定进行调整清算；有无多提少提，该提不提；在年中发生的坏账损失，是否从提取的坏账准备去冲抵，有无重复入账，虚增当期费用的问题。

（二）应收票据的鉴定

1. 全面盘点库存应收票据，并逐项与应收票据备查簿上结存的各种应收票据的余额进行核对；在此基础上，再将应收票据与总账同期余额进行核对，以审查其账实、账与簿是否相符。如有不符的，应进一步查明原因，并作出记录。

2. 以"应收票据登记簿"为依据，以审阅、核对方法，逐笔审查其是否到期即时兑现收回，并按规定将款、息正确、及时入账。有无故意到期不兑现或贴现后挪作他用。应特别注意虚列应收票据，虚做销售收入；或有票据不入账，或延后入账，少做当期收入等弄虚作假，非法占用收入的问题。

3. 必要时应查阅有关会计凭证，询问有关当事人、承兑人、付款人，以查清事实真相。对于内容、数额不实的票据和大额的票据，还要调查出票单位或个人的资金状况和抵押品市价，以判明其收回程度。

4. 鉴定应收票据利息收入。应计利息金额与账面所列金额不符的，应进一步查明。特别注意那些利息收入与账户中所列任何票据均不相关的贷方金额，因为这些贷项可能代表据以收取利息的票据未曾入账。

（三）预付账款的鉴定

首先，对预付账款进行检查时，应根据市场商品的供求现状，查明预付的合理性，有无将不应预付货款的采购业务，为个人谋私利而先行预付，或以合同为掩护，互相串通以此手段挪用资金，甚至徇私舞弊；其次，要审查预付金额与合同约定金额及订单价值是否一致或接近；再次，要审查收到商品及账单后，是否按规定对"预付账款"账户进行转销，余款是否即时收回。

(四) 其他应收款的鉴定

对其他应收款的鉴定：一是运用审阅法，对其他应收款明细账，结合会计凭证，审查其原始凭证是否齐全，手续是否完备，账目是否真实，必要时通过询问或函询，以验证其真实性。二是审阅其是否及时催收，有无到期不收，长期挂账的情况，如有，应进一步查明原因。特别注意收款后不入账，挪作他用或个人挪用。三是查明有无不经过取证核实以及必要的审批程序而随意作坏账损失处理的。四是账销案存的坏账后经收回，是否按规定入账，有无列入"小金库"或从中侵占挪用的问题。

五、存货的鉴定

存货是流动资产的重要组成部分，品种繁多，形态各异，收发频繁，管理上稍有疏忽，不仅造成滥用浪费，而且给犯罪分子以可乘之机。存货具有下列特点：一是流动性强、周转快；二是存在形式经常发生变化，但总会以某种形式存在，人们可通过盘点和计量确认其数量；三是存货存在于企业生产经营的全过程，某些存货还会随着工艺过程的深入而发生有规律的变化。

(一) 存货的鉴定要点

存货的鉴定，应注意以下几点：

1. 存货内部管理制度是否完善和健全；是否按照内部控制制度办理了有关业务事项。包括采购、验收入库、领发、保管等方面是否建立了必要的制度，以确保存货资金的安全、完好和合理使用。

2. 账实是否相符，特别注意有货无账、有账无货，及账实差异较大的问题。

3. 存货计价是否正确。包括计价方法是否合规，是否遵循一贯性原则；成本范围、存货计价是否正确；材料价格差异是否按规定进行分摊、结转。

4. 存货采购环节上的问题：①材料采购是否本单位业务需要，是否与采购计划相一致，特别要注意紧缺、贵重、日常生活需要的物资；②价格是否与市场现价相一致，有无舍近求远、舍低就高的问题；③领发物资是否生产或业务需要，手续是否完备；④材料盈亏有无异常情况；⑤在途材料是否及时组织运输，特别注意长期在途材料的检查。

5. 委托外加工材料的协作关系是否正常，耗料情况是否合理，出入库手续是否健全，余料是否退回。

6. 材料销售业务是否正常，计价是否合理，有无将紧缺材料压价销售的情况。

7. 账账是否相符，有无账外设账的问题。

8. 购、收、储、发各环节记账凭证上所反映的数字和情况与原始凭证的记录是否相符，有无反常或不正确的账户对应关系的分录。

(二) 原材料的鉴定

原材料的鉴定,应从原材料的会计处理业务入手,对实物流程的购、收、管、发等方面,进行仔细的审查,其目的在于查明采购、验收及保管状况,核实库存。核实耗用量,揭露实物流程中的浪费和违纪违法行为,促进全面加强财务管理。

1. 材料采购业务的审查

(1) 材料采购计划制度是否健全,采购计划是否符合生产、经营需要,并符合节约原则;

(2) 签订采购合同的合法性、有效性,签订的品种、规格、质量、数量、交货日期是否与采购计划一致,价格是否合理,进货渠道是否经济,有无舍近求远、舍低就高的问题,对要求预付货款的合同更要注意审查;注意同类材料价与当时市场价是否一致,再结合该材料生产厂家、距离、销售单位、购销时间、材料质量、结算方式等因素分析判断。

(3) 采购业务是否按采购计划、采购合同办事或具备批准手续,对于盲目采购,特别是采购质次价高、霉烂变质、款式过时,以及非生产、经营所需物品和生产、生活两用的物品,更要仔细追踪审查。

(4) 进货发票、运单及其他有关业务单据是否齐全,手续是否齐备,数量是否相符;原始凭证与记账凭证上的数额是否一致;账务处理是否及时。

(5) 采购成本核算范围是否合规,成本的分配、计算是否正确,有无将属采购成本范围的费用,如外地运费、入库前的挑选整理费等不列入采购成本,而一次性地挤入生产成本或期间费用的情况。

2. 材料验收入库保管的鉴定

(1) 采购材料是否及时运达验收入库和进行相应的账务处理,有无已运达而长期未入库,或虽已入库仍保留在"材料采购"账户借方的情况;有无购进材料不经过验收入库,实行正常领发,而直接转入有关生产费用的情况。

(2) 购入材料验收入库数量是否与发票数量相符,发生途中损耗的是否在损耗定额范围内及超额损耗的原因。

(3) 确定储存数量的合理性。即储存定额制定是否科学,储备数额是否合理,仓库管理制度是否健全,储存设施是否符合要求,有无计量不准、霉烂变质、超储积压或存量过少,影响资金有效使用或影响正常生产经营的情况。

(4) 确定仓库存货的实在性。从两方面进行审查:一是账账是否相符,即材料明细账结存数额与仓库卡片上的结存数是否相符,材料明细账上的结存金额之和与总账相应账户结存金额是否相符;二是通过盘点抽查或与盘存清单核对,审查账实是否相符。

(5) 检查发生材料盘盈、盘亏的原因,有无人为的保管不善或盗窃占用的情况;材料的盈亏是否及时按规定进行账务处理,有无故意拖延处理时间、弄虚作假和扩大自然损耗材料范围及任意提高损耗率的问题。

(6)审查发出材料计价。按实际成本核算材料的企业,进行鉴定时,首先应审查其选用的方法是否符合规定并切合企业实际;其次审查其选用的方法是否前后一致,有无因随意变更计价方法而使结转材料成本异常变动,导致产品成本乃至损益虚增虚减,进行弄虚作假的;再次是根据企业合理选用的计价方法,验算其计价与结转发出材料的成本是否正确。按计划成本法进行材料核算的企业,其各种材料的实际成本与计划成本的差异,应通过调整发出材料的成本差异的方法,把原按计划成本计算发出材料的数额,调整为按实际成本计算发出材料的数额。发出材料应负担的成本差异,企业可按当月成本差异率计算,也可按上月的成本差异率计算,但方法一经确定,不得随意变动。

(三)包装物、低值易耗品、产成品的鉴定

1. 包装物的鉴定

包装物,包括生产过程中用于包装产品,作为产品组成部分的包装物,随同产品出售而不单独计价的包装物,随同产品出售而单独计价的包装物,出租、出借给购买单位使用的包装物等。但各种包装材料,如纸、绳、铁丝、铁皮等,不属于包装物,而属于原材料;用于储存和保管产品、材料而不对外出售的包装物,应按其价值大小和使用年限的长短,分别属于"固定资产"或"低值易耗品";单独列作企业商品产品的自制包装物,属于"产成品"。在进行包装物查账时,应明确包装物的界定。

包装物的采购、外加工、验收、保管环节上的检查,与原材料相应部分大体相同。这里主要介绍出租、出借包装物的领用、回收等环节的鉴定。

(1)包装物领发的手续是否齐全,账务处理是否正确,有无未办出租、出借手续,随便领走的情况;

(2)收回已使用过的出租、出借包装物,是否设账备查登记,继续出租、出借时,是否也按规定办理手续;

(3)出租、出借包装物报废时,其残料价值是否按规定记入"原材料"并相应减少原列的费用、成本项目;

(4)过期未退包装物押金是否定期进行清理并转入营业外收入,有无转作小金库的情况。

2. 低值易耗品的鉴定

低值易耗品的采购、验收、保管环节的检查,与原材料的相应部分大体相同。由于它在生产过程中的作用,既不同于原材料,又不同于固定资产,所以在管理上和价值摊销上,有自身的特点。因此,在进行低值易耗品鉴定时,应注意以下几点:

(1) 审查是否按规定标准划分低值易耗品和固定资产，有无随意扩大低值易耗品核算范围而增大成本、费用的情况；

(2) 审查选择低值易耗品摊销方法是否合规、合理，是否符合一贯性原则，有无随意变更分摊方法，多摊、少摊成本费用的问题；

(3) 在用低值易耗品是否设立登记簿明确管理责任，有无任意损毁、丢失或个人占用的问题；

(4) 报废低值易耗品的残值是否估价入账，加强管理，并相应冲减原列成本费用。

3. 产成品的鉴定

产成品的鉴定，应关注收、发、存三个环节，参考原材料收、发、存的鉴定。结合产成品的特点，注意以下几点：

(1) 产成品验收入库，是凭"产成品交库单"进行的，因此，可以依据产成品明细账上入库的记录，与记账凭证、产品交库单及"生产成本"明细账或产品成本计算表上的品名、规格、数量、成本金额进行相互核对；

(2) 产成品发出的审查，应结合销售业务来进行，检查其是否凭发票提货联发货、发出数量与运输凭证、门卫放行证的有关内容是否一致等；

(3) 出售产品发生销货退回的，是否重新验收入库；

(4) 产品销售成本的计价方法是否合规，有无随意变更计价方法或随心乱转成本，造成多转或少转成本的问题；

(5) 在核实库存的基础上进行账账、账卡核对，特别注意对明细账上结存栏的红字数量、红字金额的审查。

第二节 固定资产与无形资产的鉴定

一、固定资产的鉴定

固定资产的鉴定包括对固定资产购入时的买价、运费以及安装等方面的鉴定，固定资产减少的鉴定和固定资产计提的依据、折旧方法和折旧计算的鉴定等。固定资产方面常见的问题有：在增加固定资产过程中，与对方相互勾结，从中舞弊；在固定资产减少过程中，压低售价，与购方串通舞弊等。

(一) 固定资产结存的鉴定

固定资产结存的鉴定，一般可按下列步骤进行：

首先，将固定资产总账户的期末余额与资产负债表上固定资产原价项目的期末数进行核对，验证账表的一致性；其次，将固定资产总账余额，与同期所属明细账余额的合计进行核对，验证账账的一致性；再次，将固定资产明细账，与使用部门的固定资产卡片进行核对，验证账卡是否相符；最后，以固定资产卡片为依据,与实物核对,验证账实是否相符。

(二)固定资产增加的鉴定

企业固定资产的增加,主要有购建、投资转入、融资租入、接受捐赠、盘盈等渠道。一方面是实物量的增加;另一方面是价值量的增加。固定资产增加的鉴定,主要是运用盘点、核对的方法,在核实实物量、确定增加量的基础上,查明计价的合规性与合理性。由于各种渠道增加固定资产的取得成本和财务处理不尽相同,因此,应区别情况,分别鉴定。

1. 购建固定资产的审核

首先是进行购建预算和审批程序的审查,即是否对购建项目从技术上、经济上进行可行性分析论证的基础上,制定了预算,经过了规定的审批程序,资金是否落实;其次是购建交接、验收手续是否齐全;再次是购建固定资产入账价值是否合规,工程价格计算和支出凭证是否准确和合法。

2. 投资转入固定资产的审核

应把相关账目同投资协议书和相关资料结合起来,审查是否企业所属,有关技术指标是否与协议一致,手续是否完备,是否按照资产评估机构确认价或协议约定价计价。

3. 接受捐赠固定资产的审核

主要是审核其是否按规定即时入账,入账价格是否按同类资产的市场价格或捐赠方提供的有关凭据记录的价格;接受捐赠时发生的各项费用,如运费、保险费、安装调试费等,是否一并计入固定资产价值,有否记入生产费用的问题。

4. 盘盈固定资产的审核

首先应查明盘盈的原因,以确定其产权是否归企业所有;其次是否办理必要的手续并经批准作盘盈入账;再次是审查入账价值,是否按重置完全价值。有否随意估价入账或长期滞留账外的问题。

(三)固定资产减少的鉴定

固定资产由于对外投资转出、出售、不能继续使用而报废、盘亏、非常事故而损毁等原因,会发生减少业务。一般地讲,固定资产减少的鉴定,同固定资产增加业务的检查一样,主要运用盘点和核对法,在盘点核实的基础上,与账卡进行核对,确定其减少数量,查明减少原因,审阅其账务处理的合规性。同样,由于减少的原因不同,账务处理也不尽一样。因此,鉴定时,也应区别情况,分别审查。

1. 固定资产投资转出的鉴定

应从投资协议手续是否齐备、价值确定是否合理、财务处理是否合规三方面进行审查。

2. 固定资产出售的鉴定

（1）出售业务的合理性与合法性。即审查出售原因是否正当，是否属企业不需要的固定资产，是否经过了必要的审批手续，作价是否合理等。应注意私自违规出售，营私或故意压价出售，从中捞取好处的问题。

（2）出售固定资产的完整性。即审查出售的相关资料，分析出售固定资产的完整程度，查明有无将固定资产附属设备另价私售，贪污价款或挪作小金库的问题。

（3）财务处理的合规性。特别应注意审查售价与固定资产净值的差额，是否转入了"营业外收入"或"营业外支出"的问题。

3. 固定资产报废的鉴定

固定资产报废的原因有三：一是使用期满，不能继续使用而报废；二是使用未满，非毁损因素不能继续使用而提前报废；三是因采用先进技术替代而报废。不管哪种情况，都应首先审阅"固定资产报废清单"和相关鉴定、审批手续，以弄清情况，确定其是否正常报废，防止假借报废而转让他人，甚至压价谋利等不法行为。其次要查明财务处理是否合规，即是否将报废清理过程转入"固定资产清理"账户核算，清理完毕将清理净损失或净收益结转"营业外支出"或"营业外收益"，残料是否作价入账，或将净收益乱入账的问题。

4. 固定资产毁损的鉴定

固定资产毁损的鉴定，应注意三个方面：一是审查毁损是否属实，特别要注意以灾害之名，虚报损失，骗取赔偿金，从中作弊；二是查明毁损原因，分清天灾与责任事故；三是查明财务处理是否合规，有无不将保险赔款及个人责任赔偿和残料价值从全部损失中扣除，将全部损失列入"营业外支出"，而将赔偿部分和残料价值转入小金库，或集体、个人私分的问题。有无假报毁损，私自出售，将其转入小金库或个人私吞的问题。

盘亏固定资产的鉴定，除没有赔偿部分内容外，其他与毁损的鉴定大体相同。

（四）固定资产折旧的鉴定

固定资产折旧的鉴定，主要是审核提取的范围是否适当，计提方法是否合规并符合一贯性原则，计算是否正确，财务处理是否合规等方面。

1. 固定资产折旧范围的鉴定

在固定资产折旧范围的审核中，按照现行财务制度规定审查其是否该提的没有提取，不该提的提取了。实际工作中经常出现的弊端是：已提取足额的固定资产继续提取；未使用、甚至不需用的资产仍提折旧；提前报废的固定资产也提了折旧；已出售给职工个人的住房以及已在成本中一次性列支而形成的固定资产提了折旧（如为研究新工艺、新技术、新产品而专门购置的，单台价值在10万元以下的测试仪器、检测设备等）；而一些企业为调整利润该提的不提、少提折旧等。鉴定方法是：审查固定资产分类是否正确，这些分类资料提供了折旧范围资料，运用这些资料与固定资产折旧明细表或固定资产折旧汇总表进行核对，与固定资产明细账对照审查。需要时，可现场查明该项固定资产的状况。

2．固定资产折旧方法的鉴定

一个企业不同的固定资产，可以根据现行财务制度的要求，选用适当的折旧方法，但一经确定后不得随意变更。审核时，主要通过固定资产明细账，对照规定，审查其使用方法是否符合上述要求，是否与上报财税机关备案的折旧方法和折旧年限相同。若有不同，要审查是否报经批准，以及变更方法的起始年限与申请变更方法的年限是否相同。按国家规定的固定资产折旧率的计算公式检查折旧额的计算是否正确，是否按月计提固定资产折旧费用。

二、无形资产及其他资产的鉴定

（一）无形资产的鉴定

1．无形资产取得及入账价值的鉴定

在无形资产取得和计价的鉴定中，应注意三个方面：一是取得的真实性，有无取得的证明文件，虽有也要审核是否超过有效期；二是是否归企业所有；三是确定无形资产的实际成本是否真实，外购无形资产是否按照实际成本入账，自行开发的无形资产是否包括了所有的开发费用。这可通过审阅专利权证书、无形资产购入合同、相关票据、有关批文、企业技术部门的支出明细账和人员花名册等进行验证。

2．无形资产摊销的鉴定

应依据有关协议合同和主管部门的批复文件，计算求得每期应冲销的摊销额，注意无形资产的摊销没有净残值，而且一律采用直线法。对于法律和合同或企业申请书均未规定法定有效期限或受益年限的，应检查企业在摊销过程中是否遵守了不少于10年的规定。另外，还应检查逐月摊销数额是否有忽高忽低的异常现象，并调阅原始凭证查实造成此现象的原因，有无重复摊销的情况。

3．无形资产对外投资的鉴定

（1）对外投资是否经过分析论证和经过一定的批准程序，计价是否合理、合规，有无私自处理，压低计价，造成资产流失、个人从中渔利的问题，并查对实际执行价与合同或协议约定价的一致性；

（2）对外投资金额应记入"长期投资"账户，对投资计价与账面价的差额，应记入"资本公积"账户，有无将其作为投资收益或营业外收入的问题。

以未入账的无形资产对外投资，也应将评估约定增加"长期投资"和"资本公积"，不得作为企业收益。

4．无形资产转让的鉴定

（1）售价是否合理，注意擅自压低售价，从中牟利。

(2) 售价收入是否即时收款并转入"其他业务收入"账户。有无将出售收入记入公积金或放入应付款，有意偷漏税金，并将无形资产账面余额继续摊销的问题。

(3) 有无隐瞒转让无形资产收入的行为。重点查阅无形资产账户及其所属明细账。一经发现转出业务，须追踪查阅相关会计账簿及凭证，确认企业转出无形资产是用于对外投资，还是对外出售。若转出无形资产是对外出售，则追踪查阅"其他业务收入"账户中有无此项收入记录或应收账款有无此项记录。若均无，则要进一步查清此无形资产变价收入是否进了企业所设"小金库"或存在账外循环的情况。

(二) 对外投资的鉴定

对外投资是企业资产的重要项目，一般分为长期投资和短期投资，其投资收益是企业利润总额的构成要素。对外投资的资产是否真实存在；对外投资是否全部入账；投资收益是否确实收取并全部入账等直接关系到各方的利益，对外投资的鉴定十分必要。

1. 编制对外投资汇总表

汇总表应按各种形式的对外投资分类列示。对于股票投资和联营投资，需列示投资占接受投资单位股本（或实收资本）的份额，以及核算方法的选择。利用汇总表了解企业对外投资的全貌。鉴定审查对外投资项目的完整性，查明是否所有项目全部入账，所有投资业务变化是否正常，所有数据计算是否正确。

2. 盘核各项投资资产，并审查账实是否相符

首先，应盘点库存证券。如果企业投资的证券是委托专门保管的，鉴定人员应向保管机构发函证实其投资证券的真实存在。对证券以外的其他投资，则应向被投资者询证，审查其他投资是否实际存在；然后，将盘点清单或询证结果与前面编制的对外投资汇总表核对，并与有关账户记录核对。如有差异应进一步查明原因。

3. 确定各项投资的计价是否正确

区分短期投资与长期投资不同的投资形式的计价规定，审查债券投资、股票投资和其他投资的入账价值是否合规正确。应注意长期投资和其他投资情况下，企业的投资占接受投资企业资本比例较大或实质上拥有控制权时，是否采用权益法核算。在采用权益法核算时，还应审查接受投资企业净资产增减变化数额是否真实和准确，并核查投资企业投资额占被投资企业股本或实收资本的比例，及按此比例分享的净资产增减数额是否真实和准确。

4. 审查投资业务的合理、合法性

查明企业长期投资业务是否符合国家在此方面的限制性规定。如按公司法规定，除国务院规定的投资公司和控股公司外，累计投资额不得超过本公司净资产

的50%。并且应确认企业对外投资业务是否按规定程序经过批准。

5. 检查投资收益计算和财务处理的正确性

对于股票投资,采用成本法核算的,以收到发放的股利列入投资收益;采用权益法核算的,按其在被投资企业的投资比例分享投资收益。检查时,应查明有无不记、少记或重记投资收益的问题。对于债券投资,应查明是否按期计算应计利息,并将其列入投资收益,有无以未收到为由,不计算入账,隐瞒当期利润的。长期债券投资各项投资收益,不仅包括按利率计算的应计利息数,还包括长期债券投资溢价或折价摊销额,对应计利息的扣减或追加额。

第三节 负债及所有者权益鉴定

一、流动负债的鉴定

(一)应付账款的鉴定

1. 应付账款余额的审查

首先,用核对法将应付账款总账、明细账、会计报表相关项目进行核对,以验证总账、明细账、报表是否相符;其次,将临近前后各期应付账款余额进行对比分析,了解增减变化情况,分析应付账款余额是否正常,找出疑点,重点查看年初有无以红字冲减应付款的记录,若有,应跟踪审查相应的记录和原始凭证,以验证虚列应付账款的行为;再次,对金额大、有疑点的应付账款,以明细账为依据,查对凭证,必要时向供应单位查询,以弄清情况。

2. 对应付账款入账金额正确性的审查

对应付账款账户余额较大,或余额虽已结存,但发生额较大,且有疑点的账户,用审阅、核对的方法,对其所附原始凭证,结合合同、协议等业务资料,进行详细审查,特别是对一些户名含义不确切的账户或非正常往来的账户,更要认真审查,查明有无将已实现收入或存货盘盈的价值等,不按规定入账而放入应付账款,以隐匿收入,故意少计当期实现利润,偷逃税款或其他违规违法行为。此外,结合凭证及前后期同类经济业务发生情况、款项结算情况的对照审查,查明进货回扣是否如实上交企业,账务处理是否合规、有无回扣不交、中饱私囊的问题。

(二)预收账款的鉴定

预收账款的鉴定内容主要包括两个方面:一是预收款项是否及时入账,发出商品或提供劳务后是否及时结算并将余额退回,有无预收款长期不入账、余额不退回、挪作他用的问题;二是运用预收货款作假,在预收时提前作收入进账,或把已完成销售业务收到的货款,作预收货款入账,隐匿收入。鉴定方法是以银行存款收入方有关数字,结合查记账凭证、原始凭证,查明收款原因,审查账务处理；以明细账为依据，审阅入账日期，挂账时间，结合合同及发货业务，查明挂账情况，结合入账凭证审阅，查明款项性质。

若发现企业年末有红字冲销记录，应跟踪查证有关记账凭证和原始凭证，清查发票、仓库提货单等凭证是否齐全。对红字冲回记录，要仔细查清是哪一笔经济业务，然后将两笔业务的凭证合起来审查核对，查明是属于对方退货造成的，还是企业虚增产品销售收入或商品营业收入，以及虚增利润所为。

若发现企业存在拖延供货时间、预收账款长期不结算等现象，则应采用相应的内查外调的措施，查明是属于企业的客观原因所致，还是企业为了骗取供应方的预收货款所致，这样可对企业的违规行为予以确认。

(三) 应付工资的鉴定

工资方面常见的问题有：虚列工资，将不属于本单位职工的工资列入本企业的工资支出；列支非生产性人员工资，将福利部门、从事工程建设的人员工资错误地分配进入生产成本、费用和营业外支出；在职职工停薪留职、辞职、被开除、死亡、调出等，仍继续列支工资，然后私分或列入小金库。鉴定时，应注意：

1. 确定被鉴定单位在职职工的人数，调查了解有无停薪留职人员，检查退休、死亡、辞职或被开除人员工资是否办理手续或从正式宣布之日起停发。如有疑问，可查阅有关职工人事资料，对于居住在外地的离退休和长病人员，确定职工死亡后是否仍在列支工资。

2. 审查工资结算。该项审查可通过核对职工工资计算表和工资结算汇总表来进行。审查时要注意两张表中职工姓名、工资等级等与职工人事档案是否一致；应付的计时计件工资计算是否正确，各种奖金、津贴是否符合制度和标准，计算是否正确；实发工资计算是否正确，对加班加点工资如有疑问，查阅有关加班加点通知单或调休记录等。

3. 审查工资发放。进行该项目的审查时，要关注以下问题：企业提取的现金数与全厂实发工资是否一致，有无错误地根据应发数提取现金的问题；检查工资结算表中的职工签名，分析其有无签章不全或伪造签章进行冒领的问题或疑点。若发现未有职工签名，或一人代领若干人工资的签名，则要询问签字代领人代领工资的情况；各种代扣款项有无合法的原始凭证，计算是否正确，是否及时、如数地转交有关部门；审查规定期限内未领取的工资是否及时地收回入账；有关工资发放业务的账务处理是否正确、合规等。

4. 检查工资费用分配的合规性、正确性。审查企业能否分清经营性支出与其他各种支出的界限；能否分清计入生产成本的工资费用与计入期间费用的工资费用的界限。如应由在建工程支出列支的工资、应由工会经费列支的工资等与经营性支出列支的工资费用之间的界限。

（四）其他应付款的鉴定

其他应付款与应付账款不同，其主要区别就在于前者是因非商品、劳务交易而发生的应付款项。在对其他应付款鉴定时，应重点注意以下几点：

1. 企业是否通过各种方式少记漏记其他应付款或虚构其他应付款，以调节成本和利润。有时企业的会计人员还将没有查明原因的错账也记入其他应付款。为此，鉴定人员应认真检查其他应付款的明细账，逐一查看摘要栏，注意其他应付款发生的原因是否属于企业正常的业务范围，必要时，进一步抽查记账凭证和原始凭证。

2. 鉴定人员应认真查看企业是否将本属于应付票据、应付账款和预收账款的内容记入了其他应付款，或将属于其他应付款的内容记入了应付票据、应付账款和预收账款。

3. 企业有无通过其他应付款进行舞弊活动。应特别注意其他应付款的减少方式，特别是注意以提取现金偿还其他应付款的情况。

4. 检查经营租入固定资产和包装物各期所支付的租金是否与租赁合同相符合，通过函证验证年末余额是否真实、完整；检查企业收到的存入保证金是不是企业的业务需要，有无挪用存入保证金的情况，必要时对存入保证金进行函证，以验证余额的真实性和完整性。

5. 查阅"其他应付款"账户明细账中有关出租、出借包装物和低值易耗品押金明细账户，逐户核对，看是否逾期。对于已逾期未退的包装物、低值易耗品，与其押金的情况相核实，并查明其未转入"营业外收入"账户的原因。

（五）预提费用的鉴定

1. 检查有无乱提预提费用的情况。是否符合受益期限的要求，费用预提能否与生产经营成本或费用标准要求一致，有无利用受益期限前后调节会计期间的预提费用。如本应在某一会计期间预提的费用却一次性预提，人为地调节费用，造成成本费用失真的问题。鉴定人员应特别注意有无巧立名目预提费用和那些长期挂账的预提费用。

2. 检查预提费用支付时对应的有关账户。预提费用一般是预提几个月以后，一次转销，因此它每月的贷方金额反映出开始金额逐步增多，然后一次结转为零的情况，如果只是一直增长，则核实企业是否只预提不冲销，实际发生费用又从期间费用或成本中支出。

3. 检查计提的内容是否真实，计提凭证是否合理、合法。有无将资本性支出的费用转由生产成本承担。如基建工程的借款利息支出等。是否利用预提费用的手段，相应加大某一会计期间的生产经营成本或费用的负担，从而达到减少或掩盖企业实际生产经营利润的目的。

(六) 应付福利费的鉴定

职工福利费范围包括：职工医药卫生费用、职工困难补助和其他福利性费用，以及医务、福利设施人员工资等。

应付福利费鉴定的内容与方法有：

1. 审阅提取基数，将提取基数与工资汇总表及应付工资等进行核对，审查是否把不属于工资总额范围的开支，如离退休人员生活费、福利补助费等，列入基数，扩大计提范围；是否有任意提高或降低提取比例，多提或少提应付福利费，增大或虚减成本费用开支的。

2. 审查职工福利费的列支是否属于规定范围；福利费开支是否从应付福利费中支付，有无既提又列，重复进入费用问题。

3. 重点注意企业有无巧立名目，滥发奖金、实物等在职工福利费中支出的现象。查阅应发工资数额，计算应提福利费，复核应提福利费与企业实际提取的福利费是否一致。

(七) 应交税金的鉴定

1. 纳税鉴定

纳税鉴定是指对应纳各种税金的计提、交纳及财务处理的正确性、及时性的鉴定。其鉴定方法，一般都是通过审阅"应交税金"、"产品销售税金及附加"、"所得税"及其他相关账户，结合计税资料、纳税申报资料、纳税鉴定等，进行互相核对、复核，审查其交纳税种是否齐全，验证其计提是否正确，交纳是否及时，入账是否合规。鉴定中应掌握如下要点：

(1) 适用税种的鉴定。企业应税收入、应税财产及应税行为适用哪一税种，一般通过审阅企业的税务登记表、纳税鉴定书、纳税申报表，并与企业有关收入明细账、资产明细账（如固定资产明细账）、在建工程账目等进行核对，在明确有哪些征税对象的基础上，结合完税凭证及有关税收法规，查明哪些征税对象应交纳哪种税，有无错用税种造成错交，或某些征税对象漏交，甚至有意偷税的情况。

(2) 计税依据的鉴定。应首先核实计税依据是否正确，计量是否充分，有无漏计或有意少计的问题；其次是审查适用税种是否正确，有无把某一特定税种的计税依据用错，造成错交的问题。

(3) 适用税率的鉴定。鉴定时，应查明适用税率是否与征税对象的列举税目相一致，有无将高税率产品或劳务的收入，按不同税目的低税率计提税金或相反，从而少计少交或多计多交税金的情况。

(4) 减免税的鉴定。主要是对照有关税收法规或审阅专项的减、免税批文与证明，查明企业有无将应税产品或劳务与减免税产品或劳务、应税收入与减免税收入相混淆，造成少交错交；有无已到规定的减免税期限或限额，仍不申报纳税，以达到偷漏税金的目的。

（5）纳税期限的鉴定。主要是通过审阅应交税金明细账户的借方发生额记录及其所附完税证、支票回单等，结合对照税务机关规定的时限，查明是否及时足额地交清了应交的税金，有无滞交、欠交甚至截留挪用应交税金的情况。

（6）应交税金计算的复核。在核实计税依据，审定税种和适用税率的基础上，按照税法规定的计算公式，重复一次计算过程，再按照减免税的规定，扣除其应享受的减免税优惠，就是企业实际应交的税额。通过这样一个复核过程，以检查企业在税金的计算提取运算中的正确性。

（7）税金账务处理的鉴定。主要是通过审阅"应交税金"、"产品销售税金及附加"、"所得税"、"其他业务支出"、"营业外支出"及有关费用账户及所附完税证，查明有关税金的入账是否符合财务会计制度的规定，有无错列、漏列，特别是注意违反规定而交纳的罚款、滞纳金视为税金列入成本、费用的情况。

2．应交增值税的鉴定

对于增值税，主要是审查以下几个方面：

（1）审查增值税纳税范围。鉴定时，应在调查企业生产经营范围的基础上，核实企业的生产经营项目是否属于应税范围，有无漏税现象。

（2）审查增值税适用税率。在具体检查时，要以税法规定的税率及适用范围为依据，与应税产品进行核对，审查税率的采用是否合规，有无错用税率的问题。特别注意企业采用低税率和零税率时是否符合有关规定，对产品性能近似、税率不同的产品，计算应纳税款时有无混淆界限、错用税率的问题。

（3）审查销项税额。

①通过对"销货发票"、"产成品出库单"上发出商品的时间，与"销售明细账"、"增值税纳税申报表"的相关记录的比较分析，看有无不及时结转销售而漏记销售的问题，从而确定纳税义务发生时间同销售实现的时间是否一致。

②检查分析企业的"销货发票"、"银行收款通知单"和"产品销售明细账"贷方的有关记录，看三者金额是否一致，有无将销售发票金额分解，少计销售收入的问题，确定从购货方取得的价外收入是否全部计入销售额内并计算交了增值税。

③审核"主营业务收入"账户。一是对生产不同税率产品或有其他业务收入的企业，检查是否按不同税率的产品销售分别进行核算，未分别核算的，是否提高税率统一计算销项税额；二是抽查"主营业务收入"账户贷方发生额，看企业有无故意滞后销售或明显低价销售给关联企业产品以及不符合规定的让利冲减收入后再计收入的现象或以旧换新按新旧货物差价计收入的现象；三是逐笔检查"主营业务收入"和"应交税金——应交增值税（销项税额）"账户的贷方红字发生额，看企业的销货退回和折让是否真实、是否符合规定冲减销项税额，冲减税

金的计算是否正确。

④查明销售废品、下脚料的收入金额是否并入应税销售额。在实际工作中，往往把这部分收入直接冲减制造费用或计入"营业外收入"账户，检查时应注意企业"制造费用"和"营业外收入"明细科目的贷方，看其是否按规定处理，审查企业的残次品是否按规定计入销售额。

⑤查阅企业的"产品出库单"、"产成品"、"生产成本"、"原材料"账户及有关对应账户，看其有无出库产品不作销售处理的情况，并确定企业有无将产品用于赠送、分红、广告、在建工程、支付回扣、对外投资、串换材料、抵偿债务等行为，而未计销售、未提销项税额的现象。

⑥审核往来账户。一是验证"应收账款"、"应付账款"等账户，看企业有无将外购或抵账收回的材料不入库，直接用于抵账、串换材料或赠送他人等，不计销售、不提销项税额的现象；二是验证"其他应收款"、"其他应付款"账户，看企业有无逾期的包装物押金未并收入征税的现象，看有无不符合代垫运杂费条件的价外费用，未计销售、未提销项税额的现象；三是检查是否有应在结算期内申报纳税而未申报纳税的情况，重点检查"预收账款"、"发出商品"以及往来账户，结合有关销售合同，确定是否应当在当期纳税。

(4) 审查进项税额。

①确定本期可抵扣的进项税额与相应的销项税额在时间上是否一致。重点检查企业预付购货款和货到单未到的购货，是否也计入进项税额，从而扩大了本期进项税额。检查时，可将"应交税金——应交增值税"借方发生额与企业"预付账款"借方额和"材料采购"明细账及有关原始凭证进行核对，检查其进项税额的合法性、正确性。

②有无取得虚开、代开的增值税专用发票，抵扣进项税额。这可通过资金的支付渠道异常、缺少仓库验收单等现象，对可疑发票进行外调验证。

③确定外购项目有无"库存商品（原材料）"的入库单和付款凭证，并核对入库单、付款凭证金额与会计凭证、明细账登记金额是否相符。有无购进的货物未办理入库就抵扣进项税额的现象。

④审查其他投资、捐赠转入货物的进项税额是否正确。鉴定人员可通过审查"实收资本"、"资本公积"、"原材料"等科目，对照"应交税金——应交增值税"科目，并结合有关原始凭证来核实增值税专用发票上注明的进项税额计算是否正确。

⑤审查免税农产品的进项税额、外购固定资产以外的货物所支付运费的进项税额计算是否正确。鉴定时，可先审查"材料采购"、"商品采购"等科目，看其采购成本计价是否正确；然后通过采购成本乘以扣除率得其进项税额；再与"应交税金——应交增值税"核对，看其是否相符；最后，还应检查"进项税额转

出"科目,分析转出的原因是否合规、转出账务处理是否正确等。

⑥核查购进货物改变用途进项税额是否转出。着重检查非增值税应税项目、增值税免税项目、非正常损失的在产品、库存商品、在建工程、集体福利等项目所耗用的购进货物或应税劳务。

(5) 审查出口退税的会计核算。

①确定企业出口退税商品的范围是否正确。注意检查企业在出口商品明细账中有无设境内销售专户,记载收取外汇销售给国内的出口商品,而在计算退税时是否将这部分金额扣除。

②检查企业应退税额计算的正确性。可把企业的产成品明细账与销售明细账核对,以检查企业存货发出计价是否正确,从而确定出口货物使用的计价方法正确与否。

③复核从小规模纳税人购进的特准退税的出口货物进项税额的正确性,并注意购进货物的出口是否属于特准退税范围。

3. 应交营业税的鉴定

(1) 确定营业税纳税范围。注意以无形资产投资、入股、参与接受投资方利润分配,共同承担投资风险的行为,不征营业税;但若转让其股权,则需按转让无形资产税目征营业税。

(2) 审查营业税税率。重点审查从事多种经营的纳税人,是否对各项适用不同税率的业务收入分别核算,对未分别核算的是否从高适用税率,有无错用税率、从低计税、少纳税金的情况。

(3) 检查营业税计税依据。审查从事营业税税目表规定业务的单位和个人是否依法计征税款,有无应纳未纳的情况。具体鉴定时要注意:

①检查建筑业营业额是否全部纳税,有无分解工程价款的现象。检查工程承包合同、纳税申报表,结合"主营业务收入"、"工程施工"等账户,查阅工程价款结算单中确认的价款,确定实际完成工作量的施工成本,注意有无将工程业务中的其他收入直接冲减有关费用的情况。

②确定娱乐业的营业额是否包括了向顾客收取的各种费用,台位费、点歌费及饮料费是否计入了营业额。

③审查服务业营业额的确定是否正确,旅游业务是否以全部收费减去代旅游者付给其他单位的食宿和交通费后的余额为营业额;单位和个人进行演出是否以全部票价收入或包场收入减去付给提供演出场所的单位、演出公司或经纪人的费用后的余额为营业额。

④验证金融保险业营业额的确认是否正确,对保险企业实行分保险的,初保业务是否以全部保费收入减去付给分保人保费后的余额为营业额。

⑤查明房地产业营业额时,应将"应付账款"、"预收账款"等往来明细账与

有关记账凭证、原始凭证、销售合同进行核对，看有无将应税收入挂在往来账上而不纳税的现象，以及有无收取预收款而不申报营业额的现象。

（4）确定营业税减免税情况。重点审查纳税人是否按减免税规定执行，是否存在混淆业务收入性质，将应纳营业税收入列为减免税项目的情况；是否存在减免到期应恢复纳税而未执行的情况；是否存在谎报经营情况骗取减免税的情况；是否存在地方部门随意减免营业税的情况。

4．应交所得税鉴定

所得税的鉴定，是一项综合性的鉴定，它包含了有关收入、成本、费用、损失的鉴定以及各项税金的计算与交纳的鉴定。有关收入、成本、费用、损失以及增值税、营业税等的鉴定，前面已陆续介绍了，下面仅就企业所得税鉴定的其他一些问题作必要的介绍。

（1）检查所得税适用税率。鉴定时，主要是审查企业是否执行了统一的所得税率。执行优惠税率的，一要看有无文件依据；二要看批文机关有无变动税率的权限。

（2）税收优惠有两个方面：一是政策性减免，即由国家明文规定对某些产业或产品实行一定时期的减免，或减率，或减额，或免征；二是对企业的个别减免，即经有关部门批准，对个别企业在一定时期内的减征或免征。不管哪种情况，都应以正式文件为依据。鉴定时，一是查阅减免税文件，审查其实际执行减免的幅度、额度或范围是否正确；二是审查其减免期限的执行是否正确。必要时，可与其征收税务机关联系，查阅有关文件和征收的历史资料，询问企业政策执行情况，以最终确定企业减免缓等有关优惠政策的执行是否符合税法规定，评价执行状况。

（3）审查亏损弥补。鉴定中主要审核：

①企业发生的年度亏损额的真实性。主要审查年度亏损额是否经具有税务代理资质的税务师事务所等中介机构或当地税务机关审查核实并出具的核实文件。未经审查核实的年度亏损额，不能作为予以弥补数额的依据。

②弥补的时间期限，是指延续弥补的时间长度。在连续5年的期间内未能全部弥补的，则不能在第6年继续弥补，不能以在5个年度内有亏损年度为由，而要求延续期限。因此，必须弄清发生亏损的准确年度，然后审查其延长弥补期的时间是否发生超过5个年度的问题。

二、长期负债的鉴定

（一）对长期借款的鉴定

对长期负债鉴定，是指鉴定人员运用专门的方法，对被鉴定单位长期借款的真实性、正确性、合规性、合法性及适度性的检查和验证。

鉴定长期借款一般采用鉴定银行借款账户、检查原始凭证、记账凭证和借款申请书、借款计划及相关资料。同时还要鉴定企业业务经营计划、财务计划、基建计划等与借款有关的资料。必要时可会同有关银行的信贷员联合鉴定。

具体的鉴定方法如下：

1. 确定借款的合理、合法性

首先审查编制借款计划的依据是否准确合理，同时检查借款实际数与计划数，查明差异情况及其原因；其次审查借款项目是否经过可行性研究，审查可行性报告是否合理，是否切实可行。

2. 审查借款账目的真实性和正确性

可采用复核法核对会计报表、总账、明细账等资料上有关借款余额是否相符；若不符，则运用查询法编制对账单向银行（或借出款单位）进行查询，并编制银行借款余额调节表调整核对，以确保银行借款账目的真实性和正确性。

3. 检查借款的使用情况

对长期借款的使用情况，可根据"长期借款"账户有关明细账贷方记录与相应的会计凭证进行核对，检查对方账户。如果将长期借款从专用账户转入其他账户，应根据实际工程价值的增加与长期借款转入行进行核对和分析。通过比较分析，查清有无挪用借款或长期占用借款的情况。同时，还应查明长期借款的项目之间是否相互占用资金，以及对项目建设的影响程度。

4. 查明长期借款利息处理是否正确

长期借款利息支出应分别不同的借款性质有所不同。如是与购建固定资产有关，在固定资产尚未交付使用或虽已交付使用但尚未办理竣工结算之前发生的，查看其利息支出费用是否计入有关固定资产的购建成本中。另外，还要审查其他借款利息费用支出是否正确计入当期损益之中，有无乱挤乱摊成本等违法乱纪的行为。

5. 确定银行借款的归还情况

主要审查长期借款到期，有否按借款合同规定，归还借款本息，有无故意拖欠借款的情况。如果确实难于按期偿还借款，银行加收的罚息是否按规定列支，有无计入成本的情况。若有，则要查清挤入金额的问题。

（二）应付债券的鉴定

对应付债券的鉴定主要从债券的发行、计价、利息等方面进行重点审查。

1. 审查应付债券的合法性

应重点查证发行债券的原始依据是否合法，是否有有关部门的正式批文，发行的金额是否与批文的规定金额相符，有无超出计划发行的情况，若有超过，其超过的金额是多少，有无入账。同时查明超额发行的原因情况。

2. 取得或编制应付债券明细表。明细表通常包括：债券名称、承销机构、发行日、到期日、债券总额（面值）、实收金额、折价或溢价及其摊销、应付利息、担保情况等内容。将明细表与总账记录核对。

3．检查应付债券账务处理的正确性

（1）检查"应付债券"账户是否完整，在账户的明细账中是否按"面值"、"溢价"、"折价"、"应计利息"设置。其总账余额是否与各明细账之和相符；

（2）债券的溢价或折价发行时，其债券的溢价额或折价额计算是否正确，有无人为地调节债券的发行价格，会计分录是否正确。

4．审查利息支出以及溢价或折价的转销情况

（1）查证债券的溢价或折价造成利息差额是否根据"收入与其相关的成本费用相互配比的原则"，在债券到期前分期冲减或增加各期的利息支出。其转销方法和金额计算是否正确。

（2）利息支出是否正确，是否按规定计入财务费用账户有无任意增加成本的违纪行为。

（3）在债券到期日是否收到支付债券持有人的本金及应付利息，有无故意拖延清偿债券本息日期的情况，若有则要查明原因。

三、所有者权益的鉴定

（一）实收资本的鉴定

对实收资本的鉴定，就是对企业设立以及扩股增资时投入资本的合规性、合法性、真实性及账务处理的正确性进行鉴定，以保证各项法规的正确执行，维护所有人及债权人的合法权益。

1．确定实收资本的合法性、合规性

（1）审查投入资本数额是否实际达到规定限额。主要鉴定资本总额是否达到法定注册资本的限额，公司股东数是否符合最低和最高的限额规定，是否存在抽逃资本的问题。

（2）审查资本金筹集期限和比例是否合规。对三资企业，允许资本金分期筹集。如外商独资企业，最后一期出资应在营业执照签发之日起3年内缴清，其中第一期出资额不得低于15％，并且在营业执照签发之日起3个月内缴清。鉴定时，可将"实收资本"账户记录与投资协议、验资报告、交接清单、银行存款单等互相核对，查明是否按规定及时足额投入了。

（3）审查投资资产结构的合法性。用无形资产（不包括土地使用权）出资比例一般不得超过注册资本的20％，特别情况下，经有关部门批准，最高不得超过35％。凡是以非货币资产出资须具有资产评估报告进行确认。企业筹集的资本金应经注册会计师验资并出具验资证明书。

2．验证实收资本的真实存在

（1）查明投入货币资金的所有权，检查开户银行或货币资金汇出银行的相关凭证。审查实收资本账簿，核对所附原始凭证，查明投资凭证有无"投资款"字

样。

（2）投资者以房屋、建筑物投资时，应索取产权证或相关证明文件，查明投资者与企业是否按规定办理了产权过户手续，必要时可现场实地确定房屋、建筑物是否存在。投资者以机器设备、原材料等实物投资时，应查阅原始发票、投资协议，确定该类实物资产的所有权。通过现场观察、实物盘点、核对投资清单，查明此类实物是否存在。

（3）投资者以无形资产投资时，查明无形资产有无合法的证明文件，查明无形资产的有效年限、技术特征、使用价值、作价依据，审阅投资者与企业签订的作价协议、评估报告等文件，必要时向有关专家咨询，查明无形资产的真实性和所有权。

（4）审查实收资本构成中有无干股、虚股等违纪、违法行为。上述违法行为具体表现为：虚列实收资本账目及不入账，只是分配利润时虚列股份或投资额参与分配。鉴定时，首先，核对实收资本的总账和明细账，查明是否相符。如果总账大于明细账则有虚列干股、虚股的可能。在此情况下，应进一步将资产负债表中所列示的资产与相关账户予以核对；其次，将红利或股利分配的明显记录与实收资本的明细账进行核对，具体查清虚列干股、虚股的去向及假股东的姓名；再次，审查账证和证证是否相符，若有原始凭证伪造的情形，只有通过查询及清查盘点予以证实。

3．验证投入资本入账的价值

除股份制企业以股票面值作为股本入账外，其余投入资本入账价值的确定，因出资形式的不同而有所不同。

（1）以货币资金投资的，应以实际收到的货币金额入账，收到的外币，应按照协议、合同约定的外汇汇率，或收到外币当时国家公布的外汇汇率折算入账。

（2）以实物或无形资产投资的，应按协议、合同约定的价值，或评估确认的价值入账。实际工作中常见的问题是：外币投资不按规定汇率而任意提高折算汇率，多计算外币投资额；非货币投资不经过评估作价，或由没有资产评估资质的中介机构，任意多评估外商投资的价值，少估国有资产的价值；评估不当，以次充好，以旧顶新，个人从中渔利等。对于这些问题的鉴定，主要是通过审阅协议、合同、交接清单，查对"实收资本"、"资本公积"、"固定资产"、"原材料"、"无形资产"、"银行存款"等账户及评估报告、评估机构资质文件附本等，审查其计价、计算的正确性，通过实物观察及审阅相关技术资料、发票等，以判断其投资计价是否真实、合规。

（二）公积金及未分配利润的鉴定

1．资本公积金的鉴定

对资本公积金的鉴定，要着重注意以下几点：

(1) 确定资本公积金来源的真实性和合法性。资本公积金的来源一般包括投资者实际缴付的出资额超出认交资本金的差额；资产评估确认价或合同、协议约定价与原账面净值的差额、接受捐赠资产以及资本汇率折算的差额。鉴定时，应查证上述业务的合规性、账务处理的合规性。着重查明有无应列入资本公积金的而列入实收资本、盈余公积、营业外收入和其他收入，甚至不入账进行营私舞弊的情况。

(2) 审查资本公积金使用的正确性和合法性。资本公积金的使用除按法规程序转增资本金外，一般不得随意冲减。鉴定时应着重查证以下几方面的问题：

①查证转增资本金是否符合法定的程序和手续，并鉴定有无将资本公积金挪作他用。

②查证资本公积金转增资本金分配及运算的公允性和正确性。鉴定时，主要查其用途，用于转增资本的是否经过规定审批程序，实际转增数与审批数是否一致，查明违规他用和超批转增的问题。

③审查转增资本账务处理的正确性和合理性。

(3) 验证资本公积账面余额的真实性。审查形成资本公积的各项资产计价是否正确，并取得相应原始凭证，将凭证与"资本公积"账户记录核对。对于捐赠资产，其计价是否取得有关报价单或经评估确认；对于评估增值，应查明评估证明材料、增值依据及有关部门的批准手续等。

2．盈余公积的鉴定

重点鉴定法定盈余公积金和公益金，并从计提和使用两个方面进行审查和验证。

(1) 对盈余积金计提的鉴定。盈余公积金计提的鉴定，应着重审查法定盈余公积金和法定公益金计提的正确性和合规性。法定盈余公积金应按税后利润分配顺序剩余利润10%的比例计提。在所提法定盈余公积金已占注册资本的50%以上时，则应停止计提。应查明有无随意多提、少提、不应提而提的违纪行为。

(2) 对盈余公积金使用的审查。盈余公积金除转增资本、弥补亏损及国家规定的其他用途外，不得任意冲减核销。鉴定时重点及方法如下：

①审查盈余公积金转增资本金的真实性、正确性和合法性。盈余公积金转增资本金必须按照规定程序进行，转增资本应在所有者之间进行公正平等分派，以维持所有者合法权益。

②进一步查明盈余公积金弥补亏损或红利分配的真实性、正确性和合理性。有关财务会计法规规定，用盈余公积金弥补亏损后红利分配，其法定盈余公积金的余额不得低于注册资本的25%的比例；红利分配的利率不得超过6%的水平。查账时应着重查明是否存在不顾财务制度规定过度进行弥补和分红的违纪行为。

(3) 法定公益金使用的鉴定。法定公益金主要用于兴办企业职工的集体福利设施支出。查账时应着重审查法定公益金使用的真实性、正确性和开支范围的合规性，有无将福利性费用支出列入公益金，虚增当期利润或动用公益金给职工发放补助、补贴和奖金。鉴定的主要做法是：在核对账表、账账的基础上，抽查核对账证，最后根据记账凭证上的账务处理联系原始凭证反映的事实予以审查判断。

第四节　费用、收入、利润的鉴定

一、费用的鉴定

（一）制造成本的鉴定

由于工业企业产品成本计算方法复杂，会计核算工作量大，因此，应当借助企业内部控制制度的效用，通过了解内部控制制度的存在性、遵守性的测试，分析找出企业存在的薄弱环节和可能存在的问题，进而有选择、有目的、有重点地进行鉴定。

1．制造成本的鉴定要点

应通过对"生产成本"、"制造费用"明细账归集、分配费用的内容、方法进行，获取经济业务中的原始记录、单据、记账凭证，采用审阅法、核对法、复核法进行鉴定。

（1）费用归集和分配的方式是否正确。有无未按规定将制造费用在不同产品之间分配的情况。

（2）检查费用发生内容的真实性、合法性。有无虚假成本，有无非生产性费用和扩大成本列支范围等挤占成本的现象。

（3）跨期摊销费用，是否按权责发生制原则记入当期成本，有无人为调节利润的情况。

（4）在产品成本计算方法是否准确。有无任意改变方法少记或多记库存商品或产成品成本，从而调节利润的情况。

2．制造成本的鉴定方法

（1）按成本项目进行鉴定。产品制造成本构成项目为直接材料、直接人工和制造费用。

①直接材料成本。在实际成本方法核算下，应鉴定检查成本计算单、材料成本分配汇总表、材料发出汇总表、材料明细账等资料。

第一，鉴定检查成本计算单中直接材料与材料成本分配汇总表中相关的直接材料是否相符，分配的标准是否合理。鉴定时应注意两个方面的问题：

一是非生产耗用材料记入产品成本。如果成本计算单中直接材料金额大于材料成本分配汇总表的分配金额，应鉴定材料使用对象有无将非产品耗用材料记入产品成本。

二是通过材料分配率混淆不同产品的成本。相应降低本期畅销产品成本，以调节跨年度的利润。鉴定检查那些不能明确某产品耗用的原材料，注意分配的标准、计算方法及会计记录。

第二，鉴定材料发出汇总表，选主要材料品种统计直接材料的发出数量，将其与实际单位成本相乘，计算金额数，并与材料成本分配汇总表中该种材料成本比较，看其是否相等。鉴定检查应注意以下问题：其一，企业是否存在提高材料单位成本，多计产品成本的问题；其二，是否存在虚假领料多计成本的问题；其三，材料单位成本计价方法是否恰当，有无变更、人为调节成本或利润。如果企业年度内改变计价方法，应按原计价方法计算结转发出材料成本，其差额应调整材料成本和当期利润。

在定额成本法下，应抽查产品的生产通知单，将产量统计记录及其直接材料单位消耗定额，根据材料明细账中各该直接材料的实际单位成本，计算直接材料总消耗量和总成本，与有关成本计算单中耗用直接材料成本核对，看其是否相符。

对生产通知单的鉴定检查应注意两个问题：其一，是否经过授权批准，防止虚减业务产量增加材料消耗；其二，消耗定额和材料成本计价是否恰当，有无变更、人为改变方法而影响成本。

同时，还应检查废料及余料的返库是否及时，是否办理"假退库"手续。通过查看"生产成本"账红字冲减成本金额，判断其正确性。

②直接人工成本。对于采用计件工资制的企业，应检查产量统计报告、个人（小组）产量记录和经批准的单位工资标准或计件工资标准，运用核对法检查其正确性。

一是核对按产量和单位工资标准计算人工费用与成本计算单中直接人工成本是否相符；

二是检查一定数量的直接人工（小组）产量记录，看其是否被汇总记入产量统计报表中。

对于采用计时工资制的，应检查实际工时统计记录、人员工资分类表及人工费用分配汇总表等，运用核对法检查其正确性。

一是抽查并核对生产部门若干期间的工时台账与实际工时统计是否相符，追溯原始工时记录，确保工资核算的真实性；

二是从成本计算单中选择核对直接人工成本与人工费用分配汇总表相应的实际工资费用是否相符，看其有无将非生产人员工资记入成本；

三是抽查某月资料核对实际工时记录与人工费用分配汇总表中相应的实际工时是否相符，查明有无虚报工时、多列工资扩大成本，减少利润的问题；

四是当没有实际工时统计记录时,根据人员工资分类表,复核人工费用分配汇总表中的直接人工工资是否合理正确,有无出现与生产量偏离太大的数据。

③制造费用。抽查制造费用分配汇总表、按项目分列的制造费用明细账,与制造费用分配标准有关的统计资料及其相关原始记录。

在制造费用分配汇总表中选择一至两个主要产品,核对其分摊的制造费用与相应的成本计算单的制造费用是否相符。

验证"制造费用"账户借方发生额归集的制造费用内容是否正常,开支标准、发生的费用是否应归集于本期,对不符合规定的应剔除。制造费用的分配、计算选择的标准和计算结果是否正确,分配的方法有无变更,防止采用不同的计算方法多分配应税产品成本,相应少分配免税产品成本。

(2) 验证"生产成本——辅助生产成本"账户。鉴定时,抽查辅助生产费用分配表、生产统计表等原始记录资料,从分配标准、费用分配方法、费用分配金额三个环节查证辅助生产成本分配是否真实、正确。

检查各车间的费用分配标准。有无将为基本建设、专项工程、福利部门提供的水、汽、机械加工、修理修配等劳务费用记入辅助生产;检查是否按实际受益对象进行分配,分配率是否正确;采用复核方法重新计算,有无将少分配或非生产性费用挤入生产成本的情况,调增利润。

检查分配方法。辅助生产分配方法较为复杂,检查时要注意有无年度内任意改变分配方法,使各部门分配金额发生不正常波动的情况。如存在这样情况,应按原方法进行计算,看有无将其差额调整为利润的情况。

检查费用分配金额。将辅助生产费用分配表与辅助生产车间统计表对照,当费用分配表中的分配金额大于生产统计表中的费用额时,应进一步查明辅助生产费用归集有无虚假。

(3) 审查费用确认的原则。会计制度规定,确认费用应遵守权责发生制原则。在这里主要鉴定发生的费用是否归属于本期产品负担,影响当期利润。企业生产经营过程中发生的跨期费用,在"预提费用"、"待摊费用"账户进行核算,检查该账户发生的费用是否应由本期产品成本来负担。

(4) 验证生产成本在库存商品与在产品之间的分配。

①完工产品成本计算。计算公式如下:

本期完工产品成本=期初在产品成本+本期发生生产费用－期末产品成本

从上述公式可以看出,期初在产品成本和本期发生费用反映在"生产成本"账户,核查该账户予以确认,关键在于如何确定期末在产品成本,只要准确确定在产品成本,就可确认库存商品成本。

②在产品的检查。一是检查在产品结存数量;二是检查在产品计价。

鉴定成本计算单中在产品数量与生产统计报表或在产品盘点表的数量是否一

致。根据在产品盘点表选择主要品种进行实地盘点，验证账实是否相符。

检查在产品计算方法是否合理、前后是否一致。企业应根据产品的生产特点，如在产品数量的多少及其各月变化的大小，各项费用在成本中所占比重等情况，同时考虑企业的管理要求和条件，选择一种方法计算在产品成本。常用的方法有：在产品按年初数固定计算、在产品成本按所耗用的原材料费用计算、约当产量法、在产品成本按定额成本计算。

鉴定时应根据企业生产经营特点及管理上的要求，确认企业选择核算的方法是否符合要求，是否明显影响企业产品成本。特别注意在产品核算方法是否任意改变，以调节成本费用、调节利润。

（5）鉴定会计核算方法的正确性。

①查明金额差异。年末，用"生产成本——基本生产成本"账户贷方发生合计数与"自制半成品"或"产成品"账户借方的发生额合计数核对，看其金额是否相符。如前者金额大于后者金额，表示完工产品未转商品产品成本，应进一步查明原因。

②审查数量差异。将产品成本计算表中完工产品的数量与"产成品"明细账户借方的数量进行对照，看表和账中的数量是否相符。如表中数量大于账中数量，其量差表示未入库，应进一步查明原因，注意是否直接出售未按要求处理，同时追查是否作销售。

③查找具体项目金额差异。将"生产成本——基本生产成本"账户与"产成品"账户记账凭证号进行核对，对前者有而后者无的记账凭证号作为差异证号全部列示清单，将其具体确定的项目金额查找出来。

④调阅差异凭证。按差异证号逐笔调阅记账凭证，审核原始凭证及财务处理，查明原因。看其会计核算方法，是否影响当期损益，有无漏交税金。

（二）营业费用的鉴定

1. 营业费用范围的鉴定

营业费用主要项目有运输费、装卸费、包装费、保险费、广告费、展览费以及销售人员的工资、福利费、差旅费等。在营业费用的鉴定过程中，首先，检查企业近几年主营业务收入与营业费用的比例（营业费用/销售收入）；然后，根据主营业务收入增长情况，判断当期营业费用的支出是否合理，如发现有重大波动和异常，则选择各月份中营业费用数额较大或短期内发生频繁的项目，进行分析，将账册与凭证对照，并询问有关人员谋求合理的解释。其他费用的鉴定依此类推。

对营业费用的鉴定，主要在于鉴定其开支的范围是否正确，有无将不属于营业费用的支出，如业务招待费开支、应向购货方收取的代垫运杂费列入其中，有无巧立名目、伪造凭证虚列营业费用等现象。还应重点注意运杂费的检查，核查其明细账，看有无将应在"在建工程"中列支的各项材料的运费列入其中。

2. 运输费、装卸费、包装费的鉴定

(1) 确定运输费、装卸费、包装费的开支范围的合规性，金额的真实性、准确性；

(2) 对发生额较大的接近年终发生的运输费、装卸费、包装费，鉴定人员应审查明细账及会计凭证，查明相关的产品当年度是否已实现销售；

(3) 审查企业有无将未实现销售的产品发生的运输费、装卸费、包装费，提前计入当年损益。

3. 展览费和广告费的鉴定

(1) 为了防止企业以展览和做广告的名义掩饰不正当的开支，鉴定人员应审查展览费和广告费使用的真实性和合理性，防止将企业向个人赞助捐赠等支出列入其中；

(2) 查明列支的展览费和广告费是否确属于当年费用；

(3) 企业有无违反权责发生制，将上年度或下年度费用列为当年费用的现象。

4. 销售费用的鉴定

(1) 确定费用开支是否真实、合理、合规；

(2) 检查企业是否划清了销售费用与其他费用的界限。

(三) 管理费用的鉴定

1. 技术开发费的鉴定

(1) 审核企业开发新产品的专项批文，证实项目的合法性；

(2) 调阅技术开发费项目发生额的记账凭证、原始凭证，检查企业是否将不应由开发费用列支的各项研究开发费用及单台设备购置费超过10万元的设备、仪器等计入开发费用；

(3) 确定企业是否将新产品试制失败费用以及其他有关费用，当做资产损失列入营业外支出账户中；

(4) 检查企业是否对研究开发过程中的剩余材料等，未从管理费用中扣减，而将其作为其他收入。

2. 技术转让费的检查

(1) 确定企业是否与技术出让方签订了技术转让合同，合同内容及其附件和手续是否完备、合理；

(2) 重点审查技术转让费用标准是否合理；

(3) 检查企业当期支付的技术转让费的时间、方式、金额等是否与合同的规定标准相一致，接受转让的技术是否达到了规定的要求；

(4) 按合同规定当年应支付的技术转让费用是否已全部支付，未按期支付的，在年终会计结算前，是否按差额部分预提转出，计入当年损益；

（5）检查企业有无将专有技术及专利摊销数列入技术转让费中。

3. 业务招待费和差旅费的鉴定

（1）计算企业有无多列支业务招待费的情况，计算列支限额，对超过限额的部分，在确定应纳税所得额时调整计算；

（2）企业当期所列的业务招待费的支出标准和范围是否符合现行规章制度；

（3）确定企业有无预提业务招待费的现象，若有，应予以冲回，增加当期利润；

（4）检查企业所支的业务招待费是否存在与业务经营无关的支出，若有，应查明用途，并作出适当处理。

鉴定差旅费主要是针对发生额较大的或整数异常金额，查阅原始凭证的真实性、合法性，并注意有无如下问题：

（1）将业务招待费列入差旅费开支；

（2）以承包形式包干差旅费，主要是检查列支报销的凭据是否合法，有无自制"白条"报销差旅费问题；

（3）因公出差事项的真实性，如发生公园门票、各种参观券等旅游票据则不得作为差旅费开支的范围；

（4）出差补助是否合理，出差的期限是否真实，补助标准是否符合财务制度。

4. 坏账损失的鉴定

（1）确定企业计提坏账准备金的应收账款余额是否真实、准确；

（2）检查企业是否按规定比例提取坏账损失；

（3）核实企业是否确实发生了坏账损失；

（4）验证企业冲减坏账准备金是否有事实依据；

（5）企业在年末是否根据应收账款余额调整坏账准备账面余额；

（6）企业已确认并转销的坏账损失，以后又实际收回时，是否及时入账，并冲减管理费用或坏账准备，有无收到的财产或货币资金不入账挪作"小金库"或个人私分贪污的问题。

5. 无形资产摊销的鉴定

（1）查明无形资产的估价是否真实、合理；

（2）对于企业无形资产的摊销期限是否合理，摊销金额是否正确，鉴定人员应注意查明无形资产仍可长期使用而其价值已全部摊销，或者无形资产的使用期限已到，而其价值尚未摊销完毕的情况；

（3）检查企业有无将无形资产摊销列入固定资产折旧的错误处理。

6．工会经费及职工教育经费的鉴定

（1）审查是否按规定提取工会经费及职工教育经费，对工会经费，查阅是否有工会组织开具的《工会经费拨缴款专用收据》，凡不能出具的，不得税前扣除；

（2）查明工会经费及职工教育经费的提取计算是否正确，有无被挪作他用的情况；

（3）查阅"管理费用"摘要栏，看是否有职工委培费、兼课酬金、生活困难补助等应属于在工会经费和职工教育经费中列支的项目。

（四）财务费用的鉴定

1．利息支出的鉴定

（1）确定企业当年列支的利息支出是否确实属于当年损益应负担的利息支出，有无将应由上年度或基建项目承担的利息支出列入当年损益；

（2）检查企业利息支出列支范围是否合规；

（3）验证企业存款利息支出是否抵减了利息支出，计算是否正确。

2．汇兑损失的鉴定

（1）确定企业汇兑损益计算是否正确，其计算方法前后是否一致；

（2）检查企业计算汇兑损益的外币债权、债务是否确实收回或偿还，调剂出售的外汇是否确已实现；

（3）验证有无将不同数量的外汇之间的记账本位币差额当成汇兑损益的现象；

（4）查明企业经营初期发生的汇兑损益的具体时间，有无为了延缓减免税期，而人为地将筹建期间发生的汇兑损失计入生产经营期间汇兑损失的行为。

3．各种手续费的鉴定

（1）确定企业各种手续费的真实性、合法性、合理性；

（2）检查企业各种手续费的计算是否正确；

（3）查明企业有无将应列其他费用的项目或应在前期、下期列支的手续费计入当期财务费用。

（五）营业外支出的鉴定

营业外支出所包括的项目除个别项目外，一般不常发生，一旦发生都有其具体情况和原因。对每一笔业务应重点审查。

1．确定营业外支出范围是否合规

注意审查有无将不正当的开支列入营业外支出；有无将期间费用挤入营业外支出以人为调节费用指标；有无为掩饰企业发生的损失而故意不列或不及时入账等情况。审查时可采取审阅营业外支出明细账，并核对有关会计凭证和有关原始凭证的方法进行。

2. 审查营业外支出额是否真实，核销审批手续是否齐备

例如，非常损失须根据损失金额大小，分别报送不同级次的主管部门和主管税务机关审批，并扣除过失人和保险赔款后列入营业外支出。再如，对固定资产盘亏，要根据"待处理财产损益——待处理固定资产损益"账户，结合"固定资产"明细账看核销的盘亏固定资产是否已查明原因，有无批件，盘亏固定资产是原值还是净值，已提折旧是否调整等。对于报废和损毁及出售的固定资产的净损失，应检查"待处理财产损益——待处理固定资产损益"账户各项发生额，结合检查"固定资产清理"账户和固定资产明细表，看转入清理的固定资产是净值还是原值，已提折旧是否转入，变价的价款是否全部入账，残料价值是否计算入账，过失人和保险赔款是否冲减损失等。

3. 检查营业外支出的会计处理是否正确、及时、合规

对此可结合上述鉴定的内容进行，注意其在会计处理中科目运用是否合规、账户记录是否正确，营业外支出项目在损益表中的表达是否充分、合规。

二、收入的鉴定

收入方面常见的问题有：收入不入账、账外设账、利用计量、价格上的差异等途径设法使收入不入账，转入"小金库"；收入直接转入企业资本公积或用于职工福利；收入挂账做往来，滞后实现收入或待时机成熟再挪作他用等。

（一）产品销售收入的鉴定

1. 发票的鉴定方法

（1）审查发票是否合法。税务机关为了加强发票管理，防止不法分子利用发票捣乱，在发票的印制上采取了很多措施，如印制审批、税务机关套印或加盖发票印章，对增值税发票，采取了专印专用及印制纸张方面的防伪措施等。如无监印章或过期监印章的发票，以及销售应纳增值税产品使用普通发票，都是不合法发票。

（2）验证发票的完整性。企业不管是批准印制，还是向税务机关申购发票，都有严格的手续和健全的记录（如审批文件、发票购买簿等），应根据这些资料，检查保管、领用制度是否健全，发票本数是否齐全，号数是否相符与连续。

（3）审查发票填写是否正确。审查发票填写各联是否一次复写完成，如果发现背面无复写痕迹或只有部分复写痕迹，或各联书写方式、字迹不一致，则应怀疑其是违章发票。

（4）确定发票内容的真实性。主要是查明所列货物的品名、数量、规格是否符合本企业生产经营实际，单价是否符合市场行情。若有异常发现，应进一步查明。

（5）审阅发票有无涂改痕迹。主要是检查：①大小写是否一致；②笔迹、字体是否相同；③字迹是否杂乱模糊；④计算是否正确；⑤删、添、改字迹是否清

楚，并有制票人盖章等。如有异常，应进一步查明。

（6）查明有无代开发票。所谓代开发票，是指有税务部门核售发票的经营者，为无发票的经营者提供发票，以互相勾结，牟取非法收入，偷逃税收。鉴定方法，除上面讲到审阅发票开列货物的品名、数量、规格是否符合企业生产经营实际外，货款收入是否列作企业销售很重要。如发现发票收款通过结算账户入账后又付出，或企业既无现金收入，又未将应收账款列入销售，则应注意进一步查明。

2．产品销售收入确认时间正确性的鉴定

不同的货款结算方式，有不同的具体确认时间标准。

（1）采用直接收款结算方式的，应以收到货款、开出发票和提货单时，作确认销售实现时间。无论产品是否出库，都应作销售处理。

（2）采用委托代销方式的，应在收到代销单位转来的代销清单时，确认为销售实现时间。不能以未收到货款为由，或等到全部货款收齐时才作销售处理，也不能在发出代销产品后即作销售处理。

（3）采取预收货款方式的，应在产品发出或劳务已提供时为销售实现确认时间。鉴定时，应弄清是否预收了货款及产品是否已发出或劳务已提供这两点，注意已将产品发出的应计货款，不作本期销售处理，转作下期收入，或开出假出库凭证，虚增本期收入的问题。

（4）采取分期收款结算方式的，应以合同规定的收款日期为确认销售时间。不能以未实际收到货款为由不作销售处理，或等到全部货款收齐才作销售处理，或在产品发出后即全部作销售处理。

3．产品销售收入范围的鉴定

产品销售收入范围的鉴定，一是查明以上收入是否全部列入了产品销售收入，有无将产品销售收入列入其他业务收入、营业外收入或基金性账户的；二是查明有无将不属于产品销售收入范围的收入，如材料销售、无形资产转让、租金收入、出售固定资产等，错列入产品销售收入的。更应特别注意以下事项的检查：

（1）将自制产品用于本企业在建工程、福利部门，不作销售收入处理，而直接按成本价转入有关账户，甚至根本不作价，以少记产品销售收入，偷逃税金的；

（2）采用以旧换新方式销售产品，有无将新产品不作销售，或只以补差价款处理销售的；

（3）在购销活动中，采用以货易货方式，互相不开发票，不作销售处理的；

（4）委托代销商品，只将扣除代销手续费后的销售净额记入销售，少记产品销售收入，以偷逃税金的；

(5) 为了完成销售收入指标的，将非产品销售收入列入产品销售收入，虚列销售的；

(6) 以本企业生产的产品偿付应支付的广告、福利、捐献等费用，不作收入处理；

(7) 在以货易货的过程中，只将货物兑换价差记入销售收入；

(8) 以本企业的产品直接抵偿负债类账户，直接导致销售收入漏记。

4. 产品销售收入入账数额正确性的鉴定

主要是查将已实现销售收入隐匿不入销售账，少计产品销售收入，或虚构销售，多计产品销售收入的情况。鉴定时，应首先确定收入账户中所列的收入是否包括了全部开票的销售收入；其次，通过发票的存根联检查产品的销售数量、单价以及型号等内容，并与收入明细账进行核对；第三，对怀疑的发票通过协查函的方式要求购货方主管税务机关进行协查，避免"大头小尾"现象的出现；第四，通过银行对账单的检查，可确定有无取得收入不入账的现象以及实物盘点确定当期库存，通过与"库存商品"、"存货"、"原材料"等账户中数据的比较，确定销售收入核算是否完整。须留意以下常见问题：

(1) 收入挂往来账户从而将收入延迟或用作企业利润调节；

(2) 提前轧账，将提前期间实现的产品销售收入列入下期，虚减当期产品销售收入；

(3) 销货退回不按规定及时冲账，虚增当期产品销售收入；

(4) 开空头支票，搞虚假发货，虚构当期产品销售收入，次月又用红字冲账，虚减下期产品销售收入。

5. 产品销售业务合法性的鉴定

鉴定销售业务的合法性，一般通过审阅销售明细账，销售合同、销货发票，以及与仓库保管账卡、产品出库单、相关业务记录等的互相核对、分析，查明其中错弊。应重点注意以下问题：

(1) 用涂改、刮补、开头大尾小等方式运用发票作弊；

(2) 代开发票，特别是代开增值税发票、共同偷税、共谋好处或出售发票等；

(3) 故意压低售价，经办人员或单位收取好处费或折扣分赃；

(4) 销货退回的真实合法，查退货手续、查退货入库、查货款退回，验证其退回业务的真实性，防止用销货退回作弊。

(二) 其他业务收入的鉴定

其他业务收入是指企业除商品销售以外的其他销售收入。如材料的销售收入、固定资产出租收入、包装物出租收入、运输收入、废旧物资出售收入等。

其他业务收入常见的错弊有：其他业务收入入账时间提前或拖后；故意隐匿

收入；其他业务收入会计处理不规范等。

1. 审查各项其他业务收入

（1）检查"其他应付款"等负债明细账，如发现有长期挂账，且摘要记录不清的应付款时，要进一步核查记账凭证和原始凭证，判定是否属隐匿收入的情况；

（2）审查"银行存款"、"现金"日记账的借方对应账户，如发现对应账户不清或是应付款类账户，就要进一步检查会计凭证，落实问题；

（3）查阅"包装物"、"材料物资"及"无形资产"明细账，看其减少时的会计凭证，判定性质，查明原因，若属出售转让业务，须查明收入是否全部入账，有无转入"其他应付款"、"应付福利费"、"盈余公积"账户的，有无隐匿或私分的。

2. 鉴定材料销售收入

（1）审查材料销售原因是否合理，查明企业销售的材料是否是超储积压物资，或边角余料、废料等，有无以产品顶替材料销售，或借材料销售之名倒卖其他紧俏物资，牟取暴利的现象；

（2）确定企业材料销售是否开具销售发票，填制了出库单，并按规定缴税；

（3）检查材料销售的数量是否正确等情况；

（4）验证销售材料的价格是否合理，注意有无低于规定价格或低于购进成本价出售的情况；

（5）确定查销售材料收入是否及时收款入账，财务处理是否正确恰当，有无把收入私自放入"小金库"，有无为推销积压材料而发放推销奖并在销售收入中直接扣除。

3. 鉴定无形资产转让收入

（1）确定无形资产转让收入的范围、价格和账务处理是否真实、正确、合法；

（2）核查无形资产的转让是否按规定经过批准并签订转让合同，所转让的无形资产有无国家有关部门认定的证明；

（3）确定无形资产的作价是否符合国家有关政策的规定和企业的实际情况，是否存在国家规定免税限价而低价转让无形资产的情况；

（4）验证无形资产转让收入的账务处理是否正确恰当，有无存款不入账的情况，或收款后直接冲减费用，或列作营业外收入等情况。

4. 鉴定技术转让收入

（1）审查转让的技术、商标是否经过国家有关部门的认定，有无弄虚作假、骗取国家对新技术应用的优惠政策；

（2）审查技术转让收入是否真实、正确，有无将与技术转让无关的收入列入

的现象,有无隐匿或转移的行为;

(3)确定技术转让支出的成本、费用是否属实,有无与技术转让无关的费用、成本列入。

5.鉴定运输劳务收入

(1)查明运输劳务业务是否经过有关部门审批,收费标准是否合理、合规,有无擅自利用企业运输工具谋取个人或小团体利益的现象;

(2)确定企业的劳务收入与提供的劳务量是否成正比,核实收入的真实性;

(3)检查劳务收入的有关税务处理是否正确、合规。

6.鉴定固定资产出租收入

(1)确定出租的固定资产是不是企业生产经营不需要的,经过出租是否能增加企业的经济效益;

(2)查明固定资产的租金是否合理,收入是否及时足额入账,有无隐瞒出租的固定资产、隐瞒收入的情况;

(3)验证出租固定资产的手续是否齐全,是否经过有关部门审批、签字认可,出租固定资产收入的财务处理是否正确、恰当,有无将其收入直接列入营业外收入的情况,出租固定资产是否有专人负责登记和管理。

(三)营业外收入的鉴定

营业外收入,项目较少,业务发生也不经常,所以大多数企业的营业外收入都没有设置明细账。鉴定时,应以"营业外收入"账户为依据,逐笔对照凭证进行鉴定;还要结合对应付款、暂收款等有关账户的鉴定,从以下几方面入手:

1.审阅往来账户的账面记录,发现摘要记录含糊,其他应付款项长期没有结转,或"其他应收款"账户出现贷方余额又长期未作处理的,应确定是否属于应转而未转的营业外收入。

2.审查收入结转凭证,应记入营业外收入的款项有无记入其他账户,如罚款收入列入企业税后利润。

3.从账户的对应关系检查有无异常的转账凭证。如从生产费用账户贷方检查企业是否把营业外收入直接冲减费用;从"盈余公积"账户贷方发生额检查有无将营业外收入列入税后利润;从"待处理财产损益——待处理固定资产损益"账户借方,检查固定资产盘盈是否转入"营业外收入"账户;从"固定资产清理"账户,检查出售固定资产净收益是否作为营业外收入入账。有无将上述应列营业外收入的款项,或长期挂账不进行清理和处理,或收款后不放入营业外收入,长期挂在应付款、暂收款或放入"小金库"甚至中饱私囊的。

(四)投资收益的鉴定

投资收益方面常见问题有:隐瞒部分或全部投资收益款项,并据为己有;投资方与被投资方具体经办人相互勾结,弄虚作假,中饱私囊。

1.可通过"长期股权投资"、"长期债权投资"、"短期投资"账户对照有关凭证,查阅投资协议、合同等,看企业有无对外投资,采用何种投资方式,投资金额多大。然后检查"投资收益"账户有无分得利润、股利或债券利息,如果没有或投资收益反映不实,应重点确定"其他应付款"、"应付账款"等账户,是否将投资收益挂往来账,必要时去函或去人了解被投资方"应付利润"明细账账面发生额。此外,对投资收回或出售的账项,应注意检查其收回投资与长期投资账面价值的差额是否正确地记入投资收益或投资损失。

2.查明企业有无将投资收益长期挂在应付款账户,或直接汇入"盈余公积"账户,隐瞒收益、逃避税收的情况。

3.审阅"长期投资"、"短期投资"总账及明细账,核实企业对外投资的数额、类别,并调阅投资时的协议合同。

4.检查"投资收益"总账及明细账,看企业收到的投资收入与投出的资本是否相符。如果企业长期没有增加投资收入或发生投资亏损较大时,必要时还需要到接受投资的企业查明真实情况。

5.确定期末时投资收益是否如实地转入"投资收益"账户,对投资收回或出售的账项,应注意检查其收回投资与长期投资账户账面价值的差额即投资收益或投资损失是否正确地记入"投资收益"账户。

三、利润的鉴定

(一)利润总额的鉴定

利润总额的鉴定,主要是查明企业一定时期形成的经营成果即利润的数额是否真实,是否符合有关规定,重点是检查有否虚构或隐瞒利润的行为。其程序和方法是在查证营业利润、投资收益、营业外收入、营业外支出四大要素的基础上进行,主要是查证、核实利润总额的正确性。而营业利润、投资收益、营业外收入、营业外支出的鉴定方法前已讲述,这里不再重复。

(二)利润分配的鉴定

利润分配方面常见的问题有:虚增费用成本,偷漏所得税;对利润分配有关标准随意进行增减;随意颠倒利润分配顺序,隐瞒利润等。

1.利润分配顺序的鉴定

应审阅对企业利润分配的会计凭证,根据本年转入的净利润额,按正确分配顺序逐项计算核对,测算法定盈余公积金、法定公益金的计提基数,是否为已扣除弥补企业以前年度亏损及被没收财物损失、支付各种税收的滞纳金和罚款后的金额;有无篡改分配顺序,以不弥补或少弥补亏损。发现问题再找有关人员核实,确定问题的实质。

2.利润分配标准的鉴定

应审阅利润分配的会计凭证中所反映的分配基数和计提比率,并将其与有关规定进行核对。提取法定盈余公积时，还应看其是否已达到注册资金的50%。对于在当年无利润的情况下发放股利的股份有限公司，还应核对其分配股利之后的企业法定盈余公积是否低于注册资金的25%。

3．亏损弥补是否正确的鉴定

应审阅从亏损发生年度到本年的盈利及补亏资料，以分析当年的用税前利润补亏是否合理。另外，还应了解用利润弥补亏损的期限及该企业的实际情况，如果超过了用利润弥补亏损的期限就应用税后利润补亏。另外，鉴定人员也应检查有无不弥补亏损的现象，以便查清问题。

（三）未分配利润的鉴定

1．对未分配利润内部控制制度的健全性和有效性进行审查

可编制未分配利润内部控制制度调查表，来对企业未分配利润内部控制制度的内容和执行情况进行审查。

2．分析比较未分配利润账户余额的变动情况

应将本期未分配利润账户余额的实际数与上期进行比较，通过比较，分析有无异常的情况，并对此作进一步检查。还应了解企业有关利润分配的限制性规定，查阅董事会的会议纪要，据以明确对利润分配作出限制的目的和利润分配批准情况，如果法律对企业的利润分配作出了限制，应检查企业实际的利润分配是否违反了这些限制性条款。

3．检查未分配利润的真实性和合法性

未分配利润的计算公式：

年末累计未分配利润＝上年累计未分配利润＋本年全年实现净利润－本年已分配利润

鉴定人员应按上述公式检查其数额的正确性，进而对实现利润和利润分配的合法性和真实性进行检查。

第五节 会计报表的鉴定

会计报表方面常见的问题有：表表不符、虚报盈亏、表账不符、表内各会计事项的数字指标不符或不准确等。

一、资产负债表的鉴定

（一）资产负债表的综合鉴定

1．审查资产负债表本身的结构、编制技术等方面。具体而言，审查下述几方面：

（1）资产负债表的结构、形式是否符合《企业会计制度》的要求，报表内各项目、指标是否填列齐全，有无漏填、错行、错格等问题；

(2) 按照财务会计的平衡原理，资产负债表中资产合计数是否等于负债和权益合计数，表内有关资料、数据的汇总，是否正确；

(3) 资产负债表中所反映的项目的数额，与有关账簿中的数据是否一致，即账表是否一致。

2．资产负债表的综合鉴定，需要核对与其他会计信息的一致性。

审查账表、账账、账证和账实是否相符。审查和核对总分类账簿的期末余额、各种明细分类账簿的期末余额，审查各种凭证是否齐全完整，审查实物保管是否完整无缺。

3．核对资产负债表与其他各种报表的勾稽关系。这些勾稽关系反映如下：

(1) 资产负债表中"未分配利润"项目与利润表中"未分配利润"项目有对应关系，两者金额应相等；

(2) 资产负债表中"存货"项目与存货明细表中存货合计数相对应，数额应一致；

(3) 资产负债表中的其他项目，如"应收账款"、"固定资产"、"长期投资"、"应付账款"等项目，应与相应的明细表有对应关系。

(二) 资产负债表分类鉴定

具体说就是按照企业会计科目分类进行审查。

1．货币资金的鉴定

(1) 审阅银行存款日记账，确认银行存款核算的正确性；

(2) 清点现金，确认库存现金的数额；

(3) 抽查大额现金收支原始凭证，确认库存现金核算的正确性；

(4) 抽查其他货币资金业务内容，确认数额及财务处理的正确性。

2．应收票据的鉴定

(1) 盘点库存应收票据，并核对其有效性；

(2) 核对票据内容与账簿记录；

(3) 核对已贴现票据的贴现额与利息额的计算是否正确；

(4) 核对应收票据的账簿记录与应收票据备查簿，确认业务的真实性和财务处理的正确性。

3．应收账款及其他应收款的鉴定

(1) 检查大额或往来业务频繁或挂账时间较长的应收账款与其他应收款，确认其账簿记录是否正确，并借以发现问题；

(2) 必要时向有关债务人进行函证；

(3) 通过账龄分析，评价应收账款与其他应收款的质量；

(4) 验证企业提取坏账准备方法，计提比例是否合理，财务处理是否正确。

4. 存货的鉴定

存货鉴定，主要从两方面入手：

(1) 存货数量的鉴定。由于存货所包括的内容多种多样，因此，不同种类的存货具体数量的鉴定也是不相同的。一般来讲，存货数量鉴定往往采用实地盘点的方法。

(2) 存货价值的鉴定。鉴定存货计价标准和成本计算方法以后，鉴定人员就要鉴定存货的价格。需要注意的是，要分清被鉴定单位采用的存货核算方法是永续盘存法，还是实地盘存法，然后，再根据各种存货的特点，对存货价格进行逐一鉴定。鉴定时，应根据各种原始单据和企业经营的有关会计记录，与上期数量比较，看存货价格有无很大变化。若有变化，则应分析其变化的原因。

5. 长期投资的鉴定

鉴定人员在鉴定企业长期投资数额时，首先应逐一检查长期投资项目的原始凭证（如协议和证券），看原始凭证中所载金额是否与账户、报表中一致；如果是实物投资，看其计价是否正确。鉴定人员如对其中有些情况产生疑问，可以通过向接受此项投资的单位发函询证，加以证实。

6. 固定资产的鉴定

(1) 对固定资产实地观察以确定其存在性；

(2) 验证固定资产的增加、减少的合法性及计价的真实性和合理性；

(3) 对固定资产累计折旧和修理费进行分析性复核；

(4) 查明自建固定资产的真实性及其财务处理的正确性；

(5) 对在建工程项目进行检查，查明其发生的成本是否真实。

7. 无形资产及长期待摊费用的鉴定

(1) 验证无形资产的入账基础，核对有关文件、凭证，查明其计价基础是否正确；

(2) 检查无形资产减值准备的计提是否合规合适；

(3) 审查长期待摊费用项目所包括的内容是否正确。

8. 流动负债的鉴定

由于流动负债偿债期限短，又对企业资金营运有极大的影响，因此，鉴定人员在鉴定流动负债各项目时，应结合各项流动负债的特点进行。

(1) 应看重鉴定各流动负债的合理、合法性，注意有无遗漏或虚列流动负债项目；

(2) 应重点鉴定审查各项流动负债的归属期。

9. 所有者权益的鉴定

(1) 审阅公司章程实施细则和股东大会、董事会会议记录；

(2) 检查股东的出资方式和出资比例是否符合规定；

（3）向主要投资者函证实收资本额；

（4）验证增减实收资本的有关手续是否齐备；

（5）检查资本公积和盈余公积的形成及使用和会计处理是否正确。

二、利润表的鉴定

（一）利润表的综合鉴定

1．审查利润表的编制结构和形式是否合理、合法，利润表中的各个项目、指标的填列是否正确，有无遗漏、错填等现象；指标与指标之间的计算是否正确，净收益计算是否有误等。

2．依据账表、账账、账证一致的关系，检查利润表中各项目的数据与账簿记录是否相符，审查账簿登记的内容与有关的原始凭证、账簿凭证是否相符。

3．验证利润表勾稽关系是否正确。

（1）验证利润表内勾稽关系。

主营业务利润＝主营业务收入－主营业务税金及附加－主营业务成本

主营利润＝主营业务利润＋其他业务利润－营业费用－管理费用－财务费用

利润总额＝营业利润＋投资收益＋补贴收入＋营业外收入－营业外支出

净利润＝利润总额－所得税

（2）验证利润表与其附表间勾稽关系。按照勾稽关系，核对表与表间的相关项目，检查利润表的编制是否正确。如利润表中的"净利润"与利润分配表中的"净利润"数额应一致。

（3）验证利润表与其相关账簿记录间勾稽关系。

①"主营业务收入"项目，应与"主营业务收入"账户全年发生额相核对；

②"主营业务成本"项目，应与"主营业务成本"账户全年发生额相核对；

③"主营业务税金及附加"项目，应与"主营业务税金及附加"账户全年发生额相核对；

④"其他业务利润"项目，应与"其他业务收入"和"其他业务支出"账户全年差额相核对；

⑤"管理费用"项目，应与"管理费用"账户全年发生额相核对；

⑥"投资收益"项目，应与"投资收益"账户全年发生额相核对；

⑦"补贴收入"项目，应与"补贴收入"账户全年发生额相核对；

⑧"营业外收入"项目，应与"营业外收入"账户全年发生额相核对；

⑨"所得税"项目，应与"所得税"账户全年发生额相核对。

（二）利润表分类鉴定

在利润表综合鉴定的基础上，鉴定人员应从利润表的各项目入手，对各项目内容的真实性、合法性进行进一步的审查。着重验证企业利润的形成是否合法、真实，并结合利润分配表检查利润分配是否符合规定的程序。只有对利润表反映的各项目内容的合法性、真实性作出评价后，鉴定人员才能对被鉴定单位的利润表作出最后的结论。

三、现金流量表的鉴定

（一）复核经营活动产生的现金净流量

1. 检查现金流入内容是否完整，计算是否正确

经营活动现金流入包括来自销售商品或提供劳务实际收到的现金。从顾客处收到的现金，既有本期现销部分得到的现金，又有以前年度赊销本期收回的现金，而本期销货净额中又有赊销部分，因此应对本期销货净额及期初、期末应收票据、应收账款的变动加以调整而求得。

2. 检查现金流出的正确性

现金流出的内容主要有购买存货和各种费用支出。用于本期购货支出的现金，既有本期现购支出的现金，又有以前年度赊购、本期支出的现金；同时本期购货成本中还应包含赊购部分，因此购货支出的现金要根据本期购货成本、本期应付票据变动额、应付账款变动额加以调整求得。

利润表中列示的费用表明了本期的购货成本和其他支出，但与费用的现金支出有很大的差异，因为利润表中列示的某些费用并不需动用现金，如折旧费，但在应计基础上，确实增加了费用总额。这种不需现金流出的费用还有无形资产和债券折价摊销。

另外，费用的确认和实际的现金支出也可由于短期时间差造成差异。当消耗商品或劳务时，费用已经确认入账，然而这些费用现金的支出则可能在以前期间、当期或以后期间。预先支付的为预付费用，本期实际支出会超出确认的费用额；以后支付现金，本期实际支出就低于确认的费用额。因此费用的现金支出须由应计基础转为现金基础。

经营活动产生的现金流量净额也可用另外一种方法即间接法计算，间接法是从净收益出发，调节现金流量净额。根据利润表、资产负债表及其他会计纪录间接计算调整取得现金流量表各项目数据，即将权责发生制报告的会计数据调整为收付实现制列报的数据。

运用间接计算的方法审计现金流量表应注意的要点：

（1）审查企业现金流量表编制政策。

（2）根据现金流量表编制政策审核企业编制现金流量表时对于现金等价物的界定是否得当。

（3）准确计算现金及现金等价物流量净额。

（4）根据现金流量表的两大勾稽关系进行勾稽核对。

（5）对有关资产负债表、利润表有关科目进行明细分析，划分经营、投资、筹资活动。

(6) 统计非现金性交易额、以非现金性资产清偿债务额、接受非现金性资产清偿债务额，关注债务重组等复杂交易在经营、投资、筹资活动之间的划分，关注公司报告期发生重大会计差错、预计负债或预计损失、债务转为股本或实收资本等交易或事项。

(7) 债权、债务互抵。有些企业既是公司供货方又是销售客户，将双方互欠款签订协议抵抹；另外公司为清理债权债务可能有不同的债权债务方以协议的方式相互抵顶欠款，在此情况下不涉及现金流量，故在运用间接计算法时应统计该部分发生额并予以剔除。

(二) 复核投资活动产生的现金流量净额

可通过审查下列几项业务活动查明投资活动产生的现金流量净额计算是否正确：

1. 购买和销售证券。购买证券为现金流出，销售证券则为现金流入。通过分析对外投资相关账户的借贷方记录，可判断现金流量净额。

2. 取得投资收益收到的现金。鉴定这项业务可从"投资收益"、"现金"、"银行存款"等账户的借贷方发生额进行分析，注意审查股票股利是否混入该项目填列。

3. 购买固定资产、无形资产支付的现金。

4. 销售固定资产、无形资产支付的现金。

5. 企业受灾收到的保险赔款为现金流入。

(三) 复核筹资活动产生的现金流量净额

筹资活动产生的现金流量净额，可通过分析本年度有关负债和股东权益账户借贷方的变化来确定。如长期投资、长期负债和实收资本账户贷方的变化通常为现金流入，而借方变化则表示为现金流出。

第八章 司法会计文书

第一节 司法会计文书概述

一、司法会计文书的类型

司法会计文书是司法机关或司法鉴定机构的会计人员,在经济案件诉讼过程中,对案件涉及的会计事项进行审查、检查、鉴定时,按照法定程序制定的法律文件,即按照法律程序制作的法律公文,包括检查文书、审查文书、鉴定报告以及各种指派、聘请、委托手续等。

司法会计文书的制作者应该是司法机关或具有司法鉴定权的机构的司法会计人员。司法文书制作的依据是民事诉讼法、行政诉讼法、刑事诉讼法。司法文书制作的目的是为具体的诉讼活动提供证据。

在司法实践中,司法会计文书一般分为两大类:一是案件承办部门与司法会计人员之间发生的法律关系的文书,包括指派、委托和受理手续,它是授权性行为,本身并不能作为证据使用;二是司法会计人员出具的意见性、证据性和结论性文书,包括审查文书、检查文书、鉴定报告等,它是司法会计人员对会计资料进行认真审查、核实、论证后提供的诉讼证据,是证据法规定的证据类型,在制作前以大量的会计工作底稿为依据,在制作后经过侦查办案人员的审查判断,与其他证据互相印证,具有较强的证明力。具体有以下几种:

(一)司法会计鉴定文书

司法鉴定文书是司法会计人员接受指派、委托后,对与案件有关的专门性问题进行鉴定后依法制作的结论性文书。鉴定文书依照鉴定结论的确定性程度标准,可以分为司法会计鉴定书、司法会计检验报告和司法会计分析意见书等。但是一般都使用鉴定书一种文体,使用统一的技术鉴定专用章,以证明鉴定文书的合法性。

(二)司法会计审查文书

司法会计审查文书是司法会计人员接受指派、委托后,对与案件有关的会计资料及相关材料进行审查后,依法制作的意见性文书。

(三)司法会计检查文书

司法会计检查文书主要有检查笔录、调查笔录、询问笔录、讯问笔录和阅卷笔录等。这些笔录有的是司法会计证据的一种形式,如检查笔录;有的是司法会计审查、检查、鉴定工作收集的其他诉讼证据,如讯问犯罪嫌疑人笔录、询问证人笔录；有的是司法会计工作中具有法律意义的备案材料，如阅卷材笔录。

（四）其他司法会计文书

其他司法会计文书是指司法会计指派、委托手续和司法会计人员进行检查、审查、鉴定之外制作的具有法律意义的其他文书。

司法会计指派、委托手续是司法机关侦查办案人员指派和委托司法会计人员或司法鉴定机构进行司法会计活动时出具的手续，它确定了指派（委托）人与被指派（委托）人之间的法律关系，是司法会计人员行使职权的法律依据。这类手续包括司法会计审查、检查、鉴定通知书、聘请书、委托书等。

司法会计人员进行检查、审查、鉴定之外制作的具有法律意义的其他文书。包括司法会计清算报告、管理咨询报告等。

二、司法会计文书的作用

司法会计文书的作用是指司法会计文书所体现出来的某种价值功能。司法会计文书在实施会计和法律等社会活动方面所体现的作用是十分广泛的，主要表现在以下几个方面：

（一）司法会计文书是具体实施法律的重要工具

司法会计行为是法律行为。法律实施具体体现在两个方面：一是对会计实际问题的处理；二是将会计实际问题的处理通过制作司法会计文书的方式表现出来。由此可以看出，司法会计文书作为实施法律的工具，具有不可替代的作用。

（二）司法会计文书是履行司法会计职责、规范权利义务的凭证

司法会计文书是司法会计人员实施检查、审查、鉴定等具体法律行为的凭证。司法会计人员为了表明司法会计工作的合法性，诸如司法会计审查、检查、鉴定通知书、聘请书、委托书，必须出具相应的文书。这种司法会计文书就是表明司法会计人员主体行为的合法凭证。由此可见，司法会计文书在具体实施司法会计行为的过程中其凭证作用是十分显著的。

（三）司法会计文书是司法会计活动的真实记录

司法会计文书记录着每个司法会计活动所出现的各种情况。司法会计文书不仅对案件的处理起着重要的作用，同时，由于法律文书具有静态固定的特点，所以是对司法会计活动的总结。

（四）司法会计文书具有证据作用

司法会计文书中的检查、审查、鉴定文书，是对会计资料进行检查、审查、鉴定的专业结论。能够证明案件的真实情况，因而具有证据的作用。

三、司法会计文书的制作要求

（一）司法会计文书制作的基本要求

1. 依法制作是司法会计文书制作的最基本要求。司法会计文书是一种重要的法律文书，特别是司法会计检查笔录和鉴定结论是查办经济犯罪案件和解决经

济纠纷的证据，经法院审查采用就可成为定案的依据。因此，依法制作就成为其基本要求。既要根据诉讼法规定的程序、时间制作；又要根据实体法的规定，对案件事实进行认定和表达，使内容上具有合法性。只有依法制作的司法会计法律文书，才具有法律效力和法律意义，才能成为诉讼证据。

2. 客观公正和坚持科学性是对司法会计法律文书制作人的基本要求。司法会计法律文书是对具体案件涉及会计问题进行查证后制作的，其结论对案件本身的性质具有重要意义。坚持客观公正和科学的会计方法进行查证才能查清案件事实，不出错误结论。这就要求司法会计人员深入实际、调查研究，查明会计记录是否与经济活动事实情况相符，特别是原始凭证是否真实等，这就要求司法会计人员按照司法会计科学知识分析会计资料是否正确反映经济活动。只有坚持客观、科学的态度制作的司法会计法律文书，才能反映案件真相具有证明力，才能经得起司法实践的检验。

（二）司法会计文书制作的一般要求

1. 必须遵循规定的文书格式。司法会计法律文书在格式上有明确统一的要求。只有按照统一格式制作，才能有效反映文书内容，充分发挥证据作用。由于司法会计工作在我国尚处初创阶段，目前司法会计文书在格式上还没有做到全国统一，但至少要在一定地区、一定范围内尽可能保持一致。

2. 准确写清事实要素。制作司法会计法律文书，应当把已经查明的会计事项所包含的事实要素写清楚。也就是要把经济活动发生的时间、地点、手段、方式、内容、数额和责任人员及其责任状态等表达出来，特别是关键性的内容，要准确详尽地加以反映。这些事实要素，对证明案件行为的性质、后果、主观心理状态等具有重要意义。

3. 明确交代因果关系。行为与结果之间有无因果关系是确定法律责任的重要依据。司法会计法律文书要注意反映案件行为主体、内容、性质、会计处理方式以及结果等之间有无因果关系，要避免有果无因、有因无果、因果矛盾或者因果不清等情况的出现。

4. 正确反映司法会计证据之间的内在联系。司法会计证据包括检查笔录和鉴定结论等，都是以会计证据为基础的。司法会计的主要作用在于把分散的会计证据集中起来，进行适当分类、汇总、分析和论证，形成司法会计证据，来证明案件事实真相。因此，司法会计法律文书反映的司法会计证据，要与会计证据有内在联系，保持逻辑上的一致性，以提高证明力和说服力。

5. 文字规范、责任明确。司法会计法律文书的文字应简明扼要，通俗易懂，避免过多使用专业术语和随意使用含义不明确的词句，以免造成误解。特别是鉴定结论要明确规范，不得含糊其辞。文书中需要的签名、盖章应当正确、规范，以分清责任。

第二节 司法会计文书的种类

一、司法会计检查文书

司法会计检查文书主要由司法会计检查笔录、司法会计调查笔录、司法会计阅卷笔录、司法会计询问笔录、司法会计讯问笔录组成。这些笔录是司法会计人员记载和反映诉讼活动情况的各种文字记载,是司法会计机关的常见文书之一。最重要的是司法会计检查笔录,是司法会计检查报告的载体,是司法会计活动的一项重要内容。其他笔录是司法会计取证的方式,实际上是制作司法会计检查、鉴定、审查文书的依据,是司法会计工作底稿的组成部分,由于它们具有法律效力或一定的法律意义,所以也属于司法会计文书。

司法会计笔录的制作与其他笔录一样,要做到内容真实、程序合法。除阅卷笔录外,应在审查、检查、鉴定过程中即时记录。

(一)司法会计检查笔录

司法会计检查笔录是指司法机关指派或者聘请司法会计人员,在侦查办案人员主持下,在对会计资料进行检查时,为固定检查情况而制作的客观记录,既是记载司法会计检查工作情况和结果的书面凭证,也是审查司法会计检查程序、方法和手段等是否合法的依据,同时还是刑事诉讼法规定的证据类型之一。

由于司法会计检查对象的特殊性,司法会计检查笔录具有以下特征:

(1)它是对会计资料记载内容的客观记录,应当客观地反映会计资料的有关记录,而不能加上司法会计人员的主观判断和分析意见。它与鉴定文书不同,不需要对经济业务的性质、内容等进行分析论证并下结论,而只就经济业务的会计处理过程、方式、数额等进行客观表述。

(2)它是证明案件事实的书面证据,应当建立在会计资料真实性的基础之上,是对会计资料所反映的经济活动的客观记录。这就要求司法会计人员在制作检查笔录之前,应当对会计资料记载内容的真实性进行调查核实,而不是仅仅根据会计资料记录。

(3)它不是重复抄录所有会计资料,而是把会计资料中与案件有关的内容经过必要的整理、分类、汇总、说明等技术处理后的记录,与会计资料对经济活动的记录不同,实际上是一份查账报告,要围绕中心,详略得当,对与案件关系较大的要详细记录,否则要尽量简要。

(4)司法会计检查笔录往往以检查报告的形式进行表达,但它与司法会计鉴定文书中的检验报告(有时也称为检查报告)在制作主体、证据类型和法律效力等方面是不同的,要注意区别。

司法会计检查笔录的内容结构可以分为四个部分:

(1) 首部：注明笔录制作机关名称、文书名称。

(2) 笔录特定项目：记录检查项目、主持人、检查人，检查时间、地点，被检查人姓名、职业、住址等情况。

(3) 检查情况和结果：写清检查经过、查明的会计事项、检查结果及所附会计证据名称。

(4) 尾部：主持人、检查人签名，提供资料单位的负责人和经办人签名，加盖单位公章。

(二) 司法会计调查笔录

司法会计调查笔录是司法会计人员为收集、核实证据，向有关单位及有关人员进行调查时所作的记录，是查明会计资料真实性的重要方式，是制作其他司法会计文书的重要依据。

司法会计审查、检查人员可在立案前或立案后进行调查。这种调查不同于侦查，不能采用侦查手段和强制措施，但它也是根据诉讼法的规定进行的具有法律效力或法律意义的调查。调查笔录在立案前可作为立案依据，在立案后可作为证据使用。

司法会计调查笔录由首部、笔录特定项目、调查情况记录和尾部四部分组成。

1. 首部：为司法机关名称和司法文书名称。

2. 笔录特定项目：包括调查项目，调查人、记录人姓名，被调查人姓名、身份事项，调查时间、地点等。

3. 调查情况记录：包括调查人提问、被调查人陈述的具体内容和提供的证据和线索。

4. 尾部：履行核对署名手续，即在调查结束时将笔录交被调查人核对或向其宣读，核对无误后由被调查人、调查人签名盖章。

司法会计调查笔录应按预先拟好的调查提纲，有次序、有重点地记录。调查应个别进行，并告知被调查人要如实提供证据，解释自己经手的问题，有意作伪证或隐匿罪证要承担法律责任。司法会计调查笔录作证据使用的，可随检查笔录、审查报告附送送检、送审单位，其他的归入技术档案。

(三) 司法会计阅卷笔录

司法会计人员进行审查、检查和鉴定时，都有权了解案情。了解案情主要通过阅读侦查办案人员提供的有关案件材料，包括立案材料、已有证据、采取强制措施情况、被告人供述、询问证人笔录等，并把有关情况记录下来。这种记录称之为阅卷笔录，它虽然不向外提供，不具有法律上的证明效力，但它是有关法律文书的摘录，是制作司法会计法律文书的重要参考材料，对司法会计人员了解案情、核对事实有重要作用。

司法会计阅卷笔录应根据具体情况制作具体格式。应当记载案由、案件类型、嫌疑人或被告人基本情况、案件事实等内容，注明阅卷时间、阅卷人。阅卷笔录制作要客观、公正，注意关键问题，与审查、检查、鉴定情况相互印证。结案后应归入技术档案。

二、司法会计鉴定文书

司法会计鉴定书是由司法会计人员进行司法会计鉴定后，依法制作的记载鉴定结论的法律文书。它是司法会计工作最重要的成果，在诉讼中具有重要作用。它所记载的鉴定结论是刑事诉讼法和民事、行政诉讼法规定的证据种类，具有一定的科学性，对证实案件性质、事实等有重要意义，有时甚至起决定性的作用。就刑事诉讼而言，从有无犯罪事实的发生，到确定犯罪时间、地点、方法、手段，以及确定犯罪性质、情节、行为人及其刑事责任大小等都有直接或间接的证明能力。同时，它作为一种独立的证据，对印证、审查、鉴别、判断证人证言等其他证据是否真实、可靠、有效，也具有积极作用。因此，司法会计鉴定书对准确及时惩罚犯罪、保护公民、法人的合法权益，都具有十分重要的意义。

司法会计鉴定书作为一种法律文书，具有公文性质。它是司法会计鉴定结论等的载体，与司法会计鉴定结论等形成表里关系。因此，这种文书有两个组成部分：一是专用鉴定文书版头，由受理鉴定的鉴定机构、文书名称、文书编号和鉴定专用印章等组成，表明它是由司法鉴定机构的司法会计人员进行鉴定后制作的法律文书，其性质、程序是合法的，具有法律效力，在形式上具有证据意义；二是鉴定人制作的鉴定意见，包括表示确定性意见的鉴定结论、不确定性意见的分析咨询意见以及不需表示意见的检验报告等三种形式。这一部分是鉴定人个人意见的表述，不代表司法鉴定机构，由鉴定人个人负责。其结构可以分为首部、正文和尾部三大部分，具体内容又因为表示意见的形式不同而不同。

（一）首部

司法会计鉴定书的首部即文书标题，要注明被鉴定案件内容、性质和文种。虽然简短，但很重要，也很讲究。一个好的标题能提纲挈领地表明鉴定内容、性质、文种等要点，便于阅读、理解、引用和归档。写好标题应注意以下问题：

1. 标题内不应冠以鉴定机构名称，不应再有文书编号，否则就把鉴定文书和鉴定意见相混淆了，前者代表鉴定机构，后者代表个人。

2. 标题应标明鉴定内容和性质，如对某人贪污案的鉴定。标题所标明的案件性质是司法机关指派、委托时提供的涉嫌案由，而不是鉴定人给案件定性，目的是为了分清这一鉴定与其他鉴定的区别。

3. 标题应指出司法鉴定的种类。司法会计鉴定是司法鉴定的一种，要在标题中指出，以区别法医鉴定、司法精神病鉴定。但要注意鉴定种类与学科、技术职务等种类划分标准的不同，防止在标题中出现学科名称或技术职务名称，如司法会计学鉴定或司法会计师鉴定等。

4.标题应分清鉴定意见的种类。鉴定意见是鉴定人对被鉴定会计事项的主观表达,按鉴定意见的确定程序分为鉴定报告、分析报告和检验报告,分别用于记载鉴定结论、分析意见和检验结果。如对某人贪污案表示肯定或否定的意见,就应写清是对某人贪污案的鉴定报告。

5.标题应做到文字简洁、高度概括,便于检索、引用。一般可表示为"关于×××涉嫌××案的司法会计鉴定报告(或检验报告、分析报告等)"。

(二)正文

司法会计鉴定意见的正文一般可分为绪言、检验和论证、鉴定意见三部分,具体内容因鉴定的内容、性质和鉴定意见的不同而有所区别。特别是鉴定意见可以分为鉴定结论、分析意见和检验结果三种,在内容和写法上有较大区别。

1.绪言:即鉴定案件的基本情况,一般要写明送鉴单位、受理鉴定日期、鉴定要求、送鉴材料、鉴定过程、案情概要等内容,便于办案人员了解鉴定的合法性、复杂性等情况,审查鉴定意见的科学性和证明力。

2.检验和论证:即查明的会计事实,是报告鉴定结果的依据,是关键内容。要求逐项写清发案单位内控制度的有关问题,有关会计事项发生日期、内容、数量、金额、手段、经手人员和账务处理情况等,必要时应就内部控制制度、会计处理与产生后果等相互关系进行论证。这一部分写作要注意:

(1)司法会计鉴定的检验方法属于非对比检验法,无样本进行对比。因此在写作上不必拿其他会计事项与本案涉及的会计事项进行对比,而应逐项载明有关会计事项本身的记录内容,必要时还应记录经办人、负责人签名盖章的情况,以便查明责任人员。在多项复合检验的情况下,应分别写明各项检验的情况,把不同内容的会计事项进行适当汇总、归类。如其中有一个主项的,应详细写明主项情况,其余各项情况应围绕主项进行概括说明。

(2)司法会计鉴定的直接对象是会计资料,可以通过会计档案长期保存,便于引用、查阅。不像法医工作对象是活体、尸体,不能长期保持同一状态,需要具体写出检验方法、步骤以及检验所见的全部情况。司法会计鉴定只就与案件有关的会计事项进行记录,并借助会计档案进行简化,不需要记录凭证、账簿的全部内容。要充分利用各种会计资料附件和计算表格等工作底稿,力求简明扼要。

(3)司法会计鉴定一般都是比较专业的,涉及的会计事项性质、内容和账务处理比较复杂,需要运用司法会计专业知识进行分类汇总、分析判断,然后作出结论。这些分类汇总、分析判断就是司法会计的论证,它一般在查明有关会计事实的基础上分项进行,特别是在多项复合检验的基础上往往要综合分析,因此这种论证是联系会计事实(论据)和鉴定结果(论点)的纽带,可以作为一个独立的部分来写,以免造成论证在表述上的穿插重复,以及单个会计事实和总数之间的割裂。当然论证部分是与检验部分紧密相连的,也是查明会计事实的有机组成部分,不能不分重点,面面俱到,而要抓住重点,深入浅出。对有些司法会计鉴定,其鉴定意见可以直接通过会计事实说明反映,会计事实往往就是结论本身,并不需要进一步论证。这时论证并不是必需的部分。这种鉴定意见,仅有检验结果,实际上是一种不需要发表意见的鉴定意见。

3. 鉴定意见:即鉴定结果,要根据鉴定要求,针对案件涉及的会计问题发表意见,准确表述经济业务的性质、内容、数额、手段和责任等事实情况,并与检验和论证保持内在的逻辑联系。鉴定意见根据其确定程度分为鉴定结论、分析意见和检验结果三种:

(1) 鉴定结论:是司法会计鉴定人进行鉴定后提出的明确的结论性意见。可以分为肯定结论和否定结论两种。它是司法会计鉴定提供的最重要、最有效的证据。它不仅要对案件涉及的会计事项的内容、数额等进行记录,而且要进一步判断会计事项的性质,说明涉案资金的来龙去脉以及经济活动的产生、转移、灭失的过程和方式,分析内部控制制度、会计事项和有关责任人员之间的因果联系。在内容上,它应当对案件涉及的会计事实作出结论,而不能针对法律性质下结论。在格式上,它通过鉴定报告记载,通过鉴定书行文。

(2) 分析意见:是司法会计鉴定后,由于证据不足,难以作出明确结论,而就已经查明的会计事项和尚未查明的会计事项进行综合分析,提出的倾向性意见。其主要特点是:已经查明的会计事项还难以说明经济业务的全貌,不能对鉴定要求作出明确的、全面的回答,不能完全满足送鉴单位的要求,只能结合尚未查清的会计问题进行综合分析,提出倾向性意见,为侦查办案提供方向和线索,为审查其他证据提供参考依据。它与鉴定结论相比缺乏严格的科学性。但它带有鉴定人的主观推测,又与单纯的检验结果不同。在内容上与检验报告和鉴定报告不同,需要分清已经查明和尚未查明的会计事项两部分,在尚未查明的会计事项部分,可以提出多种不确定的选择情况,在结果中也可以提出几种不确定的意见。它在格式上以分析报告反映,以鉴定书行文。

(3) 检验结果:是不需要作出明确结论或提出倾向性意见的鉴定意见。它只需要就鉴定人查明的会计事项的客观情况进行记录,而不需要说明这些记录的性质以及与案件的关系。它在内容上与司法会计检查笔录及审计人员的审计报告相似,在查清有关会计事实的基础上,对发案单位的资产、负债和所有者权益的全部或部分内容进行反映,使办案人员据以了解发案单位的财务状况,分析有关案情,判断侦查方向。它在格式上通过检验报告(或检查报告)记载,通过鉴定书行文。它与司法会计检查笔录相比,是两种不同司法会计主体提供的不同类型的证据。要注意它与司法会计检查笔录(报告)的区别。

(三) 尾部

司法会计鉴定书的尾部应注明鉴定单位、鉴定人、职称、日期，履行签名盖章手续。一般分三行排列：上行鉴定单位、中行签名、下行日期。如有两人或两人以上共同鉴定或通过上级司法机关司法会计人员复核鉴定的，应分别署名。

在司法会计鉴定书发出前后，还可以使用两种辅助性文书：一是司法会计鉴定意见征询单，在正式鉴定书发出以前，与鉴定书草稿一起送往送鉴单位征求意见，一般用于重要的鉴定报告，对检验报告和分析报告不作要求。这种征询单对防止鉴定差错，避免鉴定风险等有重要意义。另一种是鉴定回执，是司法会计人员为了评价鉴定意见的作用、总结工作经验而要求送鉴单位反馈意见的文书，是依附于鉴定书的附属文书。鉴定回执应随鉴定书正本一并发出，由送鉴单位填写寄回存档。过去把鉴定回执与鉴定委托书连印在一起是不妥当的，应单独印制，由鉴定人员掌握使用。鉴定回执的内容结构也有三部分：首部为制作文书的司法机构名称、文书名称、编号；正文为回执公函，包括收文单位名称、公函内容、日期、鉴定机构盖印；尾部为回执意见，由送鉴单位填写，加盖办案部门印章寄回。

三、司法会计审查文书

司法会计审查是参与办案的司法会计人员对经济案件涉及的有关会计资料及相关证据进行审查判断，提出审查意见的活动。司法会计审查报告是记载司法会计审查意见的文书。审查意见一般不需要单独行文，而是与办案人员对案件其他方面的审查意见一起以内部审查报告形式上报。如涉及会计问题较为复杂，或由办案人员以外的司法会计人员审查，也可单独形成审查报告。

(一) 司法会计审查报告与司法会计检查、鉴定文书的区别

1. 法律依据不同。司法会计审查报告依据诉讼法中有关审查、判断证据的规定；司法会计检查、鉴定文书则依据诉讼法中有关检查、鉴定的规定。

2. 目的不同。司法会计审查报告为了审查证据，判断证据的可靠性、相关性和充分性；司法会计检查、鉴定文书则为了收集、固定证据，查证会计事项的真实性和合法性。

3. 方式不同。司法会计审查报告是司法会计人员审查、判断证据的一种手段，一般不是一种独立的证据，不具备独立的法律效力；司法会计检查、鉴定文书则是独立的诉讼证据，具有单独的法律效力。

4. 文书性质不同。司法会计审查报告是记录审查意见的业务性文书；司法会计检查、鉴定文书则是一种证据文书。

(二) 司法会计审查报告的构成

司法会计审查报告的体例应当有别于司法会计检查文书、鉴定书，可以称为"司法会计审查文书"，其版头格式可以类似于司法会计鉴定书。一般可以由首

部、正文和尾部三部分构成：

1. 首部：写明审查报告标题，包括审查对象、性质和文种等，如"关于×××案司法会计审查的报告"。

2. 正文：写明审查的基本情况、过程和结果。

（1）基本情况：委托审查的依据、案由，被审单位的对象和范围，审查的方式方法、起止时间，被审单位的名称、性质、经济业务状况、内部管理情况、经营情况及效果，提供的证据以及审查要求等。

（2）审查过程：逐项写明有关会计资料及相关证据的审查过程，判断有关会计事项的性质和内容是否与证据吻合。同时还要说明对相关审查问题的依据标准，并对标准对比作出分析评价。

（3）审查结果：对有关证据的可靠性、相关性和充分性作出判断，对存在证据不当、不足等情况提出解决办法。

3. 尾部：由进行审查的司法会计人员签字盖章并加盖所服务机构的公章，注明年、月、日。

主要参考书目

1. 王君亭，刘军等编：《司法会计鉴定实务全书》，中科多媒体出版社2003年版。
2. 何联升著：《司法会计鉴定学》，中国公安大学出版社1990年版。
3. 谢次昌主编：《司法会计学概要》，法律出版社1992年版。
4. 顾洪涛主编：《司法会计基础教程》，中国政法大学出版社1995年版。
5. 赵刚等著：《司法会计学原理》，中国城市出版社1990年版。
6. 邹明理主编：《司法鉴定概论》，成都科技大学出版社1998年版。
7. 于朝、肖琼、庞建兵著：《司法会计学概论》，中国人民公安大学出版社2001年版。
8. 钟大海译：《利用经济分析侦破犯罪活动》，法律出版社1988年版。
9. 何家弘著：《同一认定——犯罪侦查方法的奥秘》，中国人民大学出版社1989年版。
10. 金光正主编：《司法鉴定学》，中国政法大学出版社1995年7月版。
11. 刘学华主编：《会计学原理》，立信会计出版社2003年版。
12. 李海波主编：《新编会计学原理——基础会计》（修订本），立信会计出版社1998年版。
13. 王俊生主编：《基础会计学》，中国财政经济出版社1998年版。
14. 陈兴滨主编：《会计学基础》，中国财政经济出版社1999年版。
15. 刘铭达主编：《会计学基础》，东北财经大学出版社1993年版。
16. 赵洁川主编：《基础会计学》，商业出版社1997年版。
17. 王建国编著：《司法会计学》，立信会计出版社2003年10月版。
18. 最高人民检察院法律政策研究室编著：《检察法律文书制作与适用》，中国法制出版社2002年2月版。
19. 徐萍主编：《查账技巧与训练》，广东经济出版社2004年3月版。
20. 卓朝君、王素芬主编：《新编法律文书学》，中国人民公安大学出版社2002年7月版。
21. 张靖编著：《法律文书制作精解》，中国人民公安大学出版社2004年4月版。
22. 庄粉吉著：《纳税检查实务》，立信会计出版社2003年9月版。
23. 张乃驹著：《查账入门》，立信会计出版社2000年8月版。
24. 金建华著：《检察会计鉴定学》，中国检察出版社1999年10月版。

25. 赖达清、李向彬、詹渝宁、管光承编著：《司法会计理论与实务》，重庆大学出版社1997年10月版。
26. 白正军著：《查账手册》，企业管理出版社2004年3月版。
27. 张齐新主编：《审计学》，西南财经大学出版社1996年版。
28. 熊筱燕、罗建玉、王殿龙编著：《会计控制论》，新华出版社2002年版。
29. 郭徐咸主编：《会计学基础》，西南财经大学出版社2001年版。

读者意见调查表

首先,感谢您使用本书。为了今后更好地满足广大读者的需要,教材编辑部决定广泛听取大家的意见,作为今后系列丛书的编辑参考。请您将阅读本书后的意见、感想及建议告诉我们。

☞1. 您认为这本书的内容如何?书中的观点、论点、论述,您是否有更恰当的阐述?

_____
_____
_____

☞2. 今后希望增加的图书内容

_____
_____
_____

☞3. 您认为本书在编辑、装订及其他方面有什么需要改进的地方?
　□ 封面的设计
　□ 书的开本、尺寸
　□ 标题、章节

☞4. 其他感想

_____
_____
_____

☞5. 姓名_____
　　联系地址_____
　　_____
　　_____
　　邮　　编_____
　　联系电话_____
　　E - mail_____
　　手机号码_____

请将调查表寄回:

`1 0 0 0 3 8`

北京市西城区木樨地南里中国人民公安大学出版社

教材编辑部 (收)